A melodia trágica

Rogério Skylab

copyright Hedra & Acorde 2023
apresentação© Marcos Lacerda

edição Paulo Almeida e Janaína Marquesini
coedição Jorge Sallum e Rogério Duarte
assistência editorial Paulo Henrique Pompermaier
preparação Raquel Silveira
revisão Andréa Bruno
capa Lucas Kröeff

ISBN 978-65-84716-14-8

Grafia atualizada segundo o Acordo Ortográfico da Língua
Portuguesa de 1990, em vigor no Brasil desde 2009.

Direitos reservados em língua
portuguesa somente para o Brasil

EDITORA HEDRA LTDA.
R. Fradique Coutinho, 1139 (subsolo)
05416–011 São Paulo SP Brasil
Telefone/Fax +55 11 3097 8304
editora@hedra.com.br

www.hedra.com.br
Foi feito o depósito legal.

A melodia trágica

Rogério Skylab

1ª edição

São Paulo   2023

Rogério Skylab é autor dos ensaios de *Lulismo selvagem* (2022) e dos livros de poesia *Debaixo das rodas de um automóvel* (2006) e *Futebol de cego* (2023). Lançou recentemente um estudo sobre o escritor norte-americano Henry James, *A outra volta da outra volta* (2022). Como compositor, lançou o disco *Fora da grei*, a série *Skylabs*, com dez discos, a *Trilogia dos carnavais*, a *Trilogia do cu*, o disco *Skygirl* e o projeto *Cosmos*.

A melodia trágica reúne 13 textos, a grande maioria dedicada ao estudo crítico da canção popular. Publicados originalmente no *blog* Godard City entre 2009 e 2017, os textos demonstram a evolução do pensamento crítico de Rogério Skylab ao longo do tempo e das significativas mudanças da indústria da música na segunda década do século XXI.

Marcos Lacerda é sociólogo e ensaísta. Foi diretor de música da Funarte, responsável por políticas de âmbito nacional. Publicou, como autor, o livro *Hotel Universo: a poética de Ronaldo Bastos* (2019) e, como organizador, os livros *Música: ensaios brasileiros contemporâneos* (2016) e *A canção como música de invenção* (2018). É um dos curadores da coleção Cadernos Ultramares e um dos editores da revista de crítica musical *Uma canção*.

Sumário

Apresentação, *por Marcos Lacerda* 7

Introdução 11

MERGULHO. 17

Em busca de um Torquato tropicalista 19

José Agrippino e os Mutantes 81

A terceira pessoa em Luiz Tatit 109

A odisseia de Fausto Fawcett 163

Arnaldo Antunes: a engrenagem de uma peça só 219

O sublime na obra de Luís Capucho 243

POR UMA NOVA HISTÓRIA. 277

O estranho e o esquisito 279

A lama na música brasileira 285

Júpiter Maçã 291

Arrigo Barnabé 299

Itamar Assumpção: daquele instante em diante 313

Grupo Rumo 323

Pontos de fuga 329

REFERÊNCIAS. 335

Apresentação
Rogério Skylab, o crítico e conceituador

MARCOS LACERDA

Rogério Skylab é escritor, crítico e conhecido artista da canção brasileira. Sua obra musical já é bastante vasta, contando com dezenas de álbuns, que vão desde o primeiro *Fora da grei* (1992), passam pelas séries *Skylab*, que resultaram em dez álbuns diferentes e chegam a três trilogias — *Trilogia dos carnavais, Trilogia do cu* e *Trilogia do cosmos* —, além de passar por experimentações em parcerias com músicos de vanguarda.

Nas séries aparecem algumas das suas canções mais conhecidas, casos de "Matador de passarinho", "Uma carrocinha de cachorro-quente", "Música para paralítico", "Fátima Bernardes experiência", "O urubu", "Século xx", "Você vai continuar fazendo música?", entre outras. Os álbuns *Abismo e carnaval, Melancolia e Carnaval* e *Desterro e Carnaval* foram sintetizados na *Trilogia dos carnavais*, que contou também com um vídeo e participações de artistas como Arrigo Barnabé. Na *Trilogia do cu*, temos *O rei do cu, Nas portas do cu* e, por fim, *Crítica da razão do cu*. Na *Trilogia do Cosmos*, temos *Cosmos, Os cosmonautas* e *Caos e cosmos*.

Mas a coisa não para por aí. Skylab também fez álbuns em parceria, cabendo destacar os três volumes com o músico de vanguarda Livio Tragtenberg, nomeados *Skylab & Tragtenberg* i, ii e iii. Como parte da série, Skylab fez as *Skygirls* e, com a orquestra Zé Felipe, integrante do grupo carioca Zumbi do Mato, compôs o álbum *Rogério Skylab e Zé Felipe*.

Uma obra vasta, como pode ver o leitor. Mas o que poucos sabem é que Rogério Skylab tem também ampla produção crítica, em diferentes áreas, do ensaio filosófico, com apuro e cuidado conceitual, à crítica literária, passando pela crítica musical. Além de livros sobre os filósofos Alain Badiou e Giorgio Agamben, Skylab também publicou um livro sobre Henry James, um trabalho de análise paciente, minuciosa e de teor acadêmico.

No caso da crítica da canção, ele vem escrevendo textos boníssimos, que rivalizam com o que de melhor vem se produzindo sobre o tema no Brasil, ao mesmo tempo em que ampliam decisivamente o repertório de artistas como objeto de análise. Tive a oportunidade de publicar dois deles em livros distintos organizados por mim. O primeiro, "Itamar Assumpção", publicado no livro *Música: ensaios brasileiros contemporâneos* (2016), sugere uma forma nova de categorização e conceituação da canção brasileira em geral, para se chegar à singularidade de Itamar Assumpção. O segundo, "A terceira pessoa em Luiz Tatit", se concentra na obra de Luiz Tatit e foi publicado no livro *A canção como música de invenção* (2018).

Vale dizer, aliás, que conheci estes textos, esta parte do Rogério Skylab crítico agudo e com sensibilidade afiada, ao ler o seu *blog* Godard City. Fiquei muito impressionado com a ampla produção e a excelência das análises. Mas talvez o fator que mais tenha me chamado a atenção foi mesmo o repertório bastante heterodoxo, se pensarmos na crítica da canção mais conhecida entre nós. Skylab escreveu sobre Fausto Fawcett, Luís Capucho, Júpiter Maçã, Arnaldo Antunes, Tom Zé, Luiz Tatit, Itamar Assumpção, Damião Experiência, Arrigo Barnabé, Jards Macalé, entre outros.

Vejam quão longe estamos aqui do cânone mais comum à mediação crítica da canção no Brasil, ao menos àquela mais consagrada, que passa frequentemente por samba carioca da época de ouro, Bossa Nova e Tropicalismo. Não que esta tríade seja irrelevante, ou deva ser colocada de lado. Isso seria uma coisa ingênua e bem limitadora. Mas ela deve, com toda certeza, ser ampliada, para que possamos ter uma imagem mais justa e rica do repertório de criações da canção popular no Brasil que vai muito além dos três exemplos mencionados.

Parte desses textos compõe *A melodia trágica*, seu primeiro livro voltado exclusivamente para a crítica da canção, já que ele publicou livros de ensaio político e poesia, caso de *Debaixo das rodas de um automóvel* (2006) e *Lulismo selvagem* (2020). Este último tem sido objeto de entrevistas que vem fazendo em canais de internet voltados ao tema da política brasileira contemporânea. Sua presença, aliás, como pensador da cultura é algo a ser levado em consideração, como se ocupasse um espaço significativo no imaginário popular, cultural e intelectual do país.

Mas voltando ao seu *A melodia trágica*, mesmo quando trata de um tema muito comum à nossa crítica da canção, o Tropicalismo, por exemplo, Skylab faz aparecerem outras perspectivas, modos próprios de pensar este amplo movimento artístico e cultural. É o que podemos ver em textos como "José Agrippino e os Mutantes" e "Em busca do Torquato Tropicalista", que fazem parte da primeira seção do livro, chamada "Mergulhos". Foi o próprio Skylab, aliás, que propôs a organização, dividindo os textos em dois blocos temáticos: "Mergulho" e "Por uma nova história".

Estamos diante, sem sombra de dúvida, de um pensador fino das coisas do Brasil, do sentido das coisas do mundo e do lugar preciso ou impreciso da canção e da música como formas, a um só tempo, de experimentação da realidade, nas suas várias dimensões (ontológica, estética, política, conceitual, social), e de criação de realidades, também em múltiplas dimensões. Skylab é um dos mais bem preparados artífices do gesto imprevisível, perigoso e, mesmo, enigmático, de se trazer ao ser aquilo que é do domínio do não ser. Em suma, de fazer a criação, estimular a invenção de formas, não só artísticas, mas também críticas e conceituais e, com isso, movimentar o espírito do mundo, com senso de medida e exasperação, com domínio do conceito e desespero da dúvida.

Introdução

CONSIDERAÇÕES GERAIS

O *blog* Godard City era o local em que arquivava meus textos: crônicas, artigos literários, poesias, contos, ensaios... sem nenhuma segmentação. A partir do convite de publicar um livro sobre canções foi que passei a selecionar os textos, me vendo na obrigação de relê-los e às vezes modificá-los. Nesse processo, alguns foram deixados de fora.

A primeira parte deste *A melodia trágica*, "Mergulho", começa pelo final, cronologicamente falando: ali estão os textos mais tardios. Foram escritos entre os anos de 2014 e 2017. É uma narrativa específica, seguindo um certo rigor. Privilegia-se o conjunto da obra do artista analisado, em vez do fragmento. Dos textos da primeira parte, apenas um, "A Terceira Pessoa em Luiz Tatit", foi publicado, originalmente, dentro da Coleção Ensaios da Funarte (outro texto que viria a ser publicado na mesma coleção foi "Itamar Assumpção — daquele instante em diante", presente na segunda parte).

Outro elemento a destacar é a relação com a literatura. Os textos, principalmente os da primeira parte, são estruturados dentro da perspectiva da crítica literária. Mas não somente. A sociologia, a semiologia, a filosofia, a teoria musical estarão presentes também. Inclusive o jornalismo cultural, num entrecruzamento de informações, gêneros e estilos.

Na segunda parte, "Por uma outra história", com textos escritos numa época anterior à dos que compõem a primeira parte, vamos nos defrontar com narrativas mais curtas, com menos referências e, provavelmente, mais prazerosas. São textos como lances de dados: neles existe uma aposta. Escritos entre 2009 e 2013, aqui a Vanguarda Paulista, os anos 90 e a Nova MPB estarão sob análise. Textos como "O estranho e o esquisito", que abre a segunda parte, e "Pontos de Fuga", que a finaliza, são, provavelmente, os mais complexos e polêmicos do livro.

De modo geral, tanto na primeira quanto na segunda parte há um movimento de discussão. Ele traz à tona uma historiografia que, nos anos 90, empreende a releitura do Tropicalismo (aqui, *Verdade Tropical*, de Caetano Veloso, é um marco) e retoma vozes dissonantes, como Roberto Schwarz e Frederico Coelho. Chega, inclusive, a discutir o legado dos anos 60 e o alto custo da indústria cultural em relação às pesquisas de grupos como Música Viva e Música Nova.

A perspectiva é sempre de confronto. Não há nenhuma zona de conforto. Nem mesmo a Vanguarda Paulista, mais abordada no estudo como ponto de identificação, será poupada: o equilíbrio da conciliação final é um engodo diante da violência da indústria cultural. Em "A Odisseia de Fausto Fawcett", "Em Busca de um Torquato Tropicalista", "O Sublime em Luís Capucho", nos textos sobre Itamar, Arrigo e o Grupo Rumo, há uma inconstância que constitui o trágico. Em vez da perspectiva teleológica, a diferença. Mesmo na constituição do sujeito epistemológico (da Jovem Guarda ou do Tropicalismo) vamos é nos deparar com vários sujeitos em sua *démarche*.

A melodia trágica, cujo título me foi sugerido pelo texto de Laura Beatriz Fonseca de Almeida, *Um poeta na medida do impossível: trajetória de Torquato Neto*, refere-se à voz do poema, quando finalmente transparece a harmonia ou a síntese que os trágicos tanto buscavam: é a melodia do homem que se iniciou na medida do impossível, na desafinação, no paradoxo (não podendo evitar o paradoxo, ele tampouco pode aceitá-lo). Mas há um retorno lírico por uma fulguração instantânea, iluminando a tempestade da realização e tranquilizando-a na ordem encontrada, como nos sugere Foucault na *História da Loucura*. O pensamento trágico é encarnado pelo vidente e vai se dar no texto como melodia, não como imagem.

A OPERAÇÃO EXCÊNTRICA

Os textos deste livro têm como perspectiva a MPB, vista mais como instituição sociocultural do que como gênero, comportando processos de educação sentimental, estético e ideológico. Marcos Napolitano, em *A síncope das ideias: a questão da tradição na música popular brasileira*, sublinha a MPB como um projeto inacabado de país, comportando um futuro em aberto. Essa avaliação tem como contexto os anos 60, vistos retrospectivamente por Napolitano como uma junção de harmonia e cacofonia, e comportando a reavaliação desse período por parte dos anos 90, através de *Verdade Tropical* e da resposta a essa verdade oferecida por Roberto Schwarz.

A lente de grande panorâmica vai dos anos 60 aos dias de hoje — período da moderna música popular brasileira, subdividido em três ciclos: o primeiro, que é da sua fundação, abarcando as décadas de 60 e 70; o segundo, que vai percorrer a década de 80 e parte dos anos 90; e o terceiro ciclo, que tem a sua fundação ainda nos anos 90 e chega até os dias de hoje. A grande panorâmica, na verdade, presta um tributo à operação excêntrica.

Em Luiz Tatit, trata-se da terceira pessoa — pensando-a como espaço (campo), chega a ser anterior, inclusive, à curva entoativa. Na linguagem tropicalista é o processo de carnavalização, desmontando a ideologia oficial através do deslocamento excêntrico do moderno e do arcaico, transformando-os em coisa acabada.

Em Fausto Fawcett, trata-se do "não pensado" da alegoria, aberto para o futuro e expressando a paralisação — é o ser em sua forma pura de alteridade infinita, ainda não definida (o vazio enquanto indeterminado). Aqui, o caráter paradoxal da imagem alegórica, no caso, da ficção científica, ilustra o processo da literatura invisível: o monstro da ficção científica representa a volta do recalcado. Porque há um fracasso na expressão do evento, que permanece reprimido — fracasso da literatura invisível em razão do não uso de metáforas e da incapacidade de se expressar por si mesma. A imagem alegórica tem, portanto, uma relação com o passado (o evento a ser narrado) e com o porvir (a volta do recalcado como monstro). Mas antes do porvir monstruoso da ficção científica, há essa suspensão, a abertura propriamente do humano, desvelando o outro. Esse caráter paradoxal da alegoria remete também ao "habitus", conforme o conceito de Bourdieu: fugindo ao dualismo sujeito e objeto, o caos como estrutura estruturada e estruturante.

Em Arnaldo Antunes a operação excêntrica está no primitivismo ou no mundo tribalizado pela tecnologia, como teria intuído Oswald de Andrade: fugindo ao dualismo (indivíduo *versus* coletivo), o receptor passa a ser também sujeito de informação, retomando um tribalismo em que se utilizava da arte para fazer diferentes coisas — suas diferentes utilidades. Com a tecnologia, a interatividade retoma esse desejo de unicidade num binômio arte-vida.

Em Luís Capucho a aventura excêntrica está na projeção negativa: a intelecção das formas do medo e da compaixão, como produção de prazer. É o trabalho humano para responder ao sofrimento, quando a representação sensível se abre para o abstrato. Diz mais respeito à contraefetuação, ao acontecimento na sua linha abstrata impessoal e pré-individual (a quarta pessoa). A música "Expressão da Boca", de

Capucho, talvez seja a mais representativa de seu repertório, juntamente com "Música de Sábado", porque movimento e expressão, as duas séries juntas, remetem à temática nietzschiana do trágico: a teoria do sublime.

A operação excêntrica de Zé Agrippino, que podemos relacionar ao "Chão de Estrelas" dos Mutantes, é o desaparecimento do tempo: só há espaço. A montagem é aleatória porque não há nada a dizer. Já o processo alegórico no Tropicalismo obedece a uma técnica de montagem, cujo objetivo é desmontar, via paródia, o mito da tecnocracia. Ou seja: há uma ironia pessimista em relação à modernização retardatária, expressando um tom didático, ético. Ora, Agrippino, principalmente em *Lugar Público*, sua obra maior, através de uma figura de linguagem, a parataxe, que elimina as conjunções, expressa a desorganização do espaço público. Através de cortes, os fragmentos não se coadunam entre si. E ao contrário do Tropicalismo, que, de alguma forma, formaliza a derrota da esquerda (a experiência da derrota), em Agrippino a introjeção da tecnocracia leva ao esquecimento da experiência — é a dessubjetivação do sujeito, nos remetendo ao muçulmano nos campos de concentração. A ausência de projetos dos intelectuais, que se espraiam pelas bibliotecas, acaba se tornando uma das maiores resistências ao projeto desenvolvimentista — uma resistência maior do que a própria crítica impetrada pelo Tropicalismo.

Em Torquato Neto, a operação excêntrica, que não deixa de estar associada ao Tropicalismo, ao contrário de uma historiografia que procura alijá-lo do movimento, está no olhar pelas brechas, pelas fissuras, procurando sempre a saída, transitando em todos os espaços, sempre em fuga. Paulo Roberto Pires o identifica como a margem da margem da margem, porque nem mito da marginalidade, nem carnavalização por intermédio da linguagem. A destruição, em Torquato, não tem um propósito construtivo. O espaço da imagem alegórica tropicalista, ao qual Torquato também está associado, vai desembocar no espaço da ação política — por sinal, na música "Geleia Geral", na última estrofe, o sujeito narrativo se evade da estratégia enunciativa: "eu me sinto melhor, colorido, pego um jato, viajo, arrebento, como roteiro de sexto sentido".

Cabem também algumas palavras à experiência Lo-Fi, que não deixa de estar ligada à operação excêntrica. O Lo-Fi faz parte da história da técnica, que contém duas lógicas: a da profundidade (Hi-Fi), que expressa o progresso linear na busca pela redução dos ruídos e pela ampliação do espectro sonoro; e a lógica da superfície (Lo-Fi), que se dá via rizomas — o Lo-Fi busca o progresso da quantidade de dados armazenados em mídias, e o progresso da quantidade de bits por segundo (aqui, a relação sinal-ruído é desfavorável). Não há como deixar de considerar a moderna música popular brasileira, a partir dos anos 90, sob esse prisma: o Lo-Fi está presente no hip-hop, no dance, no tecno e até no que viria a ser chamado de sertanejo universitário. Mas o vaporwave talvez seja o gênero que melhor expresse essa nova lógica, quando sobrepõe vários samplers para criar o não sentido, guardando assim algum parentesco com a estética de Agrippino em *Lugar Público*: a montagem do aleatório. Ainda que como técnica não seja uma manifestação em si (o Lo-Fi se integra ao elemento sonoro), ele desencadeia movimentos de desterritorialização, criando interferências nos programas que constituem o regime de signos da música pop, o Hi-Fi, ou produzindo distorções pela relação direta entre os corpos humanos e os aparelhos. Em outras palavras, esses movimentos de desterritorialização acabam por gerar um novo regime de signos, dentro do qual a dinâmica musical ou a complexidade harmônica deixam de ser relevantes. Nessa nova lógica, o instante decisivo (o clímax) é o instante qualquer: não há mais ápice de tensão dinâmica porque todos os elementos sonoros soam o tempo todo e a todo volume.

Todas essas operações excêntricas servem aos menos para deixar em suspensão a moderna música popular brasileira. E, nesse aspecto, a observação de Lorenzo Mammi sobre a bossa nova, fundação dessa música, faz todo sentido: o projeto utópico da bossa nova reside em seu caráter indefinível, ligada que está ao fracasso do processo histórico, localizada entre uma antiga sociabilidade que se perdeu e uma sociabilidade racional que não conseguiu realizar. A comparação que Mammi estabelece entre a bossa nova e o jazz, fazendo uma analogia entre a Big Band americana e a fábrica, nos anos 30, para descrever o jazz, tem muita semelhança com o método composicional de Frank Zappa. Numa reportagem da Revista *Jazzmagazine*, em junho de 2008, reunindo músicos que tocaram com Zappa e jornalistas especializados, (*Frank Zappa: um falso roqueiro ou um verdadeiro jazzman?*), destacamos algumas observações, dando conta da relação entre Duke Ellington e Frank Zappa:

GUY DAROL Duke Ellington e Frank Zappa são frequentemente comparados notadamente pelo fato de que Duke Ellington escrevia para pessoas precisas, enquanto que as peças de Zappa eram transformadas, conforme eram tocadas na bateria por Chester Thompson ou Vinnie Colaiuta. Essa aproximação lhes parece pertinente?

PIERREJEAN GAUCHER O que era em comum entre eles é que ambos amavam tanto a orquestra quanto o instrumento. Para Zappa, a orquestra é o último instrumento.

GLENN FERRIS Eles criavam uma música para músicos. Duke Ellington sempre escolheu seus músicos em função do som deles. Da mesma forma, quando da minha primeira audição, Zappa perguntou qual era a nota mais aguda que eu podia tocar, depois a mais grave. Dessa forma, ele ia poder escrever a música que eu seria capaz de tocar.

JEAN-LUC RIMAY LILLE Um músico clássico tem a atitude de ser dirigido e é o chefe da orquestra que faz o colorido do som. Zappa trabalha diferente. Ele escreve em função de seus músicos.

Essas passagens definem exatamente a relação entre o particular e o público, numa estética que se desdobre numa sociabilidade. Já o caráter utópico da bossa nova, que poderíamos estender para a moderna música popular brasileira, estaria no fato de servir como ponto de partida para qualquer hipótese futura. É o que Marcos Napolitano vai definir como projeto inacabado de país, como um futuro em aberto.

Nesse contexto, prepondera um elemento de perda, sem que nenhuma substituição venha em seu lugar. Essa perda será respondida das mais diferentes maneiras: terceira pessoa, quarta pessoa, imagem alegórica, eterno caminhante, neotribalismo, estética do longe… todas elas, operações excêntricas.

Mergulho

Em busca de um Torquato tropicalista

> Eu sou como eu sou vidente
> e vivo tranquilamente todas
> as horas do fim.
>
> TORQUATO NETO

Do mito romântico ao homem trágico   O título irônico deste trabalho vai na contramão de uma historiografia que, a partir dos primeiros anos deste século, investiu na diferença entre Torquato Neto e o Tropicalismo. Cabe aqui perguntar os motivos que estariam por trás dessa diferenciação, considerando que Torquato representa um de seus artífices mais importantes. Ora colocando-o, de forma negativa, dentro da tradição romântica de ruptura, ora inserindo-o em um extenso movimento que desemboca na Marginália, é sempre um mesmo movimento de exilar o poeta de sua condição natural, aquela que deu origem ao seu trajeto singular na cultura brasileira: um mesmo ato de força que significa fixá-lo em categorias que traem a sua condição permanentemente em fuga. Este texto passa pela metáfora do escorpião que o texto de André Monteiro tão bem expressa, pela metáfora do vampiro, pelo alegre caminhante errante e pelo vidente — num arco que vai do "mito romântico de ruptura" ao homem trágico, todos pressupostos pelo Tropicalismo e explorados por Torquato até as últimas consequências.

Descentralizando a versão oficial   Quando escrevi sobre Tom Zé, reportando-me ao seu livro *Tropicalista lenta luta*, tentei sublinhar uma outra voz ao que era considerado oficial e corrente (*Verdade tropical*, de Caetano Veloso, talvez possa ser considerada a sua versão oficial). Dessa vez, tendo como foco Torquato Neto, meu intuito continua o mesmo: captar outras vozes que descentralizem o que é tido como moeda corrente.

O processo de constituição de uma perspectiva semiótica Essa diferença de vozes que constituirão a riqueza dos anos 1960 não era determinada somente pelas tendências musicais que, de certa forma, se digladiavam em prol de uma hegemonia no campo cultural. Essa diferença estava interiorizada em cada uma dessas tendências. Nesse sentido, vale a pena lembrar o estudo de Paulo Eduardo Lopes, em seu livro *A desinvenção do som*, dentro do campo da semiótica, quando focaliza, em sua pesquisa sobre o Tropicalismo, o nível das precondições da significação, que é o ser do sujeito.

Inspirado na *Semiótica das paixões*, de Greimas e Fontanille, o ser do sujeito é a condição prévia da ação, a forma do ser do sujeito anterior à realização. E o que constatamos no estudo de Paulo Eduardo é que existe uma *démarche* do sujeito, o que novamente nos remete ao núcleo deste texto: a busca de várias vozes, próprias de um ser descentrado. No caso da Jovem Guarda, por exemplo, o playboy, que é seu sujeito epistemológico, é focalizado em dois momentos: o primeiro, iniciático, colorido e cheio de gírias, quando há um processo de negação dos artificialismos burgueses, rejeitando os mecanismos que reproduzem a escala social que inferioriza esse playboy — normalmente ele é oriundo de classes mais pobres; mas há um segundo momento, propriamente de restauração do devir, que levaria esse mesmo sujeito no rumo de seu destino epistemológico, cuja base temático-narrativa é "o grande amor para toda a vida".

A grande canção desse segundo momento, "Quero que vá tudo pro inferno", introduz a diferença em relação ao primeiro momento: "De que vale a minha boa pinta de playboy, se entro no meu carro e a solidão me dói?". Nesse momento, há a reintegração ao mundo do mesmo, solucionando ou reparando uma divergência inicial. Paulo Roberto chama a atenção para essa extravagância do playboy, própria do marginal romântico, figura à qual muitos textos relacionarão Torquato Neto: faz-se questão de negar a axiologia burguesa no processo de autoafirmação. Por outro lado, afirmar sua diferença apenas acentuaria uma característica burguesa, qual seja, o individualismo, que a paixão romântica vai afirmar em alto e bom som. De qualquer maneira, mesmo flagrando uma falsa diferença na fase inicial da "Jovem Guarda", chamanos a atenção no texto de Paulo Roberto o fato de que, ao menos, há um processo de constituição do playboy: ele não é o mesmo, ainda que o autor eleja um destino, um fim, para esse sujeito.

O sujeito epistemológico da MPB   Ao comentar o sujeito epistemológico do que convencionamos chamar de MPB, conforme Paulo Roberto, essa diferença se acentuaria ainda mais em razão de sua subdivisão: em vez de um sujeito, são dois: os nostálgicos e os apostólicos. E cada uma dessas subdivisões guardaria outras em seu interior. Paulo Roberto chama-nos a atenção para algumas canções como "Lua Nova", de Torquato e Gil, assim como a "Marcha da Quarta-feira de Cinzas", de Vinicius e Carlos Lyra, que apresentariam uma variação à perspectiva nostálgica, e ainda assim estariam nesse mesmo subgrupo, uma vez que tanto os nostálgicos buarquianos quanto as duas canções mencionadas seriam de modalidade alética, isto é, compostas de oposições que excluiriam posições intermediárias ou terceiros termos.

Um nostálgico por excelência, caso de Chico Buarque, apresenta em suas canções um devir cíclico que nos remete ao mito de Sísifo: a canção recobre um estado eufórico pontual, limitado a jusante por estados disfóricos (a realidade cronológica são os pontos de partida e de chegada, com um intermezzo mnésico e eufórico representado pela canção). Não fica difícil de entender por que são tão pessimistas. A variante, ainda dentro desse mesmo subgrupo, acenando para uma diferença interna, é a inversão de modalidade alética: em "Marcha da Quarta-feira de Cinzas", quem se mostra deslocado e fadado a desaparecer não é a canção, mas o silêncio — parte-se então da canção, que é depois silenciada tal como na Quarta-feira de Cinzas, e retornando-se, por fim, ao estado inicial eufórico, bastando que "cantemos": a canção é suficiente para trazer em si mesma os valores positivos, mas não é suficiente para unificar um sujeito epistemológico, guardando aqui variações internas.

Outras canções apresentam ainda mais uma variação em relação às duas anteriores, levando-nos, nesse caso, a pensar em uma fase intermediária entre os nostálgicos e os apostólicos — é o caso de "Canto de Ossanha", de Vinicius e Baden Powell, e "Zelão", de Sérgio Ricardo. Porque aqui o paradigma nostálgico está presente (em "Canto de Ossanha", o tema recoberto pelo canto prende-se à vida individual — a ilusão amorosa, que é típica do paradigma emepebista do nostálgico); por outro lado, o canto também faz menção ao caráter ilusório de outros cantares, paradigma dos apostólicos.

A sensação de meio do caminho é que há a revelação da ilusão, mas esta não é suficiente para levar o narrador à conscientização dos demais. Outra canção, na mesma verve polifônica das duas anteriores, é "O Morro (feio não é bonito)", de Carlos Lyra e Guarnieri, constituída pela voz ufanista do coro (de plano narrativo contrário ao do apóstolo) e a voz não ufanista de Nara Leão, que critica a primeira. Por não apresentarem as características específicas do sujeito epistemológico engajado, que chamaremos de apostólico, essas subvariações dão conta das diferenças internas que constituem o campo da MPB. O Tropicalismo não estará livre de outras diferenças, assim como o próprio Torquato, cujo percurso não só como letrista mas também como poeta, artista plástico, cineasta e jornalista abrigou um leque de vozes contrastantes.

O percurso epistemológico do Tropicalismo O percurso epistemológico do Tropicalismo, que nos leva a sujeitos diferentes entre si, tem um primeiro momento de negação, próprio do *bricoleur* por excelência. A grande canção dessa fase, "Marginália II", de Gil e Torquato, tem como proposta a negação de um programa narrativo proposto ao sujeito pelo antidestinador. E esse programa manipulador vai recobrir a prova qualificante da narrativa tropicalista, cujo interesse gira em torno da questão do discurso e da cultura (como fugir desses intermediadores sociais, no sentido de uma relação direta entre sujeito e objeto?). Esse primeiro momento, que não é cronológico, parte, portanto, de uma estratégia enunciativa e metadiscursiva, claramente paródica: deixar o outro falar para que seu discurso se esvazie:

> Aqui, o Terceiro Mundo
> Pede a bênção e vai dormir
> Entre cascatas, palmeiras
> Araçás e bananeiras
> Ao canto da juriti

O segundo momento seria a proposta de um novo programa narrativo, como nos indica "Não identificado", de Caetano. Esse discurso sobre a canção já indica uma certa utopia, tal como acontece no sujeito nostálgico. O *bricoleur*, esse sujeito epistemológico tropicalista, planeja um programa de exteriorização do sentimento, que só poderá ser efetuado num lugar sonhado, longínquo — um espaço sideral por meio de uma canção não identificada:

> Eu vou fazer uma canção de amor
> Para gravar num disco voador
> Uma canção dizendo tudo a ela
> Que ainda estou sozinho, apaixonado
> Para lançar no espaço sideral

Por fim, o terceiro momento não diz mais respeito a um discurso sobre a canção, mas à tentativa de realização de um novo tipo de canção ("Alegria, alegria" seria essa primeira tentativa). Cabe analisar essas tentativas e ver até que ponto foram bem-sucedidas ou, ao contrário, expressam a nostalgia de um discurso impossível (existe também a possibilidade de esse discurso impossível tropicalista não ter relações com a perspectiva nostálgica).

O aspecto nostálgico do Tropicalismo Em *A desinvenção do som: leituras dialógicas do Tropicalismo*, Paulo Eduardo Lopes propõe:

Uma das constantes dos textos tropicalistas é essa idealização da canção eufórica (ou de qualquer modalidade discursiva conforme as suas propostas ético-estéticas): ora ela representará o gozo estético sem intermediadores ("Alegria, alegria"), ora será a expressão direta do interior do sujeito (individual: "Não identificado"; coletivo: "Soy loco por ti América"), ora estará localizada num local inacessível ou proibido ("Enquanto seu lobo não vem" e "Não identificado"), ora, ainda, projetada num então temporal ("Acrilírico"). E de forma análoga ao que ocorre na MPB nostálgica, conforme Paulo Eduardo, também o tropicalista está condenado a uma espécie de nostalgia desse impossível discurso. Pois, como vimos, seu discurso é necessariamente o discurso do outro infetado e agonizante. Como sempre acontece nesses casos, "a morte do hospedeiro é também a do agente infeccioso" (Lopes, 1999, p. 292).

Esse fragmento coloca um problema no Tropicalismo que valeria a pena ser discutido: como manter um discurso específico contra o discurso em geral? Como propor positivamente uma canção quando se canta para negar a canção? Segundo Paulo Eduardo Lopes, a aporia tropicalista consistiria justamente nisto: não há uma proposta da canção, mas uma vontade não realizada, conforme podemos constatar em "Não identificado". E esta seria a faceta nostálgica do Tropicalismo: imagina-se uma canção tão visceral que não se vê outra saída a não ser propô-la inatingível, intangível.

A etapa final do sujeito tropicalista: o corpo Por outro lado, poderíamos pensar num desejo de desenunciação que levaria a um mergulho nas profundezas tensivo-fóricas, anteriores ao engendramento dos discursos ("Alegria, alegria"). Haveria aí um indizível buscado, um lugar inacessível, utópico, numa fusão libertária com os objetos do mundo: o alto das cordilheiras sub-asfálticas, o céu interior da alma, os cinco sentidos. Essa fusão do sujeito com o objeto é que levaria à construção de um objeto cognitivo, estético ou passional. Por exemplo, em "Domingou", ao contrário das notícias de jornais, que são intermediadores dos dias úteis, surge um domingo em relação direta com o sujeito:

O jornal de manhã chega cedo
Mas não traz o que eu quero saber
As notícias que leio conheço
Já sabia antes mesmo de ler — ê, ê
Qual o filme que você quer ver — ê, ê
Que saudade, preciso esquecer — ê, ê
É domingo, ê, ê, domingou, meu amor

Assim é a lua da Esso em "Paisagem útil":

Os automóveis parecem voar
Os automóveis parecem voar
Mas já se acende e flutua
No alto do céu uma lua
Oval, vermelha e azul
No alto do céu do Rio
Uma lua oval da Esso
Comove e ilumina o beijo
Dos pobres tristes felizes
Corações amantes do nosso Brasil

Assim como são os espinhos e o sorvete em "Domingo no parque":

Foi que ele viu
Foi que ele viu Juliana na roda com João
Uma rosa e um sorvete na mão
Juliana seu sonho, uma ilusão
Juliana e o amigo João...

O espinho da rosa feriu Zé
Feriu Zé!, Feriu Zé!
E o sorvete gelou seu coração
O sorvete e a rosa
Ô, José!
A rosa e o sorvete
Ô, José!
Foi dançando no peito
Ô, José!
Do José brincalhão

Ô, José!…

O sorvete e a rosa
Ô, José!
A rosa e o sorvete
Ô, José!
Oi girando na mente
Ô, José!
Do José brincalhão
Ô, José!…

Juliana girando
Oi girando!
Oi, na roda gigante
Oi, girando!
Oi, na roda gigante
Oi, girando!
O amigo João (João)…

O sorvete é morango
É vermelho!
Oi, girando e a rosa
É vermelha!
Oi girando, girando
É vermelha!
Oi, girando, girando…

Olha a faca! (Olha a faca!)

Sujeito e objeto se confundem como precondição de uma posterior cisão que viria a constituir o estatuto actancial de cada um. "Retomar a linha evolutiva da música popular brasileira", frase histórica de Caetano, linha evolutiva que a bossa nova, em determinado momento, viria a cumprir, seria de certa forma reinventar a desafinação, como nos atesta o projeto tropicalista — a música "Saudosismo", do próprio Caetano, já atesta esse desejo:

eu, você, João,
girando na vitrola sem parar
e o mundo dissonante que nós dois
tentamos inventar

Mas, se isso fica apenas como desejo, vontade, projeto, há por outro lado, nessas diversas vozes contraditórias que compõem o objeto (na canção "Tropicália"), alguma coisa fixa que dá acabamento à polifonia: é a corporalização do discurso. E foi essa a solução, segundo Paulo Eduardo, para o Tropicalismo figurativizar a busca de um mundo dissonante, não como imperfeição, mas como precondição: o corpo.

Na canção "Tropicália", por exemplo, apesar da justaposição de frases feitas e da superposição de estilhaços sonoros, próprios da bricolagem intelectual tropicalista, nada ficaria de pé não fosse o corpo — daí a reiteração da palavra "monumento" e da isotopia figurativa corporal: "sobre a cabeça... sob os meus pés..."

Sobre a cabeça os aviões
Sob os meus pés, os caminhões
Aponta contra os chapadões, meu nariz
Eu organizo o movimento
Eu oriento o carnaval
Eu inauguro o monumento
No planalto central do país...

Aliás, é através do corpo, conforme Merleau-Ponty, que o indivíduo se comunica interiormente com o objeto. Mas não é só reflexividade e totalidade. Há também a questão do suporte sintático, sobre o qual se enxertam os sintagmas cristalizados, deslocados de seu contexto original — corporalizam-se os objetos objetivados pela cultura. A corporalização é o princípio de contiguidade que leva, inclusive, o sujeito a virar objeto: "eles põem os olhos grandes sobre mim", transformando o narrador num objeto. É sob esse aspecto que podemos pensar numa etapa final de construção do sujeito tropicalista, a prova principal de seu percurso narrativo, sempre privilegiando seu processo constitutivo em vez de visões cristalizadas e objetivadas. Com isso, sublinhamos o leque das diferenças que vão estar implícitas num processo de construção.

Como se processa a fama marginal de Torquato e como se processa sua fala mítica de marginalidade Pensando em Torquato, podemos reparar em duas canções de sua lavra, em parceria com Gil, e ainda dentro do Tropicalismo, que parecem se contradizer, não expressassem o percurso epistemológico do Tropicalismo: "Marginália II" e "Domingou". Em "Marginália II" há a proposta da consolação por parte da canção, realizada por um destinador que busca inscrever ou manter o sujeito num antiprograma disfórico. O canto da Juriti é a metáfora da epistemologia do nostálgico, como atesta o poema "Juriti", de Casimiro de Abreu. Torquato escreve: "pede a benção e vai dormir ao canto do juriti". E nos deparamos com imagens estereotipadas que cercam o sujeito de uma pseudoeuforia ingênua, só aumentando seu desespero e nos dando a sensação de um exílio às avessas — estrangeiro em seu próprio país. Eis o processo de apresentação da retórica ufanista da lírica romântica com a qual o sujeito da narração vai identificar a própria MPB.

Essa estratégia enunciativa também vai estar presente em "Geleia geral", outra canção de Torquato em parceria com Gil: também aqui a aparência de uma monumental manhã tropical nos é desmentida — a orquestração termina por revelar-se opressiva. Todos esses aspectos sublinham a figuração "canção" com um objeto-valor disfórico, localizado no interior do programa manipulatório de um antidestinador e, enquanto modalidade discursiva entre outras, situado no quadro de uma estratégia de dissuasão do destinatário sujeito.

O processo de negação a esse discurso ufanista, presente em ambas as canções, é o que André Monteiro Guimarães, em seu texto *A ruptura do escorpião: ensaio sobre Torquato Neto e o mito da marginalidade*, vai identificar como o mito da marginalidade em Torquato, mas que não deixa de estar presente no percurso epistemológico tropicalista: uma estranha alegria que parece estar ancorada no porto seguro da tristeza ("Geleia geral") ou marcada pela força da melancolia, da solidão, do medo, da miséria, do desespero, da fome e da morte ("Marginália II"). Mas se André Monteiro, no afã de apontar o mito da marginalidade em Torquato, chega ao ponto de diferenciá-lo da leitura tropicalista ou mesmo do bárbaro tecnizado em Oswald, não podemos esquecer que Torquato está inserido no Tropicalismo e é um de seus artífices.

Se formos pensar no mito da marginalidade em Torquato, ele também terá que ser pensado no percurso epistemológico tropicalista. Por outro lado, a canção "Geleia geral" apresenta uma diferença em relação a "Marginália II" que deve ser observada: na última estrofe da canção, o sujeito narrativo se evade de estratégia enunciativa e apresenta outra perspectiva. Não estamos mais diante da postura existencial culpadilacerada, que seriam símbolos repressivos da cultura cristã, nem da esfera macroeconômica do terceiro mundo, constitutivos da marginalidade. André Monteiro lembra a dinâmica paradoxal desse mito: enquanto a poesia marginal, que se desenvolve na década de 1970, subverte a norma através de trapaças malandras em relação aos aparatos repressivos, Torquato não dribla o clima de medo e paranoia, parecendo antes introjetar esse clima — o paradoxo, próprio do mito da marginalidade, estaria em querer romper com a sociedade e a família, ao mesmo tempo apreciando a barra-pesada do sanatório e a segurança do isolamento.

Ao reforçar paradoxalmente o tabu da norma, este se tornaria a condição imprescindível da retórica de negação e da ruptura moderna, ao contrário do que representou a antropofagia em Oswald de Andrade, que transforma o tabu em totem, o valor oposto em valor favorável, cabendo ao homem totemizar o tabu, o intocável. Porém, se a interpretação de André Monteiro, como ele próprio diz, tem em vista verificar como se legitima a fama marginal de Torquato, como se processa sua fala mítica de marginalidade, ao contrário de Heloísa Buarque que apenas constata essa marginalidade, e de André Bueno em seu livro *Pássaro de fogo no Terceiro Mundo*, que apenas determina suas possíveis causas, há, todavia, no texto de André Monteiro, um esquecimento grave: Torquato faz um salto abrupto na última estrofe de "Geleia geral", evadindo-se da estratégia enunciativa e introduzindo outro percurso narrativo tal como vemos realizar-se em "Alegria, alegria" na figura da caminhada estética e passional: "Um poeta desfolha a bandeira e eu me sinto melhor colorido, pego um jato, viajo, arrebento, como roteiro de sexto sentido".

A configuração "canção" como um objeto-valor positivo   É quando a configuração *canção* tem um objeto valor positivo. A crítica irônica à indústria cultural sofre um desvio na última estrofe de "Geleia geral". Até então, a paródia utilizada dava a entrever que o narrador fingia aderir a um ou outro dos pontos de vista convocados, deixando o outro falar e consequentemente esvaziando seu discurso. Mas, se essa é a arma tropicalista, desconstrutivista por excelência, sua proposição positiva é uma canção tão visceral que se torna inatingível como "Não identificado" — eis sua faceta nostálgica, não sem esquecer também que o "roteiro do sexto sentido" é algo intangível.

Mas o que Paulo Eduardo vai propor é que, em vez desse impossível discurso, o que o Tropicalismo, no limite, nos faz pensar é no desejo de desenunciação através do mergulho nas profundezas tensivo-fóricas, anteriores ao engendramento do discurso, desembocando na construção de um objeto que serviria de suporte sintático para o mundo de valores propostos. No caso, no último refrão de "Geleia geral", é o jato dentro do qual o narrador viaja. É quando o objeto e o sujeito se confundem, antes de uma posterior cisão. E, nesse aspecto, Torquato, ao compor, com Gil, "Domingou", foge da estratégia enunciativa: não há mais intermediário entre o sujeito e o domingo.

A importância dos objetos no Tropicalismo   Cabe aqui visualizar, então, etapas de construção do sujeito tropicalista que podemos visualizar nas canções, fora de uma perspectiva cronológica. É o que Paulo Eduardo Lopes vai chamar de prova qualificante e prova principal: na primeira, visualizamos o percurso narrativo epistemológico e, na segunda, a construção propriamente do objeto tropicalista, que vai dar ao movimento sua singularidade. A questão da prova qualificante diz respeito a um *saber*, ora sobre o antissujeito e seus objetos (denunciando, por exemplo, os automatismos culturais — uma prova disso é a palavra "atenção" em "Divino maravilhoso", que se desvirtua do senso comum e seus automatismos, criando uma conexão com a visão, quando automaticamente era ao silêncio que se via conectada), ora sobre o próprio sujeito tropicalista e seus objetos — é esse saber que vai dar a ele competência para a realização de seu programa narrativo particular.

A perspectiva desconstrutivista banha essa primeira etapa, chamada de epistemológica. Mas há no Tropicalismo, em seu discurso de *bricoleur*, não apenas uma faceta destrutiva — não há dúvida de que em sua bricolagem, igualando as correntes emepebistas e as identificando com formações discursivas ultrapassadas, como o romantismo dos ufanistas e o civismo dos escriturários do poder retrógrado, a bricolagem efetua uma certa demolição.

Ainda assim, há também uma função construtiva nesse discurso, de reinvenção da desafinação, mergulhando nas profundezas tensivofóricas, anteriores ao engendramento do discurso. Como já vimos, a solução dada pelo Tropicalismo para figurativizar a busca de um mundo dissonante, que a bossa nova obteve de outros modos, foi a corporalização do discurso, sem a qual nada ficaria de pé. Na música "Tropicália", o que dá acabamento à polifonia é a reiteração do monumento, assim como a isotopia figurativa corporal: "sobre a cabeça... sob os meus pés...". A precondição do discurso, na qual sujeito e objeto se confundem, é o corpo (conforme Merleau-Ponty, o corpo não é um resultado de associações, mas uma forma, com reflexividade e totalidade, comunicando-se interiormente com o objeto. Ainda Merleau-Ponty, meu corpo é ao mesmo tempo vidente e visível).

Em "Tropicália", o narrador é transformado em objeto ("ele põe os olhos grandes sobre mim"), apontando ao sentido maior da bricolagem, quando desaparece a oposição sujeito/objeto e o corpo passa a ser a origem comum. Tanto em "Domingo no parque" quanto em "Domingou", "Paisagem útil" e "Tropicália", possivelmente canções-paradigmas do Tropicalismo, nos damos conta da importância dos objetos: em "Domingo no parque", o sorvete, a rosa e a própria roda-gigante (em razão da roda, a história é contada elipticamente, propiciando o salto, a síncope, ou seja, desencadeando a própria sequência estética, sem esquecer que o traço figurativo "vermelho" liga todas as cenas); em "Domingou", "domingo" é o objeto que serve de suporte sintáxico para o mundo de valores propostos, ao contrário das "notícias de jornal", que me dizem o que eu já sei (o jornal, intermediário entre o sujeito e os dias, é eliminado); em "Paisagem útil", a lua da Esso é que vai detonar toda a ação; e, em "Tropicália", o monumento e as feições figurativas corporais vão garantir o princípio de contiguidade aos objetos objetivados pela cultura.

As etapas do sujeito tropicalista encarnadas em Torquato e a insistência da crítica contemporânea em desvinculá-lo do Tropicalismo
Retomando a figura de Torquato, não há como desvinculá-lo de todas essas etapas que constituem o sujeito tropicalista. Caetano Veloso, em seu livro *Verdade tropical*, diz que Torquato é o mais ortodoxo dos tropicalistas. Em compensação, comentadores contemporâneos insistem em objetivá-lo, seja com o mito da marginalidade, seja como exemplo de despolitização, ou ainda como possuidor de uma intencionalidade estratégica que transcende o movimento musical. Em todas essas perspectivas há a sombra difusa do Tropicalismo, com o qual se dialoga, usando apenas a figura de Torquato, para o bem ou para o mal, como estratégia desse diálogo.

Tropicália x Tropicalismo (intencionalidade estratégica)   É o que transparece no livro *Eu, brasileiro, confesso minha culpa e meu pecado*, de Frederico Coelho, do ano de 2010 (é curioso que o título escolhido para o livro seja o verso inicial de "Geleia geral", música importante de um movimento, ao qual não será creditada muita importância no texto). Logo na introdução, assim é definida a cultura marginal, principal tema do livro: "Quando não se encontra totalmente alijada dos debates (ao contrário do tropicalismo musical e do cinema novo), aparece como apêndice do marco tropicalista de 1967-1968, a partir da categoria desenvolvida por Heloísa Buarque de Holanda e utilizada indiscriminadamente para classificar o movimento marginal: 'póstropicalismo' " (Coelho, 2010, p. 18). Frederico Coelho faz questão, logo de início, de alinhar Torquato a Oiticica, num movimento que ele chama de "Tropicália", que, segundo o autor, ao contrário do Tropicalismo musical que durou de 1965 a 1968, foi um longo processo de maturações e combates na década de 1950 e 1960.

Em outras palavras, a cultura marginal pós-1968 é resultado de ações de agentes culturais ocorridas desde a década de 1950. A ideia, portanto, do texto de Frederico Coelho, não é nem a questão formal nem a intencionalidade ideológica, mas sim as condições e estratégias que permitiram que agentes produzissem um determinado espaço de atuação (algo anterior ao trabalho propriamente dito e que tem mais a ver com o que ele chama de intencionalidade estratégica). Emprestada de Norbert Elias e Pierre Bourdieu, é a ideia de produção cultural, enquanto processo de constante diálogo e conflito entre pares, ações dos agentes culturais. Podendo haver negação e superação de uma dada configuração histórica, ainda assim o equilíbrio do poder se manteria através da manutenção ou não de certa hegemonia cultural.

Sem abandonar a lógica da intencionalidade　A certa altura, Frederico Coelho, ao comentar o livro *Geração e transe*, de Luís Carlos Maciel, coloca uma questão que revela a ambição de seu livro *Eu, brasileiro, confesso minha culpa e meu pecado*: "Em publicações memorialísticas como a de Maciel, as trajetórias dos fundadores do Tropicalismo (Caetano, Glauber e Zé Celso, apontados por Maciel) são vítimas de uma prática historiográfica em que as memórias de obras desenvolvidas muitas vezes desde o início da década de 1960 são cristalizadas historicamente nos feitos de 1967, ano em que aparecem os primeiros tropicalistas na música popular... não são as trajetórias de Glauber e Oiticica que interessam aos pesquisadores, mas sim sua relação com a trajetória musical. É a memória do Tropicalismo engolindo a memória da Tropicália" (Coelho, 2010, p. 126-128).

Sob essa perspectiva, ainda que Frederico Coelho argumente que o Tropicalismo musical é apenas um momento, incluído dentro de um movimento maior denominado Tropicália, criticando assim toda uma historiografia da qual faz parte, entre outros, o próprio Antonio Risério que sublinharia a autonomia do Tropicalismo ao que viria antes (condições propícias não são causas), o que transparece no texto de Frederico Coelho é todo um trabalho contra uma tradição historiográfica, o que acaba colocando o Tropicalismo no centro da discussão.

Segundo o autor, "o que está em jogo aqui não é um esvaziamento das abordagens dos membros do tropicalismo musical, mas uma revisão mais generosa de uma época, suas especificidades e seus usos" (Coelho, 2010, p. 133). O fato é que, nessa revisão, sublinham-se os trabalhos de Oiticica, Glauber e Torquato. A mera mudança de eixo acaba por fazer transparecer a discussão do autor com o Tropicalismo musical e sua oficiais figuras — Caetano e Gil —, ao ponto de Torquato, fundador do movimento musical, ser focalizado muito mais como artista marginal do que tropicalista, o que não deixa de representar uma espécie de redução: "Além disso viveu como poucos o radicalismo de uma época, partindo do tropicalismo musical, promovido no âmbito da música popular, para uma produção estética e vivencial mais ampla, contida nos trabalhos ligados, a partir de 68, à marginália" (Coelho, 2010, p. 144). Não é à toa que o autor busca, numa entrevista de Gil ao jornal *Bondinho*, no final de 1968, a ideia de que os músicos tropicalistas demonstravam que a postura marginal não era um fato que os agradasse. Diz Gil: "Ou seja, você começa a sentir que você tá marginal, que você tá sendo visto como uma coisa monstruosa, como um câncer, e a imagem do câncer pra mim é uma coisa deprimente" (Coelho, 2010, p. 182).

Pouco são focalizadas, no livro de Frederico, as letras de música de Torquato em parceria com Caetano ou Gil. Ele prefere priorizar os textos jornalísticos, no caso, *Torquatália III*, escrito em 1968, segundo o qual "a Tropicália é a medida mais justa do possível porque é a opção mais natural e ampla" e "o tropicalismo está morto, viva a Tropicália". Todas as propostas serão aceitas, menos as conformistas (seja marginal). Todos os papos, menos os repressivos (seja herói)" (Coelho, 2010, p. 179).

Essa vinculação de Torquato a Oiticica é a resposta do autor ou seu contra-ataque a uma historiografia que fazia do Tropicalismo a peça-chave de um momento da cultura brasileira. E o autor, ao proceder assim, não parece fugir à lógica da intencionalidade, ainda que esta não seja ideológica, e sim estratégica: o trabalho artístico passa a ser possível somente a partir das ações efetivas de agentes culturais, com seus diálogos e conflitos entre pares, materializando assim um espaço social a partir de demandas internas. Se o trabalho artístico é expressão dessas demandas, ele só pode acontecer a partir desse espaço social ou dessa rede de interesses. É sob essa perspectiva que podemos deparar com o aparecimento de *Eu, brasileiro, confesso minha culpa e meu pecado* em 2010.

Dez anos antes de sua publicação, talvez não fosse possível ainda essa perspectiva da violência, abrangendo o próprio Tropicalismo e desembocando no movimento marginal. Conforme o autor, quem dá a definição de um movimento cultural não é o produto, mas seu produtor ou suas motivações, interesses, alianças. Em vez de ser um fenômeno estético (Concretismo), alegórico (Tropicalismo) ou comportamental (poesia marginal), o movimento cultural é um fenômeno histórico — essa rede de intenções e interesses. E, como tal, o próprio livro que sinaliza essa rede e faz parte dela.

Relativizando qualquer classificação A observação de Caetano, em *Verdade tropical*, sobre Torquato relativiza qualquer classificação que se queira dar a Torquato e, por isso mesmo, nos parece mais sugestiva: "se algo podia parecer preocupante, era justamente sua tendência a aferrar-se aos novos princípios como dogmas e a desprezar antigos modelos com demasiada ferocidade". (Veloso, 2008, p. 136)

"A Ruptura do Escorpião", "Pássaro de Fogo no Terceiro Mundo", "Eu Brasileiro Confesso" (a reavaliação do Tropicalismo para o bem ou para o mal) Em 1999, André Monteiro Guimarães Dias Pires apresenta sua dissertação de mestrado sobre Torquato Neto: *A ruptura do escorpião: ensaio sobre Torquato Neto e o mito da marginalidade*. Próximo desse período, outra dissertação, essa de André Bueno, também relativa a Torquato, é apresentada: *Pássaro de fogo no Terceiro Mundo*. Até que ponto esses dois trabalhos, juntos com o de Frederico Coelho, fazem parte de um projeto comum de reavaliação do Tropicalismo?

Estratégias interpretativas convencionalizadas e incorporadas (sob o signo da marginalidade) Quando André Monteiro se remete a Stanley Fish — *Há um texto na sala? A autonomia das comunidades interpretativas* —, de certa forma traz alguma semelhança com a intencionalidade estratégica dos movimentos culturais apresentada por Frederico Coelho e aqui já examinada. Em outros termos, foge-se da autonomia do texto e de toda uma ressonância concretista. O fenômeno estético deixa de ser pensado como algo específico e autossustentável. O que também não significa o leitor como um agente livre.

Pondo fim a uma dicotomia texto-leitor, André Monteiro recorre às comunidades interpretativas, conforme Stanley Fish no final dos anos 1970: são as estratégias interpretativas convencionalizadas que precedem a leitura e legitimam a literatura enquanto tal. Nesse sentido, André Monteiro reconhece que nos anos 1970 a noção convencional era o "mito marginal" e foi com ela que na época se procedeu à leitura dos textos de um modo geral.

"Não pretendemos aqui endossar esse mito, repetindo sua leitura bíblica dos anos 1970. Por outro lado, não podemos negá-lo. Quem nos garante que eu não elegi Torquato Neto como tema do estudo, atraído muito mais por sua loucura e por sua morte precoce do que por uma suposta qualidade estética de sua produção poética? O que eu pretendo, então, é dinamizar a fala do mito da marginalidade em Torquato, refletindo sobre seu processamento, sem perder de vista a impossibilidade de me distanciar dela, já que ela está impregnada em meu corpo" (Pires, 1999, p. 18). Essa passagem é importante porque, assim como reconhece a categoria de noção, de linguagem compartilhada, podendo, portanto, refletir sobre seu processamento, não há uma dicotomia em que pudéssemos recorrer a um elemento intermediário, um mediador, como tantas vezes sugere o texto de André Bueno *Pássaro de fogo no Terceiro Mundo*: a relação entre estética e política deveria ser secundada por um mediador.

No caso de André Monteiro, as convenções são incorporadas. Seu texto não é o discurso do enunciado, próprio do discurso científico, produto de uma ausência de enunciador. Enquanto discurso de enunciação sobre o mito da marginalidade, expõe o lugar e a energia do sujeito que faz esse discurso em diálogo com inexoráveis circunstâncias culturais que fluem nessa escritura. Estamos aqui sob o signo da marginalidade, pondo fim a uma dicotomia entre sujeito e objeto, dicotomia essa constituidora de concepções substancialistas. Em vez de uma identidade pura comandando o processo de interpretação (ou autor, ou texto, ou leitor), são os processos perceptivos compartilhados que o fazem, retirando essas condições de estado puro, próprio das concepções substancialistas como o formalismo e o subjetivismo.

Em função dessa relação direta entre o corpo e a vivência cultural, o homem e o artista, ao contrário da tradição livresca que valoriza o trabalho cumulativo e sucessivo, é que vem a ideia de poeta vivendo a poesia 24 horas por dia. E, como tal, seu produto será sempre inconcluso e multifacetado, ao contrário da coerência de uma obra. Retomando a avaliação de Caetano sobre Torquato, como o mais ortodoxo dos tropicalistas, talvez possamos entendê-la como aquele que levou o Tropicalismo ao seu limite. Segundo a mesma lógica, em vez de absolutizar um repertório cultural, André Monteiro deixa também transparecer em seu texto uma hierarquia pessoal e intransferível, expondo assim possíveis contradições em sua formação cultural, tais como alguns traços substancialistas — essa relação se dá pela relação direta, sem mediação, entre o corpo e a cultura.

As ambiguidades da ruptura Continuando sua perspectiva antidicotômica, André Monteiro vai refletir sobre a impossibilidade de absolutizarmos dicotomias tipo "ruptura-tradição", salvando o Tropicalismo do erro cometido tanto pelo Modernismo antropofágico quanto pelo Concretismo. Remetendo-se a Octavio Paz, André Monteiro comenta o caráter paradoxal da estética da ruptura, de cuja tradição, no Brasil, fazem parte o Modernismo antropofágico nos anos 1920 e o Concretismo nos anos 1950: haveria neles a fascinação pelas construções da razão crítica, constituindo a tentação revolucionária com sua supervalorização do futuro — basta lembrarmos o futuro utópico do matriarcado em Oswald e o futuro da poesia brasileira, apontado na direção da poesia concreta, último produto de uma evolução crítica de formas, tal como consta no *Manifesto Concreto* de 1958.

Em ambos haveria uma espécie de negação do passado. Por outro lado, além da construção da razão crítica, haveria a crença apaixonada, a fé, na construção de uma linguagem original, anterior à história, que seria a pureza do novo, marco zero, enquanto fundação de um momento original. Conforme Octavio Paz, a estética da ruptura revelaria uma tentação revolucionária e uma tentação religiosa.

Outra ambiguidade apontada por André Monteiro aqui, retomando Antoine Compagnon, está no que ele chama de "tradição da ruptura": para legitimar a negação, alguns procedimentos estéticos do passado são valorizados, gerando uma dupla negação, isto é, a negação da ruptura — novos começos deverão ser ultrapassados; a ruptura absoluta com o passado, uma das características da estética da ruptura, seria então colocada em questão por essa própria estética, com o objetivo de legitimação.

Uma terceira ambiguidade, por fim, conforme Ítalo Moriconi, é o fenômeno da arte moderna nos museus: a espetacularização ritualizada da transgressão, quando esta se torna funcional (a economia regulada pelas formas dinâmicas de um mercado em que enunciados críticos, diferenciais ou desviantes, não se contrapõem ao sistema, e sim o integram).

A contradição escondida e a contradição exposta Dentro desse aspecto, o Tropicalismo, segundo André Monteiro, em seu próprio *modus operandi*, não só expressava como também buscava essa contradição, ao contrário da vanguarda modernista. E nesse aspecto ele se diferencia desta. Alguns críticos, claramente ligados ao Modernismo antropofágico, como é o caso de Silviano Santiago, vão estabelecer uma diferença entre a poesia exportação, apresentada no Manifesto Pau-Brasil de Oswald de Andrade, e o poema objeto industrial, com um nível de invenção internacional proposto pelo Concretismo: no primeiro caso, um projeto antropofágico de troca cultural entre exterior e interior, um elogio de tolerância étnica; já no segundo, a poesia no horizonte da sociedade industrial moderna (uma modernização autoritária em se tratando de Brasil) e o poema como objeto autônomo, com um fim em si mesmo (valor absoluto).

O Tropicalismo foge desse absolutismo moderno. Em outras palavras, o moderno é apenas um dos elementos dentro das contradições da cultura brasileira. Sem propor alternativas a essas contradições e, consequentemente, sem nenhum projeto político ideológico de tomada de poder, o Tropicalismo tanto buscaria a linha evolutiva na MPB (esse passo à frente, próprio da razão crítica) quanto buscaria o corpo e a imaginação, no sentido de viver o estético, misturando arte e vida, rompendo assim a barreira sujeito e objeto. Essa contradição é o que o Tropicalismo expõe, enquanto nas vanguardas modernistas é escondida: pesquisa do novo e crítica do futuro (já os modernistas criticavam o passado); releitura da cultura nacional, mas em suas contradições (já a releitura feita pelo Modernismo antropofágico, longe de flagrar contradições, buscava o que permanecia recalcado e fazia parte do matriarcado, enquanto a releitura concretista baseava-se apenas na tradição literária). Talvez possamos dizer que a crítica que Octavio Paz endereça às vanguardas modernistas é feita também pelo Tropicalismo, só que de forma mais irônica.

Distanciando-se do Modernismo A leitura proposta por André Monteiro dá a sensação de que há uma maior aproximação entre o Tropicalismo e a poesia marginal do que entre o Tropicalismo e o

Modernismo. Já em Frederico Coelho, o Tropicalismo é um instante de um momento maior que é a Tropicália, e esta vai desembocar na poesia marginal. Em todo caso, em ambos os textos há uma tendência em se distanciar do Modernismo.

Muito mais marginal do que tropicalista No tocante a Torquato, sua persona se transforma em mito cult, representando tudo que é marginal a partir dos anos 1960. Ainda que tenha forjado, junto com os baianos, o Tropicalismo, a fama de marginal será nele muito mais forte que a de tropicalista — é como o texto de André Monteiro nos mostra. Mas, em vez de constatar sua marginalidade ou determinar suas possíveis causas, o texto de André Monteiro quer saber como se legitima sua fama marginal e como se processa sua fala mítica de marginalidade, admitindo que em Torquato essa fala é uma opção político-existencial, é uma postura política consciente.

Sempre dentro de uma perspectiva não substancialista, André Monteiro faz ver o mito, recorrendo a Roland Barthes, não como uma natureza absoluta e estática. Em outras palavras, enquanto fala, como um sistema semiológico, o mito é histórico, ou seja, depende do contexto do real. Ainda que seja a imposição de um conceito, de uma significação, e, portanto, afastando toda a contingência de uma história, o sentido (os dados da história do poeta) não é completamente desvitalizado — é necessário que o conceito se alimente do sentido e possa se esconder nele. Assim, o mito da marginalidade, em Torquato, se alimenta tanto de uma história pessoal (loucura e suicídio) inserida em um contexto cultural propício ao surgimento desse mito (discussões sobre micropoderes e comportamento individual, com o desaparecimento de temas abrangentes — papel do intelectual, questões de identidade nacional ainda presentes na estética tropicalista) quanto de uma história que antecede sua história pessoal — a tradição de ruptura, tradição moderno-romântica do dissidente, que tem em Baudelaire uma figura inaugural.

O fato de o mito não ser uma questão de natureza, não ser algo absoluto e estático, mas histórico e, enquanto tal, inserido no espaço dialético das contradições humanas, faz com que o suicídio de Torquato, por exemplo, que é seu silêncio de morte, torne-se ao mesmo tempo seu silêncio de vida, de integração à própria vida ordinária de compra e venda da cultura dominante (editoras, jornais, centros acadêmicos).

Recorrendo a Susan Sontag, em "A estética do silêncio" (*A vontade radical: estilos*), a renúncia à sociedade é profundamente social: as pistas para a libertação final provêm da observação de seus companheiros artistas e da comparação de si próprio com eles... uma vez suplantado seus pares, há apenas um caminho para seu orgulho... só após ter demonstrado seu gênio... que seus atos de recusa puderam gerar um efeito mítico e alcançar visibilidade e legitimação dentro de uma certa tradição de marginalidade (Pires, 1999) — gente que quer permanecer ressoando no tempo. É contra essa relação passado-futuro, que permanece meio escondida, que o Tropicalismo se coloca como alternativa em sua crítica ao futuro e na sua perspectiva de presente.

Mítica romântica moderna: o suicídio como retórica de poder Vejamos a música "Pra dizer adeus", de Edu Lobo e Torquato: o poeta não quer simplesmente ir embora e silenciar-se por completo diante do ser amado; ele quer, antes de tudo, dar voz ao seu silêncio, comunicar o seu adeus e fazer com que o outro sinta a presença da ausência (Pires, 1999). Contradição absoluta, o silêncio ressoando para sempre, a contínua presença da ausência, que faz cair por terra uma pretensa pureza da margem e um desprezo pela cultura dominante.

Há, sobretudo, por parte do artista, um desejo de reconhecimento por essa cultura que finge desprezar, fazendo-se portador de uma sensibilidade excepcional diante da vida comum e da arte padrão de seu tempo. Daí porque seu suicídio é ativo: vontade de se autolegitimar, de se automitificar, enquanto um transgressor legítimo, digno de pertencer à casta dos poetas desafinados. Susan Sontag identifica três tipos de silêncio enquanto transgressão: decisão, punição e penalidades. Sob todas elas, haveria por parte do agente um poder de vidência e profecia — na visão romântica moderna há uma mítica que confere poderes extraordinários e proféticos aos atos de desvio estético e comportamental.

Antonio Candido, na *Formação da literatura brasileira*, identifica essa mítica romântica no rompimento com os padrões e no poder de vidência que relaciona o poeta romântico a um destino superior, seja ele espiritual ou social — haveria nele uma hipersensibilidade que o diferenciaria da vulgaridade (*genus irritabile*).

Em várias passagens do texto de Torquato, destacadas por André Monteiro, nos damos conta de que a perspectiva do poeta, no que diz respeito ao seu suicídio, tem mais a ver com a retórica de poder e autoridade àquele que o comete, testemunhando que foi longe demais em comparação com o reles mortal; ou seja, o suicídio como uma decisão pessoal. Enquanto Artaud via no suicídio de Van Gogh uma espécie de vingança da sociedade — a sociedade é culpada pelo suicídio do artista, por ele ter ido longe demais violando as fronteiras aceitas da consciência —, há em Torquato a ideia superior de honra humana portando uma consciência sobrenatural; é a mítica romântica, com uma fala muito específica, que Torquato toma para si: "a morte não é vingança", "morro de amores pela catástrofe e vou alcançá-la". Há todo um empenho por parte do poeta no sentido de se automitificar.

Descorporificação   André Monteiro chama-nos a atenção para duas canções da fase tardia de Torquato, "Três da madrugada" e "Let's play that", que vão confirmar a mítica romântica do poeta. No caso da primeira, é sublinhado ali um marginalismo muito próprio — é quando o heroísmo é levado para o próprio corpo, uma espécie de monólogo autodestrutivo (a cidade é esvaziada, ausente e preenchida apenas pelo eco de seu monólogo romântico e solitário). O outro é descarnado como demonstra "a fria leveza de um toque mórbido". Outra espécie de marginalismo, que vai servir de contraponto ao de Torquato, será representada por Hélio Oiticica por meio da histórica frase: "Seja Marginal, seja Herói", que faz parte do *Bólide Caixa 18 — homenagem a Cara de Cavalo*.

A questão deixa de ser estética e passa a ser uma tomada de posição ético-existencial — as suas tradicionais idas ao morro da Mangueira exprimiam uma cidade encarnada e sua condição pública: era o bandido experimental da zona sul em contato com o bandido vivido no morro, esse corpo de carne e osso operando uma transmutação no corpo de Oiticica, tornando-o sensível ao sensível. É curioso verificarmos duas espécies de descorporificação como nos sugere André Monteiro: o mito romântico moderno que, de certa forma, vai perpassar as experiências de ruptura da vanguarda e da marginália; e a abstração descarnada de certo redentorismo marxista, muito presente no CPC, onde haveria a união para se construir uma futura sociedade utópica (ainda que possamos ver uma aparente oposição entre a transgressão da arte experimental e os trabalhos artísticos com fins didáticos — o cinema marginal e o Cinema Novo na década de 1970 —, talvez possam existir, entre ambos, mais semelhanças que diferenças).

Em Oiticica, ao contrário, em vias a uma superação etnocêntrica, nos deparamos com um marginalismo dialógico: não é mais um corpo solitário, mas em expansão, em projeções dialógicas com outros corpos culturais, sugerindo-nos mediações. Em "Todo dia é dia D", outra canção tardia, o eu lírico é predestinado ao seu fim trágico, o que nos remete à mítica romântica ("trouxe a viagem de volta gravada na minha mão"). Aqui, a própria tragédia é berrada e seu corpo é oferecido ao matadouro, como algo pessoal e intransferível. A esse ritual de autoimolação, "Let's play that", canção em parceria com Jards Macalé, dá prosseguimento: paráfrase do "Poema de sete faces", de Drummond, colada a uma citação de Sousândrade, a canção exclui a ambiguidade e a ironia do poema drummondiano, mantendo do início ao fim o mesmo tom sério e automitificador (eu desafinado *versus* mundo dos contentes).

A postura existencial culpadilacerada Cabe fazer aqui uma diferenciação, para a qual André Monteiro nos chama a atenção, entre a mítica moderno-romântica de marginalidade e a poesia marginal, esta, marginal ao marginal, ironizando, inclusive, a função marginal (poesia marginal, assim chamada, mais pela maneira alternativa como eram editados e distribuídos os poemas). É lembrado aqui "alô é Quamp", de Chacal, quando este diz: "eu tô achando até bem-comportada (essa poesia marginal)".

Segundo André Monteiro, o ludismo na poesia marginal indicaria não só uma relação lúdica e descompromissada com o cotidiano como também uma falta de compromisso com um programa. Há que se estudar a mítica moderno-romântica de marginalidade como algo dentro do coração do Modernismo. E, como tal, além de uma consciência estético-ideológica, havia o processo de dessacralização próprio dos movimentos de transgressão e ruptura, no sentido de corroer a aura do objeto único da concepção artística tradicional. À experiência contemplativa, a experiência de choque, como Benjamin descreve o cinema. Se o coloquialismo de Torquato vai estar imbuído desse mesmo propósito, o coloquialismo da poesia marginal, relacionado ao lúdico, é acometido de uma descrença na ideia de ruptura, assim como propicia um esvaziamento do choque transgressor do Modernismo — em vez de ser contra o sistema, é uma alternativa a ele.

Mas do que André Monteiro parece estar imbuído é de flagrar o mito marginalidade em Torquato. Tanto que nos cita duas canções, essencialmente tropicalistas e aqui já analisadas, para configurar a imagem da marginalidade: a alegria como prova dos nove — que poderia ser pensada, por exemplo, em relação à própria vivência do poeta no ambiente de orgia solar das dunas de Gal — parecia estar ancorada no porto seguro da tristeza ("Geleia geral") ou marcada pela força da melancolia, da solidão, do medo, da miséria, do desespero, da fome e da morte como em "Marginália ii" (Pires, 1999).

Nessa última canção não deixa de estar presente um discurso antiufanista, mas, para tanto, carregado de símbolos opressivos da cultura cristã (confissão da culpa e pecado), além de imagens da esfera macroeconômica como "Terceiro Mundo". Ou seja, é através da lógica imposta pelos tabus repressivos (economia-mundo cristão) que se constitui grande parte dos mitos de desvio e ruptura da cultura. São os tabus da consciência messiânica, aos quais a antropofagia modernista tentou fazer frente, transformando o tabu em totem, o valor oposto em valor favorável. Ainda que o autor reconheça em Torquato uma leitura tropicalista, neoantropofágica, haveria nele, dentro de suas próprias canções fundadoras do Tropicalismo, uma postura existencial culpadilacerada.

A dinâmica paradoxal que move o mito da marginalidade se faz presente em Torquato não só em suas canções. Quando quer romper com os tabus repressivos e ao mesmo tempo assume o papel de vítima desses mesmos tabus (o tabu é condição imprescindível da retórica de negação e da ruptura moderna); quando admite que a instituição não pode servir de refúgio contra o sistema, mas tornava-se cúmplice do esquema repressivo; quando quer romper com a sociedade, a família, e busca a realidade protetora do hospício… A essa dinâmica paradoxal, que não dribla, mas introjeta o clima de medo e paranoia, a poesia marginal respondia de outra forma, através de trapaças malandras, subvertendo a norma sem cair no discurso sério e perigoso da pura negação.

A palavra como imagem poético-existencial de um corpo louco   Na sua análise do texto *Literato Cantabile,* André Monteiro procura situar a posição de Torquato. Naturalmente, há por parte de Torquato uma consciência de linguagem em sua reflexão sobre a construção do ato poético. Nesse sentido, há todo um aparato teórico aí envolvido que o faz próximo dos concretistas.

Por outro lado, ele não obedece a um procedimento sistêmico de composição estética, tal como propunha os concretos com seus manifestos e planos-piloto. E isso acontece em função do seu comportamento estético-existencial anárquico e desregrado. Esse rigor de sua conduta estético-comportamental o aproxima do mito da marginalidade: há que se compreender que, enquanto para os concretistas a palavra é um objeto clivado do sujeito, já para a poesia marginal, em função do desbunde contracultural, a palavra é um corpo, enquanto tal, inalienável do sujeito escritor, e o Tropicalismo muito terá sido responsável por essa mudança de perspectiva. Consequentemente, em termos de linguagem, não estaremos mais diante de um objeto cristalino, possuidor de uma clareza formal, próprio dos concretistas. Tal como a imagem poético-existencial de um corpo louco, a palavra vai expressar um turbilhão de significados, envolvendo o precipício e o niilismo caótico.

Estética, ética e ideologia serão os princípios norteadores do Concretismo, da poesia marginal e da arte engajada, respectivamente. E muito terá sido importante o Tropicalismo no sentido de uma leitura que visasse captar as contradições que envolvessem a pureza das margens e as rupturas românticas que pontuaram as transgressões e as vanguardas modernas.

O texto de André Monteiro investe na diferença entre Torquato e o Tropicalismo, ainda que o poeta piauiense fizesse parte das fundações do movimento tropicalista. E não poupa nem o Concretismo, com sua tentação revolucionária (uma poesia no horizonte da sociedade industrial moderna) e sua tentação religiosa (o novo pelo novo, em sua pureza e ruptura absoluta com o passado, tal como nos propunha Ezra Pound).

Romantismo alemão (uma fala não transitiva) e a coluna Geleia Geral Em *A conversa infinita*, no capítulo que diz respeito ao romantismo alemão, "O Athenaeum", Maurice Blanchot vai diferenciar o romantismo de Iena e o de Viena: o primeiro, começo do movimento romântico, seria rico em projetos, em premissas; já o segundo estaria calcado nos resultados e seria pobre de obras; o primeiro é a consciência que deseja compreender o que descobre; já o segundo teria um sentido ideológico (a escolha deliberada de alguns traços em detrimento de outros — como acidental o gosto pela religião e como essencial o desejo de revolta; como episódica a preocupação com o passado e como determinante a recusa da tradição).

Vale nos determos nas palavras de Blanchot em relação ao romantismo inicial, o de Iena: "Se todos esses traços juntos são reconhecidos como igualmente necessários por serem opostos uns aos outros, o que se torna dominante não é o ideológico de cada um deles tomados isoladamente, mas sim sua oposição, a necessidade de contradizer-se, a cisão, o fato de estar dividido… e o romantismo, caracterizado assim como a exigência ou a experiência das contradições, só faz sua vocação para a desordem" (Blanchot, 2010, p. 102).

Segundo Blanchot, os obstáculos a essa nova forma de realização (que mobilizaria o "todo", tornando-o móvel, interrompendo-o pelos diversos modos de interrupção) culminariam na alma romântica dispersa e afeminada: a existência do poeta, o eu do poeta, a atividade retomada da poesia não somente pela vida mas também pela biografia (viver romanticamente e tornar poético até o caráter, impossibilitando de ser o que quer que seja de determinado), e o esquecimento de que a onisciência poética não é o saber particular de tudo (a totalidade, sim, mas numa forma que sendo todas as formas, isto é, não sendo, no limite, nenhuma, não realiza o todo, mas o significa suspendendo-o ou até mesmo quebrando-o, fragmentando-o).

Essa nova forma é uma forma monológica enquanto escrita plural, que, no caso de Torquato, vai estar muito bem representado na sua coluna Geleia Geral — a imprensa como uma guirlanda de gêneros. Ao contrário de uma comunicação dialogada, nessa forma monológica estará expressada a alternância de pensamentos diferentes ou opostos em nós, numa fala não transitiva, que não tem por tarefa dizer as coisas, mas se é obrigado a falar instigado pela própria fala, ela própria se tornando sujeito — falar por falar como a linguagem mais original e verdadeira. Em vez do que nos sugerem os cursos de estética de Hegel, em sua universalização histórica, nos quais há um trabalho com vistas ao todo na busca dialética da unidade, as relações novas do romantismo alemão apresentam uma abertura que não exclui a totalidade, mas a ultrapassa — relações novas que se excetuam da unidade, assim como do conjunto. Pensando o fragmento, como Novalis pensa a nova forma, o intervalo passa a ser o princípio rítmico da obra e da sua estrutura, valorizando assim o espaço: está no campo, o centro do fragmento, a partir do qual serão constituídos outros fragmentos.

É completamente diferente da orientação histórica revolucionária, na qual se busca uma unidade dialética. É a partir daqui, e seguindo as pegadas e sugestões de Glícia Vieira Machado em seu texto *Todas as horas do fim* (sobre a poesia de Torquato Neto), que talvez possamos recomeçar uma nova leitura de Torquato, sem restringir a leitura de seus textos ao que a vida do poeta teve de trágico. É dentro da perspectiva de uma fala não transitiva que o retomamos.

O olhar pelas brechas (antilinear)   Contra um discurso que prevalecia nos anos 1960 e 1970, que ora se banha na ideia de mito (heroísmo) e que André Monteiro vai associar a Torquato, ora se banha numa esquerda ortodoxa que vai acusar Torquato de vítima do sistema por uma falta de politização (o texto de André Bueno *Pássaro de fogo no Terceiro Mundo* acena nessa direção), Waly Salomão nos chama a atenção, em Torquato, para uma poética sem margem, dentro de uma panorâmica sistemática que abole o começo, o meio e o fim. E isso vai remeter à importância do campo, como Blanchot destaca.

Essa poética sem margem é uma poética intersemiótica e não especializada que vai experimentar todas as linguagens e veículos de comunicação. Nesse aspecto, há uma perspectiva descentrada que nada tem a ver com o que conhecemos como marginal, seja enquanto forma de produção e divulgação, seja enquanto rompimento com a linguagem institucionalizada de seu tempo. Esse descentramento é que faz Torquato transitar em todos os espaços, sem se fixar em nenhum.

Na música "Marginália II", assim como em "Geleia geral", estará presente a perspectiva não do regresso, mas de partir para outra, partir sempre, em constante fuga. Como nos é dito em "Marginália II", o fim do mundo é um lugar no presente, mas também pode ser lá. Quando tempo e espaço se confundem, a perspectiva é descentrada e devasta o pensamento linear. É nesse aspecto que Augusto de Campos pensa a antitradição — não por derivação direta, pois isso seria substituir uma linearidade por outra (esse me parece ter sido o equívoco do texto crítico de André Monteiro sobre Torquato). Mas os percursos podem ser feitos a partir do olhar pelas brechas, pelas fissuras, onde o outro poderá ser entrevisto para ser devorado criticamente.

A Razão Antropofágica (entrecruzamento dialógico)   Cabe aqui retomarmos a razão antropofágica, presente no Tropicalismo e, consequentemente, no tropicalista mais ortodoxo, conforme Caetano, que seria o próprio Torquato. Enquanto a relação linear destaca tanto os momentos diferentes (uma perspectiva diacrônica) quanto as áreas distintas da produção cultural, daí promovendo a hierarquia e consequentemente a influência, a razão antropofágica, ao contrário, vai pôr em evidência a perspectiva sincrônica e desierarquizada — é o que chamaríamos de estética sem fronteiras: cairiam não só as fronteiras que demarcam o nacional e o estrangeiro, mas também as que separam o moderno do arcaico, o erudito do popular.

Naturalmente, o crescimento e o desenvolvimento das mídias teriam uma grande importância no desaparecimento dessas fronteiras — a dinâmica gerada pelo intercâmbio dos recursos técnicos levaria à aproximação de artistas que, numa visão tradicional, permaneceriam em campos perifericamente separados e excludentes. Em vez de enfatizar as fronteiras, a oposição (quando se substitui uma linearidade por outra) ou mesmo a influência, a razão antropofágica enfatizaria a diferença através de um entrecruzamento dialógico (no caso do Tropicalismo, um paralelogramo de forças em atrito dialético: Barroco, Modernismo, Concretismo, Tropicália).

Segundo Gláucia Vieira, há uma técnica antropofágica de composição muito presente em Torquato, por exemplo a música "Geleia geral", constituída de cortes, flashes cinematográficos, rimas-trocadilhos (inicia-anuncia), malandragens verbais, que é um novo tipo de poética, construída por fragmentos e composições, reunindo o moderno e o arcaico. Há que se destacar também dentro dessa técnica o procedimento verbivocovisual que a poesia concreta teorizou a partir de Ezra Pound: "resplandente cadente (incandescente) fagueira (fogueira), num calor girassol (sol) alegria". A essa técnica associam-se o aproveitamento da tecnologia (guitarra elétrica) e o corpo do artista (voz, declamação, dança, roupa), inovações que ampliam e dinamizam o texto. O próprio título da canção remete a uma citação de Décio Pignatari: "na Geleia geral brasileira, alguém tem que desempenhar o papel de medula". Se pensarmos em outra canção, "Let's play that", o diálogo com o Barroco fica também evidenciado na citação de Sousândrade: "desafinar o coro dos contentes". Há, portanto, esse paralelogramo de forças no Tropicalismo, que evidencia um entrecruzamento dialógico, próprio da razão antropofágica.

A abordagem dinâmica Glícia Vieira lembra a discussão entre Roberto Schwarz e a Tropicália para ressaltar a ironia humorística dessa última. Para o intelectual paulista, em sua visão finalista, a grande questão que o Tropicalismo apresenta é a falta de síntese às contradições, síntese essa que apontasse para o futuro. As alegorias tropicalistas seriam deterministas no sentido de que encenam o passado como males ativos e ressuscitáveis, sendo eles nosso destino. Dessa forma, teria produzido a generalização do absurdo, de onde não sairia nenhuma proposta transformadora. O que Roberto Schwarz apresenta, na verdade, é um modelo dialético rígido que guilhotina o que não cabe em seu entendimento, tal qual leito de Procusto. Mas com isso deixa de vislumbrar a perspectiva irônica do texto tropicalista, que desmonta as certezas e propicia o riso.

Há, inclusive, uma relação entre risco e riso — o humor enquanto sorriso da razão e não absurdo. Seguindo uma lógica de muros e separações, Schwarz diz que vulgar é toda e qualquer produção que encare a questão do consumo e atue no âmbito das mídias. Mas a estratégia tropicalista, visando à revolução da linguagem, será no sentido de usar todos os veículos disponíveis. Para eles, a invenção, que tem a ver com a perspectiva irônica de seus textos a desmontar certezas e instaurando o risco, só é possível dinamizando as diferenças, sem tentar homogeneizá-las. Daí porque em Torquato, como observa Glícia Vieira, temos uma escrita que oscila entre chistes e elipses, o que propicia ao leitor ler nas entrelinhas e dialogar com múltiplas vozes que se cruzam. O perigo da redução é a abordagem estática, que julga a obra do poeta com o mesmo moralismo que avalia seu gesto final — essa espécie de abordagem acaba, por vezes, caindo na mesma armadilha do objeto que critica (André Monteiro, ao criticar o mito da marginalidade em Torquato, acaba recaindo no próprio mito, opondo o dentro e o fora).

A questão em Torquato, como uma abordagem dinâmica vai explorar, é tratar o paradoxo não como uma oposição. Em Torquato existe um projeto político consciente de ocupação de espaços, mas que só se viabiliza pela invenção — daí porque a poesia é política: o artista combativo se faz pela poesia de invenção. Por outro lado, há sua ligação com a morte, o mito da pureza, que o leva ao mutismo e ao suicídio: nesse caso, o poeta emudece para ser o poema, assim como o canoeiro confunde-se com o rio na *Terceira Margem do Rio* em Guimarães Rosa.

A abordagem dinâmica não vai trabalhar com os conceitos de dentro e fora ou margem, porque ambos se confundem. Quando Glícia Vieira coloca em contraste o "Poema de sete faces" (Drummond), "Let's play that" (Torquato) e "Vou até o fim" (Chico Buarque), o que fica escondido no comentário é o fato de que apenas no texto de Torquato há uma identificação entre o narrador-personagem e o anjo (já em Drummond o anjo vem das sombras e em Chico é um querubim safado). Apenas em Torquato, anjo e narrador-personagem se identificam, além de serem contemporâneos.

O texto enquanto escritura   O sentido do texto como escritura, tanto para Barthes (*O grau zero da escrita*) quanto para Kristeva (*Introdução* *à semanálise*), vem do fato de que o fio texto é ao mesmo tempo forma e conteúdo, exterior e interior, pois é uma produção que pensa a si mesma. Além disso, comporta camadas de leituras, podendo ser recortado e reescrito, num processo de montagem. Em outra perspectiva, pode se pensar o texto como véu acabado e externo, onde se descobriria um sentido único e interno — a essa leitura totalizadora e fechada, o texto se torna um produto cujo significado é sua verdade única. Mas o que vai interessar a uma perspectiva tropicalista, com ressonâncias do romantismo alemão, é o texto enquanto escritura, como processo de produção de sentido, os mais variáveis — o texto não guardando um significado, mas como significância. O que leva esse texto a ser inesgotável em leituras é sua intertextualidade, suas diversas vozes, como multiplicidade e diferença — uma espécie de prolongamento de outros textos, conversa em eco que reverbera infinitamente a cada nova leitura-escritura.

Eu sou como eu sou pronome pessoal intransferível O poema "Cogito" traz algumas especificidades que o diferenciam do sujeito cartesiano. O "penso, logo existo" cartesiano identifica sujeito e pensamento. Consequentemente, o mesmo e o outro não se confundem. Trata-se do sujeito enquanto totalidade e inteireza, que pensa a si mesmo. A autoconstituição do sujeito se dá via razão totalizadora da consciência, capaz de se reconhecer. Já a dimensão do inconsciente descentrou o sujeito de sua razão. O pensamento passa a se opor ao sujeito, o que era inadmissível no pensamento cartesiano: "onde penso, ali existo" passa a ser a forma lacaniana. "Eu não sou, lá onde sou joguete do meu pensamento".

No cogito de Torquato, a partir desse descentramento, há toda uma perspectiva irônica: a identidade não é oposta à diferença, mas se diz da diferença — "eu sou como eu sou pronome pessoal intransferível" (o mesmo e o outro perdem suas fronteiras; o pronome como convenção generalizada e o pessoal como particular). "Eu sou" se diz da diferença entre o geral e o particular. Há como que um despedaçamento do sujeito. Porém, apesar da fragmentação e do descentramento, o sujeito não perde sua construção em linguagem.

Evocar e revogar a obra Haveria, segundo Glícia Vieira, uma ironia romântica, humorística, diferente de outra ironia no sentido retórico do dizer dizendo o contrário. E será essa ironia romântica, que é como

Glícia lê o texto de Torquato, a responsável pelo caráter lúdico, fluido e instável da linguagem. Os espaços de invenção, tendo a ironia como seu principal elemento, seriam frutos de um desacordo, conforme Lélia Parreira Duarte em "Ironia, Revolução e Literatura", no livro *Ensaios de Semiótica: cadernos de linguística e teoria da literatura* (1991, p. 104).

Esse desacordo seria entre os desejos que se esbatem contra a força da biologia, a limitação dos poderes pessoais, a certeza da morte, o impenetrável futuro e a obstinação das forças naturais. Na música "Todo dia é dia D", da fase tardia de Torquato, nos deparamos com uma luta contra a catástrofe, vivendo cada dia como se fosse o último e, ao mesmo tempo, a consciência da morte impregnada em seu destino. Luta-se contra a catástrofe e ao mesmo tempo se está apaixonado por ela — é como podemos aproximar Torquato à poética do primeiro romantismo, que, segundo Blanchot, tinha na destruição o centro de sua poética.

Se o texto de inspiração irônica traz esse desacordo, desejo e morte, o mergulho radical na sina, o suicídio propriamente dito poderia ter o sentido, não da mitificação do herói suicida, como sugere André Monteiro, mas o sentido de evocar e revogar a obra, num processo irônico, dando a vida por ela. Em vez da morte como vingança, a morte como libertação, ao se recusar qualquer mediação entre o poeta e a poesia. Seria uma leitura menor restringir a leitura de seus textos ao que a vida do poeta teve de trágico, desprezando assim o que lhe era mais caro: a invenção.

A estética do vampiro   A metáfora do vampiro, presente na poética de Torquato, é extremamente sugestiva porque diz respeito ao morto-vivo, habitante da zona de fronteira entre a vida e a morte, prisioneiro dessa condição — é o contrário do maniqueísmo, enquanto formas rígidas e estagnadas do pensamento. Essa condição de fronteira diz muito do que é todo texto: um morto que ressuscita à luz do ritual de cada leitura, de cada tradução. A potência do vampiro é a ocupação de espaço, e nada será mais sugestivo disso do que o filme *Teorema*, de Pasolini, ao qual o próprio Torquato teve acesso.

Quando Glícia Vieira sublinha a expressão "vampiro pop", designando Torquato, atribui a ele na cultura brasileira uma posição singular por aglutinar o popular coloquial do CPC, o psicodelismo americano expresso na arte pop com a valorização das inovações tecnológicas e o modernismo antropofágico de Oswald, que terá uma relação muito estreita com o conceito de vampiro. Seu famoso texto "Tropicalismo para iniciantes" (em *Os últimos dias de paupéria*) vai expressar um pop autenticamente brasileiro: tão longe dos nacionalistas populistas da esquerda e da direita, que viam as inovações tecnológicas como ameaça, quanto da sociedade de consumo com seu deslumbramento por essas mesmas inovações. E essa equidistância é garantida pelo modernismo antropofágico ao qual o Tropicalismo e, consequentemente, Torquato estarão essencialmente ligados.

Sua posição crítica e inventiva diante da cultura das mídias ao escrever para jornal é própria de seu projeto político-cultural: prosseguir o trabalho, em vez de ficar encostado na margem, mas sem ser cooptado pelos esquemas oficiais do governo brasileiro — o que nos faz pensar numa essencial diferença entre Torquato e Mário Faustino, ambos piauienses, titulares de colunas de jornal e, de certa forma, ligados aos concretistas: Torquato, em sua opção pela linguagem coloquial, opôs o caráter oprimido da língua a seu caráter opressor — a língua não é monólito e suas diferenças não convivem pacificamente (e nunca, aqui, ele foi tão tropicalista); seu conterrâneo, com a coluna *Poesia-Experiência*, uma década antes, exprimia o otimismo desenvolvimentista dos anos 1950 com uma linguagem didática e anticoloquial — "repetir para aprender, criar para renovar".

Ambivalência da linguagem   Os dois poemas de Torquato que vão aparecer postumamente na revista *Navilouca*, de certa forma, ratificarão sua poética, que já se apresentava como alternativa aos caminhos percorridos pela literatura brasileira na época de censura, entre os anos 1960 e 1970. O que predominava na nossa literatura, nessa época, era a referencialidade biográfica ou social, repetindo a linguagem autoritária do regime militar, ao produzirem textos fechados, sem espaço para diálogos.

Ao contrário dessa referencialidade, os textos de Torquato, carregados de uma linguagem irônica, seca e cheia de elipses, deixavam brechas, aberturas e múltiplas vozes. Não é diferente dessa perspectiva seu primeiro poema na revista, constituído por palavras e fotos autônomas entre si (as imagens, ao contrário do cinema falado, não são expressão visual da palavra). Com isso nos deparamos com uma ambivalência da linguagem, tal qual um paradoxo, apontando para dois sentidos ao mesmo tempo. Essa simultaneidade, que se dá pela via verbivocovisual, se contrapõe ao senso comum que percebe identidades fixas e fechadas.

Também o segundo poema, "Artimanhas", atua nessa mesma perspectiva: o mundo e a arte unindo-se e separando-se simultaneamente, como um convite a ver as coisas sempre sob novos ângulos. Essa superposição de uma estrutura sob a outra é própria da invenção, transformando o cotidiano em descoberta dos sentidos e em inconformismo.

As experiências individuais preponderando sobre a originalidade
Ao comentar a revista *Navilouca*, Paulo Andrade, em seu texto *Torquato Neto, uma poética de estilhaços*, procura precisar o pós-tropicalismo, ao qual Torquato Neto, em determinado momento, certamente o seu último, viria a estar ligado (há certos autores que vão contestar o termo pós-tropicalismo, como excessivamente dependentes do Tropicalismo, quando na verdade, para eles, seria o Tropicalismo uma decorrência passageira de um momento maior que vai trabalhar com o sentido de violência e vai culminar na Marginália — é o que Frederico Coelho defende em seu texto *Eu, brasileiro, confesso*.

Todavia, para Paulo Andrade, os pós-tropicalistas (1969–1972) estariam ligados ao underground, momento da quaresma, após a festa tropicalista (1967–1968), enquanto a poesia marginal, a partir de 1973, estaria ligada ao desbunde, quando palavrão e pornografia dão o ar de sua graça. Paulo Andrade, inclusive, relembra um livro de João Alexandre Barbosa, *A leitura do intervalo: ensaios de crítica*, para chamar a atenção ao espaço fronteiriço, intervalar, entre vida, arte e morte. Essa relação intervalar pressupõe a copresença, o que, de certa forma, exclui a pureza da margem.

Não é à toa que, na revista idealizada por Torquato, estarão presentes concretistas, tropicalistas, irracionalistas com seu intenso subjetivismo como Rogério Duarte e Jorge Salomão, e os próprios artistas do underground. Nesse entrecruzamento, vai prevalecer algo que foge inclusive de uma arte experimental, que, para Hélio Oiticica, em seu texto "Experimentar o experimental", tende a estagnar-se, a tornar-se oficial, transformando-se em uma arte reacionária pelos diluidores. Nesse aspecto, as experiências individuais, como resistência ao novo massificado, tendem a assumir grande importância para os pós-tropicalistas, mais do que propriamente a ideia de originalidade — esta, ainda, ligada ao movimento de vanguarda do início do século xx.

A metáfora do escorpião e a metáfora do vampiro no pós-68 Paulo Andrade, no entanto, vai diferenciar o mito do vampiro da metáfora do escorpião, aos quais Torquato vai estar ligado, para tentar entender o poeta de uma forma global e justamente em seu último ato. Há um movimento no sentido do antidevir histórico e outro que não encontra saída e se envenena com o próprio veneno.

No primeiro caso, como uma permanente recusa ao mundo moderno, utilizando-se do método antropofágico, vai flagrar nos sistemas de linguagem dominante a presença de vários elementos não só da vanguarda mas também da cultura de massa e da cultura popular: "a alegoria expõe com base numa visão fragmentária, uma forma de pensar e viver, excluindo qualquer ideia de totalidade, o que esclarece, portanto, o caráter subversivo do movimento tropicalista — ao se libertar do desejo de totalidade, tanto dos discursos conservadores quanto dos progressistas, opta-se pelo fragmentário, revelando uma visão de mundo indefinida e estilhaçada" (Andrade, 2002, p. 185).

Há não só uma crítica ao subdesenvolvimento, por meio de uma linguagem que se utiliza de informações dos aparatos tecnológicos, como também uma descrença nas utopias e um desencanto pelos projetos políticos da sociedade moderna — o que resulta num imobilismo e numa condição atemporal, própria de uma poética de resistência e inconformismo. Contudo, a partir do pós-1968, a linguagem perde a força da denúncia, se interioriza e sobrevive como metáfora da desagregação, desesperança e loucura. É a metáfora do escorpião. Porém, em seu último ato, enquanto espera a morte, Torquato escreve um bilhete. Se a morte ou suicídio é uma ausência de saída, que nos remete ao escorpião encravado em sua própria ferida, o bilhete, por sua vez, expressa algo completamente diferente: "tenho saudade como os cariocas do tempo em que me sentia e achava que era um guia de cegos" — essa permanente recusa ao mundo moderno, à marcha da história, através de expressões como "fico", "amor", "santa", exprimindo o desejo de permanecer vivo na cultura brasileira, através da metáfora do vampiro, que pertence ao mundo dos mortos embora seja eterno.

O processo de fuga Resta, no entanto, explorar outro caminho aberto por Torquato, na ruptura da fronteira entre arte e vida, que o desvincula da metáfora do escorpião: um constante processo de fuga, que lhe dá uma singularidade, inclusive em relação ao Tropicalismo. Resta saber se aqui ele rompe com o movimento tropicalista ou se ele o leva aos limites.

"A virtude é a mãe do vício" (o processo de constituição)   Dividido em seis partes, o poema, sem título, cuja primeira frase é "a virtude é a mãe do vício", apresenta seis possibilidades de relação entre a virtude e o vício. A primeira, identificada com a letra "A", diz a virtude como a mãe do vício. E termina com a enigmática frase "acabe logo comigo ou se acabe", o que, no limite, expressa um jogo de oposição e de antecedência de uma em relação a outra. A segunda parte, identificada com a letra "B", expressa uma relação de igualdade entre virtude e vício, e essa relação seria o início da chave de um enigma que o poema apresenta. A terceira parte, identificada com a letra "C", apresenta uma diferença entre chuva e virtude, diferença quantitativa, que será também reconhecida, assim como a relação de igualdade, como a chave de um enigma. A quarta parte, letra "D", reproduz um verso que consta também da música "Todo dia é dia D", feita em parceria com Carlos Pinto.

Toda essa parte do poema consta entre parênteses, e a canção, da qual foi retirada, apresenta dois lados; "todo dia é dia dela (morte?) e "todo dia santo dia queremos quero viver". Essa quarta parte colocada entre parênteses no poema apresenta também essas duas possibilidades, que talvez expressem o vício + a virtude: "um escorpião encravado na sua própria ferida não escapa"; "só escapo pela porta da saída" — as duas expressões separadas pelo ponto e vírgula no poema representam a estranha oração "amar-te a morte morrer", como se entre amar e morrer houvesse uma profunda relação, mais profunda do que a relação entre a morte e seu verbo no infinitivo. A quinta parte do poema, identificada com a letra "E", também reproduz o verso de outra canção, essa em parceria com Caetano Veloso, "Ai de mim Copacabana", que fala de uma estranha indiferença, inclusive, em relação a si próprio — "ai de mim". É justamente essa indiferença que o faz em constante trânsito — "quero tomar o vento de assalto numa viagem num salto". É esse processo de fuga que o leva a dizer: "você olha nos meus olhos e não vê nada".

Mas é também esse processo de constantes deslocamentos que o força a dizer no poema que "ainda é cedo". Deslocamentos, inclusive, entre seus próprios textos, nos indicando um constante processo de montagem. "A virtude como mãe do vício" expressa um momento anterior, um estado de preparação. A última parte do poema, sexta parte, acena novamente na direção de dois momentos diferentes: "a virtude mais o vício" como o início da "minha transa" e "nem Deus no hospício (durma) nem o hospício é refúgio. Fuja". Há, nessa última parte do poema, uma opção clara em favor da fuga, do não repouso. Mais importante que o refúgio é a fuga, o processo de constantes deslocamentos. E nesse aspecto parece que há uma diferença entre a morte e o refúgio, esse último expresso pela palavra "durma" entre parênteses. A virtude como fuga e o vício como refúgio. É nesse sentido que todas as seis partes do poema, muito embora aparentemente se contradigam, convergem para o mesmo sentido: o processo de errância sem fim. É antes um processo de preparação até essa última parte. Daí porque o parêntese, que ocupa toda a quarta parte do poema, é o início de toda a transa, mas não o seu desfecho ou seu sentido maior. Esse processo de diferenciação ou de constituição é o que está em jogo no poema.

"Literato Cantabile" (duas formas, dois momentos) O poema "Literato Cantabile" apresenta duas formas variáveis, conforme consta da segunda edição do livro *Os últimos dias de paupéria*. Cabe-nos aqui verificar essas pequenas variações no sentido de saber se as duas formas falam do mesmo. A primeira forma é dividida em duas partes, enquanto a segunda é dividida em cinco estrofes. A primeira forma do poema, composta de duas partes, nos insere no tempo do agora, do silêncio, da transparência, enquanto o mundo das palavras envolve cilada e "em minha orla os pássaros cantam do precipício".

A segunda parte indica que a guerra acabou, indica a proibição de tensões e outros tempos, indica que toda palavra envolve o precipício e que os literatos (aqueles que se preocupam com a obra) foram todos para o hospício: "e não se sabe nunca mais de mim. Agora o nunca". Na segunda forma do poema, vale registrar as diferenças em relação à primeira. Não se trata mais de duas partes, mas de cinco estrofes diferentes, o que já indica uma maior fragmentação. Também não se trata mais da "minha orla", nem do precipício, mas da orla das palavras e do hospício. Há um investimento do dizer: "não tem que mostrar — a outra face — face ao fim de tudo. Só tem que me dizer o nome da república do fundo — o sim do fim — do fim de tudo — e o tem do tempo vindo". Além do investimento no dizer, indica outro tempo verbal, o gerúndio, que na primeira forma foi excluído pelo "fim da guerra" e pelo "nunca". A questão da proibição, presente na primeira forma, na segunda virá dentro de um parêntese que não se fecha, sendo que, na última frase, é eliminado o ponto-final.

O que transparece no resultado dessa comparação é que há uma abertura na segunda forma, quando o "mim" é substituído pelas palavras e quando desaparecem os literatos, antes restritos ao hospício. E novamente, assim como no poema anterior ("A virtude é a mãe do vício"), nos damos conta de momentos diferentes: a segunda forma registra uma abertura proporcionada pelo fim do "mim" e do "nunca". Nessa segunda forma, estamos sob a perspectiva de um eu descentrado.

As duas leituras de "sina" Resta também outra comparação entre duas canções: "Todo dia é dia D" e "Let's play that". Em ambas as canções está representada a sina do poeta, ainda que nas duas canções tome sentidos diferentes. Em "Todo dia é dia D", "desde que saí de casa — trouxe a viagem de volta — gravada na minha mão..." — não há escape, é algo enterrado no umbigo; o escape, se é que podemos chamar assim, se daria pela decisão própria, desejando o fim, que, independentemente do desejo, já está estabelecido (talvez possamos compreender o trágico dessa maneira, como afirmação pessoal do destino).

No caso de "Let's play that", a sina não é a volta, mas um ir contínuo: "vai bicho desafinar o coro dos contentes". A sina, nesse caso, não é um retorno ao mesmo, mas um contínuo processo de desafinação. O que a foto-cartaz "Tristeresina" contempla é a sina separada ou incluída no vocábulo "resina", expressando dessa maneira as duas possibilidades: como retorno do mesmo ou como retorno do diferente. Mas vai ser dentro da "resina", isto é, dentro da linguagem, que a palavra "sina" tomará a sua forma mais aberta e querida pelo poeta, isto é, como retorno do diferente.

O homem trágico Maurice Blanchot, no texto "O pensamento trágico", comentando as diferenças entre o homem espiritual, o homem mundano e o homem trágico, chama a atenção, no caso deste último, para algo que vai nos remeter ao Tropicalismo: afirmações indissoluvelmente ligadas e, no entanto, repugnantes umas às outras, mantidas juntas e tidas por verdadeiras devido à oposição (por exemplo, "Jesus Cristo é Deus e Jesus Cristo é Homem").

Diferentemente dessa perspectiva trágica, o homem mundano, sob a égide da diversão, isto é, o jogo da luz equívoca, trabalharia mais no sentido da ambiguidade, das nuances, dos "cinquenta tons do amor" — aqui, o que interessa é o bem-estar, a dispersão da obscuridade, a despeito dos equívocos, sempre destinados a tornar a vida mais agradável, tornando doces nossos mal-estares —; é o mundo da ausência de Deus, é o homem mundano, que, na forma intelectual, valoriza a evidência imediata (clareza que nega Deus) e a dúvida (produto da ambiguidade), enquanto, na forma irracional, vai valorizar a apreensão mística (ausência de Deus que se dá extaticamente, como o arrebatamento de uma presença — êxtase).

Já o homem espiritual, muito embora elimine a dúvida, vivendo sob a presença de Deus, também estará sob o efeito dessa mesma ambiguidade, porém neutralizando os opostos em uma harmonia feliz da qual se obteria paz e felicidade. Ao substituir a ambiguidade pelo paradoxo, o homem trágico não dilui a obscuridade; ele a fixa, ele a afirma numa região superior, clarificando, por sua vez, todas as divisões do mundo (não tem nada a ver com o êxtase, uma vez que para os trágicos não há substituição: a obscuridade permanece presente e inacessível). Talvez aí possamos compreender a ideia de Impossível: como algo que existe e a que não se tem acesso. Sua única forma de aparecer é como Desconhecido, manifestando-se sempre, mas como oculto.

O que vai diferenciar a forma do pensamento trágico é que, muito embora não possa evitar o paradoxo, ela tampouco pode aceitá-lo, pois o que busca é a realização da síntese que ela afirma absolutamente, mas como absolutamente ausente. Esta é a relação do pensamento trágico com o Impossível: a busca de algo que é absolutamente ausente e continuará a sê-lo. Em vez de gerar um imobilismo, como aparentemente poderíamos supor (próprio da nostalgia), a certeza incerta do trágico, diante da ausência e da presença, o levaria, segundo Blanchot, a efetuar afirmações no cerne da razão, afirmações essas que a certeza não domina nunca e a que não se presta, a não ser por um consentimento cujo caráter arriscado a razão mede a cada instante. Esse é o sentido da aposta — para um trágico é sempre preciso apostar, escolher, o que o torna sempre ativo e em movimento. Já para o racionalismo cartesiano da certeza e da clareza, imbuído em provar e duvidar, não há aposta: a escolha é tida por possível, mas é jamais perpetrada; e justamente não se escolhe por uma excessiva preocupação com os possíveis, nos quais, inclusive, a obscuridade é dispersa sob o reino da indecisão e da imobilidade.

A metáfora do vidente   Laura Beatriz Fonseca de Almeida, em seu texto *Um poeta na medida do impossível: trajetória de Torquato Neto*, traz à tona essa perspectiva trágica em Torquato — já não se trata mais da tradição de ruptura ou de um ritual de ultrapassagem que, de certa forma, estaria implícito no mito do vampiro, mito esse que vai perpassar não só a Semana de 22 como o próprio Tropicalismo, pelo viés antropofágico. "A medida do impossível", porém, presente em um de seus poemas mais conhecidos, "Cogito", meditação torquatiana, inaugura outra perspectiva.

Não estamos aqui mais tratando do vampiro em busca de espaço, a percorrer o conhecido, a fim de localizar alguma brecha. Há um momento em que o vampiro é substituído pelo pronome, signo vazio, a fim de que a identidade do sujeito se atualize como verdade a cada instante do discurso: o eu como clareira do ser, como essência do ser no mundo. Mas essas faces plurais que se mostram a cada instante, e que Laura Beatriz vai indicar como pertencente ao passageiro da alegria, ainda estão no campo do possível, "desafiando tudo que até então se chamou de sagrado, bom, intocável, divino, foram todos (a geração de Torquato) passageiros em terras desconhecidas".

Entretanto, haveria uma última metáfora que não seria propriamente o "passageiro da alegria", mas o vidente, expresso no canto da meditação (ver o poema "Cogito"). Como nos indica Foucault em sua *História da loucura*, "há um retorno lírico por uma fulguração instantânea que, amadurecendo de repente a tempestade da realização, ilumina-a e tranquiliza-a na ordem encontrada" (Almeida, 2000, p. 67). Seria o Ser do diferente, sentido último não expresso, e por isso mesmo a medida do impossível: o que se manifesta como oculto, em seu paradoxo, e que o homem trágico, muito embora não possa evitar, tampouco pode aceitar. Há uma relação entre o vidente e o trágico, no sentido de que o vidente busca a realização da síntese, que ele afirma absolutamente, mas como absolutamente ausente.

Recusando o que vê e desejando o que não vê Laura Beatriz retoma o poema "Daqui pra lá de lá pra cá", que viria a ser musicado mais tarde por Fagner e Zeca Baleiro. Nesse poema, fala-se de uma terra inexplorada cujos limites ninguém mediu ainda. Mais do que isso, trata-se de um além de todas as terras. E aqui, forçosamente, o texto de Blanchot retorna: a obscuridade, para os trágicos, é fixada, captada, afirmada e mantida numa região superior, de maneira a não se ver dispersa pela ambiguidade. "Fica a morte por medida, fica a vida por prisão" é o espaçograma de um pacato cidadão que embarcou num disco para bem longe e não voltou porque não quis. Decifrado pelo poeta, o espaçograma diz mais coisas ainda: "o futuro é hoje" e "se pode sempre a sorte escolher".

A visão dessa outra terra é interditada; pode-se, quando muito, visualizar o transporte e os pensamentos do viajante. E não será forçosa a analogia que possamos fazer entre esse tripulante de um disco e o homem trágico, sempre disposto a escolher, apostar e inserido no tempo presente: "uma tal consciência trágica separada infinitamente de Deus (ou do que poderíamos chamar de Impossível por sua forma paradoxal) e separada do mundo, mas vivendo apenas para esse deus que ele não alcança a não ser na separação, e vivendo apenas no interior desse mundo que ele não conhece a não ser em suas insuficiências, às quais recusa". Ou seja: vivendo para o Impossível e vivendo no presente; de ambos, separado por um espaço; inserido no presente, mas voltado para o Impossível, recusando o que vê (tomando uma certa distância) e desejando o que não vê — o espaço intervalar é uma característica do homem trágico: dentro e fora; vida e morte. "Enterrar qualquer estrela no chão", como diz o poema de Torquato aqui analisado, será sempre uma característica de um saber sem mistificações e voltado ao hoje.

Ao contrário do otimismo racionalista, seja de esquerda, seja de direita, "viver no mundo sem dele tomar parte e gosto e aprender a conhecê-lo por sua própria recusa, que não é geral nem abstrata, mas constante e determinada, que serve melhor ao conhecimento do que todo otimismo racionalista, é a razão trágica, liberta das mistificações do falso saber" (Blanchot, 2007, p. 34–35).

A melodia trágica   É curioso que Laura Beatriz compreenda a voz que anuncia o poema como a harmonia estabelecida, o Ser propriamente dito. Blanchot fala na síntese que o pensamento trágico busca realizar, porque não podendo evitar o paradoxo (a medida do impossível), tampouco ele pode aceitá-lo. O trágico, segundo Blanchot, afirmaria a síntese absolutamente, mas como absolutamente ausente — isso porque o Deus oculto ou o Impossível teria como condição mostrar-se de maneira oculta, deixando-se aparecer como desconhecido ou como estranho. Esse ocultamento é que o leva a ser reconhecido em forma de melodia trágica (não como imagem), como afirmará Laura Beatriz. É na voz do poema que transparece a harmonia ou a síntese que os trágicos tanto buscavam.

Podemos então considerar o trágico sob três condições: expressão, forma e pensamento. A expressão se dá como fragmento (aqui podemos pensar no exercício experimental da Tropicália e a crise da linguagem) — ausência de relação que nunca é desordem (os pensamentos de Pascal são também essencialmente busca de uma ordem e exigência de uma ordem, não se satisfazendo com nenhum plano). Já a forma se apresenta como paradoxo, que é a medida do impossível, levando ao extremo as afirmações contrárias, mantidas juntas, exigindo clareza na contrariedade e não ambiguidade ou desordem (é o que Laura Beatriz vai chamar de "alegria da errância" e vai estar ligada ao conflito e à desafinação — daí a relação com uma viagem existencial, sob o prisma da subjetividade, ainda que diferente do cogito cartesiano).

Finalmente, o pensamento trágico vai se dar no texto, não como morte, nem como viagem existencial efêmera, mas como vida — pois foi, no caso de Torquato, essa voz do cronista da Geleia Geral que devolveria a linguagem do mundo em ruínas ao poeta, para que juntos pudessem construir a melodia do homem que se iniciou na medida do impossível. Essa voz traz sobrevida a Torquato. Retomando o poema "Cogito", o presente, a medida do impossível e o vidente, com seus respectivos métodos (colagem, desafinação e cogito), são diferentes representações do trágico em Torquato.

Tropicalismo: o sujeito da consciência e o sujeito em deriva É importante lembrar o clássico *Tropicália, alegoria, alegria*, de Celso Favaretto, porque ali, sobretudo, se mergulha nas fundações do Tropicalismo, um dos objetos deste estudo. Não se entenderia o trágico em Torquato sem passar pelo Tropicalismo: um é decorrente do outro. Analisando "Alegria, alegria" e "Domingo no parque", Favaretto traz à tona uma duplicidade que vai impregnar o movimento: por um lado, a tendência *cool* em "Alegria, alegria" — um sujeito em deriva, que se dissolve enquanto se multiplica (não há nenhum caráter trágico nem agressivo; e se a crítica social está presente, esta se desloca do tema para os processos construtivos); por outro lado, a montagem eisensteiniana em "Domingo no parque", sugerindo a linguagem carnavalesca da mistura associada à prática antropofágica de Oswald, isto é, uma perspectiva modernista — o sujeito da consciência ainda está presente e detém uma verdade sobre o Brasil, com declarações de posição frente à miséria e à violência.

O valor desconstrutor no tropicalismo O projeto moderno no Tropicalismo, ou sua linha da modernidade, é que na música o acolhido (o caráter explosivo do momento, isto é, as experiências culturais que vinham se processando) era misturado à tradição. Preservava-se assim a autonomia da canção, projeto essencialmente moderno. A proposta cultural, efetuada em termos antropofágicos, era materializada na canção.

Mas essa proposta cultural tinha por objetivo revisar a tradição musical brasileira através de uma forma crítica de cantar e compor. Reinventar a canção era uma postura política: através de colagens, livres associações, procedimentos pop que incluíam elementos eletrônicos, cinematográficos e de encenação, elaborava-se a crítica aos gêneros, aos estilos, ao próprio veículo musical e à burguesia que vivia o mito das artes. É sob essa perspectiva de ruptura que o Tropicalismo é visto por Favaretto.

Dessa forma é a relação do Tropicalismo com a música de vanguarda — Rogério Duprat vinha pesquisando não só novos materiais como também a relação entre música de vanguarda e música tradicional, sendo que nessas pesquisas havia uma preocupação com o sistema de produção-consumo (sob essa perspectiva, produzia-se no campo da vanguarda uma música não artesanal, voltada para o fato da urbanização e do consumo: por exemplo, o uso de curta duração e condensação, proposta pela TV, e que a vanguarda viria muito a aprender com a MPB).

No que tange ao elemento pop, muito presente no Tropicalismo, Favaretto lembra que terá ele uma dupla função: no sentido de uma concepção dessacralizadora da arte (na música brasileira predominava uma idealização estetizante), evidenciando assim os meios do confinamento cultural brasileiro; mas, por outro lado, o Tropicalismo também vai investir contra a modernidade artística e a indústria cultural, que exprimiam o caráter espectral do mundo dos objetos e *gadgets* — nesse sentido, através da hipérbole do *kitsch*, via pop, produzirá o efeito cafona (as imagens deformadas ou desatualizadas, passariam a designar aquilo que ocultavam — os arcaísmos culturais). Essa deformação da imagem, no entanto, é originária da concepção cubista e efeito da dessacralização dadaísta, o que novamente filia o Tropicalismo ao Modernismo. Mas cabe aqui mencionarmos uma diferenciação importante: esse efeito cafona, num lance de humor, conforme a variação *cool* do pop, expressa um valor desconstrutor, próprio do estranhamento — nesse aspecto, é uma singularidade do Tropicalismo.

Esse efeito cafona será relevado ao esquecimento, quando uma parte da recente historiografia colocar em evidência a violência, desvalorizando o movimento musical em favor da Tropicália e da Marginália: em vez do valor desconstrutor do estranhamento, o valor catártico do choque; em vez da exploração do humor, a exploração da sensibilidade pela violência. Glauber e Zé Celso seriam os arautos dessa intensividade expressiva catártica e não faltará quem possa filiar Torquato a essa corrente (veremos mais tarde como a música engajada se filia a essa mesma corrente).

No que diz respeito à poesia concreta, outro ingrediente do Tropicalismo, haveria encontros e desencontros, o que novamente evidencia uma situação intermediária dos tropicalistas. No que diz respeito ao encontro, há entre ambos uma intenção de modernidade pela revisão crítica que ambos estabelecem em seus respectivos campos, criando, ambos, estratagemas que se opusessem às correntes nacionalistas e populistas — o uso da paródia e a preocupação com a síntese, provenientes da informação moderna, serão uma constante entre eles, e algumas canções tropicalistas como "Batmakumba" (do disco *Manifesto*), "Acrilírico" e "Alfomega" (estas duas posteriores ao movimento Tropicalista) farão um uso intencional de procedimentos concretistas, além do disco *Araçá Azul*, também posterior ao movimento, que será tomado de procedimentos que remetem ao Concretismo.

Já o desencontro se dá ao nível ideológico. Dentro da ideologia desenvolvimentista, o Concretismo, com seus princípios de racionalização, ordem e utilidade social, conectava-se às aspirações de reforma e modernização, além de não se eximir do momento político, figurando-o como "o salto conteudístico participante" — falando da realidade a um nível metalinguístico, diziam que sem forma revolucionária não haveria arte revolucionária, sempre hipertrofiando o valor dos procedimentos. Já para os tropicalistas, a linguagem é apenas um ingrediente; não vincularam sua prática a nenhum esquema prévio de figuração do momento político; e as contradições da realidade foram articuladas numa atividade que desconstruía a ideologia dos discursos sobre o Brasil. Por um lado, no Concretismo, o desenvolvimento como uma positividade, passando por cima da dependência. Por outro lado, no Tropicalismo, as contradições da realidade, levando, inclusive, à problematização da produção.

Concepção cultural sincrética   Favaretto vai sempre focar o que o Tropicalismo tem de híbrido. A própria questão da antropofagia, à qual está ligado, deverá ser vista cuidadosamente, a fim de que não sejam feitas ligações apressadas. A teoria e a prática da devoração, seja em Oswald, seja nos tropicalistas, fazem parte de uma estratégia básica de revisão cultural: ambos são momentos terminais de inserção dos imperativos básicos da arte moderna; em ambos, há a devoração da tensão existente entre elementos locais e importados, no sentido de compor projetos de ruptura cultural.

Só que esses projetos se diferenciam profundamente. No Tropicalismo há a relativização das polarizações ideológicas (raízes culturais — importação cultural) sem apresentação de um projeto definido de superação; já na poética pau-brasil há uma utopia social de base antropológico-metafísica que visava instaurar uma sociedade matriarcal tecnicista (as contradições culturais acabam sendo tratadas esteticamente, reduzindo-se ao idealismo de um ethos brasileiro, era a dimensão etnográfica do primitivismo antropofágico em Oswald; por outro lado, o modernismo antropofágico valorizava a tecnologia e os procedimentos artísticos como detentores de uma virtualidade que os faziam desencadeadores da crítica cultural).

Já para o Tropicalismo, a justaposição do arcaico e do moderno não é só um tratamento moderno — essa justaposição já se encontra no material mesmo (o mau gosto, destacado e exacerbado pelos tropicalistas, já se encontra como dado primário na conduta subdesenvolvida). Desse modo, os tropicalistas não vão valorizar tanto as técnicas de vanguarda, que, para os modernistas, mantinham uma relação de congenialidade com os materiais e formas culturais naturais (tese da congenialidade do Modernismo brasileiro).

O que interessa aos tropicalistas é a concepção cultural sincrética, no sentido de explodir o universo monolítico da realidade brasileira feita pelas interpretações nacionalistas. Nesse sentido, eles não pensam numa originalidade nativa ou em aspectos étnicos. Seu interesse é debater a indústria cultural, numa perspectiva político-econômica, visando sempre ao elemento recalcado.

O sistema de circularidades da figura de enunciação tropicalista
Na interpretação das músicas presentes no disco manifesto — *Panis et Circencis* —, vamos nos ver diante de alguns procedimentos que são recorrentes entre os tropicalistas e serão trazidos à tona por Favaretto. O primeiro aspecto, exposto na música "Tropicália", que não faz parte do disco, música inaugural e matriz estética do movimento, será representado pelo nariz icônico contra os chapadões. Conforme Augusto de Campos, citado por Favaretto, "este apontar é em primeiro

lugar, puro ato de designar, mas também significa mirar... conota interferência numa ordem delimitada... é um clima de iminência de um acontecimento que vai se desenrolar" (Favaretto, 2007, p. 66).

É o que leva o crítico a entender a música "Tropicália" como um projeto de intervenção cultural e um modo de construção que são de ruptura, dentro, portanto, de uma perspectiva modernista. Essa canção vai expor três níveis que serão reincidentes em outras faixas do disco e que denunciam o método construtivo dos tropicalistas: o contexto em desagregação; a festa (carnaval) com seu baião-estribilho, representando esse contexto e tudo se resolvendo em festa; e o painel em que se atualiza a representação de um contexto em desagregação, e que vai ser constituído por imagens surrealistas, estilemas, citações literárias e musicais, pastiche do sentimento nacionalista, mazelas do subdesenvolvimento, posturas da esquerda e da direita, ideia da fatalidade histórica (destino nacional), mito de que tudo se resolve em festa (estribilho).

Em outras palavras, esse painel é estilhaçado. Não é uma desordem mantida, própria da festa de carnaval. É antes um carnaval suspeito, representando a representação. Esses três níveis presentes na canção podem também ser entendidos como o arcaico na sociedade, o moderno (o sujeito moderno que intervém) e o indiferenciado enquanto eu desindividualizado e despsicologizado (figuração de enunciação, instância de linguagem que organiza a experiência das múltiplas temporalidades e espaços presentificados na moldura do disco ou da canção — vazio presente na multiplicidade grotesca e aleatória dos detalhes e das imagens de um todo desconexo).

O nariz icônico a que se refere Augusto de Campos talvez possa ser identificado a esse vazio, região fronteiriça entre as perspectivas de ação e a paródia do carnaval com seus componentes desintegrados através de uma visão colonial que se exprime pela louvação grandiloquente e vazia. Paródia da paródia, essa figura de enunciação tropicalista será caracterizada por um sistema de circularidades, de trocas, alegorizante: na música "Tropicália", ora a designação (Brasília) é interpretação de um significado mais amplo (Brasil), ora as duas significações (arcaico e moderno) serão interpretação de designação particular. Dentro da linguagem carnavalizada, há uma estrutura anafórica, paralelística — tanto na mistura referencial quanto na mistura semântica prevalecem, respectivamente, a comutação dos significantes (organizo-oriento-inauguro), inserindo na realidade um dinamismo que a fragmenta, e o descentramento da percepção organizada por continuidade (Planalto Central do Brasil representa o moderno e o arcaico,

Brasília e o interior). Dessa forma, o sujeito da enunciação encara a realidade sempre através de uma percepção seletiva, metonimicamente, próprio das expressões alegóricas.

Começa bem e terminal mal: ironia e pessimismo É interessante verificarmos que, nos cinco blocos que compõem a música "Tropicália", há uma espécie de dualidade que nos estribilhos receberá determinada solução. Se no primeiro bloco a alegoria se divide entre a comutação dos significantes, que se equivalem semanticamente, e um termo metonímico, que se abre a um duplo significado, o estribilho estará marcado por uma divisão: bossa e palhoça.

Já o segundo bloco será marcado pela presença de paradoxos ("o monumento não tem portas" — a sua abertura é o seu fechamento; "uma criança sorridente, feia e morta"), antecedidos pelo moderno ("papel crepom e prata") e pelo nacionalismo sentimental ("os olhos verdes da mulata"), enquanto no estribilho ("mata", "mulata") o nacionalismo sentimental ocupa o lugar. Vamos então percebendo as variantes à medida que os blocos de estrofe se sucedem.

No terceiro bloco, aos elementos modernos (piscina, farol) se sucede o nacionalismo sentimental (coqueiro, fala nordestina, roseira), que terá, como contraponto sinistro, os urubus (de qualquer maneira, no estribilho retorna o sentimentalismo nacional, lembrando muito a estrutura do bloco anterior — o elemento estranho é recalcado pelo sentimentalismo nacional. No quarto bloco, à dualidade "pouco sangue" e "seu coração balança" (frio e quente; guerrilha e valores tradicionais) são sucedidos os acordes dissonantes, em cujo estribilho retorna a dualidade ("Iracema" e "Ipanema": nacionalismo sentimental e reduto da moda e de uma alegre intelectualidade). Se no primeiro bloco o sujeito organiza o carnaval dentro de uma perspectiva moderna, no terceiro bloco passa a ser objeto e não mais sujeito ("eles põem os olhos grandes sobre mim").

No quinto e último bloco — ainda que, como aponta Favaretto, pela circularidade da canção "Tropicália" abra-se no final a possibilidade de uma volta ao seu início — investe-se no recalcamento de uma dualidade: se os programas televisivos de domingo e segunda-feira encobriam contradições no sentido que o homem mundano empresta à palavra "diversão", como Blanchot nos relembra, todavia, "terça-feira vai à roça" — a esse dado que vem à tona, o sujeito enunciador e também protagonista trata logo de concluir com um "porém": "o monumento é bem moderno... e tudo mais vá pro inferno" (o estribilho fecha sem dualidade alguma). Ou seja, a canção começa bem e termina mal, indiciando, talvez, ironia e pessimismo.

A não intervenção no sistema parodiado (o riso tropicalista) Ao analisar não só as canções do disco manifesto, mas também a capa, a contracapa e a posição das músicas ("Miserere Nobis" e "Hino ao Senhor do Bonfim", abrindo e fechando, respectivamente, o disco), Favaretto vai trabalhar com a ideia de que o disco-manifesto é uma espécie de disco ritual, abrindo e fechando através de duas religiosidades profanadas, entre as quais monta-se e desconstrói-se o painel tragicômico do Brasil. A profanação de "Miserere Nobis" vem do fato de que se originalmente faz parte do introito de um rito oficial e, portanto, expressando o tempo tradicional da referência religiosa, além da contrição e da virtude passiva, já no disco vai apresentar várias passagens que contrariam esse sentido original: a concepção fatalista de uma tragédia brasileira ("é no sempre será — é no sempre serão"), enquanto fato irreversível, a opor o arcaico e o moderno, como um caráter nacional; a vontade de intervenção ao imobilismo da situação, expressa pelo tempo subjuntivo ("tomara que... um dia seja"); o ato de interferência, expresso pelo tempo indicativo ("o sol já é claro"), além de imagens de violência ("manchado de sangue"); a sublevação não institucionalizada expressa por palavras silabadas que denotam a censura e uma violência que não reduplica a existente, assim como acentua sua própria decomposição por não conseguir destruir a consciência burguesa; e, por fim, os tiros de canhão da violência silenciadora.

No caso do "Hino ao Senhor do Bonfim", que fecha o disco e é um hino sincrético, primeiro por ser oriundo de uma festa popular-religiosa e depois por celebrar as passadas conquistas do povo baiano, esse sincretismo lhe dando um tom afirmativo de confiança, resvala, ao seu final, também nos tiros de canhão, quando o canto, as vozes e os acordes prolongam-se desencontrados e sofredoramente, até serem silenciados. O que fica, tanto na abertura quanto no final do disco, é que não há uma forma de intervenção no sistema parodiado, o que, na análise da canção "Tropicália", ficou também exposto. Próprio da ambiguidade de todo ritual, eis a irrisão da festa tropicalista.

Crítica enquanto prazer O que se desenrola entre essas duas balizas dessacralizadoras é um processo de designação de imagens parciais, feitas por cada canção, cujo cruzamento vai montando paulatinamente o significado, produto das justaposições sincrônicas. O processo tropicalista aponta na direção contrária de uma intenção, seja ela ideológica ou estratégica. André Bueno, em seu livro *Pássaro de fogo no Terceiro Mundo*, vai sublinhar a importância da intenção ideológica, enquanto Frederico Coelho trabalha o conceito de intenção estratégica. A questão é que o conceito de intenção estabelece um sentido prévio para a invenção que captaria o Brasil como uma totalidade. Daí a adequação da forma a conteúdos que o pré-formam, o que é uma característica do discurso ufanista, discurso preponderantemente semântico.

No caso do disco-manifesto, cada música designa imagens parciais, designa o contexto. Há uma profunda diferença entre designar e adequar porque o processo de designar indica uma relação ativa, um ato arbitrário. Indica também um processo interpretativo, de produção de sentido, que vai estar implícito na paródia, na montagem e na bricolagem, gerando a alegoria. O que dá o caráter sintático à produção tropicalista é que se trabalha na virtualidade da linguagem, o que significa operar a passagem da diacronia, isto é, das séries culturais, que, através da citação, são transferidas para a sincronia das músicas. Daí o caráter posicional dos materiais ritualizados pelos tropicalistas. Favaretto, indicando a diferença em relação não só à música engajada mas também ao teatro de Zé Celso, menciona a marca épico-lírica das composições tropicalistas — como exemplo a música "Baby", que é ao mesmo tempo lírica e crítica ao estereótipo consumista, uma especificidade crítica em que não há violência nem agressão contra o ouvinte e, principalmente, é um convite à fruição da interpretação (a crítica enquanto prazer, e não violência).

A polêmica secreta da paródia   A consequência de se trabalhar na virtualidade da linguagem é o esvaziamento do ethos ou do caráter nacional. Não há por que haver contrição, sempre de fundo religioso e melancólico (o paraíso perdido de uma origem), como nos sugere "Marginália II", nem por que haver o caráter trágico de um fato irreversível. O que nos sugere o disco-manifesto é antes o riso cínico e amargo de quem desmonta a ideologia oficial através de um processo de carnavalização. E esse processo, ambivalente por natureza, opera de forma excêntrica: contaminação de realidades diferentes, de referências contextuais diferentes; depois, transformação delas em condição de coisa acabada, pronta para ser devorada. Não é um modelo de mudança, de substituição de um estado por outro. É antes um modelo de carnavalização, visando estraçalhar uma imagem totalizante.

Na música "Coração materno", temos o antigo rural, tanto no texto quanto na melodia dramática, e temos a interpretação *cool*, distanciada, própria de uma sensibilidade urbano-industrial. A manutenção do antigo rural não tem função contemplativa — é exagero tático (operação de deslocamento excêntrica, desapropriando todos os centros e neutralizando-os; ao mesmo tempo os confirmando em sua condição acabada, pronta para ser devorada). Com isso acaba se ressaltando o grotesco de um tipo de música tido como expressão do sentimento rural, quando não passa de uma convenção (na contramão do processo de naturalização impetrado pela ideologia da direita). A polêmica secreta da paródia, na linha do que escreveu Bakhtin, vem muito ao encontro da reinterpretação de Caetano do clássico de Vicente Celestino. É uma forma de devorar a linguagem que estabelece a tragédia brasileira como fato irreversível. Mas esse ato libertário não minimiza as contradições, antes aguça o despropositado, numa representação grotesca da dominação.

A nova sensibilidade de consumo transformada num produto da dominação imperialista Em "Baby" também nos vemos diante de uma nova sensibilidade ligada ao consumo e a imposição da novidade do consumo ("você precisa saber"). Essa junção acaba por ressaltar o grotesco dessa nova sensibilidade, inclusive porque um fragmento da música "Diana" e a própria citação da música "Carolina", que "preciso saber", estão longe de validar essa nova sensibilidade como uma positividade derivada do consumo. Essa música acaba por colocar essa nova sensibilidade na condição de coisa acabada, pronta para ser devorada, transformando-a num produto da dominação imperialista, que, seguindo os mesmos trâmites da ideologia do discurso de Vicente Celestino em "Coração materno", tenta naturalizar como sensibilidade o que é pura convenção.

"Debaixo da cama": a imagem grotesca da subversão A canção "Enquanto seu lobo não vem" é estruturada entre os verbos passear e passar (desfile). "Passear" enquanto ligado ao campo privado do prazer e "passar" enquanto festa pública oficial. Ambos os verbos estarão crivados por marcas da superfície e por marcas subterrâneas.

Se o verbo "passear" pertence aos amantes, e o verbo "passar" (desfile) à Mangueira, ainda assim, ambos os verbos estarão sujeitos à dupla marca (superfície e subterrâneo). No caso da Mangueira: "a estação primeira da Mangueira passa em ruas largas, passa por debaixo da Avenida Presidente Vargas". No caso dos amantes, essa dupla marca também estará presente, ainda que neles haja uma proliferação de elementos, principalmente do subterrâneo. É importante sublinhar que "Presidente Vargas", referindo-se à avenida, é repetido três vezes, e, simetricamente, "debaixo da cama", ao final da letra, também o é.

O que transparece no texto é que tanto a festa pública do carnaval quanto o passeio prazeroso dos amantes estarão transcritos no texto, a fim de que um desses elementos seja grotescamente posto em evidência. O espaço que os amantes tomam na maior parte do texto, considerando ainda que o sujeito enunciador é um deles, fortalece a ideia de que o autor coloca em foco o desejo, tanto na superfície quanto subterrane-amente, burlando a repressão, até chegar a um nível de degradação irônica, "debaixo da cama", quando a proposta subversiva é relativizada, deseroicizada e desmascarada. "Debaixo da cama" é a imagem grotesca da subversão, trazendo à tona o medo enquanto elemento recalcado.

Abertura e fechamento: duplo discurso, transição, justaposição, em ato Sobre o movimento de abertura e fechamento, numa ope-ração excêntrica, própria da ambivalência da carnavalização, servirá essa abertura para pôr em questão alguns elementos discursivos ide-ológicos, estejam eles dentro de uma perspectiva desenvolvimentista ("Baby"), estejam eles dentro das utopias de esquerda, em suas varian-tes de defesa dos valores tradicionais e arcaicos ("Coração materno") ou de violência urbana ("Enquanto seu lobo não vem"). Esse movimento de abertura servirá sobretudo para sublinhar o caráter de convenção, desnaturalizando qualquer tentativa que tente se atribuir como repre-sentação do real. Não será diferente do que acontece na canção "Panis et Circenses", de Caetano e Gil, quando se põe em funcionamento a desmontagem do caráter representativo da canção.

Em contraponto ao "alegre passeio ao sol cheio de cores e evoluções", as pessoas da sala de jantar permanecem insensíveis, apenas ocupadas em nascer e morrer. Mas em determinado momento da canção, ou do discurso desse alegre caminhante, é sugerido que o disco se inter-rompe por falta de energia, voltando a rodar logo depois. Por fim, a música é interrompida com a introdução da conversa entre as pessoas da sala de jantar, relativizando ou distanciando-se, por uma grande angular, da própria canção. É quando a representação é representada, esvaziando-lhe a atribuição de representação do real. Em "Mamãe coragem", parceria de Caetano e Torquato, temos o mesmo processo de abertura do espaço doméstico de classe média e rural para um espaço urbano de cidade grande que "não tem mais fim" — o que leva o sujeito enunciador a parodiar uma expressão de Coelho Neto, que dizia: "ser mãe é desdobrar fibra por fibra o coração". No novo contexto "ser mãe é desdobrar fibra por fibra os corações dos filhos". Aqui, ao contrário do que sucede em "Panis et Circenses", é o elemento rural e arcaico que se transforma em grotesco; já em "Panis et Circenses", o grotesco é o desejo libertador, fora da ordem cotidiana, que "mandou fazer de puro aço luminoso um punhal para matar seu amor e matou às cinco horas na avenida central".

Em "Lindonéia", de Caetano, segue-se a mesma lógica. Há dois espaços que se rivalizam: o proletário e o moderno (moderno em sua dupla face de terceiro mundo: uma sociedade repressiva e violenta — "despedaçados, atropelados, cachorros mortos nas ruas, policiais vigiando" — e modernizante — "no progresso, Lindonéia desaparecida nas paradas de sucesso"). A esse desaparecimento, dentro de uma sociedade modernizante, impregnada da indústria cultural, é sugerido um desaparecimento ainda maior: "no avesso do espelho, mas desaparecida, ela aprece na fotografia do outro lado da vida". Essa fuga onírica para os folhetins sugere o efeito alienante da modernização, desintegrando as pessoas — um efeito corrosivo impetrado pelos valores modernos, veiculados pela indústria cultural sobre o proletário, mostrando ser a modernização um dado de classe. Esse processo de abertura e fechamento, próprio da ambiguidade carnavalesca, evidencia um duplo discurso que a canção "Tropicália", anterior ao disco-manifesto, já apresentava (basta relembrar seus estribilhos, já expostos aqui, expressando esse duplo movimento). Nesse sentido, a canção "Geleia geral" vai ter um lugar especial dentro do disco: é sua interpretante, uma vez que é a matriz condensando todos os paradigmas redistribuídos na combinatória das outras músicas, da capa e da contracapa (ao proceder assim, torna-se, consequentemente, a justaposição do arcaico e do moderno).

Cabe verificarmos sua diferença em relação a Batmakumba, uma vez que esta apresenta o sincretismo, arcaico e moderno, em ato, como procedimento artístico; e sua diferença em relação a projetos de mudança como "Mamãe coragem", "Enquanto seu lobo não vem", "Panis et Circenses", que expressam a transição do arcaico ao moderno ou vice-versa.

Torquato e Caetano Na canção "Geleia geral", temos um discurso duplo: o poeta cantado, aquele que representa o real, estabelecendo como universais meras particularidades, daí a colcha de clichês ufanistas; e o poeta que canta, o sujeito da enunciação, que representa a representação, apontando o caráter fictício do Brasil assim manipulado. Se, no primeiro caso, a tropicalidade é uma imagem edênica e a alegria é uma empatia com o Brasil tropical e festivo, no segundo caso a tropicalidade é uma imagem de invenção, uma forma de compor e cantar.

Há, portanto, um duplo processo: encenação (citação) e a paródia que resulta de interpretação e arranjo, consequência da devoração antropofágica. Ao *ready-made* do mundo patriarcal e desenvolvimentista, se sucede a crítica às indeterminações culturais. Daí o caráter satírico que se manifesta tanto na letra quanto no arranjo e na interpretação. Na letra, além do aspecto paródico, o ritmo dos versos, ora em nove, ora em sete sílabas; no primeiro caso, com acento na terceira, na sexta e na nona (em sendo decassílabo, também na décima sílaba, propiciando o martelo agalopado); no segundo caso, com acento na terceira e sétima sílabas, ou na quarta e sétima (cordel, trovas e quadrinhas populares). Ambos remetem, conforme nos lembra Cavalcanti Proença em seu livro *Ritmo e poesia*, a ritmos que vêm unidos na poesia popular e no cancioneiro nordestino com fins satíricos. Cabe aqui uma observação relativa à frase "um poeta desfolha a bandeira", primeira frase da letra, que será repetida na última estrofe. Quase todo o texto estará imbuído no recenseamento das disparidades, sucedendo à primeira frase, como se esta tivesse a função de fazer revelar a manhã tropical. Ao final do poema, a última estrofe é aberta com a mesma frase, e o que se sucede não é mais a descrição que vinha ocorrendo em todo corpo do texto: o sujeito da enunciação toma corpo, fortalecido após um longo processo descritivo, e age — "pego um jato viajo arrebento — com o roteiro do sexto sentido". Como se as relíquias não lhe interessassem mais, sugerindo, inclusive, uma grande explosão através das bananas ao vento.

Nenhuma canção do disco-manifesto tem esse desfecho e parece estar aqui a singularidade não só da canção, mas também de um de seus autores, no caso, Torquato. É que nele estará muito presente a perspectiva da fuga, que parece não se confundir com os projetos de mudança, porque estes acabam se fechando num novo estado. Em "Batmakumba", o caminho é ao contrário: em vez da evasão, há uma interiorização: o sincretismo, arcaico e moderno, se dá como procedimento artístico.

Não é à toa que os movimentos de abertura e fechamento, próprios da ambiguidade carnavalesca, se dão através do procedimento de contração e expansão do texto da canção, numa superposição dos códigos verbal, sonoro e visual, com referências culturais sincréticas: a indústria cultural (quadrinhos), o elemento cultural brasileiro (macumba) e a música jovem proveniente do rock (iê iê iê) — sincretismo esse que também se manifesta nos arranjos, como a batida de macumba e iorubá cubano, a guitarra e o alaúde. Essas duas canções em particular, presentes no disco-manifesto, "Geleia geral" e "Batmakumba", acabaram estabelecendo o duplo movimento que o Tropicalismo encarnou: um movimento de abertura e fechamento, evasão e interiorização.

E talvez Torquato e Caetano sejam de fato as arestas que nos levam a pensar o Tropicalismo como um elemento intermediário entre o Modernismo e o pós-modernismo. Caetano, pensando na linha evolutiva da música popular brasileira, dá ao movimento um projeto de intervenção cultural e um modo de construção que é de ruptura, dentro da perspectiva do Modernismo. Já Torquato prefere olhar para fora e anunciar o caminhante da alegria.

Elaboração onírica por deslocamento   A paródia remete ao que dizíamos do pensamento trágico, segundo Blanchot: por não poder evitar o paradoxo (a medida do impossível), o Ser ou Deus se apresentarão sempre ocultos. Para os tropicalistas, evitar-se-á a síntese abstrata do Brasil: o manifestado expressa algo que sugere uma totalidade, mas jamais se remete a uma imagem superior ou a uma imagem-síntese. É exatamente esta a questão do pensamento trágico: o que se manifesta como oculto. Na paródia, há uma dualidade, própria da lógica da complementaridade: o que aparece e o que se diz não se equivalem, e, no entanto, o que é dito só pode sê-lo através do que é manifesto.

No livro *A elaboração onírica, conferências introdutórias sobre psicanálise dos sonhos*, de Freud, citado por Favaretto, é exposto o processo de elaboração secundária no sonho, valorizando-se o eixo sintagmático, no qual se estabelece o conteúdo manifesto, que é a transformação do conteúdo latente (significado) em imagens visuais. Esse processo de elaboração secundária estabelece combinações e substituições no significante, conferindo expressão ao sintoma e representando, simultaneamente, o desejo satisfeito como expressão alucinatória.

Contraposto ao princípio de equivalência entre significante e significado, este compreendido como material latente, a paródia, conforme a lógica da complementaridade que legisla a elaboração onírica, vai desatualizar os significados primitivos, neutralizando-os pelo ridículo. Importante frisar que o processo de elaboração secundária dos sonhos se dá ou por condensação, ou por deslocamento: no primeiro caso, próprio das metáforas, as semelhanças no material latente são substituídas por condensações no sonho manifesto (um elemento manifesto corresponde a diversos elementos latentes e vice-versa, enfatizando, portanto, as semelhanças); no segundo caso (elaboração por deslocamento), um elemento latente é substituído não por um de seus elementos, mas por uma alusão remota, o que é próprio da censura nos sonhos, tornando-se impossível a relação entre as alusões remotas e o original.

A questão da alegoria dentro da paródia não enfatiza as semelhanças, não fosse o seu processo de trazer à tona o reprimido ou designar o outro. Daí ser centrífugo, essencialmente metonímico. A totalidade é apenas sugerida e seu descentramento alegórico impede a formação de uma imagem definida ou a homogeneização da disparidade.

O riso sem intenções   A relação entre paródia, alegoria e melancolia, vista por Favaretto, dentro da perspectiva tropicalista, é esboçada como veremos a seguir. No caso da paródia, sua ambiguidade a faz estar sempre ligada ao modelo que degrada, sendo o riso um substituto do reprimido ou do sentido que poderia ter sido e não foi; a paródia desliza da desmistificação para o civismo ou para o niilismo revolucionário; e também nos explicita que o sentido das coisas não depende de suas virtualidades (nesse aspecto, sublinha-se a importância das forças contraditórias que operam nas interpretações); expressa um movimento de descolonização que perpassa desde o Modernismo até o Tropicalismo, desapropriando gostos, produções e valores correspondentes de um passado em crise e sobrevivendo como ideologia (nesse aspecto, a alegoria corrói a cultura, vista como um sistema simbólico, inconsciente, que determina os comportamentos e se realiza nos homens sem que eles saibam; se a cultura sobrevive como ideologia, no caso de um passado em crise, é porque mantém os mitos falando para preservar o reprimido como se fosse uma natureza, encobrindo a alienação que o produziu) — a paródia, nesse caso, corrói a cultura ao liberar a palavra da normalidade cultural, produzindo a discordância entre significante e significado e reconstituindo o reprimido ao permitir que o sintoma se manifeste (o brilho intermitente de suas imagens); o reprimido, nesse caso, não é natureza, mas produzido, portanto, pela alienação, o que nos leva a considerar a descolonização cultural como produto do descentramento do sujeito a suscitar a discordância entre significado e significante.

O procedimento cafona no Tropicalismo remete ao riso a que nos referíamos como substituição do reprimido, dentro de uma perspectiva ambígua da paródia, ligada ao modelo que degrada (esse procedimento cafona no Tropicalismo é paródico): primeiro, há o cafona como extravagância, reabilitação intencional do que havia sido superado — é a volta às raízes nacionais; depois, há uma espécie de operação descentradora, quando o outro (o reabilitado ou o reprimido) é corroído pelo riso mortuário de um eu dessacralizado, riso esse que não traduz mais intenções. O que propicia, portanto, a paródia e está por trás de sua operação é a dessacralização do eu ou o descentramento do sujeito.

A diferença entre os nostálgicos e os capitalistas   No caso da alegoria que, enquanto ato designativo, vai constituir a paródia, teremos um significante primeiro e a figuração que designa o outro de si mesmo; um sentido primeiro e outro figurado, compondo um duplo sentido a ser decifrado. Esse duplo sentido tem como efeito impedir a formação de uma imagem definida e abstrata que saltasse da exposição das ruínas da história. Antes, atualizam-se versões do passado, produzindo indeterminações ou estilhaçando imagens-sínteses. Nesse sentido, a alegoria reconstitui a formação da história, desmistificando o processo de seu ocultamento.

No campo oposto, a visão fatalista de um mal eterno como um absurdo petrificado (história como decadência) ou a saudade de um paraíso perdido sempre prestes a renascer sob forma de utopia, dão testemunho de uma originalidade primitiva ou de uma imagem-síntese. Contra esta, as imagens alegóricas investem, através do sensível fragmento, que, por seu tom afirmativo, ao contrário de um saudosismo plangente, é revolucionário, associal, atópico e não é determinado por nenhuma coletividade. Talvez possamos compreender aqui a diferença entre os nostálgicos e os tropicalistas, no que diz respeito a impossibilidade que ambos enfrentam e que Paulo Eduardo Lopes, em seu estudo semiótico da canção tropicalista, parece não ter compreendido.

A decepção do desejo quando percebe que as representações do passado e do presente são objetos vistos como mercadorias É sob essas duas perspectivas, da imagem-síntese e da imagem alegórica, que a melancolia vai ser considerada. A melancolia tropicalista é específica e nada tem a ver com a melancolia nostálgica, muito presente na música popular brasileira, tendo em Chico Buarque seu maior representante (já vimos esse aspecto no início deste trabalho, quando abordamos o Tropicalismo pela via semiótica). Se a melancolia nostálgica indica uma amargura, um ressentimento pela falta de algo que pressupõe a totalidade perseguida, no caso da melancolia tropicalista trata-se de um processo ativo e corrosivo, produzindo, inclusive, humor — em todo caso, há uma decepção do desejo quando percebe que as representações do passado ou do presente são objetos vistos como mercadoria (é a interioridade violentada ao se surpreender objetivada). No primeiro caso, o objeto é o épico que não existe; no segundo, o objeto é mercadoria. Se, na melancolia nostálgica, o inconsciente é ainda codificável, na tropicalista há um incessante movimento de devoração que recusa ancorar-se em significados já fixados.

Fazer do carnaval uma linguagem Quando nos referíamos à canção "Batmakumba" como uma espécie de sincretismo do arcaico e do moderno em ato, como procedimento artístico, dando-lhe uma singularidade dentro do disco-manifesto, em verdade é essa forma que Favaretto privilegia dentro do Tropicalismo, inclusive, o constituindo. Quando aborda o carnaval tropicalista, informa que o interesse de Caetano pela festa popular estendeu-se também ao comportamento e à estrutura das canções, tornando-se linguagem e determinando a forma do Tropicalismo: o carnaval como linguagem. Essa interiorização é que, segundo Favaretto, vai diferenciar o Tropicalismo do Modernismo, uma vez que, para este, há um interesse antropológico, fazendo da festa um acontecimento religioso da raça, enquanto para o Tropicalismo prepondera a percepção carnavalesca do mundo como linguagem.

Uma perspectiva antropológica e outra linguística, esta, originária do Concretismo, mas que, no Tropicalismo, vai tomar outra característica, principalmente no que tange à corrosão do oficialismo. Conforme a sátira menipeia, estudada por Bakhtin, a paródia de base carnavalesca na cultura popular medieval e renascentista, vide Rabelais, estava estruturada no corpo: em vez da consciência, a intimidade exteriorizada, tornando o indivíduo ator e espectador, sujeito e objeto, daí a ambivalência do feito carnavalesco enquanto destruidor e regenerador. A "Buzina do Chacrinha" trazia, anacronicamente, essa espécie de paródia, provocando riso e piedade. Porque a paródia moderna, reativada por toda a literatura moderna, já é um processo negativo, privado de ambivalência regeneradora. E isso porque desaparece o contato corpo a corpo, subindo a festa ao palco e convertendo-se o povo em espectador (é interessante a entrevista que me foi concedida por Amir Haddad, quando eu apresentava o programa *Matador de Passarinho* no Canal Brasil: um dos mentores do teatro de rua, sua concepção nos remete à paródia de base carnavalesca e sua crítica ao palco italiano está integrada a essa concepção). A perda da ambivalência é que faz a paródia moderna ser uma espécie de construção que se refere a outra.

Houve, todavia, tentativas de reapropriar-se do realismo grotesco por parte do Tropicalismo, mas foram todas infrutíferas, pois enfrentavam manifestações institucionalizadas que se caracterizavam pelo distanciamento do público e por uma representação contida no sistema dos espetáculos: era o caso dos festivais ("É Proibido Proibir") e da televisão (programa *Divino maravilhoso*). A saída, então, estava em fazer do carnaval linguagem, o introduzindo na construção das canções. Mas com isso perdia-se a ambivalência, o contato corpo a corpo, que fazia do ritual um processo destruidor e regenerador. Daí porque o Tropicalismo, do qual Torquato foi uma das vozes mais importantes, corrói sem propiciar a regeneração, gerando o riso e o vazio, que será preenchido pelo desejo e pela violência.

Intervenção no sistema através da linguagem e sem utilizar dos mitos que esse sistema mantinha   No confronto entre a música tropicalista e a engajada, Favaretto tenta precisar o projeto tropicalista que, além de ser tributário da festa carnavalesca na crítica à sociedade, tem sua inserção no mercado. Em relação a esse último aspecto, vai sofrer críticas tanto da esquerda quanto da direita, que condenam unanimemente o envolvimento comercial da arte. Mas esse duplo aspecto, de crítica e inserção no mercado, já estabelece uma ambiguidade que vai na contramão de uma retidão heroica e de uma prática política sem ambiguidades, como era a da esquerda ortodoxa.

Ao mesmo tempo que relativiza os valores sociais, o que implica num processo de mudança (ver a análise de Benjamin sobre o surrealismo), o Tropicalismo tem uma instância objetiva, enquanto mercadoria, produto das relações objetivas (Adorno pregava uma resistência contra as pressões ideológicas determinadas e expressas pelas relações objetivas). O fato é que a canção é um suporte ideal para a circulação da ideologia, não tanto por esta se ligar ao objeto musical, mas aos lugares e momentos em que a canção circula. Se o mercado freia as inovações, transformando, inclusive, a música de vanguarda em uma mercadoria excitante — o que tem interesse estético passa a ser consumido como extravagância —, ainda assim, a mercadoria tropicalista provoca uma espécie de deslocamento em relação aos signos institucionalizados. E isso ocorre pela subversão do efeito de participação, próprio da lírica moderna: uma resistência à comunicação fácil. O que não deixa de ser uma prática política: mesmo enquanto mercadoria, investe contra a ordem social estabelecida, sem se restringir a tarefas revolucionárias. E isso se expressa por um trabalho especificamente artístico que torna a explicitação indireta, produzindo uma linguagem de mistura, corroendo as ideologias em conflito e rompendo o círculo do bom gosto ou das formas eleitas, dialetizando assim a produção artística.

Enquanto isso, a música engajada com sua ideologia de protesto em nada modificou a linguagem da música popular. Walnice Nogueira Galvão é lembrada por seu texto "MMPB: uma análise ideológica", quando se refere aos efeitos de consolação postos em prática por essa música: ao falar da miséria proletária, esses artistas afirmam-se em sua condição — daí a distância entre a intenção social e a realização estética. Essa distância só será suprida pelo envolvimento emocional, quando a má consciência é exorcizada.

Dessa forma, o problema social esgota-se emotivamente na fala e a ação identifica-se com o cantar — uma espécie de consolação ao abismo que se estabelece, no interior da música de protesto, entre arte e política. E a canalização dessa emoção levava ao processo de exortação, ao processo de caracterização de tipos e simplificações analíticas, que acabavam por produzir uma séria dicotomia entre forma e conteúdo — uma espécie de contradição porque, ao pretender uma intervenção no sistema, desmistificando a ideologia ufanista, acaba por utilizar-se dos mesmos mitos que esse sistema mantinha. Esta era a contradição: queria intervir num sistema, utilizando-se da mesma forma, dos mesmos mitos, da mesma linguagem mantidos por esse sistema.

Assim é que o Brasil continua, para a música engajada, sendo tratado como uma essência mítica, uma realidade, que deverá ser expressa em suas canções. A ruptura tropicalista foi ter percebido que a intervenção no sistema se fará por uma desmistificação, um estilhaçamento dessas determinações abstratas, através da linguagem. Daí porque o Tropicalismo opera na linguagem da canção sem que seja recalcado o político.

Conclusão Torquato é sujeito e consequência dessa ruptura. Nenhum tropicalista além dele chegou a ir tão fundo nesse conjunto de práticas instauradas pelo movimento musical tropicalista. Caetano e Gil, após o exílio, deram andamento às suas carreiras e se puseram à margem das prerrogativas tropicalistas. Tom Zé viveu seu exílio; Capinam e Rogério Duprat idem. Torquato continuou solitariamente sua via-crúcis. Seu percurso, antes e depois do Tropicalismo, está marcado por esse acontecimento, guardando suas marcas pessoais, que, por sinal, vão impregnar o Tropicalismo. Favaretto, em seu livro clássico, esboça uma diferença entre a canção "Tropicália", matriz estética do movimento, anterior inclusive ao disco-manifesto, e "Geleia geral", matriz que condensa todos os paradigmas redistribuídos na combinatória das músicas, capa e contracapa, do disco *Panis et Circencis*. Se pensarmos em "Batmakumba", esta já incluída no disco, nos deparamos, então, como aqui já observado, com dois movimentos: um interiorizado no procedimento artístico, claramente indicando um propósito construtivo, e outro apontando para o seu exterior.

É o que, em outras palavras, Paulo Roberto Pires também observa em sua introdução à *Torquatália: do lado de dentro*, "À margem da margem da margem": por parte de Caetano, tendo em vista sua canção "Tropicália", uma vontade claramente construtiva... a destruição passando obrigatoriamente por uma reconstrução em novas bases, indicando também uma intenção programática que o liga a toda uma tradição modernista, e, por parte de Torquato, um estar em fuga, à margem da margem da margem, abrindo passagens quase sempre à força, nos limites da vida e da arte: "estar vivo no meio das coisas é passar por elas e de preferência continuar passando" (Pires, 2004, p. 19). Paulo Roberto indica uma atopia que muito tem a ver com a descrição do homem trágico feita por Blanchot: inserido no mundo sem as mistificações do racionalismo mundano e sem as mistificações do homem espiritual; inserido no mundo, mas guardando uma devida distância para examiná-lo. Paulo Roberto diz: "O cogito torquateano é 'passo, logo existo', o que o aproximaria mais de uma distopia, de um lugar sempre indefinido, que se refaz a cada momento, que promove um combate sem pátria nem patrão, sem a terra prometida da utopia, seja ela socialismo ou a paz *flowerpower*. Não há que se preparar para o grande dia — todo dia é dia D" (Pires, 2004, p. 21).

Paulo Roberto lembra outro intelectual, também com uma militância não especializada, destoando da tradição do seu país de origem, e mantendo narrativas curtas e uma mistura pouco ortodoxa de judaísmo e marxismo: Walter Benjamin. Em seu texto "O caráter destrutivo", o caráter destrutivo, ao qual poderíamos associar Torquato e o próprio Tropicalismo, não se interessa em saber o que vai substituir a coisa destruída; nesse sentido, ele não idealiza imagens; desconfia sempre da marcha das coisas, daí sua atenção; não vê nada duradouro; vê caminhos por toda parte mas tem que desobstruí-los; já que só vê caminhos, está sempre na encruzilhada; converte as coisas em ruínas, não por causa das ruínas, mas por causa do caminho que passa através delas (Pires, 2004, p. 28 e 29).

Em seu outro texto, esse sobre o surrealismo, "O último instantâneo da inteligência europeia", de 1929, Benjamin comenta o olhar político contraposto ao olhar histórico sobre o passado, diferença que remete à alegoria, que reatualiza versões do passado e foge sempre de uma imagem-síntese totalizante: "o surrealismo foi o primeiro a ter pressentido as energias revolucionárias que transparecem no antiquado, nas primeiras fábricas, nas primeiras fotos, nos objetos que começam a extinguir-se... converter senão em ação, pelo menos em experiência revolucionária tudo que sentimos em tristes viagens de trem" (Benjamin, 1994, p. 25).

Há, então, dois momentos: um essencialmente contemplativo, de liberdade espiritual, referente à experiência mágica com as palavras, próprio da literatura esotérica, a retirar dos objetos antiquados um reino mágico que se relaciona e se interpenetra com o reino lógico dos conceitos (data do realismo da Idade Média essa crença na existência objetiva dos conceitos). E essa iluminação profana ou embriaguez, diferente do ideal de liberdade dos moralistas e humanistas, é uma liberdade que quer ser desfrutada, enquanto dure, em toda sua plenitude, sem cálculo pragmático.

A concepção dialética da essência da embriaguez é que a iluminação profana do pensamento ensina mais sobre a embriaguez produzida pelo ópio do que esta àquela. O processo ensina mais sobre o fenômeno do que este àquele. O surrealismo ensina mais sobre a revolução do que esta àquele. É que o espaço completo da imagem alegórica será o espaço da ação política, se deste for retirado a metáfora moral, restando ao mundo, completo e multidimensional, o espaço da imagem e o espaço do corpo, interpenetrando-se. Não seria despropositado se pensássemos sobre a experiência revolucionária da existência de Torquato — o alegre caminhante a seguir o vaticínio do anjo (vá desafinar o coro dos contentes), a partir da alegoria tropicalista. Esta, por sua vez, guarda algo da embriaguez surrealista, cuja concepção dialética de sua essência leva à experiência revolucionária: a alegoria tropicalista também não estará restrita à teoria da surpresa, do poeta surpreendido, que terá em Apollinaire um representante (sua concepção de embriaguez, segundo Benjamin, é uma concepção estreita).

A destruição que a alegoria, de um modo geral, submete tem o objetivo de produzir um espaço de imagem (o cafona no Tropicalismo), inicialmente contemplativo, mas que será transformado em espaço de ação política, no caso de Torquato, espaço de resistência. Esse é o processo dialético da embriaguez, sublinhado por Benjamin, e que concede grande importância à iluminação profana do pensamento ou da literatura. Talvez possamos concluir, dentro de um universo de textos, dos quais alguns acabaram sendo preteridos em relação a outros, numa perspectiva de montagem, rearrumação, deslocamentos, que haja um privilégio da poesia em relação à existência, ou da interpretação em relação ao fato, ou da embriaguez em relação à revolução. E aqui nos remetemos novamente ao romantismo alemão, nas palavras de Blanchot, que podem bem definir a importância de Torquato e sua singularidade na cultura brasileira: "O romantismo acaba mal, é verdade, mas isso por ser ele essencialmente aquilo que começa, aquilo que só pode acabar mal, fim que se chama suicídio, loucura, decadência, esquecimento. E decerto ele com frequência é desprovido de obras, mas isso por ser a obra da ausência de obra, poesia afirmada na pureza do ato poético, afirmação sem duração, liberdade sem realização, força que se exalta desaparecendo, de modo algum desacreditada se não deixa traços, pois era esse seu fim: fazer brilhar a poesia não como natureza, nem mesmo como obra, mas como pura consciência no instante" (Blanchot, 2010, p. 103).

Nosso intuito foi relacionar essa perspectiva do romantismo alemão ao homem trágico, no sentido de que para esse romantismo a obra tem o poder de ser tudo e não mais representar, não trazendo mais conteúdos ou com conteúdos quase indiferentes e, assim, afirmando a um só tempo o absoluto e o fragmentário (a totalidade, mas numa forma que, sendo todas as formas, isto é, não sendo no limite nenhuma, não realiza o todo, mas o significa, suspendendo-o ou até mesmo quebrando-o). Acho que podemos compreender aqui o "Deus oculto" manifestando-se como oculto para o homem trágico, assim como podemos compreender a paixão de pensar, a maneira de uma poesia realizar-se pela reflexão, o que nos remete ao belo texto de Gláucia Vieira Machado, *Todas as horas do fim: sobre a poesia de Torquato Neto*. Parodiando o texto de Maiakovski sobre a morte do poeta Iessiênin, "é melhor morrer de vodca que de tédio", terminamos assim: "recomeçar novas leituras que livrem do tédio o ofício de viver" (Machado, 2005, p. 108–109).

José Agrippino e os Mutantes

I   O que nos terá motivado a escrever sobre José Agrippino de Paula? Sua quase nenhuma fortuna crítica? Seu retorno via *Verdade tropical*, ainda que sob suficiente distância, de maneira a não confundirmos seu legado com o do Tropicalismo? Se assim é, qual teria sido o seu legado? E qual analogia que podemos fazer de sua obra com os Mutantes, sabendo que trabalharam juntos na peça *O planeta dos mutantes*? A diferença de seu trabalho em relação a seus contemporâneos terá sido introjetada vindo afetar suas próprias produções? Nesse caso, o José Agrippino de *Lugar público* é diferente do José Agrippino de *PanAmérica*?

II   Ao falar do Tropicalismo, com suficiente distância de tempo, Caetano vai até o ano de 1973, quando é lançado *Araçá Azul*. Essa marcação histórica é significativa. Como se, a partir daí, um novo ciclo se iniciasse na música popular brasileira. Sob essa perspectiva, cumpre-nos entender esse período imediatamente anterior, de 1965 a 1973, marcado pelos grandes festivais, e que vai ser terreno de graves e fecundos atritos culturais.

Segundo Marcos Napolitano, em seu livro *A síncope das ideias*, é aí que vai se dar o processo de institucionalização da MPB: entre o engajamento político e a indústria cultural, os grandes festivais seriam a vitrine desse balizamento. Esse processo histórico levaria a uma redefinição sociocultural da MPB, com meios de difusão próprios, critérios específicos de julgamento de valor, panteão de gênios criadores e cânon próprio de canções paradigmáticas. Trata-se então de uma instituição sociocultural, e não de um gênero específico.

Esse período a que estamos nos referindo vai ser marcado pela televisão e, segundo Napolitano, pelo cruzamento de linguagens. O que fundaria a MPB, então, seria o final dos antagonismos: o bolero das rádios; a tradição do samba pautado na década de 1930 e implícito no manifesto do CPC, que vai se basear na comunicação e na pedagogia política; a bossa nova engajada pré-1964 de Carlos Lyra e Sérgio Ricardo, com sua estratégia política e estética baseada na aliança de classes, expressa pelos circuitos estudantis (aqui, mais importante que a comunicação, é a popularidade — "subir o morro visava muito mais ampliar o leque expressivo de sua música do que mimetizar de maneira caricatural a música popular das classes pobres" (Napolitano, 2007, p. 78); a bossa nova pós-1964, via Edu Lobo, cujo engajamento se dá com matizes diferentes — em vez da tentativa de aliança de classes, que acabou dando no Golpe Militar de 1964, o processo de resistência ao golpe (o teatro, nesse caso, assume grande importância, como é o caso de *Arena conta Zumbi*, onde se inicia o processo performático que vai culminar nos grandes festivais). Antes, porém, de entrarmos no último leque de tendências a conviver com as anteriores dentro da televisão brasileira, e formando esse caldeirão que vai fundamentar a MPB, institucionalizando-a, quero ainda me ater à bossa nova pós-1964, à qual se liga o nome de Edu Lobo.

Apesar de haver, nessa segunda fase da bossa nova engajada, a pesquisa de materiais-fontes, e, tal como na fase anterior, essa pesquisa não implica mimese, sublinha-se aqui, todavia, a metáfora do processo coletivo de organização como na música "Arrastão". A crise de organização política pós-1964 é respondida por um tom épico em que artista e público compreendem e sentem o drama humano e social, sem que um tenha que orientar o outro, tomando ambos, a partir daí, uma posição consciente. No caso da bossa nova engajada pré-1964, é a crise de liderança que vem a ser respondida; o enfoque das canções é lírico, quase impressionista, do herói individualizado — isso também ocorre nos afro-sambas de Baden Powell. Abstraindo essa diferença, o que fica é o processo de estilização do material musical popular, ao contrário dos tradicionalistas que o mimetizam. No caso específico de "Arrastão", dessa segunda fase da bossa nova engajada, a figura de linguagem que melhor a caracteriza é a hipérbole.

III   O último leque de tendências que a segunda década dos anos 1960, via televisão, vai nos apresentar se remete ao Tropicalismo. Não há dúvida de que a televisão, a aglutinar todas essas tendências, viria a instituir isso que conhecemos como MPB: um amálgama de elementos, dos quais fazem parte a tradição, o engajamento e a indústria cultural. Em relação a esse último item, é significativo, como informa Napolitano, o fato de que "os movimentos musicais da década de 1960 funcionaram como uma espécie de laboratório da indústria fonográfica, que se expandia a cifras largas: entre 1966 e 1976, a indústria fonográfica cresceu cerca de 444% ante 152% do PIB no mesmo período" (Napolitano, 2007, p. 90). Outro dado importante é que, exatamente nesse período, havia um padrão de sonoridade imposto pela gravadora Elenco, de Aluísio de Oliveira, copiado em parte pela Philips de André Midani. As duas praticamente monopolizariam o campo da MPB nascente e ajudariam a determinar o que passou a se entender como tal, em meados da década de 1960" (Napolitano, 2007, p. 79). Ora, esse padrão sonoro juntava tradição e modernidade, vindo a ser a marca preponderante dos grandes festivais, assim como de programas como *Fino da Bossa*, que, em determinado período, tornou-se um dos programas de maior audiência: ao hot jazz (baixo, bateria e piano) juntava-se o ornamento e a acentuação rítmica (tamborim, pandeiro, cuíca e agogô).

Essa bossa nova engajada, seja a pré-1964 de Sergio Ricardo e do "Chega de saudade" de Tom Jobim, seja a pós-1964 de Edu Lobo, e que, conforme Napolitano, viria a constituir o padrão de sonoridade das duas grandes gravadoras da época, seria contraposta pelo Tropicalismo. Existem, inclusive, várias passagens em *Verdade tropical* que atestam a postura de ruptura do movimento tropicalista em relação a esse padrão sonoro. Na verdade, cabe-nos aqui analisar que espécie de ruptura é essa, que ainda está dentro da MPB, e se a história apresentaria algum caso de ruptura, seja na música popular ou em qualquer outra expressão artística, que viesse a sofrer um processo de exclusão. Por ora, vamos analisar a ruptura tropicalista.

IV   Ao contrário da bossa nova, no Tropicalismo os acordes não estarão alterados. Essa alteração bossa-novista, conseguida via tonal e eventuais utilizações de dissonância e timbres jazzísticos, vai ocorrer no processo de estilização do material arcaico. De qualquer maneira, trata-se, no caso da bossa nova, de peças redondas em que as vozes internas dos acordes alterados se movem com natural fluência. No caso do Tropicalismo, ainda que se trate de acordes perfeitos maiores, eles estarão em justaposição, ocasionando relações insólitas. É o caso da música "Clara", do disco *Caetano Veloso*, de 1968, feita por Caetano em parceria com Perinho Albuquerque, com seu sistema de acordes inteiros justapostos.

O que parece evidente aqui, nesse sistema de justaposição, é não amortizar o choque do moderno com o arcaico. Nesse sentido, nos remete à organização dos elementos em séries livres e alegóricas, como bricolagens. Essa espécie de colagem traz à tona muito o processo de montagem, ligado à pop art, do que propriamente o trabalho de artesão. Já na bossa nova, conforme Edu Lobo, o compositor estiliza o material arcaico, o dilui nos materiais e técnicas disponíveis, organizando seus elementos hierarquicamente. O prejuízo desse processo é o mascaramento das contradições, ao contrário do Tropicalismo que as escancara. A figura de linguagem própria do Tropicalismo, nesse sentido, vai ser a paródia, que incorpora as tradições em duplo sentido: como percepção de que estão diluídas na modernização e como nostalgia da identidade nacional perdida ou nunca encontrada — humor e melancolia.

A outra figura de linguagem, a parataxe, que vai estar ligada ao texto de Agrippino, mais especificamente em *Lugar Público*, certamente aponta para uma outra direção. Aqui não existe nostalgia alguma, nem humor nem melancolia. A superposição não é mais entre passado e presente, imagens modernas e arcaicas. Em Agrippino, desaparece a noção de tempo. Estamos no coração do espaço. Tudo é só presente. Desaparece, inclusive, a noção de identidade, que de uma certa forma ainda está presente no tropicalismo.

v Caetano tem consciência dessa diferença quando afirma: "PanAmérica, parecendo algo muito posterior ao tropicalismo, não o influenciou: na verdade, o livro por pouco não inibiu seu aparecimento" (Veloso, 2008, p. 150). O questionamento de Roberto Schwarz a *Verdade tropical* segue o lastro de um pensamento hegemônico esquerdista que proliferou nos anos 1960 no Brasil. Segundo Schwarz, a relação entre vanguarda estética e cultura popular meio iletrada estaria presente no Brasil desde os anos 1920 com a boemia carioca — nesse sentido, dois textos o indicam: "Presença Ausente", em *Humildade, Paixão e Morte: a poesia de Manoel Bandeira*, de David Arrigucci Jr., e *Santo Sujo: a vida de Jayme Ovalle*, de Humberto Werneck.

Já nos anos 1950, a bossa nova é um bom exemplo dessa confluência entre o popular e o erudito — dois outros textos poderiam ser lembrados, abordando esse aspecto: "João Gilberto e o projeto utópico da bossa nova", de Lorenzo Mammi (1992), e *Bim-Bom: a contradição sem conflito de João Gilberto*, escrito por Walter Garcia. Finalmente, nos anos 1960, em "Cultura e Política 64–69", do livro *O Pai de Família*, Schwarz vai abordar essa relação entre vanguarda estética e cultura popular, presente nos anos 1960, como uma tentativa de romper com a herança colonial de segregações sociais e culturais (até num certo sentido, as alienações correspondentes à exclusão dos pobres empobreciam a vida mental dos incluídos — ou seja, era de mão dupla essa relação entre estética e cultura popular).

Ainda que Schwarz reconheça que, passado o tempo, o saldo do período avaliado, 64-69, não sobressaia particularmente, ainda assim, não diminuiria o acerto das questões levantadas. E, de certa forma, isso está presente em *Verdade tropical*, conforme Schwarz. O problema é que há também os maus passos do narrador, tais como superstições baratas, mistificação despropositada do Brasil, autoindulgência desmedida e confusionismo calculado. Enfim, um desejo acrítico de conformação diante do qual a ditadura seria tratada com complacência em algumas passagens.

VI É nesse sentido que podemos destacar o seguinte texto de *Verdade tropical*: "A grande movimentação que levou a chama civilizatória das arcas quentes para o frio do hemisfério norte parece estar — depois de atingir o Japão e tigres asiáticos neocapitalistas e China neocomunista — madura para fazer um desvio de rota. Ter como horizonte um mito do Brasil — gigante mestiço lusófono americano do hemisfério sul — como desempenhando um papel sutil mas crucial, é simplesmente uma fantasia inevitável" (Veloso, 2008, p. 489-490). Essa mistificação despropositada do Brasil, como vai criticar Schwarz, constituiria para Caetano um esforço de lucidez contra a visão mística da história que o pensamento hegemônico de esquerda representava com sua cadeia de causalidade. O que parece vir implícito a essa visão mística da história é a negação crítica de uma tradição à qual estaria ligada a exclusão social, negação essa expressa esteticamente no processo de estilização do arcaico. A essa postura de estilização, própria da bossa nova engajada, vai se contrapor Caetano, que terá uma leitura da bossa nova muito própria: "culminância do esforço de criar e consumir uma música respeitável, mas também a superação da ansiedade que o exigia: realizava uma estilização mais exigente e, ao mesmo tempo, valorizava o passado, conscientizando-nos da grandeza de nossa tradição" (Veloso, 2008, p. 492).

Contrariamente à ideia de fracasso total ou de ceticismo quanto ao processo de nacionalidade, que está presente desde *Retrato do Brasil* de Paulo Prado, há no Tropicalismo um processo de autoafirmação: "Nós, os tropicalistas, diferentemente de muitos amigos nossos da esquerda mais ingênua, que pareciam crer que os militares vinham de Marte, sempre estivemos dispostos a encarar a ditadura como uma expressão do Brasil. Isso aumentava nosso sofrimento, mas hoje sustenta o que parece ser um otimismo. É que penso e ajo como se soubesse na carne quais as potencialidades verdadeiras do Brasil, por ter entrado num diálogo com suas motivações profundas — e simplesmente não concluo que somos um fracasso total. Aprendi então a reconhecer os indícios de formação de forças regeneradoras e, embora saiba que aposto com alto risco, sempre sou levado a dobrar minhas fichas" (Veloso, 2008, p. 458–459). Se para Schwarz isso é uma complacência despropositada, cabendo à esquerda uma resposta que ainda não foi dada ao processo ditatorial brasileiro, para Caetano a sua aposta no Brasil continua valendo, malgrado tudo que tenha acontecido (sua aposta, inclusive, é motivada por tudo que aconteceu ao Brasil).

Ficaria então patente em ambas as posições um futuro em aberto, o que leva Napolitano a pensar a MPB como um projeto inacabado de país: processos de educação sentimental, estética e ideológica, cuja tradição viria imbuída num coro uno e harmonizado, mas sem esquecer as cacofonias, os silêncios e sussurros perdidos no tempo.

A ideia deste trabalho foi justamente trazer à discussão tanto Agrippino quanto os Mutantes como verdadeiros marcianos no coração da MPB ou da cultura brasileira. Não se trata nem mesmo de ruptura. E por isso mesmo viriam a ser, mais tarde, cuspidos do seu interior. Porque se na esquerda, isto é, no pensamento hegemônico dos anos 1960, do qual Schwarz é um herdeiro, está claramente presente um pensamento utópico, não é diferente a perspectiva tropicalista, ainda que com métodos diferentes. Caetano observa: "... numa mirada mais abrangente, vê-se logo que minha identificação com as posições e sensibilidade de Augusto (de Campos) quanto a essas posições (de vanguarda), é mais resistente do que pudesse ter com Agrippino" (Veloso, 2008, p. 481). Essa observação vem bem a propósito porque não existe no trabalho de Agrippino, considerando aqui seu primeiro romance, de 1965, *Lugar público*, como seu segundo romance, *PanAmérica*, de 1967, nenhuma perspectiva utópica. E ainda que Augusto de Campos fosse crítico em relação a um pensamento esquerdizante dos anos 1960, o Concretismo não deixa de ser uma de suas variantes. Parodiando Caetano, os verdadeiros marcianos não são os militares, são outros.

VII Em 1965, ou seja, um ano após o golpe de Estado, é publicado *Lugar público*. Marcelo Andrade Vianna, em seu trabalho sobre esse livro, viria a destacar o sujeito dessubjetivado: "o sujeito que aqui investigamos a partir da leitura de *Lugar público*, denominado de dessubjetivado, estrutura-se justamente a partir de tal perda e de todo processo de desorientação que ela acarreta" (Vianna, 2012, p. 74). Ou seja, em plena avalanche de discussão da identidade nacional brasileira, num período em que os escritores brasileiros são convertidos em intelectuais, no sentido de se tornarem homens públicos, discutindo política (veremos depois o sentido que Hannah Arendt dá a "espaço público"), ora, justo nesse período, entendo que não são os tropicalistas a verdadeira ruptura. O marciano Agrippino de Paula está muito pouco interessado em discutir a questão nacional. Seu diálogo é com os processos tecnocráticos dos países ocidentais, principalmente dos EUA, a partir da década de 1950. É a esse sujeito contemporâneo, que sofre o processo avassalador da modernização das grandes metrópoles, que está o foco de seu interesse. Em vez de identidade nacional, discute-se o homem sem território. Isso em 1965. O que fazer com um marciano na cultura brasileira?

VIII   Um aspecto interessante do livro *Lugar público* é que os personagens não criticam os mecanismos de controle das megalópoles modernas. E, nesse sentido, há uma diferença entre a perspectiva do livro e a contracultura, movimento esse a favor das dissonâncias internas e da liberdade individual. *A condição humana*, de Hannah Arendt, é um exemplo. Ali se coloca em questão as sociedades de massa em favor do espaço público, onde se daria a ação política. É nessa perspectiva que vai se trazer a igualdade de direitos contra as hierarquias sociais. A burocracia, seja ela das empresas, dos partidos políticos ou das universidades, também seria uma forma de hierarquia, contra a qual a contracultura vai se colocar. A questão é que há uma diferença entre a Europa e a América Latina — nesse aspecto, poderíamos territorializar ou, pelo menos, identificar o tipo de espaço a que a ficção de Agrippino faz referência. Na Europa, o processo de modernização, isto é, as transformações materiais e estruturais do mundo moderno em seu aspecto físico, era anterior ou concomitante ao processo de modernidade, entendido como representações culturais que envolvem esses processos de modernização, o ethos desses processos. Ora, na América Latina e no Brasil, a modernidade vem antes da modernização. A infraestrutura é inexistente.

O desenvolvimentismo, a partir de Juscelino, é justamente o desejo de transformação, que será conduzido pelo Estado, gerando uma industrialização rapidíssima. Portanto, nessas plagas, as questões valorativas e conceituais vêm primeiro. Daí o ufanismo tanto nas intenções modernizadoras de Juscelino quanto na forma repressiva e conservadora do desenvolvimento pelos militares. A esse ufanismo, característica também do pensamento esquerdizante dos anos 1960, vai se contrapor a contracultura, que, no Brasil, não deixa de assumir um tom didático ou ético contra o processo tecnocrático. A grande novidade da obra *Lugar público* é que nem os personagens nem o narrador assumem esse tom. Agrippino não se posiciona contra, mas, ao destacar esse impulso racionalizante do projeto estatal, esse controle urbano e essa organização administrativa por parte do Estado, visando a um espaço liso, faz transparecer como contraponto a desorganização do espaço público. Nesse sentido, os intelectuais são marginalizados em prol do especialista que mantém a máquina funcionando eficientemente. Os intelectuais em *Lugar público* estão sempre à deriva, vão à biblioteca, não têm projetos... Sob essa perspectiva, o fracasso político não se deve a uma questão nacional, e sim ao projeto desenvolvimentista implementado em toda a América Latina.

IX A técnica de montagem, a ideia de fragmentos, do flash, está muito presente nas vanguardas modernistas, basta pensarmos em Serafim Ponte Grande e mesmo nas alegorias tropicalistas, estas últimas ainda ligadas à estética modernista. No livro *Lugar público*, a narrativa também vai funcionar através de blocos justapostos, mas numa montagem aleatória, como simultaneidade de vários presentes. Montagem que não quer dizer nada simplesmente porque não há nada para dizer. Técnica da montagem que diz por si só, porém, esvaziada de qualquer caráter teleológico. Talvez pudéssemos vislumbrar três momentos: as vanguardas modernistas, o esvaziamento teleológico e o nonsense. Em *Lugar público* é cumprido o referido esvaziamento: a euforia utópica, própria das esquerdas dos anos 1960, vem a ser substituída por um tom derrotista que vai estar presente na literatura brasileira dos anos 1970, mas o primeiro romance de Agrippino adianta esse quadro ainda em 1965, quando é publicado.

Apesar de Schwarz entender que no Tropicalismo, ao contrário da antropofagia, a modernização retardatária não era expressa através da piada eufórica, mas através da ironia, própria de um certo pessimismo, nada é comparável ao clima de angústia e vazio que reina em *Lugar público*. Essas gradações são importantes. Porque se o Tropicalismo, conforma Schwarz, formaliza e encapsula a experiência histórica da esquerda derrotada, em *Lugar público* não há, seja por parte do narrador, seja por parte dos personagens, nem mesmo a experiência de derrota.

O processo de introjeção da tecnocracia leva ao esquecimento da experiência, à dessubjetivação do sujeito e a esse mínimo "eu" de que falava Christopher Lasch — "o mínimo eu: sobrevivência psíquica em tempos difíceis". Sob esse aspecto, Giorgio Agamben chama a atenção para o fato de que os "muçulmanos", como eram designados os sobreviventes dos campos de concentração, aqueles que atingiam um grau máximo de alheamento, vítimas da aplicação da técnica desses campos, em função de sua robotização acabavam se tornando uma força contra o próprio regime (os nazistas precisavam que seus prisioneiros mantivessem algum grau de identidade).

Mas a angústia em *Lugar público*, em função tanto da ausência de sentido quanto da ausência de elos entre os indivíduos, suas histórias e trajetórias, descamba, sem marcas de passagem no livro, para o nonsense e o delírio. Cabe a nós então fazermos essa marcação, porque essa diferença vai ser muito atuante entre *Lugar público* e *PanAmérica* — esse processo de desdobramento de um espaço para o outro, como uma diferença dentro da própria obra de Agrippino.

x   A diferença entre a parataxe e o delírio vai permear o trabalho de Agrippino. No primeiro caso, trata-se de uma narrativa tomada de fissuras, brechas, constituída de orações interligadas, mas sem recurso às conjunções. Conforme Marcelo Andrade Vianna, que vai estudar *Lugar público*, "... ao mesmo tempo que o livro como que absorve e plasma, em sua estrutura narrativa, as inúmeras mudanças geradas pela vaga modernizante, ele também faz uma crítica a tal processo, ao contrapor a um potencial espaço sem fraturas, requerido pela modernização, um espaço dilacerado e composto de inúmeros fragmentos que não se coadunam entre si" (Vianna, 2012, p. 51). Em outras palavras, uma ação não explica a seguinte, pondo em questão a lógica linear da racionalidade cartesiana binária, segundo a qual o espaço é determinado pelo tempo. A parataxe investe numa noção de espaço separada da noção de tempo.

No que diz respeito a *PanAmérica*, analisado por Evelina de Carvalho Sá Hoisel no livro *Supercaos: os estilhaços da cultura em PanAmérica e Nações Unidas*, a narrativa, em vez de operar cortes promovendo fraturas, investe na produção de fluxos. O supercaos, lente mais possante que permite filtrar o caos da História para que as coisas apareçam em sua dimensão real, teria a função de carnavalizar o contexto a fim de desconstruir a ficção da História. Reficcionalização da História para desficcionalizá-la.

Nesse caso, estamos diante do excesso, da abundância, comparado com o deserto de *Lugar público*. No caso do primeiro romance de Agrippino, a desmontagem do mito da tecnocracia faz-se por redução, corte das conjunções. No caso de *PanAmérica*, por excesso, o que dá margem à polissemia do narrador. Um exemplo é que, em *Lugar público*, o narrador ora é tratado na primeira, ora na terceira pessoa. A esse processo de dessubjetivação, distanciamento, que faz com que o leitor tenha dificuldades de identificá-lo com precisão (*Lugar público*), sobrevém outro processo, pré-individual, que permanecia recalcado. Nesse caso, a dessubjetivação se faz por explosão, o que permite, por exemplo, que Marilyn Monroe morra três vezes de maneiras diferentes. Através de uma corrente de associações ordinariamente reprimidas, há como que uma projeção de conflitos interiorizados, explosão essa de predominância visual (*PanAmérica*). Portanto, ao contrário da parataxe, figura de linguagem que predomina em *Lugar público*, sem recurso de conjunções, em *PanAmérica* o fluxo contínuo vai valorizar o modo conectivo. Nesse caso, nunca se dá a mesma explicação, nunca se invoca a mesma genealogia e nunca se registra da mesma maneira o mesmo acontecimento.

XI Nos dois romances de Agrippino testemunhamos então um processo de desconstrução, ora por redução, ora por abundância. O que salta à vista, porém, é que no primeiro caso não há saída. Ao contrário das grandes narrações, em que os fios narrativos eram ordenados e as cenas eram encadeadas através da lei do tempo-lugar social articulado, em *Lugar público* o que predomina é a lei do mundo labirinto. Nesse ponto, há uma ruptura, seja com o passado — relação que predominava nas grandes narrativas —, seja com o futuro — relação que predominava nas vanguardas modernistas. O mundo labirinto remete ao mito de Teseu, que mata o Minotauro e consegue escapar do labirinto pelo fio de Ariadne — mas esse assassinato esconde-se em meio à escuridão da memória. Labirinto que se associa ao desgoverno, à mudança de rumo, próprio das condições dos seres à deriva. Se a "Psicologia da composição", de João Cabral, investe na atenção de um ser em repouso, o que privilegia uma visão de mundo de natureza descritivo-analítica, já a atenção à deriva, que nos remete a Rimbaud, próprio dos que estão em movimento, produz esquecimento. Essa linha cortada, labiríntica, que vai gerar uma visão desintelectualizada, vai predominar em *Lugar público* e as saídas serão sempre passageiras e passíveis de ressignificação constante.

A questão é que em *PanAmérica* isso não se dá. Aliás, é digno de nota o fato de Caetano comentar *PanAmérica* e esquecer *Lugar público*. Hoisel chama a atenção para a questão do apocalipse ou explosão que será o tema de *PanAmérica* e indispensável para uma nova ordem. Portanto, a ideia de restauração e regeneração aqui se faz presente como decorrência do mito escatológico; conforme Hoisel, o supercaos é a possibilidade de uma nova ordem, representada em *PanAmérica* pelo "qualquer lugar" — um novo mundo que necessariamente deverá surgir: "Eu e ela estávamos ali encostados na parede... Nós dois esquecemos naquele momento que nós dois pretendíamos a paz dentro da violência do mundo, e sem perceber a chegada da paz nós dois estávamos alojados dentro dela... a paz nos encontrou subitamente, não enviou nenhum sinal, e nós não procuramos a paz. Ela tirou o vestido e eu disse que ela deveria ter... Eu e ela nus. Quando terminar o fim do mundo nós iremos para qualquer lugar" (Paula, 2001, p. 61). Essa passagem teria sua correspondência com outra no final do livro, após a saturação do caos, quando se instaura um novo cosmo: "Apareceu a curvatura da terra, o mar brilhante e azul, as nuvens brancas e as montanhas... E a cidade aproximava veloz e eu via os vidros dos edifícios" (Paula, 2001, p. 258).

XII Mas se, imaginativamente, juntássemos num só livro os dois romances de Agrippino, seria provável identificarmos em *PanAmérica* o filme a que o narrador de *Lugar público* assiste em seu final. Nesse caso, a escrita do desejo, do excesso, do fluxo contínuo, poderia ser identificada ao espetáculo encenado por uma sociedade tecnológica, diante da qual o espectador, esvaziado e à deriva, assiste completamente distanciado. Como afirma Marcelo Andrade Vianna sobre *Lugar público*, "os lances extraordinários que se aproximam da lógica do espetáculo, não causam nenhum tipo de abalo na narrativa, que, apenas abre espaço para elas e depois volta a seu ritmo usual, unidimensional" (Vianna, 2012, p. 103). A instauração de um novo mundo após o apocalipse faz parte dessa cena espetacular.

XIII Um caso paralelo ao de Agrippino, mas no campo da música popular brasileira, é o da banda Mutantes. Paralelismo, mas com suas diferenças. Porque no caso dos Mutantes, os quais o próprio Agrippino viria a dirigir no espetáculo *O Planeta dos Mutantes*, de 1969, a estreia para o grande público seria através dos grandes festivais pelas mãos de Gilberto Gil. Ou seja, os Mutantes são literalmente jogados no fogo. É curioso verificarmos, como consta nos dois primeiros blocos de *Verdade tropical*, o quanto Caetano olhava com desconfiança, ainda em Santo Amaro, para os jovens que aderiam à moda do rock and roll. Pois os irmãos Baptista e a própria Rita Lee vinham desse habitat. Não podemos, portanto, esquecer o processo de travestimento que a banda viria a sofrer, quando estreia com "Domingo no parque" ao lado de Gil no festival de 1967. No livro *A Divina Comédia dos Mutantes*, escrito por Carlos Calado, há a seguinte referência aos irmãos Baptista, antes de 1967: "... desciam a lenha em quase tudo que se ouvia no rádio e na televisão" (Calado, 2012, p. 84).

Não há necessidade, portanto, de nenhum esforço para imaginarmos o abismo que havia entre o espaço dos baianos e o espaço dos Mutantes. Já em 1966, na pegada do rock progressivo, Arnaldo Baptista está imbuído em criar arranjos modernos de música clássica, tocados com guitarra. Se pensarmos que os dois primeiros discos da banda, *Mutantes* (1968) e *Os Mutantes* (1969), viriam a ser produzidos por Manuel Berenbeim, que era o representante das ideias tropicalistas na cúpula da Philips, discos esses que teriam também intensa participação de Rogério Duprat, começamos então a compreender o travestimento pelo qual passou a banda. E tanto é que o primeiro disco, com apenas três canções compostas pela banda, abre com "Panis et Circenses", clássico de Caetano e Gil. Essas três únicas canções compostas pela banda são, por sinal, o corpo estranho do disco, aquilo que vai lhe dar singularidade: "O relógio", "Senhor F", e "Ave Gengis Khan".

Antes do segundo disco, já se instaurava um mal-estar na banda. Conforme Calado, "sentiam que Guilherme Araújo não investia o suficiente na carreira solo da banda. Sentiam-se tratados como meros coadjuvantes embora tivessem certeza de que poderiam voar mais alto" (Calado, 2012, p. 124). Essa situação se repetiria com os Beat Boys, banda argentina que, junto com Caetano em "Alegria, alegria", se apresentaria no festival de 1967 — situação essa que levaria ao rompimento da banda com o empresário.

No segundo disco dos Mutantes, em 1969, saem Caetano e Gil, e entra Tom Zé (duas músicas do disco, "2001" e "Qualquer bobagem", são composições suas com a banda). Apesar de os Mutantes estarem mais presentes (dessa vez são seis composições da banda e sem parceria), a sombra tropicalista, ainda assim, se faz presente, seja na produção, seja nos arranjos. "Dia 36" e "Qualquer bobagem", ambas em parceria, e "Mágica" são as que mais se destacam.

Quando chegam ao terceiro disco, *A Divina Comédia ou Ando Meio Desligado*, já em meados de 1970, a produção do disco fica a cargo de Arnaldo Saccomani, que, com o aval de Midani, apresenta ao trio a possibilidade de cada um da banda gravar um álbum solo. Começa então um processo gradativo de desmanche. Rita Lee vem a gravar nesse mesmo ano seu primeiro disco solo, *Build Up*, além de fazer parte da Feira Nacional da Indústria Têxtil (Fenit), com grandes shows de artistas, junto com Jorge Ben, Tim Maia e outros. Ao mesmo tempo, o disco gravado pela banda em Paris, no ano anterior, quando participavam do Miden — feira de música em Cannes —, denominado *Tecnicolor*, viria a ser espetacularmente engavetado pela gravadora.

A Divina Comédia é analisada pelo próprio Arnaldo em entrevista para a revista *O Cruzeiro*: "um som mais pesado, mais beat, mais soul, mais blues, mais negão" (Calado, 2012, p. 202). Naturalmente, a influência tropicalista perde peso e Duprat diminui sua participação. Outra curiosidade é que Arnaldo troca seu baixo pelo órgão Vox e pelo piano, o que leva à entrada de Liminha em quatro faixas: "Hey Boy", "Quem tem medo de brincar de amor", "Desculpe Babe" e "Preciso urgente encontrar um amigo". Certamente, esse é um disco-limite: aqui começam as crises entre Rita Lee e Arnaldo Baptista e também o processo de desmontagem da banda por parte da gravadora — havia todo um esforço empreendido no sentido de transformar Rita numa estrela pop (o desfile da Rhodia já acena nessa direção). De qualquer maneira, nenhum outro disco dos Mutantes teve tantas músicas emblemáticas como esse e, note-se, sem a presença de nenhum tropicalista entre os compositores. Chamam a atenção duas composições: "Meu refrigerador não funciona" e "Chão de estrelas". Esta última, de Orestes Barbosa e Sílvio Caldas. O processo de desconstrução de "Chão de estrelas" leva-nos imediatamente à sua comparação com "Coração materno", clássico de Vicente Celestino, interpretado por Caetano Veloso em *Tropicália ou Panis et Circencis*. As duas leituras do passado talvez nos ajudem a compreender melhor o Tropicalismo e os Mutantes e a ver entre eles diferenças significativas.

xiv

Quando o disco *Tropicália* ficou pronto..., para Zé Agrippino, apenas a faixa dos Mutantes (o tratamento que eles deram a minha parceria com Gil, "Panis et Circenses") saía do limbo do subdesenvolvimento. De fato, os Mutantes — por sua extrema juventude, começando a vida ao mesmo tempo que o neo-rock'n'roll inglês; por sua condição de paulistas, vivendo na região mais rica e menos característica do Brasil; por sua familiaridade com equipamentos eletrônicos (o irmão mais velho dos dois rapazes é um inventivo engenheiro); mas sobretudo pelo talento dos irmãos Baptista e da namorada de um deles — tinham um domínio da linguagem pop (sonora e visual: os teipes da época e alguns dos filmecos feitos com eles parecem produções atuais da MTV) que os distanciava tanto da MPB convencional quanto do iê iê iê e do próprio tropicalismo. Eu achava, contudo, que em "Baby" por Gal e Duprat, ou em "Enquanto seu lobo não vem", por mim, Gil e Duprat, havia algo de outra natureza e que me interessava mais. Algo mais fértil e para ser julgado por outros critérios que não o mero cotejo com a produção anglo-americana. O tropicalismo ganhou corpo na história da MPB como um conjunto de atos dos quais a colaboração com os eficientes e inspirados Mutantes, foi uma das coisas mais auspiciosas, *mas o núcleo estava em outra parte*. Depois que voltei de Londres, nos anos 1970, Rita Lee se tornou a roqueira mor do Brasil. E os Mutantes, sem ela, se inclinaram para o progressive rock, com competência para soar como o Yes ou o Emerson, Lake & Palmer...; nesse período juntaram-se a Liminha e formaram um trio que nunca se tornou comercial como Rita, mas elevou o nível técnico e de ambição do rock brasileiro e mesmo latino-americano.

O rock chamado progressivo não nos atraía. Amávamos e admirávamos os novos Mutantes sem compartilhar com eles o entusiasmo pelo tipo de música que eles elegeram. Mas a própria Rita trabalhando solo, com sua poesia, sua musicalidade, seu wit e sua elegância, trazia de volta a divisão entre MPB e rock que o tropicalismo tentara superar (Veloso, 2008, p. 225).

xv Esse longo trecho de *Verdade tropical* ajuda a compreender a diferença entre o Tropicalismo e os Mutantes. Segundo Caetano, o núcleo do Tropicalismo estava em outra parte, da qual os Mutantes permaneciam à margem. Haveria, segundo Caetano, algo no Tropicalismo que não era só uma questão técnica. Inclusive, em relação a essa técnica, ele próprio reconhecia estar muito aquém dos Mutantes. Chega mesmo a identificar algumas canções que, por sinal, traziam a presença de Duprat e com as quais se identificaria mais. Mas não objetiva com clareza essa diferença.

xvi Caetano cita dois exemplos do disco *Tropicália*, "Enquanto seu lobo não vem" e "Baby", mas poderíamos também incluir "Coração materno", todas elas com arranjo de Duprat. A trágica canção de Vicente Celestino finaliza diante de um impasse. Quando tudo indicava a vitória final diante do passado, o protagonista cai na estrada e deixa escapulir o "coração materno", que, numa reviravolta sensacional, reafirma o seu poder. O cenário ao final da canção é sugestivo: numa direção, a do futuro, para o qual ele se encaminhava resoluto, está sua amada à espera (a história, diga-se de passagem, começa de um mal-entendido; não era a intenção da amada que o amante trouxesse o "coração materno"); na direção contrária, a do passado, o coração materno, cuja voz indica não uma ruptura (sua mãe é ainda de seu filho). Naturalmente, a canção tem um exagero, próprio das canções de Vicente Celestino, mas em momento algum a interpretação de Caetano exacerba a tragédia, chegando a pairar sobre ela como se estivesse sobre sua superfície. Isso também vai se dar em "Enquanto seu lobo não vem" — nesse caso, é indicado o subterrâneo como a região que a canção focaliza e novamente nos deparamos com a superfície que o som da orquestra indica como a parada militar. Essa justaposição de espaços ou de direções, e mesmo justaposição de tempos, é completamente liquidada em "Chão de estrelas", interpretada pelos Mutantes. Inclusive, há uma correspondência entre a sonoplastia e a letra até mesmo quando uma subverte a outra. Não há nenhum impasse, nenhum pudor, nenhum respeito. A desconstrução do lirismo de Silvio Caldas e Orestes Barbosa ocorre de tal forma que a lua a furar o zinco é substituída por tiros. Isso sem mencionar a interpretação completamente debochada de Arnaldo Baptista. Não fica pedra sobre pedra. Estamos diante de um desenho animado substituindo o naturalismo originário da canção. Nada é subterrâneo aqui. E isso acaba por nos remeter ao eterno presente em que o livro *Lugar público* confina tanto seus personagens quanto seu narrador. Não há mais laços no interior de uma comunidade, cujos habitantes tornaram-se incapazes de compartilhar experiências. Tanto em Agrippino quanto nos Mutantes estamos no coração do presente.

xvii É curiosa a interpretação que Caetano faz da bossa nova, inclusive, discordando de Augusto de Campos, o que vem corroborar com a sua postura diante do passado. O ponto de discórdia estaria sobre quem seria o predecessor da bossa nova. João Gilberto deve mais a Mário Reis ou a Orlando Silva? Para Augusto, deve mais a Mário Reis.

Haveria nesse cantor uma discrepância entre melodia e canto que os vanguardistas viriam a valorizar — diferença dentro da canção que levaria o canto a um caminho mais seco, mais sintético, o que nos remete também à Vanguarda Paulista.

Por outro lado, no item "motz el som", Augusto não só identifica os trovadores provençais como o ápice da história da poesia cantada, como também os relaciona a Caetano e Gil, e não a Caymmi nem Chico. Conforme uma entrevista que Caetano teria dado a Augusto em 1968, este identificaria na canção "Clara" uma limpidez, uma enxutez, que não haveria em Caymmi. A discordância de Caetano é que, segundo ele, a limpidez e a enxutez de João foram aprendidas com Caymmi, assim como seu estilo de cantar remetia a Orlando Silva, "cantor de grandes legati, de fraseados flutuantes e de incríveis jogos rítmicos".

Em outras palavras, João, como criador da bossa nova, não negava a melodia. Daí porque para Caetano "Chega de saudade" era a obra-mestra do movimento: rica em motivos melódicos (com algumas características do choro) e, ao mesmo tempo, com ousadias harmônicas e rítmicas. "Lugares-comuns incomuns" e "experimentações que pareciam lembranças" são alguns dos termos usados por Caetano para analisar "Chega de saudade" (seus intervalos inusitados conteriam em si o "Desafinado" e "O samba de uma nota só", que, para Augusto, seriam as que abrangentemente representavam a bossa nova).

No fundo, essa questão traz algo que nos interessa porque indica uma diferenciação entre a mirada sincrônica ou trans-histórica, a qual, conforme as próprias palavras de Caetano, sempre o atraiu mais, e a mirada historicista, apaixonada pela novidade, que seria uma característica das vanguardas históricas. A tecnologia, por exemplo, sobrevalorizada pelos Mutantes, estaria nesse viés historicista. Num jogo ambíguo de bater e afagar, próprio de Caetano, ele assim aborda os concretistas: "em textos tão claros e tão entusiasmados quanto os que apontam para uma estética do novo, os concretistas (sobretudo Haroldo) defenderam uma crítica de mirada sincrônica, trans-histórica" (Veloso, 2008, p. 223). Para Caetano, a própria tensão entre ambas as visões é que teria levado à gama de movimentos do final do século XIX ao início do XX. Ou seja, nem mesmo nesse momento a mirada sincrônica estaria eliminada.

XVIII~ "A música chegou na fase da complexidade (não da simplicidade, nem do achado, nem dos descobrimentos). Hoje em dia quem é mais complexo, quem tem os instrumentos e os sons muito loucos, tocando rock and roll que é coisa de muito tempo atrás, é o cara mais para frente, o cara mais legal, mais ligado. O nosso trabalho se situa dentro desse esquema. Esse ano nós gastamos quase 100 milhões em equipamentos e aparelhos, quando, há 4 anos, em vez disso, a gente ficaria pensando 10 horas para descobrir um som" (Calado, 2012, p. 256). Esse depoimento para a revista *Bondinho* em dezembro de 1971, dado por Arnaldo Baptista, expressa claramente a diferença da banda em relação à mirada sincrônica tropicalista. Estamos nessa época por ocasião do lançamento de *Jardim elétrico*, em cuja capa vinha o seguinte aviso: "qualquer semelhança com Tim Maia é mera coincidência". Esse flerte com a soul music, que já no disco anterior se exprimia em "Meu refrigerador não funciona", canção emblemática, nonsense e gritada ao estilo de Janis Joplin, nesse novo disco dava novas crias: "Benvinda" (mais Tim Maia impossível) e "It's very nice pra xuxu". Mas longe de ser um disco de soul music, *Jardim elétrico*, com Liminha e Dinho como os dois mais novos mutantes, imprime uma sonoridade que parece fugir dos três discos anteriores: rock mais pesado, menos psicodélico, mais cru, e longe dos arranjos arrojados de Duprat. "Top top", "El justiceiro", "Jardim elétrico" e "Saravá" se destacam num universo de onze canções em que apenas duas têm parceria com Liminha — "Top top" e "Lady, lady". Destaca-se também a nova versão de Liminha para "Baby", de Caetano. Já nesse tempo vai surgir a ideia de tocarem no interior gratuitamente em cima de um ônibus, tendo a cidade de Guararema como experiência-piloto. O fato de não conseguirem patrocínio para a experiência demonstra por si só o novo caminho que tentam imprimir e a resistência que vão enfrentar.

XIX No ano seguinte, 1972, lançam *Mutantes e seus cometas no país do baurets*, que, assim como o anterior, tem a produção assinada pelo próprio Arnaldo Baptista. O espaço de Rita Lee continua a se reduzir drasticamente (esse processo vinha acontecendo desde o disco anterior) e um sinal disso é o lançamento de segundo disco solo de Rita, *Hoje é o primeiro dia do resto da sua vida*, produzido pelo próprio Arnaldo, e que vai ser definido por Ezequiel Neves como o "Sgt. Pepper's dos Mutantes", já que, apesar de ser um disco solo de Rita, todos os mutantes estão ali, sob a influência do baixista Chris Aquire (Yes) e do guitarrista John McLaughlin (Mahavishnu Orchestra).

Quanto ao *País do baurets*, foi espinafrado por Maurício Kubrusly na revista *Rolling Stone* em julho de 1972. De modo geral, o disco mantém a linha de sonoridade do anterior, permanecendo, dessa maneira, muito aquém de seus três primeiros discos. Ainda assim, apresenta duas baladas arrasadoras, "Vida de cachorro" e "Balada do louco". Tanto a importância do *País do baurets* quanto de *Jardim Elétrico*, quero crer, consiste no processo de transição que a banda vai passar no sentido de se desfazer da experiência tropicalista. Não é à toa que, já frequentando a comunidade freak da Serra da Cantareira, onde Arnaldo passa a residir e ensaiar, os temas constantes de debate, longe de ser a ditadura militar, são: ufologia, astrologia, telepatia, magia e ocultismo. Claro, sob os efeitos do LSD (seria interessante fazermos aqui um paralelo com *PanAmérica*: conforme Evelina de Carvalho Sá Hoisel, em seu texto *Supercaos: os estilhaços da cultura em PanAmérica e Nações Unidas*, haveria, no segundo romance de Agrippino, processos linguísticos de cenas em que se descrevem alucinações provocadas por drogas como LSD — é o caso da morte de Marilyn Monroe, registrada pelo menos de três maneiras diferentes).

Esse mecanismo lisérgico, no caso dos Mutantes, rodando o Brasil com seu equipamento de 2 mil watts, e a gradativa separação de Rita Lee naturalmente acenavam na direção de outro público. Conforme Calado, "enquanto um cantor de sucesso como Roberto Carlos, costumava se apresentar com uma potência de som em torno de 100 watts, a mesa que Cláudio Baptista passou a construir, ajudado por Peninha e Leo Wolff, que era roadie da banda, integrava 10 amplificadores transistorizados de 135 watts cada. Ou seja, uma potência total 13 vezes maior que a utilizada nos shows do rei" (Calado, 2012, p. 273).

A singularidade e a grandeza dos Mutantes estavam justamente nessa desconstrução em que se imbuíram — desconstrução trágica porque levaria ao fim da banda. Desconstrução que a indústria da MPB fez todos os esforços necessários para que permanecesse recalcada. Não é à toa que, no ano de 1973, a PolyGram efetua seu ato final em relação à banda: veta o lançamento de *O A e o Z*, já sem Rita Lee, e dispensa-os de seu *cast*. O aparecimento desse disco vai se dar apenas em 1992, quase vinte anos depois. Esse interregno é significativo. Assim como se deu com *Tecnicolor*, gravado em 1969 na França e só lançado no ano de 2000. Concomitante ao arquivamento de *O A e o Z*, Rita Lee, já com sua nova banda, Tutti Frutti, que vinha de um mês de sucesso em temporada no teatro Ruth Escobar, passava a namorar André Midani. Calado destaca: "Com a boa repercussão do show, a pedido de Midani, Rita viraria cobaia dos chamados grupos de trabalho da gravadora. Equipes formadas por produtores, letristas, compositores e executivos do disco, orientavam os artistas da casa sobre como deveriam encaminhar suas carreiras... Depois de frequentar alguns grupos, ouvindo as sugestões de *experts* como Roberto Menescal, Nelson Motta, Arthur da Távola, Paulo Coelho e Armando Pittigliani, a loirinha se cansaria do *build up* e romperia seu *affair* com André Midani" (Calado, 2012, p. 313).

xx Sem usar *playback* e sem recursos de edição, os Mutantes viriam a reproduzir fielmente no estúdio o que estava tocando em seus ensaios diários na Cantareira. Assim nascem as seis longas faixas de *O A e o Z*, com mais de seis minutos de duração cada e repletas de voos instrumentais. Yes, Mahavishnu Orchestra e Emerson, Lake & Palmer fazem-se presenças influentes, ainda que num contexto brasileiro refratário ao rock progressivo. Foi o canto do cisne de uma banda que seria reconhecida pela história como tropicalista. Muito em função disso, a partir da década de 1990, quando se inicia um processo de legitimidade e reconhecimento do movimento tropicalista, principalmente a partir de *Tropicália 2*, os trabalhos da banda, antes engavetados, serão finalmente lançados. É justamente aí que nos deparamos com um processo que vem a contrapelo da mistificação e da escrita oficial. Como se abaixo da visão historicista, que enumera os fatos e organiza-os numa concepção de progresso, pudesse vir à tona o recalcado — esse processo de desconstrução ou de retorno a algo que a banda experimentara antes dos grandes festivais, como arranjos modernos com guitarra, construídos por Arnaldo, de música clássica. Nesse sentido, o relançamento do disco *O A e o Z* nos mostra o que nos fora subtraído por toda a década de 1970 e 1980.

xxi Não é muito diferente a importância que as últimas gerações vêm concedendo a José Agrippino de Paula, dentro do processo de legitimidade e reconhecimento que se opera a partir da década de 1990 a favor do Tropicalismo. Ainda que o arauto do movimento tenha o cuidado de estabelecer as diferenças existentes entre o pensamento de Agrippino e o Tropicalismo, ainda assim, dentro dessa operação de resgate da importância de Agrippino, vamos encontrar um esforço no sentido de relacioná-los. É o caso do trabalho já mencionado de Hoisel: "Nossa tese é que Agrippino foi também um tropicalista, ainda que, no período, estas relações tenham permanecido veladas. Contudo, elas aparecem com nitidez posteriormente, sobretudo através de sua ligação com o grupo baiano" (Hoisel, 1979, p. 3).

Hoisel chega a estabelecer uma diferença entre Agrippino e o discurso literário, diferença essa que refletiria a dificuldade para o devido reconhecimento do autor paulista por parte da crítica literária. Dentro da perspectiva foucaultiana, presente em *A arqueologia do saber*, o que define um determinado discurso não é a consciência do autor ou sua atividade material, mas, antes, as regras às quais o sujeito deve obedecer quando participa dos discursos. Essas regras são expressas pela relação dos enunciados. Em tese, a diferença entre o discurso literário e o discurso ideológico é que o primeiro penetraria na estrutura social, desvelando os mecanismos que a regem e ao mesmo tempo propondo, ainda que silenciosamente, uma outra estrutura, isto é, uma nova relação de enunciados.

Haveria nesse processo, portanto, duas partes concomitantes: a consciência de que a sociedade impõe uma prática discursiva, que é uma prática de ocultação das forças que a dominam e que não passa de uma realidade contingente, e, ao mesmo tempo, haveria também a prática subversiva, criadora de utopias, de ruptura propriamente dita, propondo uma nova relação de enunciados — nesse caso, novas forças se apropriam do real e a interpretação passa a ser vista como uma apropriação violenta que se efetua na linguagem.

Para Hoisel, no Brasil na década de 1960, havia uma defasagem entre o contexto da literatura e o movimento da cultura brasileira que seria incorporada por PanAmérica. Seguindo os passos de Schwarz em "Cultura e política: 1964–69", no que diz respeito à literatura, as implicações que subjazem à sua produção, seu financiamento, sua transmissão e seu consumo, levam-na a um ritmo mais lento de resposta ao impacto do golpe de 1964, se comparado ao teatro, cinema e artes plásticas, mais ligados às técnicas de comunicação de massa. Em outras palavras, o livro, que se dissemina longe da presença do pai e, portanto, não requer a presença, recusa-se à festa e assume o silêncio (situação político-cultural recalcada). É o caso de Clarice Lispector e de Autran Dourado.

Se, por um lado, *PanAmérica*, através de sua técnica tradicional, amarrada ao seu formato livro, faz parte desse contexto, por outro, a narrativa se monta através de recursos e técnicas de outras produções, como cinema, história em quadrinhos e pintura. Além disso, trabalha com temas que pertencem também àquelas produções. A codificação de outros sistemas semiológicos se processa a partir do próprio sistema verbal. O fato de jogar com essas duas possibilidades, e deixando claro que nossa análise de Agrippino se limita à literatura, que é por sinal onde ele é mais lembrado, isso acaba lhe concedendo uma posição muito desconfortável — foi pouco reconhecido pela crítica literária e não gozou do mesmo prestígio que seus contemporâneos no teatro, no cinema e na música popular puderam gozar: "apesar da dessacralização que empreenderam aos valores culturais, as demais produções pop tropicalistas foram sacramentadas, ao contrário dos textos de Agrippino" (Hoisel, 1979, p. 148).

XXII Apesar de Hoisel defini-lo como pop tropicalista, forçando sua identificação com o movimento tropicalista, ela própria não deixa de observar a diferença, não só na recepção e prestígio como também no conteúdo do trabalho. Nos textos de *PanAmérica* e *Nações Unidas*, ainda que haja a preocupação de acentuar a inter-relação do contexto político e social, não há uma constante alusão a uma temática particularmente brasileira como se dá na Tropicália, que atualiza as proposições dos manifestos *Pau-Brasil* e *Antropofágico* de Oswald, deglutindo antropofagicamente o mais primitivo e o mais civilizado.

Não seria impróprio, então, entender a sobrevivência do Tropicalismo dentro da MPB a partir dessa perspectiva nacionalista. Ainda que no contexto da música popular brasileira, a Tropicália, em comparação com a bossa nova, fosse um elemento de ruptura, ainda assim, trata-se da forma como a brasilidade é operada. Nos termos de Napolitano, enquanto na bossa nova ela é diluída, no Tropicalismo ela é parodiada. Em vez de pensarmos então uma diferença entre a literatura e a indústria cultural, conforme Schwarz via Hoisel, diferença essa que acabaria colocando Agrippino numa situação difícil de ser reconhecido até hoje, nossa perspectiva, ao contrário, foi identificar trajetos de fuga em relação à brasilidade, a qual viria a se tornar a grande camisa de força da cultura brasileira desde o Modernismo. É nesse sentido que aproximamos os Mutantes e Agrippino. Os primeiros, pelo esforço sobrenatural que empreenderam no sentido de se verem livres dessa camisa de força, mesmo ao custo da própria vida; o segundo, por ter sido uma possibilidade efetivamente aberta, ainda em meados de 1964 (não podemos esquecer que o livro *Lugar público* foi lançado em 1965 e *PanAmérica*, em 1967, portanto, antes da eclosão do Tropicalismo).

Se, conforme Napolitano, a MPB, em vez de ser um reflexo das questões político-sociais, é um projeto inacabado de país, que contempla processos de educação sentimental, estética e ideológica, composto de um coro harmonizado e sussurros perdidos no tempo... não é difícil então imaginarmos a dificuldade que os Mutantes passaram para se verem fora desse projeto. Não há dificuldade maior do que estarmos livres de um espaço em aberto ou de um projeto inacabado.

XXIII   O pano de fundo da cultura brasileira, seja na literatura, na música ou em qualquer outra prática discursiva, foi o nacionalismo. E contra isso se baseia o grande legado dos Mutantes e de Agrippino. Enquanto precursores de algo que só seria reconhecido bem mais tarde, foram imediatamente calados, recalcados, vindo a ser redescobertos durante a década de 1990, ironicamente, ligados ao Tropicalismo. Henrique Campos Monnerat, em seu texto "O pensamento crítico de Walter Benjamin: a análise da consagração do tropicalismo lida a partir da ideia do 'despertar' presente em *Passagens*", identifica a Tropicália não só como o movimento de seus integrantes na época, mas também com o que afirmariam dele mais tarde. É curioso, nesse aspecto, confrontarmos com uma passagem em Schwarz, em seu texto "Verdade tropical: um processo de nosso tempo":

Dito isso, a visão 1997 que Caetano propõe do tropicalismo, como um movimento mais a favor do que contra, não deixa de surpreender. A despeito do autor, não é isso o que o livro mostra ao fazer a crônica de uma radicalização artística e social vertiginosa… conforme Caetano Veloso afirma em 1997, o tropicalismo apresentaria um destemor diante da diversidade extravagante e caótica do que somos, a qual por fim começaria a ser assumida num patamar superior de conciliação… Se entretanto atentarmos para a dimensão temporal que no fim das contas organiza e anima as justaposições… o referente passa a ser francamente negativo.

Nesse sentido, sem prejuízo das convicções contrárias do autor, o absurdo tropicalista formaliza e encapsula a experiência histórica da esquerda derrotada em 1964, e sua verdade. Nem sempre as formas dizem o que os artistas pensam (Schwarz, 2012, p. 101).

Por um lado, Schwarz efetua uma leitura a contrapelo de *Verdade tropical*, separando o referente de 1969 de sua interpretação em 1997, justificando o texto de Monnerat, segundo o qual a visão historicista e linear tenderia a enumerar os fatos e organizá-los numa concepção de progresso. Nesse sentido, se dissociaria uma época da anterior, como se esta não condicionasse a relação com o passado e fosse de caráter estático.

É assim, por exemplo, que Zuenir Ventura fetichiza em 1989 os anos 1960 em seu livro *1968: o ano que não terminou*, retirando sua radicalidade política e dando ênfase apenas ao aspecto cultural e comportamental da luta política. Em vez do "sonho acabou" (senha da visão historicista que prioriza o sonho e com a qual se escreveu a história oficial do Tropicalismo e sua canonização), a crítica materialista apela para outra concepção da história, atravessada pelo político, e que tem, no despertar do sono, ou a possibilidade de uma reflexão concreta sobre as imagens do sonho (Benjamin), ou a ressignificação crítica de um mundo que se tornou esvaziado de sentido (potencial revolucionário do envelhecido e do que está fora de moda, no qual vão atuar os surrealistas). É sobre a reflexão das imagens de sonho que vai se direcionar a leitura que Schwarz faz de *Verdade tropical*. Nesse sentido, ao repensarmos como a história é escrita e ao recorrermos, como contraponto, às citações ou fatos históricos, vamos concluir então que não só *Verdade tropical*, mas também *Balanço da Bossa*, longe de serem obras neutras, atendem a perspectivas e interesses dos protagonistas de uma dada historicidade.

XXIV Por outro lado, a crítica do progresso, a que se filia tanto Schwarz quanto Monnerat, tendo em Benjamin o grande modelo, ao direcionar nosso olhar para aquilo que não foi vitorioso, que não teve o privilégio de ser inserido no hall dos dignos de serem lembrados, acaba recaindo na mesma armadilha dos progressistas. Tanto um quanto o outro são levados por uma perspectiva teleológica: ambos efetuam montagens históricas.

A rigor, não há diferença entre o pessimista e o otimista, porque, no final das contas, ambos são revestidos de uma perspectiva teleológica. A grande sacada de Agrippino e, sob certo ponto de vista, também dos Mutantes — basta pensarmos em músicas como "O relógio" e "Meu refrigerador não funciona" — é que a crítica ao progresso não vai ser obtida via oposição, isto é, relembrando o que foi esquecido. Em vez de subverter uma estrutura, desconstruindo-a e colocando em seu lugar uma nova, foge-se das grandes utopias. É antes um processo de perversão. Daí a armadilha em que a leitura de Hoisel acaba caindo ao considerar em *PanAmérica* a restauração e regeneração do cosmos após o apocalipse. Ao fazer antes considerações sobre a polissemia do narrador, que ora se identifica com os valores da América Latina, ora se transforma num diretor de Hollywood, Hoisel acaba fazendo mais justiça ao que parece ser a mola propulsora da narrativa de *PanAmérica*:

"como o elemento que ele mais privilegia é o anarquismo, ele terminará destruindo seu próprio posicionamento de antipoder do continente sul-americano" (Hoisel, 1979, p. 103).

XXV　Cabe-nos analisar o legado de Agrippino. Ainda em 1965, um ano após o golpe, quando o pensamento esquerdista era ainda hegemônico, sai seu primeiro livro, *Lugar público*, que viria a ter o prefácio de Carlos Heitor Cony e a aprovação de Nelson Werneck Sodré e Nogueira Moutinho na imprensa. Fora isso, só teses acadêmicas, por sinal, bem raras e bem mais tarde. Nesse momento, o que prevalecia na cultura brasileira era a identidade nacional, via noção de território, fosse através do nacional desenvolvimentismo do Estado com sua vocação para o progresso, fosse através da revolução social.

Tanto num quadro quanto no outro prevalecia o otimismo, discutia-se política — os escritores eram intelectuais, isto é, homens públicos que discutiam política. Contra esse contexto, o primeiro romance de Agrippino investia num tom sombrio, personagens apáticos, sem determinação de território e sem projeção de futuro. Não poderia nem mesmo se dizer que os personagens fossem questionadores da racionalidade e a favor das transformações individuais, o que era uma característica da contracultura e do Tropicalismo. Os personagens não eram contra nada, completamente desorientados que eram. Além disso, a narração se dava via blocos de imagens através da simultaneidade, sem encadeamento lógico linear, portanto abertos à contingência e à indeterminação do futuro. Daí porque ia na contramão das grandes narrativas.

Mas ia também na contramão das vanguardas modernistas, uma vez que estava aberta às culturas de massa e também não se referia a utopias universalistas (tinha mais a ver com estruturas locais e temporais do mundo que operavam sem referência a causas secretas e últimas). Por fim, ao expor seus personagens como imagens, borrando os limites entre o público e o privado, fazia desaparecer a perspectiva individualista, último espaço de resistência da contracultura e do Tropicalismo — ao mesmo tempo, efetuando uma sutil crítica à sociedade de espetáculo consolidada com a indústria cultural nos anos 1960. Era a metáfora da vitrine que Flora Süssekind destaca na literatura brasileira na década de 1980, como uma forma espelhada e fragmentada, da qual Agrippino foi um precursor solitário. Sérgio Sant'Anna e João Gilberto Noll viriam a se tornar seus grandes herdeiros.

XXVI Não é difícil entendermos as razões pelas quais o exemplo dos Mutantes tenha demorado tanto a frutificar. A partir da década de 1970, vamos testemunhar o crescimento da indústria fonográfica com o padrão musical que lhe era próprio. Conforme Marcos Napolitano, a MPB deixa de ser um gênero específico e passa a ser uma instituição sociocultural com meios de difusão próprios, critérios específicos de julgamento de valor, panteão de gênios criadores e cânone próprio de canções paradigmáticas. Entre a retomada crítica da tradição e a criação de novos paradigmas, o arco de sua extensão é suficientemente amplo: da cultura de protesto e resistência, quando inaugura o ciclo de sua instituição, até chegar a um produto valorizado do ponto de vista econômico e sociocultural, concluindo esse ciclo e permitindo atingir novas audiências, a MPB contempla tradição e indústria cultural.

Não há como pensar a MPB sem a indústria fonográfica. Daí porque somente no fim da década de 1990, com o crescimento da internet, que podemos vislumbrar o início de um novo ciclo na música popular, culminando com o esvaziamento da indústria fonográfica. Antes disso, vamos apenas colecionar alguns focos de resistência, coincidentemente, fora das grandes indústrias. É o caso da Vanguarda Paulista.

XXVII Ao contrário da geração do rock brasileiro dos anos 1980, o BROCK, que, sob o signo da abertura política, olhava para a frente e rompia com o que havia antes (na verdade, continuando o ciclo da MPB), a chamada Nova MPB, que tinha como marco geográfico o Baixo Augusta em São Paulo, em pleno século XXI, voltava os olhos para trás, nostalgicamente, em busca de algo irremediavelmente perdido.

XXVIII Algumas canções dos Mutantes, mesmo sob a camisa de força do Tropicalismo, faziam despontar uma postura que os tornava incômodos para o ambiente em torno. "O relógio", "Meu refrigerador não funciona" e, principalmente, "Chão de estrelas" tinham com a tradição uma relação de deboche. Enquanto tal, era uma relação de negação. Já a paródia é uma incorporação das tradições em duplo sentido: como percepção de que estão diluídas na modernização; e como nostalgia da identidade nacional perdida ou nunca encontrada — humor e melancolia. A outra relação com a tradição e que viria a se tornar preponderante na MPB, era a tradição diluída como evolução técnica (aqui é o caso da canção engajada, nascida no meio da bossa nova).

XXIX Naturalmente, o esvaziamento das grandes indústrias fonográficas é um sintoma da nova forma social de redes, característica do trabalho imaterial. No início dos anos 1970, os Mutantes não se sentiam acomodados nem ao patamar técnico com que se fazia música no Brasil, nem ao tipo de relação, via festivais e programas de televisão, entre artista e público. Foi dentro desse contexto que, apesar de já serem consagrados, buscaram se relacionar com seu público de maneira diferente: tocando em cima de um ônibus e rodando o interior do país. É como se vislumbrassem algo que estava longe ainda de acontecer. No meio da grande indústria e do capital, mesmo ganhando menos, tentavam outra espécie de comunicação mais afetiva. Assim como também inventavam instrumentos e sons que a tecnologia da época não permitia. Por exemplo: "na segunda parte de 'Desculpe Baby', do terceiro disco da banda *A Divina Comédia ou Ando meio Desligado*, Sérgio Dias distorceu sua voz com o auxílio de uma mangueira conectada a uma lata de Nescau, que tinha um alto falante de 8 polegadas em seu interior. O que veio a se chamar mais tarde de Voice Box" (Calado, 2012, p. 203).

Bernardo Oliveira, curador do projeto Quintavant, em entrevista ao *blog* Banda Desenhada, lembra a postura pessimista de David Byrne em seu livro *Como funciona a música?*. Segundo Byrne, a tecnologia musical segue uma trajetória que resultará em sua própria destruição e perda de valor. Porém, se o trabalho perde o valor material, criando novas vias de exploração do trabalhador, por outro lado, a forma social de rede agiria nas formas de vida, na produção de subjetividade e na ampliação de diferenças. Retomando o trabalho de Toni Negri e Michael Hardt *Multidão: guerra e democracia na era do império*, Bernardo acena para um futuro menos pessimista, o que nos remete, de certa forma, a postura dos Mutantes: "as dinâmicas colaborativas, vinculadas a uma percepção renovada das diferenças, podem nos fornecer um horizonte plausível de superação das relações injustas favorecidas pela estrutura imaterial". É um mesmo processo de existência e resistência frente ao capital, com a diferença apenas que hoje os equipamentos de manipulação digital favorecem a pesquisa e a experimentação com sonoridades pouco comuns, modificando a própria forma de se conceber, produzir e pensar música; no final dos anos 1960, no entanto, tinha mesmo é que ser visionário ou inventor para chegar aos resultados obtidos pelos Mutantes.

XXX Quando o crítico de música Leonardo Lichote, em sua entrevista também ao *blog* Banda Desenhada, em 2014, mapeia a música carioca daqueles últimos anos ou coloca em evidência os projetos coletivos e o desejo colaborativo entre tendências estéticas diferentes (é o caso de Thiago Amud e Jr Tostoi, esse último vindo a produzir o álbum *De Ponta a Ponta Tudo é Praia-Palma* de Thiago), sentimos de sua parte uma atitude de conciliação. Como jornalista de uma grande corporação, não poderia ser diferente sua postura: "A consciência de estar falando com um público maior e mais tradicional te obriga a um olhar mais amplo, de compreensão da responsabilidade que isso envolve. Saber usar as referências e o vocabulário de maior alcance possível. E não ignorar que seu olhar alcança esferas de poder real — as gestões culturais que têm a chave do cofre" — o que ajudaria a ganhar um edital, por exemplo, dependendo da visibilidade que o artista venha a obter nas páginas da grande imprensa. Isso nos ajuda a entender a grande mudança do mercado: se antes a MPB estava calcada numa indústria fonográfica pujante, a reconfiguração do mercado, com o esvaziamento dessa indústria, impõe um novo cenário, ainda ligado ao grande capital, seja ele estatal, seja privado.

A indústria dos editais que o diga. É sob esse prisma que Bernardo Oliveira comenta as dinâmicas de contratação, representação e exposição de determinados artistas: "a incorporação do Cacique de Ramos anos mais tarde pela classe média, reaproveitando os insumos produzidos pelos pobres, pelos moradores das comunidades, pelos suburbanos, sem o devido crédito e usando toda uma máquina de divulgação e articulação para se impor na mídia, ocasiona distorções irreversíveis na música carioca em particular" (Oliveira, 2014).

A questão da incorporação ou do desejo colaborativo, portanto, deve ser analisada e contextualizada. Porque senão corre o risco de pilhagem sob a aparência de diálogo e tolerância. Henrique Campos Monnerat analisa a história oficial do Tropicalismo e sua canonização, escrita dentro de um contexto de consenso da década de 1990, transformando os grandes debates culturais e artísticos, entre 1964 e 1968, em pura mercadoria. Essa fetichização, a retirar toda a radicalidade e dissenso do período, não é diferente do raciocínio de Lichote a mapear a música carioca contemporânea. Situado em determinado contexto, ele próprio reconhece que "a forma como a nova geração absorve os discos de Caetano, passa por uma experiência única e pessoal com essa obra, mas também com todo o discurso construído (por jornalistas e críticos muitas vezes) e compartilhado sobre essa obra" (Oliveira, 2014). Que esse contexto não só existe e é o ponto de partida da produção individual, não há dúvida. O que acaba por dar maior relevância ainda aos trabalhos de Agrippino e dos Mutantes, que acabaram construindo uma obra contra o contexto da literatura e da MPB. Parodiando Lichote e Wilson das Neves, tem que ter swing para passar no buraco da agulha; e, caso não haja buraco, que ele seja aberto através da invenção e contra todo o contexto.

A terceira pessoa em Luiz Tatit

Se tenho elo com ela o elo é você.
Ela é somente aquela de quem eu falo.
Sempre foi tão discreta, não dá trabalho.
Está na boa a vida inteira.
Como pessoa, ela é a terceira.
Você é que não perdoa:
Ou é a segunda ou é a primeira.

Preliminares Procuro retomar na memória o primeiro momento em que me deparei com o som do Grupo Rumo. Naquela época, Arrigo Barnabé, com seu *Clara Crocodilo*, já havia atraído para si as atenções do público. Para um carioca, longe da Lira Paulistana e adjacências, a Vanguarda Paulista, pelo menos naquele primeiro momento, chamava-se Arrigo Barnabé. Itamar Assumpção viria aparecer logo em seguida. E ficaram os dois como referências de quem, como eu, não se situava à margem, mas muito longe dela.

Foi num rádio, dentro de um serviço burocrático, que ouvi pela primeira vez o Rumo. O nome do grupo já me era familiar; seu principal integrante não. Ouvi "Ladeira da memória", que, por sinal, não é de Luiz Tatit. Procuro relembrar a sensação daquela primeira escuta: o frescor, a alegria, o coloquialismo, muito distante da boa e velha MPB.

E ficou por isso. O Grupo Rumo, naqueles idos, na cidade maravilhosa, não tinha lá muita ressonância, ao contrário de Arrigo e Itamar. Não esqueçamos que nessa época, meados dos anos 1980, não havia ainda internet, e o rock brasileiro desse período, chamado de BROCK, viria a ser a bola da vez.

Com o maior estardalhaço nas rádios e na mídia de um modo geral, o BROCK, sob as bênçãos da abertura política, abafaria a sutileza e o construcionismo daquela nova música paulistana.

Seria muito depois que eu retomaria o contato. Dessa vez, com todo o instrumental que a nova tecnologia oferecia. E pude baixar não só os discos do Grupo Rumo, como também os trabalhos solos de Luiz Tatit que até aquela época tinham saído. E a sensação foi de maravilhamento.

Muito diferente de quando escutei pela primeira vez Arrigo. Com este, desbravava-se um novo terreno; tínhamos pela frente um monstro de identidade duvidosa — meio homem, meio mulher; agudos que perfuravam os tímpanos; canção ou quase canção. Com o Rumo, ao contrário, pisávamos em terreno conhecido; reconhecíamos aquilo que ouvíamos; reforçávamos nossa identidade.

Mesmo reconhecendo a profunda diferença entre Arrigo e Tatit, a proposta aqui é estabelecer um elo entre ambos e considerar seus trabalhos como diferentes perspectivas de uma questão comum. Para isso, talvez valesse a pena passarmos em revista dois monumentos musicais brasileiros que os antecederam, tentando compreendê-los em suas diferenças.

Bossa Nova   Sobre a bossa nova, vale retomarmos o belo ensaio de Lorenzo Mammi, "João Gilberto e o projeto utópico da bossa nova". Aqui, trata-se, sobretudo, de uma questão topológica: segundo Mammi, o botequim deixa de ser o cenário preponderante, onde a época de ouro da música brasileira se fazia presente, de Sinhô a Mário Reis, e o interior dos apartamentos da classe média carioca passa a dar as regras de uma nova música. Mudança de espaço com imensas consequências. Mammi se remete a Proust, como aquele que escrevia no quarto. E o caráter utópico ao qual estaria ligado a bossa nova é contraposto à vontade de poder americana. Lá, o abandono do amadorismo, que os músicos de Nova Orleans viriam a conhecer, na mudança do dixieland para o swing, seria apoiado sobre uma estrutura produtiva sólida:

a organização interna da big band, na década de 1930, repete a da fábrica, mas como que em negativo. A atividade do músico é altamente especializada, como a do operário na divisão taylorista do trabalho.

O produto final, porém, não é o resultado da mera divisão de tarefas, e sim da adição de atos criadores. Duke Ellington e Count Basie, os melhores compositores de swing, escreviam continuamente arranjos a partir da forma com que cada integrante da orquestra modificava espontaneamente a sua parte. A descoberta desse ponto de encontro entre criação e trabalho acabou constituindo o fundamento de uma autoconsciência (Mammi, 1992, p. 1).

Aqui no Brasil, o abandono do amadorismo, propiciado pela bossa nova, se daria fundamentalmente por uma escolha de campo, já que a classe média, a que estaria ligada a bossa nova, é tradicionalmente improdutiva — essa classe nunca se adapta completamente ao estatuto que o nível técnico exige. Em outras palavras, é como se a estética não se desdobrasse numa sociabilidade, enquanto, nos EUA, aquela se interage com esta. Um bom exemplo é a obra "Living room music" de John Cage, quando a casa vira sala de concerto e passamos a escutar o som de todos os componentes dessa casa — os objetos mais internos entram no fluxo de uma sociedade geral (a vida particular, no caso americano, é sempre uma forma de treino para a vida pública).

A estética de apartamento fecha a porta que dá para o exterior. O que dá à bossa nova o caráter utópico é justamente a sofisticação técnica e a resistência em se reconhecer produtiva. Localizada entre uma antiga sociabilidade que se perdeu e uma nova mais racional e transparente que não conseguiu se realizar, esse entrelugar tem imensas consequências.

No quadro comparativo com o jazz, a intuição, a melodia, o canto, a orquestração, o ritmo, o timbre, a dissonância, a síncope e o pulso terão na bossa nova características que vão destacar seu caráter impressionístico, próprio de uma temporalidade suspensa, de quem não sai de casa, ou de quem a fecha para o exterior.

No caso da intuição, a bossa nova tende para uma intuição lírica, privilegiando-se a espontaneidade do canto, que, por sinal, vai ser uma característica histórica, mas não essencial da canção brasileira: compor é encontrar uma melodia que não pode ser variada já que ela é o centro estrutural da composição, ainda que possa ser colorida por infinitas nuances harmônicas (o jazz, ao contrário, é movido por uma intuição técnica — não esquecer a sua relação com a divisão taylorista do trabalho; compor significaria, para essa música, encontrar uma estrutura harmônica capaz de infinitas variações melódicas).

Não podemos esquecer que a improvisação, uma marca do jazz, se dará em cima de notas simplificadas, em pouca quantidade, através de frases curtas — as melodias, nesse caso, são seccionadas, meras ornamentações da progressão harmônica, ao contrário da bossa nova: "... a melodia bossa-novista é comprida, complexa e livre, como indica o paradoxal samba de uma nota só, em que a progressão melódica desemboca numa sinuosa linha melódica descendente", conforme nos indica o trecho: "quanta gente existe por aí que fala tanto e não diz nada" (Mammi, 1992, p. 2)

Cabe aqui, no tocante à orquestração, o que nos remete imediatamente a figura de Tom Jobim, considerar a bossa nova por uma perspectiva também profissional. Tom Jobim era um maestro, um arranjador, sobrevivia de seu trabalho. A questão é que o produto de suas orquestrações, assim como também em Villa-Lobos, exprimia uma certa redundância: harmonizar e arranjar dentro de uma estrutura em que a melodia já diz todo o essencial. E assim, o caráter oscilante e vago das orquestrações de Tom, usando instrumentos com ataque pouco definido (cordas e flautas), renunciando a explorar as possibilidades virtualísticas do coral, negando enfim aos outros parâmetros fora da melodia a possibilidade de desenvolvimento autônomo — eis o seu pendor amadorístico, numa hipervalorização da linha melódica, tornando a complexa orquestração quase uma encenação, desaparecida frente à linha melódica.

João Gilberto, ao contrário, um diletante por excelência, mas que leva aos produtos um acabamento que vai além das exigências do mercado, reproduz na melodia todos os parâmetros do som, em vez de atrofiá-los, sem que para isso faça da voz um instrumento (seu canto aproxima-se da fala). Nos deparamos então com uma espécie de equilíbrio que se dará no campo bossa-novista, que resiste às tentações jazzísticas, assim como à vulgarização populista (o entrelugar entre duas sociabilidades). A diferença é que o equilíbrio de Tom se dá pela junção do seu profissionalismo e pela hipervalorização da linha melódica, que é o pendor amadorístico, marca de um gênero. E o equilíbrio em João, sem cair no tecnicismo jazzístico, nem no populismo, vem de uma esfera ética, psicológica: um equilíbrio obtido por uma obsessão, por uma mania, que leva ao produto uma perfeição, que no jazz advém de um meio social. É contra essa perfeição milagrosa que Caetano Veloso, no filme *Coração vagabundo*, disserta, contrapondo-se a Hermeto Pascoal.

Em vez das marcações rígidas, a bossa nova entra em acordo com o movimento sincopado da língua falada, impedindo que o início e o fim das marcações possam ser definidos com clareza (na prosódia natural da língua, as vogais mais amplas e os ditongos assumem uma parte da função articuladora das consoantes, enquanto estas, principalmente as nasais e as líquidas, tendem a fundir-se com a vogal que as precede). Naturalmente, isso resulta num "*ritardo* contínuo", um retardo da voz em relação à base rítmica. Por outro lado, na própria língua falada, há também uma tendência contrária, principalmente quando há uma sequência de monossílabos, reforçando o acento — é uma característica do canto de Mário Reis em seu processo de segmentação — a bossa nova também fará essa acentuação marcada por intermédio do violão, através de sua batida síncope. Temos então uma articulação frouxa da voz e uma acentuação marcada no ritmo; uma emissão vocal ininterrupta e uma batida síncope; um retardo da voz e uma antecipação do violão, o que vai gerar um tempo médio que nunca é pronunciado, mas pode ser aludido; um tempo médio ideal, mas não desvelado.

Na questão da dissonância, esse caráter utópico da bossa nova se mostra através da nota da melodia e do acorde: uma dissonância que alude a uma consonância tão perfeita que nenhuma consonância concreta poderia expressá-la. É a figura do "litote" em contraposição à da metáfora no jazz: nesta, a nota que substitui a originária reforça seu significado; naquela, há uma espécie de negação da negação de uma consonância — a dissonância entre a nota da melodia e o acorde vai aludir a uma consonância perfeita.

Em relação ao timbre, há todo um trabalho em João Gilberto que encarrega o timbre de função melódica ou de acentuação. No primeiro caso, mudança de registro ou intervalos melódicos, assim como notas graves, agudas e médias, podem ser substituídos por mudanças de timbres, criando a ilusão de um registro melódico completo e comprimindo a textura original. Já no caso da acentuação, algumas vezes João Gilberto faz uso de um vibrato leve, dando mais corpo a uma nota rítmica ou melodicamente importante — é o caso da terceira sílaba dos dois primeiros versos de "Oba-lá-lá" (disco *Chega de saudade*) e a sílaba final do verso "até você voltar" na faixa "Outra vez" do disco *O amor, o sorriso e a flor*. Se no jazz o timbre é um luxo, realçando a linha melódica, já na bossa nova ele pode substituir a linha melódica, introduzindo uma economia em sua estrutura.

No que se refere à síncope, no jazz há a confirmação do tempo forte, enquanto na bossa nova o tempo forte é relativizado, criando uma suspensão temporal. Comentaremos mais tarde as observações de Luiz Tatit sobre a tonicidade, mas essa indeterminação elimina da espera uma monotonia.

Quanto à questão do pulso, a oposição fraco-forte na bossa nova é relativizada, se torna fluida, como se o tempo ainda não fosse solidificado num movimento mecânico e deixasse espaço a variantes individuais. Em outros gêneros, como o reggae e o rock, essa relação é bem clara e padronizada: no reggae, acentuando-se os tempos fracos; no rock, os fortes.

Todos esses aspectos analisados dão à bossa nova, em contraposição ao jazz, um caráter utópico. Não há uma falha na realização até porque seu nível qualitativo é comparável ao jazz. A imagem de música de apartamento é reforçada até pelo fato de que foi uma hipótese não realizada — houve um fracasso do processo histórico ao qual esteve ligada. Mas justamente isso faria da bossa nova um ponto de partida para qualquer hipótese futura, o que, de certa forma, a faria ligada ao futuro: haveria uma possibilidade perpétua de serem retomados seus fios interrompidos. A grandeza de João Gilberto estaria em trazer o apartamento para o disco, reproduzindo todos os caracteres residuais e, de certa forma, incontroláveis para uma gravação. E aqui nos referimos ao caráter indefinido, impressionístico, com que pensamos uma melodia sem cantá-la, mas que vamos reencontrar nítido, objetivo, mas ainda indefinível e íntimo, numa gravação de João Gilberto.

Tropicalismo   No primeiro capítulo deste livro, dedicado ao desvelamento da figura e da poesia de Torquato Neto, já foi apresentado o percurso epistemológico do Tropicalismo, seguindo as pegadas de Paulo Eduardo Lopes em *A Desinvenção do som: leituras dialógicas do Tropicalismo*, em que são analisadas as letras das canções dentro de uma perspectiva semiológica. Nessa discussão, foram esmiuçados aspectos como a faceta nostálgica do Tropicalismo, a corporalização de seu discurso, o processamento da fama marginal de Torquato e de sua fala mítica de marginalidade, a configuração "canção" como objeto-valor positivo e a importância dos objetos no Tropicalismo. Essa análise oferece um rico panorama para a compreensão do movimento tropicalista em sua singularidade e diferença em relação à bossa nova.

A Vanguarda Paulista e Luiz Tatit   Com a Vanguarda Paulista retornamos para casa. Deixamos a rua, mas ela não sai de dentro de nós. A rua, o outro, o objeto. Talvez a melhor imagem seja da porta aberta ou da janela, através da qual nos comunicamos com a rua: do lado de dentro olhando pro lado de fora. O duplo se faz presente na música popular brasileira porque dessa vez não nos confundimos mais com o objeto: guardamos uma razoável distância dele. Talvez isso justifique a escolha de Luiz Tatit pela semiótica. Mas não é só uma questão de sujeito e objeto. Entra aí também uma questão de medida, de mais e de menos, de aproximação e afastamento, de falta e transbordamento, a que a primeira música do primeiro disco do Grupo Rumo faz referência: "Encontro". Aliás, podemos pensar as três grandes referências da Vanguarda Paulista — Itamar Assumpção, Luiz Tatit e Arrigo Barnabé — pelas respectivas distâncias em relação ao objeto: se o primeiro, entranhado no eu, encontra-se a uma longa distância do exterior (é já Arrigo, o mais tropicalista (não é à toa que Caetano chegou a fazer várias reverências a ele), está quase na rua. E esse "quase" tem muita importância.

Luiz Tatit é quem vai se localizar a uma distância razoável do objeto: nem tão próximo, nem tão longe.

Tatit, pela metalinguagem com que se revestem suas canções, parece estar mais no campo da epistemologia, do *saber* com que o sujeito se relaciona com a canção. Daí porque entendemos quando Tatjane Garcia de Meira Albach, em sua tese de mestrado *Em Busca do Rumo da Canção Brasileira: a prática e a teoria de Luiz Tatit, de 1974 a 2005*, vai classificar Tatit como nostálgico (há uma perda do objeto, mas diante da qual a persona cancional de Tatit empreende um movimento constante de busca). Tatjane vai relacionar essa persona de Tatit ao Pierrô da *commedia dell'arte*, um tipo fixo, cuja máscara é a do palhaço que nunca ri. A peculiaridade, pois, desse nostálgico, tal como o Pierrô, não será a passividade, o que vai lhe conferir também um efeito cômico, posto que, cego a uma verdade visível, muitas vezes clara para o público, só ele acredita na recuperação desse objeto perdido, propiciando, através dessa ingenuidade, um humor lírico. Daí porque há que se entender como a persona cancional de Tatit se relaciona com a ausência: ele não vai fazer uma canção no espaço sideral em razão da impossibilidade de fazê-la aqui (impossibilidade que se remete à nostalgia buarquiana e a um primeiro momento, epistemológico e de desconstrução, do Tropicalismo). O personagem tatiano de fato acredita não só em fazer a canção aqui como também, através dela, trazer de volta o sujeito ausente, seja ele Odete, Matilde, Ivone, Sofia, ou, o que representa todas elas, o público de massa.

Há um descentramento de sua música e da Vanguarda Paulista como um todo, em relação à música de mercado, mas isso não significa a sua negação. Walter Garcia, em seu texto *Clara Crocodilo e Nego Dito: dois perigosos marginais?*, nos lembra que estar à margem não significa estar fora do sistema MPB. Em todo caso, cabe aqui saber quem está sob o foco da análise. Porque se for Itamar, dentro de seu ensimesmamento, mais distante, portanto, do objeto, pode-se até pensar, conforme Walter Garcia, que na sua interpretação de "E o Quico?" haveria por parte de Itamar uma certa violência e um distanciamento irônico — o que Walter chamaria de desespero do mal-estar (apostar na música ou na canção em tempos de mundialização). É interessante que Walter contrapõe a Itamar a interpretação da mesma canção por parte de Juçara Marçal, em seu disco *Encarnado*, de 2015, ou seja, dentro de uma nova música de vanguarda: intensifica-se a ausência de saída, quando numa instrumentação áspera, a cantora introduz uma doçura irônica na voz, rindo do mal-estar. De qualquer maneira, o perigo é associar a Vanguarda Paulista apenas a Itamar e a Arrigo. Porque em Tatit, a relação com o objeto ou a aposta na canção não terá o tom de desespero, muito menos de violência. Ao contrário: há uma afetividade, contra todas as evidências que deveriam levar o narrador ao desespero. É o caso de canções como "Felicidade" e "Época de sonho": "vê que absurdo, Vera. E nem é tempo de paixão".

Acho interessante focarmos o quadrado semiótico, a que Tatit sempre se remete nos seus ensaios, até como forma de relativizar as diferenças idiossincráticas entre Tatit, Arrigo e Itamar, tentando, dessa forma, compreender a estrutura dualista que vai marcar a Vanguarda Paulista, com as variantes de maior ou menor distância do sujeito em relação ao objeto.

Esse dualismo entre sujeito e objeto, compreendendo entre eles graus de proximidade, eliminaria as definições ontológicas, as quais acabam por isolar sujeitos e objetos, atribuindo-lhes traços substanciais. O quadrado semiótico é movido por sinais de + e de −: da plena conjunção, segue a não conjunção, que é algo menor; mas se intensificarmos esse menor, chegamos à disjunção, que é o máximo da oposição; entretanto, se diminuirmos essa oposição, chegamos à não disjunção, que, se for intensificada, nos fará retornar ao ponto de origem, do qual partimos: a plena conjunção. Segue-se que a lógica desse quadrado, que o põe em movimento, é um mais e um menos, tonicidade e atonicidade. Se até a década de 1990 do século passado, a semiótica tendia para um processo de atonização dos objetos de estudo, privilegiando a relação em detrimento das oposições (Hjelmslev), após esse período, Claude Zilberberg, privilegiando o acontecimento, viria a estabelecer uma mudança considerável nos estudos dos signos, atribuindo maior importância ao processo de tonificação.

Nos estudos sobre Guimarães Rosa, Tatit, seguindo seu mestre A. Greimas, segundo o qual o acorde narrativo dosa, no desenrolar sintagmático, as porções de alteridade e identidade, o mesmo ocorrendo para os parâmetros tensivos, sublinhará a expressão "soência de sobrevir", usada no conto "Os cimos" em *Primeiras estórias*: captar a intensidade do momento vivido sem perder as balizas da própria identidade, dosando surpresa e espera, acontecimento e sujeito, afinando assim o sentido da forma: nem inopinado, nem excessivamente esperado.

No caso de Arrigo Barnabé, há uma diferença em relação a Tatit: tem-se a impressão, considerando o seu primeiro disco, que o objeto tem a primazia em relação ao sujeito (daí muitos terem relacionado Arrigo ao Tropicalismo). Estamos quase no reino do inopinado. Não é à toa que em várias entrevistas Arrigo manifeste a impressão de que nunca mais repetiria aquela primeira experiência. Por outro lado, a estrutura dual não deixa de estar presente, como vai estar em Itamar e Tatit. A diferença entre eles talvez consista numa questão de proporção, mas a relação entre sujeito e objeto permanece; é uma porta que está aberta para o exterior, sendo essa abertura variável, conforme a dicção de cada um dos três; no caso da bossa nova, a porta mantém-se fechada — é uma música de interior; no caso do Tropicalismo, "Alegria, alegria" que o diga, trata-se do passageiro da alegria, de um ser em evasão.

André Cavazotti, num texto sobre *Clara Crocodilo*, "O serialismo e atonalismo livre aportam na MPB: as canções do LP *Clara Crocodilo*, de Arrigo Barnabé", aborda dois aspectos que ratificam a perspectiva dualista; um desses aspectos diz respeito ao confronto e o outro diz sobre a preocupação de afinar o sentido, isto é, construir um paralelismo entre sujeito e objeto. No tocante ao primeiro aspecto, o do confronto, Cavazotti recorre a Schoenberg, mais especificamente ao *Livro dos Jardins Suspensos*, op. 15, de 1908–1909, sobre textos de Stefan George. Para Cavazotti, a perspectiva de Schoenberg, no que diz respeito ao atonalismo, é contrária a Arrigo: as dissonâncias são emancipadas e as funções harmônicas, dissolvidas, mas há uma conotação prospectiva de libertação, de continuidade histórica (algumas obras anteriores do compositor, como no "Segundo Quarteto de Cordas", op. 10, de 1908, a frase que abre o último movimento, "Eu sinto o ar de outro planeta", já seria indício de uma mudança gradativa de libertação do cotidiano através de um novo mundo de sensações suaves e ternas).

Já em Arrigo, o outro planeta, como nos sugere "Sabor de Veneno", vem através de uma invasão: "não sei se ela veio da lua ou se veio de Marte me capturar, só sei que quando ela me beija, eu sinto um gosto meio amargo do futuro, sabor de veneno". O atonalismo aqui surge como confronto. Por outro lado, e esse é o segundo aspecto abordado por Cavazotti, "a agudeza da irritação por parte do ouvinte, provocada pelas dificuldades de previsão dos eventos (o que gratifica o ouvinte é o aparecimento de eventos previsíveis e regulares, dando-lhe um senso de controle e de segurança psíquica), é amenizada pelo alto grau de redundâncias no texto musical, resultado de diversas repetições de determinadas sequências de alturas e de padrões rítmicos" (Cavazotti, 2000, p. 13). Essa amenização vai estar no coração da Vanguarda Paulista, distanciando-a de certo dadaísmo muito presente no Tropicalismo.

A leitura que Tatit faz de Itamar Assumpção vai fortalecer essa visão. Em "A Transmutação do Artista", em *Pretobrás: por que que eu não pensei nisso antes?*, organizado por Luiz Chagas e Mônica Tarantino, amenização ou transmutação dá no mesmo. Aqui a análise se dá por uma via diacrônica: há um determinado momento na discografia de Itamar que testemunhamos uma mudança. Para sermos mais precisos, na análise de Tatit são localizados três momentos: o eu absoluto; o eu instalado no interior das canções; e finalmente o eu múltiplo da música "Vida de artista". Esse processo, que é acompanhado no desenrolar de sua carreira, se expressa por um gradativo esvaziamento do sujeito. De "Beleléu" a "Sampa Midnight", passando pelo intermediário "Às próprias custas", temos uma primeira trilogia, cujo personagem é o réu transgressor Beleléu, preso à enunciação do cancionista, isto é, ao seu intérprete, cuja presença física, seu corpo e sua voz, faziam o personagem diretamente ligado a este. Mas essa forma subjetiva é amenizada a partir de "Intercontinental", quando o seu personagem-base passa a estar impregnado "nas instabilidades entoativas do canto, nos atrasos e antecipações das vozes de fundo, nos ecos e nas defasagens do acento rítmico, nos fiéis ostinatos quebradiços de baixo e guitarra que apoiavam as linhas melódicas principais" (Tatit, 2014, p. 317–318).

Esse distanciamento entre autor e personagem é ainda maior quando no disco seguinte, *Bicho de 7 Cabeças*, na faixa "Estrupício", o novo réu, Desventura Martírio Calvário da Cruz, delega sua voz a Jards Macalé. Chama a atenção igualmente, nessa nova trilogia, completada, algumas faixas como "Sujeito a chuvas e trovoadas", "Ciúme do perfume" e "Tristes trópicos", em que o ponto de partida se faz via significante: em vez da organização semântica do tema, também presente e igualmente longe das cenas de atitude do começo de carreira, vamos encontrar ainda na sonoridade dos fonemas o condutor de alguns novos versos.

Chegando em *Pretobrás*, não podemos esquecer, além dessas conquistas atribuídas ao significante e ao encaminhamento melódico regular que estabilizava as curvas inconstantes do canto falado numa forma viável do ponto de vista comercial, da nova forma do eu. O volume 1 dessa nova trilogia, que seria completada de forma póstuma, sintetiza todas essas conquistas adquiridas com o passar dos anos, desde as declarações de desabafo como fala solta. Longe de um confronto, trata-se mais de uma equalização de diferentes matizes em busca da medida perfeita entre sujeito e objeto. Esses ajustes, que são uma constante na Vanguarda Paulista, vamos verificar tanto em Tatit quanto em Arrigo. Ajustes que propiciam uma melhor comunicação.

Não será outro o motivo da música "Encontro" que abre o primeiro disco do Grupo Rumo: melhor estreia impossível. O reconhecimento só é possível a partir de uma certa distância, é uma questão de medida: muito próximo não dá para ver a fisionomia; de longe, há certo grau de incerteza. Curioso que a estrutura da canção é dividida em três partes, uma das quais, a última, é menor que as demais — entretanto, nem no disco do qual faz parte, nem na obra de um modo geral, essa estrutura tripla sobressai (o que vai sempre predominar será a canção dividida em duas partes, isto é, cantada duas vezes).

O mesmo poderíamos argumentar em relação ao tema: vai permanecer a estrutura dupla (o sujeito e o antissujeito). É o caso de "Ah!", que vai estar dividida entre a necessidade de trocar de palavra e a resistência à troca — no caso dessa música, é tudo duplo, até mesmo a estrutura da canção (dividida em duas partes iguais) e as duas entoações que vão estar presentes na interjeição: uma linha ascendente, constatando a ordem; e a outra, de linha descendente, figurando uma decepção ou discordância (essas duas entoações vão perpassar o coro, sublinhando a duplicidade).

Outro ponto que podemos observar ao longo do trabalho cancional de Luiz Tatit é a posição do narrador: se há uma predominância do narrador-personagem dirigindo-se diretamente a outro personagem, o que evidencia um processo de comunicação direta e o coloquialismo da fala, por outro lado, essa predominância não se mantém constante, o que pode sugerir uma mudança de registro ou de ênfase. Nos dois primeiros discos, *Rumo 81* e *Diletantismo*, há um grande predomínio desse narrador-personagem — no primeiro disco constatamos oito incidências num total de doze faixas, considerando apenas as composições de Luiz Tatit; no segundo, a mesma proporção de oito para doze (neste estudo, visando sobretudo às composições de Tatit, não consideraremos os discos *Rumo aos Antigos*, *Quero Passear* e *Sumo dos Rumos*). Se formos comparar os dois primeiros discos analisados com os dois últimos, *De nada mais a algo além* e *Palavras e Sonhos*, verificamos então que o espaço do narrador-personagem diminui: a incidência passa a ser de quatro para um total de treze em *Palavras e Sonhos* e de três para um total de nove canções feitas em parceria com Arrigo no disco *De nada mais a algo além*. Em todos os discos, do primeiro ao último, constatamos, na relação direta do narrador-personagem com outro personagem, uma incidência decrescente contínua. Por outro lado, se formos analisar o uso da terceira pessoa, vamos constatar que há uma incidência crescente dos primeiros aos últimos discos: em *Rumo* de 1981, de um para um total de doze; *Diletantismo*, de um para doze; *De nada mais a algo além*, de quatro para nove; *Palavras e Sonhos*, de três para treze. Essa linha crescente pode nos sugerir o aumento da importância do narrador na terceira pessoa. Concomitante a isso, também foi verificado, ao longo de sua discografia, um aumento crescente da primeira pessoa numa espécie de monólogo: se nos primeiros discos não há nenhuma incidência, em *De nada mais a algo além* a proporção é de dois para nove, e em *Palavras e Sonhos* é de três para treze.

Verificamos também outras situações com o narrador-personagem: quando descreve uma ação ocorrida no passado entre ele e outro personagem; quando descreve uma ação e fala com outro personagem; quando descreve outro personagem ou acontecimento; quando descreve um personagem e fala com ele. Em todos esses contextos, o narrador-personagem deixa de assumir a função exclusiva de comunicação direta com outro personagem. Essas funções ganham um maior destaque a partir da carreira solo de Tatit, especialmente no disco *O Meio*, quando vamos verificar uma incidência dessas funções mistas em seis de um total de treze faixas.

Talvez possamos concluir, com esses dados, que há um processo gradual de distanciamento do narrador, muito semelhante ao que nos é sugerido na canção "O Encontro": se nos dois primeiros discos há uma predominância clara do narrador-personagem em comunicação direta com outro personagem, assistimos a um processo de distanciamento desse narrador expresso pelas novas funções da narração. Mas esse distanciamento não elimina a relação direta do narrador-personagem, relação essa que dá ao corpo cancional de Luiz Tatit a sua principal característica. É como vimos sugerindo: trata-se mais de um processo de equalização.

Regina Machado, em sua dissertação apresentada ao Instituto de Artes da Unicamp para o título de mestre em música, Campinas, 2007, *A voz na canção popular: um estudo sobre a Vanguarda Paulista*, expõe o caráter dualista que vai impregnar essa vanguarda sob a perspectiva do canto: "a necessidade de busca de novos elementos, fez com que o referencial estético e técnico vocal da Vanguarda Paulista fosse transformado e levado a extremos: 1) quer pela estridência da fala e a busca de novas vocalidades que explorassem a expressão dos sentidos através dos sons musicais (estridência e lirismo para a expressão musical);

2) quer pelo seu coloquialismo, numa busca de execução musical que privilegiasse a entoação através da compreensão da relação música-texto, fixando inclusive um novo padrão de afinação nessa referência" (Machado, 2007, p. 39–40).

É curioso que, nesses extremos a que chega a técnica vocal, Regina parece ter em vista, primordialmente, Arrigo e Tatit — em determinado ponto do texto, ela associa a nova vocalidade de Itamar às informações já trazidas por Arrigo, acrescidas pela tradição do samba, do batuque de terreiro e da música pop. Mas no interior de cada um dos dois tipos de abordagem vocal, aos quais estariam ligados, respectivamente, Arrigo e Tatit, Regina estabelece uma nova divisão, à qual cada grupo faria interagir seus elementos entre si: no caso de Arrigo, a performance cênico-dramática e as texturas musicais expressas pelos agudos estridentes; no caso de Tatit, os elementos linguísticos e a expressão da musicalidade a partir do enfoque entoativo, expressão essa que se daria pela aproximação entre a realização vocal melódica e as oscilações das alturas na entoação falada.

Estamos no reino das dualidades do qual só Itamar parece se safar.

MINHA CABEÇA

Quer saber por que eu estou cansado?
Cada vez que eu começo a pensar me vem tudo de vez
E eu não penso mais nada

Quer saber como é que eu penso?
Quer saber por que eu estou cansado?
Cada vez que eu começo a pensar
me vem tudo de vez
e eu não penso mais nada
Eu vou pensar um assunto, certo?
Um assunto que eu escolho, é claro.
Então eu faço força, força, força...

e olha o que acontece!
Não adianta ter cabeça
Ela pensa o que quer
Para, Cabeça!
Assim você me enlouquece
Não cansa você?

Minha cabeça me ajude
pense tudo tudo com calma

não se exalte
Nunca te vi tão possuída, nunca!
Você é danada, é mágica

Concentra, reflete,
Inverte um pouco o raciocínio
nem que dê no mesmo ponto,
Enfim, você é livre,
é livre, mas não de mim.

Na análise de "Minha cabeça" efetuada por Regina Machado, vemos uma divisão da canção em três partes: na primeira parte, de "Quer saber por que eu estou cansado" até "e eu não penso mais nada", prevalece o enfoque entoativo, com a debreagem enunciativa presentificando o sujeito (o timbre e o tipo de emissão vocal fortalecem essa presença), enquanto na parte rítmica estamos sujeitos a frases metricamente diferentes umas das outras como efeito do discurso falado, não se submetendo à regularidade padronizada da canção popular; na segunda parte, de "Eu vou pensar um assunto, certo" até "Ela pensa o que quer", a linha melódica se restabelece na primeira estrofe e o padrão entoativo é retomado na segunda estrofe, alternância que é efeito da luta, concluindo-se numa impotência do sujeito (de qualquer maneira, verifica-se uma pequena diferença em relação a primeira parte, já que esta é totalmente entoativa); a terceira parte, de "Para, cabeça" até "é livre mas não de mim", vai indicar uma mudança, subdividida em dois momentos — no primeiro, prevalece um padrão entoativo (imperativo), com um aspecto mais firme da voz, secundada por outra voz masculina que dobra a melodia em uma oitava mais baixa; e um segundo momento, que é propriamente o refrão, quando a melodia se estabiliza e a emissão cantada se sobrepõe à falada, a partir de uma voz feminina que entra numa oitava acima, enquanto Luiz Tatit se transfere para a base (a solista, mesmo enfatizando o contorno melódico, não abandona a curva entoativa, complementando a expressão, enquanto, no primeiro momento dessa terceira parte, entoação e melodia eram expressas por cantores diferentes).

Concomitante a essa análise do canto, a instrumentação vai acompanhar de perto, pelo menos na primeira parte, o padrão entoativo da voz cantada, dentro de um pensamento musical mais contrapontístico que harmônico, enquanto, nas duas últimas estrofes da canção, isto é, na sua terceira parte, o acompanhamento se aproxima um pouco mais do padrão presente na canção popular: "os instrumentos realizam um ostinato rítmico, criando uma cama para a realização melódica, destacando a voz da solista isolada à frente e revelando o sujeito como dono do pensamento" (Machado, 2007, p. 74).

Essa canção, conforme o padrão entoativo e melódico seguido por Regina Machado, leva, de fato, a uma divisão em três partes. Já na minha análise, considerando os desenhos melódicos das frases, a divisão métrica e a quantidade de vezes que a canção é repetida, chega-se a uma divisão em duas partes iguais, contendo cada uma delas seis configurações: 2(6–6)

Primeira configuração:

Quer saber por que eu estou cansado?
Cada vez que eu começo a pensar me vem tudo de vez
E eu não penso mais nada

Segunda configuração:

Quer saber como é que eu penso?
Quer saber por que eu estou cansado?
Cada vez que eu começo a pensar me vem tudo de vez e eu não
[penso mais nada

Terceira configuração:

Eu vou pensar um assunto, certo?
Um assunto que eu escolho, é claro.
Então eu faço força, força, força e olha o que acontece!
Não adianta ter cabeça
Ela pensa o que quer

Quarta configuração:

> Para, Cabeça
> Assim você me enlouquece
> Não cansa você?

Quinta configuração:

> Minha cabeça me ajude pense tudo tudo com calma não se exalte
> Nunca te vi tão possuída, nunca!

Sexta configuração:

> Você é danada, mágica,
> Concentra, reflete,
> Inverte um pouco o raciocínio nem que dê no mesmo ponto,
> Enfim, você é livre, é livre,
> mas não de mim.

Nessa nova leitura, a partir da metrificação, estabelecemos seis estrofes, diferentemente das cinco estrofes apresentadas no estudo de Regina Machado. Cada uma dessas estrofes pode ser comparada a uma célula com sua estrutura própria. Nessa nova leitura, as duas primeiras estrofes são relativamente semelhantes, contendo cada uma delas três frases. Vamos encontrar nessa canção três estrofes contendo, cada uma delas, esse mesmo número de frases e que serão constituídas por interrogações que dão um cunho entoativo, com uma participação intensa do narrador, produzindo a configuração da debreagem enunciativa, fortalecida pelo timbre e pelos diversos registros vocais que dão corpo físico ao enunciador.

A terceira estrofe tem cinco frases, apresentando uma nova estrutura em que vale a pena nos fixarmos pelo seu caráter misto: a linha melódica se estabiliza nas duas primeiras frases e o enfoque entoativo é retornado nas duas últimas, cabendo à frase do meio a junção da melodia e da entoação, porém de forma separada: "então eu faço força, força, força"/ "e olha o que acontece!" — na primeira metade a linha melódica estabilizada e na segunda o enfoque entoativo. Cabe pensarmos nessa forma de junção: uma espécie de conjunção disjuntiva, sob o signo da impotência, mais justaposição que síntese, e que vai nos remeter a uma nova música de natureza contrapontística, que vem sendo feita recentemente por músicos como Kiko Dinucci, Romulo Fróes e Rodrigo Campos — também integrantes do grupo Passo Torto, talvez a melhor expressão dessa nova música.

Na quarta estrofe há o retorno do enfoque entoativo com suas três frases, mas na quinta estrofe, com apenas duas frases, o acompanhamento instrumental aproxima-se do padrão presente na canção popular e nos deparamos com a linha melódica pura.

Na última estrofe há o retorno das cinco frases, mas dessa vez sob uma nova ordem. Estamos propriamente no refrão, com uma nova solista fazendo destacar a melodia, mas sem abandonar a curva entoativa. Uma espécie de síntese conjuntiva, sob o jugo agora do sujeito, que retoma as rédeas.

A canção analisada expressa assim o caminho empreendido, o processo de afinação do sentido que podemos testemunhar não só na discografia de Tatit como também na de Arrigo e Itamar: um gradual abrandamento da situação enunciativa.

No seu texto sobre a bossa nova, já mencionado, Lorenzo Mammi cria a imagem da porta fechada, à qual estaria associada a música bossa-novista com seus elementos de mundo pessoal e privado. A essa experiência, Mammi, quase no final de seu texto, associa o nome de Marcel Proust, também um apaixonado pelo mundo privado. Segundo essas associações, não seria despropósito lembrarmos o nome de Zé Agrippino, com a sua literatura longe de qualquer viés psicológico e sob o impacto da modernização num país periférico, como relacionado ao Tropicalismo — o próprio Caetano reconheceria sua importância em *Verdade tropical*. Mas é inevitável, quando pensamos na Vanguarda Paulista, que nos remetamos a Henry James. Porque aqui é a experiência da porta aberta ou da janela entreaberta, do observador devidamente protegido de olhares que o denunciem. Não é mesmo fácil flagrarmos o autor por trás do narrador, mas algumas brechas fazem-no visível, se não de corpo inteiro, ao menos em frações, fragmentos.

No caso de Luiz Tatit é ainda mais complicado porque, ao contrário de Arrigo, não são muitas as ocorrências de um narrador na terceira pessoa. Prevalece o narrador-personagem em suas peripécias que nos fazem lembrar o Pierrô da *commedia dell'arte*, o palhaço que nunca ri. É curioso lembrarmos que Regina Machado identifica no padrão vocal de Luiz Tatit uma essência naïf, talvez até mais forte na sua experiência com o Grupo Rumo, padrão vocal esse que se caracteriza pela simplicidade, desconhecimento ou ingenuidade. Se pensarmos que essa dicção vocal é inspirada em Noel Rosa e Lamartine Babo, época de ouro da música popular brasileira, a experiência da *commedia dell'arte* fica justificada: o teatro de revista com seus esquetes, fragmentado, muitas vezes fazendo menção a acontecimentos recentes, que nem faziam parte do texto, era o reduto da música popular da época — tanto Noel quanto Lamartine faziam canções dentro desse contexto, claramente influenciados pela *commedia dell'arte*.

Canções de Tatit como "Haicai", "Olhando a paisagem", "Banzo", "Esboço" e "Felicidade" nos fazem lembrar personagens como Carlitos, Dom Quixote, todos representações do Pierrô, palhaço ingênuo que, mesmo sendo motivo de risos, continua a confiar nas pessoas — ingenuamente otimista, lunático e inconsciente da realidade. Em "Banzo", por exemplo, abre-se uma brecha entre o discurso aparente e as intenções ocultas do narrador, levando ao cômico; como se o autor fizesse de seu personagem uma pessoa cega a uma verdade visível para o ouvinte. Nessas horas, o observador tenaz, por trás das cortinas, faz aparecer apenas uma parte de seu rosto. Está no interior do apartamento, mas com os olhos voltados para o exterior. Cultiva sua subjetividade interagindo com a cultura objetiva, introduzindo-se no âmbito da experiência. Está sobretudo voltado para o interior, cultivando sua subjetividade, ao contrário do ethos da democracia americana: este, como já dizia Lorenzo Mammi a respeito da música americana, está voltado para o exterior, o qual deve ser cultivado sob a influência e a ação do indivíduo e seus valores essenciais. A Vanguarda Paulista é uma ética de ajustamento, de adaptação, e, portanto, é uma forma mais plástica.

No livro *Todos entoam*, destacamos um outro texto que vai nos servir para fixar a perspectiva teórica de Luiz Tatit, ao mesmo tempo que nos ajuda a entender as razões de suas escolhas como compositor: "Da Tensividade Musical à Tensividade Entoativa". Sem desconhecer, no que diz respeito à análise da canção, a importância da interpretação do cantor, capaz de provocar desvios no contorno melódico, contorno esse que recebe a mediação da entoação na sua relação com a letra, para Tatit, no entanto, o núcleo de sua análise estaria centrado nas unidades entoativas. Estas seriam como que tensividades que dão contorno à fala, os tonemas propriamente ditos, localizados na terminação da curva melódica. E aqui, numa perspectiva bem racionalista, Tatit diz que é quase inalterável: segue-se um padrão lógico de *saber* do enunciador, que está fora dos incidentes emotivos ou da inquietude fiduciária por parte do cantor. "Mesmo quando o investimento emocional é intenso, produzindo modificações acentuadas em todo o contexto melódico, as noções de finalização, prossecução e suspensão são preservadas como pontos de ordenação indispensáveis para que o enunciatário se oriente no discurso melódico" (Tatit, 2014, p 248).

Aliás, a grande comunicação do formato canção adviria justamente pela estratégia persuasiva do cancionista de estabelecer equivalências entre o sistema da língua natural e o sistema da canção, num processo intersemiótico (Tatit sublinha o fato dos contornos entoativos, apesar de serem um universo aberto de possibilidades, estarem restringidos pelo hábito cultural que disciplina as escolhas do falante, de acordo com o conteúdo linguístico a ser transmitido).

Se a importância do hábito nos leva a pensarmos em William James, nos coloca, por outro lado, em confronto com o pensamento de Deleuze e Guattari no seu livro *Por uma literatura menor*. É que para estes, indo na direção contrária do pensamento que norteia tanto o aprendizado de novas línguas quanto o saber de um cancionista, a importância de Kafka, por exemplo, vem justamente da interferência de sua língua materna na língua alemã. Essa interferência é que daria ao referido escritor uma posição de diferença e destaque em relação à grande literatura alemã.

Essa lembrança do livro de Deleuze e Guattari sobre Kafka nos obriga a pensar sobre o caráter comunicacional que Luiz Tatit faz questão de estabelecer para a canção e do quanto se diferenciava na forma como os tropicalistas a pensavam. Vale aqui nos remetermos ao texto seminal de Celso Favaretto, *Tropicália, Alegoria, Alegria*. Segundo Favaretto, se o mercado freia as inovações, transformando inclusive a música de vanguarda em uma mercadoria excitante — o que tem interesse passa a ser consumido como extravagância —, ainda assim, a mercadoria tropicalista provocaria uma espécie de deslocamento em relação aos signos institucionalizados. E isso ocorreria pela subversão do efeito de participação, subversão essa, própria da lírica moderna: uma resistência à comunicação fácil. O que não deixa de ser uma prática política: mesmo enquanto mercadoria, investe contra a ordem social estabelecida, sem se restringir a tarefas revolucionárias. E isso se expressa por um trabalho especificamente artístico, que torna a explicitação indireta, produzindo uma linguagem de mistura, corroendo as ideologias em conflito e rompendo o círculo do bom gosto ou das formas eleitas, dialetizando assim a produção artística.

Retornando à descrição da canção, como um bom racionalista que é, Tatit vai nos mostrar que um cancionista só diz o que diz, ou melhor, só faz o que faz, pressupondo um *saber* anterior: o das curvas entoativas ou dos tonemas fundamentais do processo entoativo. Se o tonema continuativo dá ao enunciatário a noção de asseveração é porque o *saber* do enunciador manifesta-se de forma incompleta, clamando por algum tipo de continuidade: em "Procissão" de Gil — "eles vivem penando aqui na *terra*". Essa asseveração só vai se completar quando a canção continuar: "esperando o *que* Jesus prometeu" (num movimento de descendência, chega-se a uma noção de finalização através do tonema conclusivo, muito presente em Itamar Assumpção). Mas o enunciador pode anunciar, em vez de um *saber* completo, um suspense: é quando após a finalização, apresenta-se uma curva não ascendente, ou, pelo menos, não tão descendente quanto a curva anterior — continuamos a seguir a lógica do menos e do mais na perspectiva da tensividade: é o quadrado semiótico. Essa curva não ascendente, ou pelo menos não tão descendente quanto a anterior, apresenta um enunciador que vacila ou pelo menos não vê conveniência em manifestar seu *saber*: apresenta uma descida gradativa que é própria do tonema suspensivo, dando ao enunciatário uma ideia de hesitação, insinuação, por parte do enunciador na instância da virtualização. A curva seguinte é de não descendência, ou ligeiramente ascendente, própria das interrogações e apresentando uma noção de prossecução: é um grau de tensividade controlado pelo enunciador, no sentido de antecipar, prorrogar ou até mesmo eliminar a urgência da resposta (cresce a tensão de modo gradativo, feito uma escada, o que é próprio do tonema continuativo). A essa ascendência, uma outra se sucede, aumentando a tensividade e podendo atingir limites bastantes incômodos, quando, por exemplo, desempenha a função de tonema continuativo numa asseveração.

Na música "Depois melhora", do disco *Felicidade*, primeiro trabalho solo de Tatit, temos três partes:

PRIMEIRA PARTE

Sempre que alguém
Daqui vai embora
Dói bastante
Mas depois melhora
E com o tempo
Vira um sentimento
Que nem sempre aflora
Mas que fica na memória
Depois vira um sofrimento
Que corrói tudo por dentro
Que penetra no organismo
Que devora
Mas também depois melhora

SEGUNDA PARTE

Sempre que alguém
Daqui vai embora
Dói bastante
Mas depois melhora
E com o tempo
Torna-se um tormento,
Que castiga, deteriora
Feito ave predatória
Depois vira um instrumento
De martírio duro e lento
Uma queda no abismo
Que apavora
Mas também depois melhora

TERCEIRA PARTE

E vira então
Uma força inexplicável
Que deixa todo mundo
Mais amável
Um pouco é consequência
Da saudade
Um pouco é que voltou
A felicidade
Uma é que também
Já era hora
Um pouco é pra ninguém
Mais ir embora
Vira uma esperança
Cresce de um jeito
Que a gente até balança
Enfim
Às vezes dói bastante
Mas melhora
Enfim
É só felicidade
Aqui agora
É bom
É bom não falar muito

Que piora
Enfim
É só felicidade.

Colocamos a letra exatamente como está disposta no site do artista, com a primeira e a segunda parte da letra apresentando a mesma estrutura.

Em "sempre que alguém daqui vai embora", uma curva ascendente chega ao topo, apresentando uma tensividade cujo limite é incômodo, desempenhando a função de tonema continuativo numa asseveração. Ainda assim, não há salto intervalar, os movimentos melódicos são graduais. Mas, logo em seguida, a asseveração se completa, expressando as convicções do saber, descrito pela descendência: "dói bastante mas depois melhora". Temos, portanto, em cada terminação de cada uma dessas unidades entoativas, o tonema continuativo e o tonema conclusivo (embora-melhora). Em seguida, "e com o tempo vira um sentimento que nem sempre aflora", apresenta um contorno menos distensivo que o anterior, próprio da não ascendência (estamos no campo do virtual). Ainda assim os movimentos melódicos permanecem graduais e há um suspense, seguido por uma nova unidade entoativa, dessa vez não descendente: "Mas que fica na memória". Nessas duas curvas há um processo de suspensão que será interrompido na unidade entoativa seguinte: "Depois vira um sofrimento que corrói tudo por dentro, que penetra no organismo, que devora". Volta a ação, com um contorno ascendente tensivo e gradativo e em cuja terminação teremos um tonema continuativo (devora). A primeira parte da canção é concluída através de uma nova descendente, através de um tonema conclusivo, finalizando a asseveração (melhora). Os tonemas dessa primeira parte ficaram assim dispostos: embora — melhora — aflora — memória — devora — melhora.

A segunda parte da canção praticamente repete a mesma estrutura da primeira, começando e terminando numa asseveração completa.

A terceira parte da canção apresenta uma nova estrutura: uma asseveração, com uma curva ascendente e gradativa, em cuja terminação o tonema continuativo é "embora":

e vira uma força inexplicável
Que deixa todo mundo mais amável
Um pouco é consequência da saudade
Um pouco é que voltou a felicidade
Um pouco é que também já era hora

Um pouco é pra ninguém mais ir *embora*

A partir daí, a curva desce:

vira uma esperança
Cresce de um jeito que a gente até balança
Enfim

Ao se completar essa asseveração, várias outras pequenas se sucederão, tendo como tonema continuativo o que era conclusivo na primeira asseveração. Dessa forma, talvez pudéssemos subdividir a terceira parte em duas: a primeira contendo uma asseveração completa e a segunda, constituída por várias asseverações:

Enfim
Às vezes dói bastante mas *melhora*

Enfim
É só felicidade *aqui agora*

É bom
É bom não falar muito que *piora*

Enfim
É só *felicidade.*

A transformação da dor em alegria se dará após um longo processo, inclusive de interiorização ou potencialização. Para chegar no "aqui agora" da terceira parte, foi preciso passar pela "memória" da primeira parte. Há um processo de interiorização, sem grandes saltos melódicos, que garante a transmutação — o que também evidencia um grau de tensividade controlada pelo enunciador.

Na questão das letras, o longo repertório de Tatit vai testemunhar a relação entre sujeito e objeto ou entre o si mesmo e o outro, explorando todas as variações possíveis dessa relação, inclusive a não relação. A questão do espaço me parece subjacente como bem indica a música "Encontro": nem tão longe, nem tão perto. A questão da lonjura indica duas possibilidades: ou o ponto de observação mantém-se a uma distância suficiente que possibilita a descrição do objeto sem envolvimento (não me parece que em Luiz Tatit seja essa uma perspectiva que se sobreponha às demais, ainda que possamos detectar sua ocorrência principalmente em seu último álbum — *Palavras e Sonhos*); ou o distanciamento espacial chega ao ponto de impossibilitar até a descrição do objeto — é o caso de um solipsismo, indicando a não relação). Em relação à excessiva proximidade, fazendo do sujeito, objeto, e gerando um eterno presente que abole o tempo (uma forte característica do Tropicalismo), vamos verificar também algumas dessas ocorrências nas letras de Tatit. Mas o que vai prevalecer vai ser sempre a relação entre sujeito e objeto, mantida através de certo distanciamento: nessa relação, ora o sujeito vai ser maior que o objeto; ora o objeto será maior. Toda a ideia de espera, de reconhecimento, de reouvir uma canção privilegiando a identidade, é um típico caso em que o sujeito prevalece; mas o objeto pode ser maior que o sujeito, provocando susto, paralisando ou modificando o sujeito, que só muito tempo depois consegue decodificar o acontecimento. Se em algumas canções vai se privilegiar um ou outro caso, não será pouco frequente, numa só canção, o aparecimento das duas situações, uma se sucedendo a outra, como uma forma de compensar ou buscar um ponto médio. É o caso da canção "Minha cabeça", aqui já analisada, e da qual extraímos a seguinte fórmula: o>s>o. Na primeira metade da canção, o objeto é maior do que o sujeito (eu não tenho um domínio sobre as minhas ideias); mas, na segunda metade, retoma-se um equilíbrio a partir da constatação de que as ideias são livres, mas não de mim.

Variando essa fórmula, podemos chegar a: s>o>s. No disco *Diletantismo*, a canção que fecha o álbum, "Nego, nega", apresenta duas partes, em que a segunda compensa a primeira, mudando o equilíbrio de forças. Em "Tristeza do Zé", que consta do disco *Palavras e sonhos*, a mesma coisa: há um momento em que o sujeito se relaciona muito bem com a falta; e um segundo momento em que sucumbe à força do acontecimento potencializado.

Mas há também os casos em que apenas um dos lados prevalece. No caso de o>s, ocorre um excesso que o sujeito não se torna capaz de controlar nem de compensar, gerando cenas absurdas e hilárias: é o caso da música "Felicidade", a que no disco *Rumo ao Vivo* a plateia responde com gargalhadas homéricas. A mesma situação em "Época de Sonho":

> Então fui perguntar: o Vera!
> Vera, o que há com você?
> Nossa! Vera estava tão entretida
> Que só cantava, dançava e dizia:
> "Cê não vê? É que eu estou, enfim, apaixonada!"
> Vê que absurdo, Vera!
> E nem é época de paixão

Aliás, no tocante às mulheres tatianas (já houve quem as tenha comparado com o público de grande massa), prevalece para o narrador-personagem um mistério que em muitas situações, pelo menos para o público, não tem mistério nenhum. Em "Olhando a paisagem", do disco *Caprichoso*, o narrador-personagem passa boa parte da canção tentando entender o que a enigmática Odete havia aprontado. São personagens femininas sobre as quais o narrador-personagem não tem nenhum controle, dentro da fórmula o>s.

Mas a situação contrária também é explorada. Nessas ocasiões, o objeto ou está aquém do esperado, gerando uma certa decepção, ou é reconhecido, apesar das aparentes diferenças. No primeiro caso, em "Acho pouco", do disco *Rumo 81*, temos:

Eu não te elogio...
Mas não desanima não,
Basta se enfeitar mais um pouquinho,
Falta um pouquinho...
Né, Cristina.

No segundo caso, "Raro destaque", do disco *Sem destino*:

Já chegou disfarçada
Pra me confundir
E brincando maldosa fingiu me ferir.
Morri! Morri!
Morri de rir
De ver você não conseguir.

Cabe aqui abrir um parêntese e verificar o que o próprio Tatit fala em texto jornalístico sobre a questão de ouvir e reouvir, estabelecendo bem a diferença entre ambos (talvez pudéssemos traduzi-los como "diferença" e "repetição").

Em 31 de dezembro de 2006, Luiz Tatit escreve um texto para o caderno *Aliás*, do jornal *O Estado de S. Paulo*, cujo título é "Música para reouvir". Ali, Tatit reafirma o sentido da canção: "as canções seguem respondendo ao anseio de desaceleração do ritmo de vida do ouvinte e continuam se convertendo em verdadeiros *leitmotiv* de sua história" (Tatit, 2014, p. 337). Estaria a canção, nesse sentido, trabalhando em prol da identidade, já que o ouvinte buscaria não o novo em si, mas o que pode permanecer. É sob essa perspectiva que, bombardeado por informações a toda hora, que mais fragmentam do que unificam o sentido e a identidade, haveria por parte do ouvinte o que Tatit chama de um recurso muito humano de preservação da identidade: o desejo de reouvir canções.

Naturalmente, o texto a que me refiro é de 2006, quando a internet já estava a pleno vapor e a tecnologia de gravação permitia que discos fossem produzidos com extrema facilidade, gerando, inclusive, uma inflação de novos artistas que certamente teriam dificuldade de se fazerem ouvir. Em outras palavras, e pensando hoje, em 2017, quando essa situação se torna mais intensificada ainda, ninguém ouve. Nem artistas, que preferem fazer uma nova canção a ouvir ou executar uma antiga (é notável a crítica de João Gilberto a esse respeito), nem público, que prefere reouvir, transitar pelo já conhecido. E se esse processo é compreensível diante da guerra de informações e narrativas, que a tudo fragmenta, por outro lado gera uma passividade, contra a qual a Vanguarda Paulista, desde sua origem, se rebelou. E continua se rebelando, basta ver os discos que Luiz Tatit continuou produzindo. O fato é que esse texto jornalístico a que me refiro remete a uma possível contradição que Walter Garcia sublinhou em relação a Itamar Assumpção: de querer cantar na televisão e não querer. E desse modo, ficar à margem da MPB, mas ainda assim dentro dela. A alegria com que Tatit recebeu Zélia Duncan com seu *Tô Tatiando* só é compreensível à alegria com que Odete foi recebida de volta em "Olhando a paisagem" (independentemente do que ambas tenham aprontado).

Mas em "Amor de Tônica", publicado seis anos depois do texto do *Estadão* pelo Suplemento Trimestral da *Revista Ciência*, Tatit vai se remeter a Paulo Leminski, quando este veio a defender, em determinada época, a reforma da língua portuguesa que previa a eliminação dos acentos nas proparoxítonas, gerando assim uma indeterminação da tônica. O que Leminski via com essa indeterminação ("exército" se transformando em "exercito") era a possibilidade da surpresa, rompendo com a expectativa do público e desestabilizando suas convicções, o que viria a provocar tumultos subjetivos que só seriam aplacados com a assimilação gradativa dos conteúdos a princípio inesperados.

Nesse texto de Tatit fica claro que não se está submetido a uma ambição totalizante do novo, até porque a surpresa vira espera quando constantemente programada para criar novidades em nosso cotidiano, como foram as artes de vanguarda do início do século passado (atonização da surpresa). E talvez possamos entender esses dois textos não como contradição, mas como em busca da justa medida, assim como viria a ocorrer em suas canções, quando constatamos, numa mesma música, numa parte a supremacia do objeto, na outra a supremacia do sujeito. O inesperado menos ambicioso, inscrito em fragmentos do espaço e circunscrito a períodos efêmeros.

Por isso que em muitas canções há uma estrutura triádica que mais sugere um processo de síntese que propriamente de oposição ou antítese. Mais síntese que justaposição (não há como esquecer a defesa da justaposição por Caetano Veloso em *Verdade tropical*, contra o processo de fusão, uma espécie de samba-jazz, personificado, na época, por Elis Regina e Edu Lobo). O fato é que vicejam exemplos no corpo cancional de Tatit de uma estrutura triádica, ainda que se tratando de uma relação sujeito e objeto. Logo no primeiro disco, *Rumo 81*, em sua primeira faixa, "Encontro", já se reivindica uma perspectiva que não seja nem tão distante, nem tão próxima do objeto.

No disco *Diletantismo*, "Saudade moderna" indica três espécies de saudades: "do tempo que andávamos juntos"; "do tempo em que nem te conhecia e simplesmente eu desejava estar sozinho"; e uma terceira saudade, uma "saudade moderna", "de um tempo que absolutamente eu não vivi... ela incide sobre um tempo que não cabe na história, escapa da consciência e se projeta pra fora" (nem consciência, nem história: algo que escapasse a essas duas categorias, sugerindo uma terceira). No mesmo disco, deparamos com a canção "Mesmo porque", dando conta de uma terceira pessoa, a personagem da atriz.

Em "Olhando a paisagem", do disco seguinte, *Caprichoso*, a terceira pessoa é o autor que faz o narrador-personagem cego ao que está a sua frente, nos levando a desconfiar da veracidade dos seus ditos (uma situação muito semelhante ao que ocorre nos romances de Machado de Assis: o narrador não é digno de confiança). A ironia surge dessa situação entre narrador e autor — nesse sentido, o disco *Caprichoso* talvez seja o mais eivado de ironia. Em "No decorrer da madrugada", outra faixa do referido disco, são expostas três perspectivas referentes ao nascer do sol: dos espectadores; do narrador-personagem que desmistifica o espetáculo, em nítida oposição aos adoradores do sol; e uma terceira perspectiva que descreve o objeto, isto é, o espetáculo do nascer do sol, de maneira a produzir uma singularização do objeto. Vale a pena nos remetermos aqui ao texto de Viktor Chklovski, "A arte como procedimento": "Os objetos percebidos diversas vezes começam a sê-lo por um reconhecimento; o objeto encontra-se a nossa frente, nós o sabemos, mas não o vemos mais. É por isso que nada podemos dizer sobre ele. Na arte, a libertação do objeto do automatismo perceptivo estabelece-se por meios diferentes... O procedimento de singularização em Leon

Tolstói consiste em não chamar o objeto pelo nome, mas descrevê-lo como se o visse pela primeira vez; ademais, ele se vale na descrição não dos nomes geralmente dados às suas partes, mas de outros nomes tomados das descrições correspondentes em outros objetos" (Chklovski, 2013, p. 92). Na canção, parece até que o narrador-personagem é formado por duas personas diferentes, as quais, juntas aos espectadores do sol, viessem a formar um total de três perspectivas diferentes. Vejamos a dupla perspectiva do narrador-personagem:

> E de repente,
> É uma bola que levanta no horizonte,
> Numa fogueira exuberante,
> *Enfim, é o sol*

À perspectiva realista que se sobrepõe aos adoradores do sol, se insinua uma terceira, no tempo verbal do presente e do gerúndio, não antecedendo ao acontecimento e o acompanhando à medida que transcorre. A perspectiva realista abaixa a bola não só dos adoradores como também do próprio narrador, substituindo "a bola que levanta no horizonte numa fogueira exuberante" pelo "sol". O referido disco finaliza com "Release", histórico autoirônico, em que a singularidade do objeto, na forma como é descrito, revela uma duplicidade:

> E foi uma mania de Noel e Lamartine,
> Um *porre* de música antiga todo dia,
> Que *alegria!* Que alegria!

No disco seguinte, *Rumo ao vivo*, a estrutura triádica vai estar presente na tonalidade das vozes em "Trio de efeitos", nos três personagens que comentam o estado psicológico de "Carlão", no trio amoroso de "Aurora — o cantochão" e sobretudo na presença do autor que nos leva a desconfiar do que é dito pelo narrador-personagem ("Banzo") ou por determinado personagem ("Carnaval do Geraldo").

Muitas vezes o narrador-personagem se põe a reclamar diante de uma situação incontrolável, diante da qual ele não tem nenhuma inferência, ainda que seja ele mesmo o responsável, como se subdividisse em dois. Ainda que não esteja apresentada no texto nenhuma referência a uma divisão em três, esse duplo não deixa de ser uma terceira pessoa. É o caso de "Minha cabeça" e "Felicidade". A mesma situação pode ocorrer não em relação ao narrador-personagem, mas em relação a um outro personagem, como no caso de "Terceira pessoa", do disco *Ouvidos uni-vos*.

Continuando sua discografia, no disco *Felicidade*, primeiro trabalho solo de Tatit, as duas primeiras faixas, "Eu não sou eu" e "A companheira", reforçam o repertório dedicado à divisão em três: no primeiro, totalmente anti-Rimbaud, eu não sou o outro nem eu mesmo: "Se não sou eu nem o outro, estou no meio"; na segunda, nem melancolia nem euforia:

Voltou a fria realidade,
Aquela coisa bem na metade.
Nunca a metade foi tão inteira,
Uma medida que se supera:
Metade ela era companheira,
Outra metade era eu que era

Esse terceiro caminho, ao qual a obra de Tatit presta um tributo, em que a relação é mais importante que os termos, vai estar estampada com toda força na canção "O meio", que não só dá nome ao disco, como o abre:

É bom demais estar no meio,
O meio é seguro pra gente cantar...
Diria sem muito rodeio
No princípio era o meio
E o meio era bom,
Depois é que veio o verbo,
Um pouco mais lerdo,
Que tornou tudo bem mais difícil.
Criou o natural, criou o artifício,
Criou o real, criou o fictício,
Criou o final, criou o início,
O início que agora deu nisso.

Na faixa seguinte, "Amor e Rock", a boa medida do amor, nada além e nada aquém, sofre um sério revés — como se o narrador-personagem pusesse a desconfiar de um racionalismo subjacente à justa medida, que pouco ou quase nada tem a ver com a vida real:

Amor desse jeito,
Amor tão perfeito,
Amor assim
Não tem mais
Nem no estoque,
Então esquece o amor e manda um rock.

No mesmo disco, além da regravação de "Trio de Efeitos", uma nova canção — "Três sentidos" — reafirma a vocação do cancionista para a divisão em três: olhar, ouvir, tocar.

No disco seguinte, *Ouvido uni-vos* (uma clara homenagem a Itamar Assumpção — dos comentários à estética do Nego Dito em "Samba de Breque" é retirado o título do disco, além de "Dodói", uma parceria inédita entre os dois), vamos nos deparar com "Tom de quem reclama", uma espécie de terceira pessoa, que, segundo o narrador-personagem, coabita o mesmo corpo:

Uma voz que não controlo
E que sai da minha boca.
Eu só falo o necessário,
Ela é sempre tão barroca,
Não adianta eu ter cuidado.

É o mesmo cenário de "Controlado": apesar de todos os esforços do narrador-personagem, "sempre que apareces do meu lado, baixa um anjo desvairado". Em "À Perigo", numa atmosfera camoniana, o narrador-personagem, em função da rejeição da amante, se sente enganado com ela e consigo próprio, tornando-se caçador de si mesmo — mais um cenário com três personagens. No mesmo disco, além da canção "Terceira pessoa", que comentaremos a seguir, "Minta", em parceria com Ricardo Brein, traz o velho dilema de Fernando Pessoa, entre ficção e realidade, o que pode ser uma boa senha para pensarmos a terceira pessoa: "ouvir mentiras em palavras que são de verdade".

Na canção "Terceira pessoa", as descrições feitas em relação a essa estranha pessoa nos interessam: ausência, imutabilidade, passividade, discrição. Diante da impossibilidade de uma relação direta, só nos remetemos a ela através do outro: "se tenho elo com ela, o elo é você". Essa terceira pessoa passa longe de uma síntese entre contrários; antes, nos dá a ideia de uma imanência. Talvez possamos pensar que o trabalho de Tatit esteja perpassado por essas duas perspectivas: síntese (Encontro) e imanência (Terceira Pessoa). A própria ideia da canção como disfarce da entoação ou fixação do que é por natureza solto pode nos sugerir a entoação como imanente à canção. É interessante o texto *Momento de Criação na Canção Popular*, publicado originalmente em agosto de 1994 no *Anais do IV Congresso Abralic — Literatura e Diferença*, porque ali Tatit vai diferenciar com clareza as atividades práticas das atividades artísticas: no primeiro caso, dentro dos processos de comunicação do dia a dia, utilizamos a sonoridade da voz para expressar nossos conteúdos internos; já nas atividades artísticas, tendo como foco a canção, o compositor, ao contrário, usa os conteúdos internos para expressar suas experiências sonoras (estas vêm primeiro). Ao comentar a gênese da canção "Vai passar" de Chico Buarque, Tatit diz: "sua gênese artística é eminentemente melódica e o surgimento do sentido da referida canção, como hoje conhecemos, vem de palavras esparsas que não eram mais que expressões em busca de um sentido... as letras que mais admiramos foram geradas a partir de fragmentos incompreensíveis, nascidos de contornos musicais e de sons linguísticos sem qualquer vínculo direto com o sentido final do texto ou com o próprio título da canção. É o som que em geral produz o sentido e não o contrário" (Tatit, 2014, p. 212).

Essa relação de constituição ou de imanência nos remete a um texto de Maurice Blanchot, "O Athenaeum", em *A conversa infinita: a ausência de livro*. Comentando o romantismo alemão, movimento anterior aos cursos de estética de Hegel, pensador que acabou por empreender a universalização histórica da arte, levando ao seu declínio com a dissolução do movimento, Blanchot informa sobre um saber mais agudo, saber de margem: nem no mundo, nem fora do mundo; senhor do todo, mas com a condição de que o todo não contenha nada, seja a pura consciência sem conteúdo, a pura palavra que não pode dizer nada. Uma linguagem tautológica que só se ocupa de si mesma. Nesse aspecto, podemos imaginar uma linguagem não transitiva, que não tem por tarefa dizer as coisas, ou, se o faz, é de forma sutil, discernindo em seu interior estranha lacuna. Talvez tenha sido esse o nosso desejo na busca, dentro do corpo cancional de Tatit, da terceira pessoa ou de um terceiro espaço: subjacente à comunicação dialogada, comunicação essa que se faz muito presente em suas canções, vislumbrar a forma monológica, a escrita plural, expressando a pluralidade virtual em si mesma, a alternância de pensamentos diferentes e opostos em si mesmo. Em tantos exemplos, pudemos perceber a ironia romântica, quando notávamos que o discurso do narrador-personagem era perpassado por um outro, que fazia daquele motivos de riso — uma experiência de abertura que não excluía a totalidade, mas a ultrapassava. Daí porque um certo amor ideal não tem no estoque, como nos informa "Amor e rock". A justa medida, presente em canções como "Encontro", às vezes é abandonada em direção a uma abertura que ultrapassa a própria totalidade. O corpo cancional de Tatit, com suas variadas máscaras indicando a toda hora relações que se excetuam da unidade como se excedem ao conjunto, nos informa sobre a instabilidade da entoação e seus fragmentos. Nesse sentido, trata-se mais do intervalo enquanto princípio rítmico da obra e de sua estrutura: o centro do fragmento está no campo que com ele constituirão outros fragmentos.

É notável que, em seu último álbum, muito carregado de metalinguagem, a última canção esteja dividida entre palavras e sonhos: as primeiras, à medida que são lançadas como um lance de dados, efetuando a função de surpreender; e os sonhos com a função de fazer explodir e renascer o "mundo, você e eu", dentro do próprio sujeito, a partir do ato de potencialização. Dizendo de outra maneira, podemos pensar na fragmentação e na síntese, ou em diferença e repetição, muito embora, cabendo aos primeiros a constituição dos segundos.

Em "Relembrando Nazaré", faixa do disco *Sem destino*, lançado em 2010 e também repleto de metalinguagem (é curioso verificarmos que o trabalho de Tatit, em grande medida, se caracteriza por um excessivo uso de metalinguagem e por um paulatino abandono da linguagem dialogal, direta e coloquial), o texto está dividido em quatro partes, conforme consta no site do artista. Na primeira parte, refere-se à grande quantidade de temas tratados por Nazaré em sua música e a característica de suas notas inclinadas; na segunda parte, o ajustamento das notas no compasso através do canto por parte do sujeito; na terceira parte, a transmutação do objeto na relação com o sujeito; e na última parte, a dor como labirinto onde se chora e ri, através do qual ficamos em dia com a letra e a melodia das canções, e de onde podemos sair um dia. Não deixa de ser um painel da música e do pensamento de Tatit: ajuste e labirinto; síntese e terceira pessoa; experiência e entoação.

Sobre as hastes inclinadas, próprias da entoação, cabe aqui a observação de Regina Machado sobre os microtons, que vão dar às canções de Tatit uma falsa impressão de facilidade: são notas precisas, repetidas do mesmo jeito, chegando a fixar intervalos inferiores a um semitom, instaurando assim um novo padrão de afinação. Daí a diferença entre canto falado e texto falado, esse último sempre saindo diferente à medida que é repetido. Nas canções de Tatit, principalmente quando integrava o Grupo Rumo, a realização vocal melódica se aproxima das oscilações das alturas na entoação falada. Se todos os vocalistas do Grupo Rumo estavam integrados a essa forma especial de cantar, cabe a Ná Ozzetti um papel especial, não só por ter delineado sua vocalidade a partir das composições e do trabalho direto com Tatit, mas também por ter acrescentado informações, inventividade e visão sensível a essas obras — uma parceria estética que deu à cantora sua singularidade.

No tocante à performance, vale registrar a expressão desdramatizada de Tatit que não deixa de estar presente em Ná Ozzetti. Uma desdramatização significativa porque as canções já apresentam situações cheias de humor, de complicações, que serão expressas pelo trabalho de linguagem. Eu diria que a performance de ambos, no tocante aos seus corpos, seus gestuais, suas expressões faciais, beira o distanciamento da terceira pessoa. Somos então convidados a testemunhar essa situação muito peculiar: o espaço dos afetos, da relação direta entre narrador-personagem com um outro personagem, da linguagem transitiva, da situação cheia de complicações, obrigando ao ouvinte se fixar ao que é contado, sem nenhuma ajuda extra; e o espaço da neutralidade, da ausência de emoções e, de preferência, com pouco acompanhamento, numa perspectiva minimalista. Enfim, uma performance profundamente integrada à composição: uma série ligada ao sujeito em sua relação com o objeto, incluindo aí tanto a potencialização quanto o acontecimento; e outra série ligada à neutralidade da linguagem, ao lance de dados, à terceira pessoa.

Dramatizar as canções de Tatit, como Zélia Duncan fez em *Tô Tatiando*, não é só estar distante do universo do compositor — no que, aliás, não há mal algum, é um outro olhar sobre a obra. O que me parece mais grave nesse processo de dramatização é a reiteração, tirando do público uma perspectiva ativa, de coautoria, o que, no fundo, é um procedimento muito próprio do canto popular midiatizado.

Mas a metalinguagem estará muito presente não só em todo trabalho de Tatit, mas no disco *Sem Destino* especialmente. Em "Relembrando Nazaré", já analisada, ao se referir ao grande compositor carioca, acaba dando à canção um caráter metalinguístico. E não é apenas reflexão sobre a linguagem de seu trabalho. Também é sobre a própria geração a que esteve ligado Tatit, o que já indica elementos comuns entre seus integrantes. É o caso de "Por que nós?", que além de uma ambiguidade semântica próxima da terceira pessoa, refere-se também à Vanguarda Paulista e à resistência que viriam a sofrer pela indústria cultural:

Davam-nos rótulos,
Todos em vão…
Fomos serenos num mundo veloz,
Nunca entendemos então por que nós
Só mais ou menos.

Em "De favor", a ideia de uma tolerância, mais que aceitação, por parte dessa mesma indústria:

Fui viver de favor
Nesse seu coração,
Me alojei num lugar
Que é talvez um porão.
Não tem luz, não tem cor,
Mas tem o ar do pulmão.

Em "Dia sim, dia não", um caráter dualista a que esteve ligada a Vanguarda Paulista, refletida na sua própria estética:

Dividindo a aflição
Com a razão...
Uma porção
Melancolia
Mas que virou satisfação
Mas que virou melancolia

Em "A volta do sabiá", num diálogo com o "Sabiá" de Chico e Tom, porém menos melancólico e mais coloquial e metalinguístico:

Vem cá, sabiá,
Não dá mais pra adiar.
É a gente que te aconselha
A regressar.
O que te deu na telha
De não voltar?

De qualquer maneira, mais radical do que dobrar-se sobre si mesmo enquanto geração, é a terceira pessoa que se expressa na faixa "Sem destino", que dá nome ao disco:

Tudo que era o meu destino
Na verdade nunca me aconteceu...
Não confio na fortuna jamais.
Puro por acaso e nada mais.

A autonomia da linguagem, perdendo seu caráter representativo, dobra-se sobre si mesma, restando apenas falar de si.

Quatro anos depois surge o improvável *De nada mais a algo além*, como a nos alertar, contra todas as evidências, que havia, sim, algo em comum naquela geração de artistas, batizada pela imprensa como "Vanguarda Paulista". É como se fosse necessário emitir um lance paralelo aos 25 anos da Tropicália. E menos natural do que este, já que havia um histórico na parceria entre Caetano e Gil, não só na articulação do movimento, como na amizade e na feitura de algumas canções em parceria. Entre Tatit e Arrigo não havia esse histórico. *De nada mais a algo além* só poderia ser a afirmação da diferença. E isso salta aos olhos quando atentamos para as nove parcerias inéditas do disco (lembrando que na Tropicália 2, de doze faixas, apenas três canções são assinadas em parceria por Caetano e Gil). Já em *De nada mais a algo além*, de um total de catorze faixas, Tatit e Arrigo assinam em parceria nove faixas. Destas, três terão arranjo de Arrigo: "Babel", "Desamor" e "Dora Avante". Outras três faixas dessa parceria terão arranjos de Carlos Manga (Premê): "Ano Bom", "Luci Leão" e "Dora Avante", essa última num arranjo em parceria com Arrigo. Fábio Tagliaferri, originário do Rumo, fará o arranjo de três outras faixas: "Tempo meu", "Baiar um baião" e "De cor". E Gil Reyer, que trabalhou com Arrigo, ficou com o arranjo de "Frente a frente". Nas faixas que não tiveram a parceria de ambos, ficou a Jonas Tatit (responsável pelos três últimos trabalhos solos de Luiz Tatit) o arranjo de "Doroti" e "Verde Louro", e ao próprio Arrigo as faixas: "Valsa do Largo" e "Dedo de Deus". Sem esquecer o arranjo de Hermelino Neder para "Impassível", sua canção em parceria com Luiz Tatit, o disco tem uma representação muito mais extensa que o *Tropicália 2*. Naturalmente, algumas ausências fazem-se notar e eu destacaria aqui: Paulo Tatit, Ná Ozzetti e Helio Zizkind. Mas a maior de todas é mesmo a de Itamar Assumpção.

Uma presença notável, compondo praticamente um trio com Arrigo e Tatit, é a de Lívia Nestrovski, jovem cantora que vinha recentemente de um trabalho com Arrigo e dona de uma técnica vocal impressionante. Naturalmente, não se trata da mesma escola entoativa da qual faz parte Ná Ozzetti, mas introduz um elemento novo à Vanguarda Paulista.

Outro aspecto marcante nessas nove parcerias de Arrigo e Tatit é o jogo de linguagem, mais presente nesse disco que nos demais. Apesar de Tatit reconhecer a importância dos fonemas numa canção, chamando a atenção para o jogo do significante, não é difícil observar que nas canções de Itamar, até pela visível influência de Paulo Leminski, esse aspecto é muito mais explorado. Ao jogo de linguagem, muito marcante nas parcerias de Arrigo e Tatit, vamos creditar a importância cada vez maior da terceira pessoa.

Se o disco abre com o espírito de Arrigo, não só no arranjo como na letra que Tatit soube muito bem expressar (veja o uso do vocábulo "caralho", improvável num texto de Tatit), na faixa seguinte, "Ano Bom", nos deparamos com outra lógica. Pois o disco vai estar impregnado dessas duas perspectivas — e tê-las presente, em vez de contradizer, afirma o legado da Vanguarda Paulista: o objeto se opondo ao sujeito numa relação ou de sujeição ou de preponderância (o que nos leva a pensar o trabalho de Arrigo voltado mais para o exterior, isto é, para o mundo dos objetos); e uma relação de equilíbrio entre objeto e sujeito, que se dará ou pela justa medida ou pela terceira pessoa. Portanto, se em "Babel" "ser humano deu chabu, foi crescendo errado", a própria narração expõe uma oposição: "ser humano é cerebral, cerebral o caralho!". Já a outra lógica é da intermediação, que se reflete não só no texto como na linha melódica: ampliação de frequência e duração; vogais prolongadas dentro de uma tensividade passional (a reinterpretação de "Pierrô apaixonado" em "Rumo aos antigos", já indica essa tendência em Tatit). Dentro dessa perspectiva, expressa por Tatit, de equilíbrio entre sujeito e objeto, vamos nos defrontar muitas vezes, dentro de uma mesma canção, com relações que se invertem: numa parte da canção, o objeto é maior do que o sujeito; na outra, o sujeito é maior que o objeto, restabelecendo assim o equilíbrio. Na canção "Tempo meu", temos no final da primeira parte:

> Esqueci da dor,
> Dos desejos,
> Do tempo pouco sobrou

No final da segunda parte, inverte-se:

> Revivi a dor
> E os desejos
> E o tempo se desdobrou

Em "Verde Louro", canção de Luiz Tatit sem parceria, as relações da música anterior são invertidas: na primeira parte o sujeito é maior que o objeto, e na segunda o objeto é maior que o sujeito. "Tudo que eu canto ele decora, tem as minhas letras na memória" (primeira parte). Já na segunda parte:

> Perde a cor o seu bico dourado,
> Finge estar à beira de um desmaio,
> Diz que é só um simples papagaio.
> Sei que isso é chantagem mas eu caio,
> Falo o que ele gosta,
> Conto a sua história

A outra relação de equilíbrio se dá na soma entre sujeito e objeto, que será expressa numa relação de "estar", manifestada ou numa intermediação entre o "nada mais e algo além" ("Ano Bom") ou na expressão "baiar o baião", que os estoicos vão chamar de Acontecimento: "chega de ser!, deixa estar!".

O ponto em comum entre Tatit e Arrigo é a relação entre sujeito e objeto; a diferença é que o primeiro busca o equilíbrio dessa relação, enquanto o segundo investe num desequilíbrio em favor do objeto. Não é à toa o *gran finale* em Tatit — inclusive a canção "Essa é pra acabar" investe no fim como um arremate, uma solução, que em Arrigo é difícil de acontecer: *Clara Crocodilo* investe no sem-fim.

Mas em *Palavras e sonhos*, seu último disco solo, lançado em 2016, temos uma grande angular que se afasta com o objetivo de abranger todo o plano: nos seus primeiros discos estamos fechados sobre o narrador-personagem, ainda que possamos detectar sutis e irônicos deslocamentos do autor, colocando em dúvida a narração. Esse processo de deslocamento que dá conta da terceira pessoa, tende a se intensificar no decorrer de sua discografia, até chegar ao ápice no disco *Palavras e sonhos*. Aqui, nos damos conta, em função da grande angular, de três perspectivas do sujeito: em relação próxima com o objeto; numa relação distante com o objeto, sem grande envolvimento do narrador; e sem nenhuma relação com o objeto. A importância da grande angular é que ela integra as diferentes perspectivas, em vez de excluí-las. Logo na primeira faixa, "Mais útil", ainda que o narrador expresse a sua preferência, estarão colocados, lado a lado, o processo de suspirar e de inspirar, via método dedutivo. De qualquer maneira, há a predominância do sujeito que descreve, amparado por uma determinada distância em relação não só ao objeto, como em relação a si mesmo: estamos no campo da terceira pessoa. Essa distância reincide em outras faixas, cujos títulos serão designados pela partícula de adição. Em "Das flores e das dores" a grande angular abrange a relação de proximidade e de oposição entre sujeito e objeto.

Conclusão   Eu não poderia concluir este trabalho, baseado no processo de composição de Luiz Tatit, sem fazer um último deslocamento, até como uma forma provocativa. Afinal, no início deste texto, outros processos estéticos foram observados, como a bossa nova e o Tropicalismo, assim como dentro da própria Vanguarda Paulista não deixamos de estabelecer diferenças entre as suas principais referências, no caso, no caso, Arrigo, Itamar e Tatit (poderíamos ter vasculhado mais esse terreno e nos debruçado em outros nomes também marcantes como Premeditando o Breque, Tetê Espíndola e Hermelino Neder). De qualquer maneira, por ora, dentro do espírito da terceira pessoa, ou seja, de uma abertura que, inclusive, ultrapasse a totalidade, como destacamos no próprio corpo cancional de Tatit, vale trazer um texto que de alguma forma propõe um desdobramento: *A Máquina Abstrata Lo-Fi*, de Marcelo Bergamin Conter, apresentado originalmente no *xv Encontro de Grupos de Pesquisa em Comunicação*, evento do 38º Congresso Brasileiro de Ciências da Comunicação.

Uma história começa no final dos anos 1970: "artistas independentes (aqui não estamos falando apenas de Brasil) vinham gravando canções no conforto de casa, evitando grandes estúdios. Essa prática, geralmente atrelada ao uso de equipamentos sucateados, desafinados, acabou gerando uma paisagem sonora com chiados que viria a ser denominada lo-fi (low fidelity)" (Conter, 2015, p. 1). Com o tempo isso arrebata o regime de signos da música pop, que é uma música popular massiva relacionada com o desenvolvimento dos aparelhos de reprodução e gravação musical, o que envolve as lógicas mercadológicas da indústria fonográfica, os suportes de circulação das canções e os diferentes modos de execução, audição e circulações audiovisuais relacionados a essa estrutura.

O que logo nos chama a atenção é essa história da técnica: a música pop, a sua própria estrutura cancional, atrelada a outra história.

Mas dentro dessa nova história, a da técnica, cabe visualizarmos duas lógicas: a da profundidade, formando ramificações (hi-fi); e a da superfície, formando rizomas (lo-fi). No primeiro caso, podemos vislumbrar, entre a invenção do fonógrafo de Edison e a popularização do disco de vinil estereofônico, um progresso linear na busca pela redução de ruídos e pela ampliação do espectro sonoro; no segundo caso, o progresso da quantidade de dados armazenados em mídias cada vez menores, bem como a quantidade de bits por segundo, remetendo a outra história não tão linear (mídias obsoletas como telefones fixos e móveis soando como rádio de pilha; MP3 que compacta os dados de arquivos de áudio, piorando a qualidade sonora; plataformas onlines como Spotify e YouTube, cujos compressores de áudio reduzem a dinâmica — ou seja, para podermos viver rodeados de música o tempo todo, tivemos que aprender a ouvi-la em ambientes em que a relação sinal-ruído é desfavorável).

Essas duas espécies de pensamento, um de profundidade e o outro expansivo e topográfico, nos obrigam a entender o pensamento semiótico de Tatit sobre a canção como de profundidade — inclusive, a história da canção é a história da profundidade: parte-se do panorama geral da composição e mergulha-se nos detalhes da canção (método interpretativo, hermenêutico). O fato é que as texturas da música popular moderna se achataram: achatamento das distâncias, achatamento do espaço, achatamento do tempo, achatamento da percepção e achatamento das relações. É curioso que Lorenzo Mammi já observa esse processo de achatamento na bossa nova em relação aos longos espaços intervalares praticados por uma canção romântica, em que o cantor, dotado de uma longa tessitura, era capaz de efetuar grandes saltos: a mera mudança de timbre, por parte de João Gilberto, dava a ilusão do salto. Não deixa de ser uma espécie de achatamento. Mas os sintetizadores testemunham um dos efeitos desse achatamento: a ausência de reverberação natural, isto é, do rebatimento de uma onda sonora em um ambiente (pelo fato dos instrumentos serem simulados de forma digital, ou seja, concebidos diretamente no computador, implica que as ondas sonoras geradas não possuem reverberação). Desaparece então a perspectiva visual e sonora de um mundo tridimensional imaginado pela cultura ocidental, pois a reverberação é o que nos situa em um dado ambiente e cada ambiente possui uma atmosfera sonora. O desaparecimento dessa profundidade é uma espécie de elogio à superfície, à sua materialidade.

Desaparecimento da profundidade, profundidade essa que nos faz distinguir se um som está perto ou longe. Consequentemente, redução da dinâmica, com menos elementos sonoros simultâneos, pois quanto menor for a quantidade de arranjos diferentes para os instrumentos, mais alto eles poderão soar. E nada disso tem a ver com excesso ou precariedade de informações nas paisagens sonoras, e sim com mudança na qualidade dessas informações. A essa mudança na paisagem sonora, expressa no hip-hop, no techno, no dance e até no sertanejo, vai corresponder uma mudança no ouvinte: este não é mais aquele que se fecha num quarto, tal como João Gilberto, e se deixa penetrar em profundidade na complexidade dinâmica das sonoridades e das complexas harmonias; o novo ouvinte, como um *flâneur*, vagueia por superfícies sonoras cujo instante decisivo é o instante qualquer — não há ápice de tensão dinâmica porque todos os elementos soam o tempo todo e a todo volume.

A música "Esboço", que aparece pela primeira vez no disco *Rumo ao vivo* em 1992, e reaparece no disco *O meio* em 2000, expressa essa vocação de Tatit para o mundo exterior, ainda que não seja uma relação direta com esse exterior (diferença que vai distinguir Tatit tanto do Tropicalismo quanto de uma nova vanguarda expressa a partir da segunda década dos anos 2000 pelo grupo Passo Torto). Vamos analisar "Alegria, alegria", "Esboço" e "Cidadão", essa último do grupo Passo Torto.

A vocação do *flâneur* é a superfície, mas em cada uma dessas três canções a superfície terá sentidos diferentes. Em "Alegria, alegria", a superfície estará ligada à cidade moderna, à comunicação de massa e à fragmentação; as formas verbais estão no presente e no gerúndio; e o sujeito é quase um objeto, tanto quanto as notícias e os outdoors por entre os quais passa. Sua única resistência será expressa na pergunta: "por que não?". Resistência que diz não ao não.

> Caminhando contra o vento
> Sem lenço, sem documento
> No sol de quase dezembro
> Eu vou
>
> O sol se reparte em crimes
> Espaçonaves, guerrilhas
> Em Cardinales bonitas
> Eu vou
>
> Em caras de presidente
> Em grandes beijos de amor
> Em dentes, pernas, bandeiras
> Bomba e Brigitte Bardot
>
> O sol nas bancas de revista
> Me enche de alegria e preguiça
> Quem lê tanta notícia?
> Eu vou
>
> Por entre fotos e nomes
> Os olhos cheios de cores
> O peito cheio de amores vãos
> Eu vou
> Por que não? Por que não?
>
> Ela pensa em casamento
> E eu nunca mais fui à escola
> Sem lenço, sem documento
> Eu vou

Eu tomo uma Coca-Cola
Ela pensa em casamento
Uma canção me consola
Eu vou

Por entre fotos e nomes
Sem livros e sem fuzil
Sem fome, sem telefone
No coração do Brasil

Ela nem sabe, até pensei
Em cantar na televisão
O sol é tão bonito
Eu vou

Sem lenço, sem documento
Nada no bolso ou nas mãos
Eu quero seguir vivendo, amor
Eu vou
Por que não? Por que não?

Já em "Esboço", a superfície tem nome, localização geográfica, abrangendo vários bairros da cidade de São Paulo, inclusive sua região central. E o passageiro tem algumas marcas muito próprias, ao contrário do passageiro de "Alegria, alegria", cujo sujeito é distinguido principalmente pelo negativo: sem lenço, sem documento; preguiça; amores vãos; nunca mais fui à escola; uma canção me consola; nada no bolso ou nas mãos. Contraposto ao sujeito esvaziado de "Alegria, alegria", esvaziamento que não o impede de estar alegre e querer seguir vivendo, temos um outro sujeito que tem cara de palhaço, pinta a cara, se emociona, não faz nenhuma parada (parece ligado numa tomada), cumprimenta os outros, canta em pot-pourri, conhece muita gente, tem residência fixa e um amor. Nenhum traço de preguiça. Há um acúmulo de características que o enche de humanidade, ainda que com um alto grau de indeterminação. Sempre atento ao que está em torno, interagindo com o exterior, e, ainda assim, sem que consigamos saber exatamente quem é.

Cara de palhaço
Pinta de boneco
Pula o tempo todo
Não dá nem uma parada

Parece até ligado
Na tomada
Todo emocionado
Com a própria brincadeira
Qualquer coisinha
Cai na choradeira

Uns dizem que é homem
Outros que é mulher
Dizem que é velho
Por isso pinta a cara
Pinta porque é moço
Pinta porque é velho
Pinta porque é macho
Pinta por capricho
Não é por nada disso
Não é homem, não é mulher
Ele é um bicho

E ele passeia, passeia
Passeia como se fosse um turista
E cumprimenta todo mundo
Que frequenta a Bela Vista
E mesmo que ele esteja sem dinheiro
Dá uma passadinha nos botecos de Pinheiro
Chega com uma cara que dá pena
Mas é gente muito boa
lá da Vila Madalena
Sempre sobra um copo de cerveja
Fica tão contente
Mas não quer que ninguém veja
Então procura o centro da cidade
Na Liberdade
Lá ele aparece algumas vezes
Lá os seus amigos são chineses
Canta umas canções em pot-pourri
E o pessoal morre de rir
E no fim da noite
Dá um último giro
No Bom Retiro

Meio delirante

Meio inconsequente
Muito colorido
Um destaque na paisagem
É toda uma figura
Um personagem
Não adianta perder tempo
Desprezando a sua imagem
Pois nunca ele ligou
Pra essas bobagens

Corpo de moleque
Corpo de borracha
Todo amolecido
Dobra tudo
Nada racha
Dizem que é um esboço
Que é alguém de carne e osso
Dizem que é um colosso
Por dentro e por fora
É gente como a gente
A gente sente
Pois se aperta ele chora

E ele vagueia, vagueia
Vagueia como se fosse um cachorro
Avança, volta um pouco
Chegando até Socorro
Lá ele não conhece muita gente
Então pega a marginal, o Jóquei Clube
E segue em frente
Gosta de entrar um pouco na USP
Gosta de sentir que é estudante
Mesmo que não estude ele embroma
Com tanta perfeição
Que sempre sai com um diploma
E vem pra casa então todo feliz
Em Vila Beatriz
Tem os seus horários de paquera
Tem o seu lugar no Ibirapuera
Tem o seu amor em Santo Amaro
Que ele encontra pelo faro

E tem um gosto todo muito próprio
E muito raro
Balança a cabeça
Mexe o coração
Passa pela Penha
Pela Lapa, pelo Brás
E já não sabe mais
Bem o que faz
Todo envergonhado
Quando encontra uma criança
Perde o rebolado
Sempre dança

Tido como louco
Fala muito pouco
Pula, gesticula
Flexível, inquebrável
Vai ver que ele é amável
Vai ver, é provável
Vai ver que ele é uma fera
Vai ver que ele devora
Vai ver que cê chegando
Bem pertinho, dando um sopro
Ele evapora

Já em "Cidadão", de Cabral e Dinucci, temos um sujeito, nem tão geral nem tão indeterminado: cidadão com seus direitos; esquizofrênico; às vezes feliz, outras infeliz; ouvindo vozes na cabeça; vendo imagens delirantes; e morando na periferia. Se em "Alegria, alegria" temos um narrador-personagem, em "Esboço" o narrador mantém-se a uma certa distância, deixando de esclarecer alguns pontos sobre o personagem. Mas em "Cidadão" vai se quebrar essa uniformidade narrativa: ora temos um narrador na terceira pessoa; ora temos a fala do próprio personagem. Essas mudanças de plano narrativo que a música do Passo Torto indica sugerem uma fragmentação, ainda que diferente da fragmentação proposta em "Alegria, alegria": em Caetano, a fragmentação do léxico não chega a atingir o sujeito, que, mesmo regido pelo negativo, mantém uma integridade que o faz passar são e salvo entre um mundo de fragmentos, chegando, inclusive, a desafiar com a sua pergunta; já em "Cidadão" temos um sujeito fragmentado, esquizofrênico, visto pelo ouvinte através de diferentes ângulos, mas, ainda assim, reafirmando sua particularidade: "um cidadão nunca vai ser igual".

> Cidadão, esquizofrênico, rondando na periferia,
> Às vezes lúcido, infeliz, conforme a luz, conforme o dia,
> Ouvindo vozes na cabeça, ouvindo Dylan,
> Vendo rock and roll passar.
> Cidadão, esquizofrênico, parado em frente ao boteco
> De galocha, na avenida principal, pedindo um teco,
> Ouvindo um samba na cachola, ouvindo um rap,
> Vendo Bruce Lee voar.
> Meu bairro nunca foi igual ao bairro de nenhuma estória
> E tem seu próprio carnaval, um cidadão nunca vai ser igual.
> Cidadão, esquizofrênico, correndo no Jardim Valquíria
> Ansioso, a noite toda, procurando a luz do dia,
> Estudando um passo torto, um samba, um rap,
> Um rock pra se orientar.
> Cidadão, esquizofrênico, morando na periferia,
> Às vezes lúcido, feliz, conforme a luz, conforme o dia,
> Ouvindo um rock na cabeça, ouvindo um chip,
> Vendo James Dean dançar.
> Meu bairro nunca foi igual ao bairro de nenhuma estória
> E tem seu próprio carnaval, um cidadão nunca vai ser igual.

Pois as superfícies terão nessas canções as mesmas peculiaridades de seus passageiros: moderna; indeterminada (contendo vários pontos nomeáveis); e particular.

O quarto e último *flâneur*, no entanto, ao contrário dos anteriores, não está mais ligado à estrutura da canção e vagueia por superfícies sonoras cujo instante decisivo é o instante qualquer: não há ápice de tensão dinâmica porque todos os elementos soam o tempo todo e a todo volume. Nesse aspecto, estamos dentro dos gêneros que surgiram na WEB, como o vaporwave, e que fazem parte da cultura do remix. É uma espécie de ironia muito própria e que se diferencia, por exemplo, das formas como Caetano e Tatit vão se relacionar com o passado. No caso do vaporwave, por exemplo, a memória da música é revisitada e sobreposta em camadas, sem avaliação crítica séria (mais como zoeira do que reflexão): "os andamentos dos samplers sobrepostos, desandam entre si, quebrando não só o ritmo mas também a perspectiva histórica, pois, na lógica do vaporwave, eles não são sobrepostos para criar um terceiro sentido, como acontece em filmes de Eisenstein, e sim para criar o não sentido, similar ao dadaísmo" (Conter, 2015, p. 6).

Essa última forma de concepção musical, da qual o vaporwave e o cyberpunk fazem parte, é consequência do Lo-Fi (baixa definição), aqui entendido, tal como um registro fonográfico, por um fenômeno que se integra ao evento sonoro (não é nem o ruído, que permanece exterior à canção e pode ser integrado a ela ou não; nem é uma estrutura cancional, que possa ser organizada, medida e contendo uma duração). Em outras palavras, o Lo-Fi só se atualiza de forma relacional, não sendo uma manifestação em si, mas através de outra coisa.

Dessa forma, é um agente que precede ao conteúdo e à expressão, assim como é capaz de proceder ao arranjo da forma e da substância da música pop. E isso é próprio da máquina abstrata, conforme definição de Deleuze e Guattari, capaz de desencadear movimentos de desterritorialização e de efetuar agenciamentos que atualizem intensidades do plano de consistência nos estratos: no primeiro caso, correspondendo à máquina social técnica, são agenciamentos maquínicos do desejo, mistura de corpos reagindo uns sobre os outros — ou de maneira direta e física (é o caso do movimento punk, no final dos anos 1970, dentro de um embate entre a corporalidade dos aparelhos e a corporalidade humana — o chiado das fitas excessivamente reutilizadas, os microfones desprotegidos, as distorções), ou interferindo diretamente nos programas, após a década de 1990, como acontece no vaporwave; em relação aos agenciamentos que atualizam intensidades, próprios da máquina coletiva semiótica, são agenciamentos coletivos de enunciação que dizem respeito a transformações incorpóreas ou aos novos regimes de signos — no caso da música pop, o regime de signos deixou de ser de alta fidelidade (a máquina coletiva semiótica assimila e sedimenta os novos signos, conferindo-lhes poder simbólico — próprio das reterritorializações).

A importância do gênero vaporwave, com seu dadaísmo digital, advém de um esforço em quebrar a cadeia lógica do programa, ou seja, a máquina social técnica produzindo diferença na máquina coletiva semiótica — uma forma corajosa de enfrentar os programas, os quais simulam um tipo de pensamento. A máquina abstrata Lo-Fi, nesse sentido, reafirmaria sua vocação de condição minoritária, assim como a literatura de Kafka também o é em relação à grande literatura alemã:

não quer substituir a estrutura da música pop, mas produzir tensão a esse núcleo, tornando-se agente de desestabilização ou de desterritorialização do regime de signos dessa música.

Retornando à estrutura da canção, que foi a inspiração deste trabalho, vejamos as formas como Caetano e Tatit revisitam o passado, nas canções "Coração materno" e "Pierrô apaixonado", respectivamente.

Como bem nos informa Felipe Fortuna em "Corações maternos (sobre uma canção de Vicente Celestino", texto que integra o volume *Esta Poesia e mais outra*, por trás do clássico de 1937, do cantor e compositor Vicente Celestino, há uma longa história de pequenas rasuras. Se é uma lenda bretã, conforme o próprio cantor, ciente de sua apropriação, nos informa em entrevista, o fato é que Fortuna registra o ano de 1881 como o da possível origem da canção, dentro do romance *La Glu* de Jean Richepin; ou seja, uma canção dentro de um romance.

> *Y avait un' fois un pauv' gas,*
> *Et lon lan laire,*
> *Et lon lan la,*
> *Y avait un' foi un pauv' gas*
> *Qu'aimait cell' qui n'l'aimait pas.*
>
> *Ell' lui dit: apport' moi d'main,*
> *Et lon lan laire,*
> *E lon lan la,*
> *Ell' lui dit: apport' moi d'main*
> *L'cœur de ta mèr' pour mon chien.*
>
> *Va chez sa mère et la tue,*
> *Et lon lan laire,*
> *E lon lan la,*
> *Va chez sa mère et la tue,*
> *Lui prit l'cœur et s'en courut.*
>
> *Comme il courait, il tomba,*
> *Et lon lan laire,*
> *E lon lan la,*
> *Comme il courait, il tomba,*
> *Et par terre l'cœur roula.*
>
> *Et pendant que l'cœur roulait,*
> *Et lon lan laire,*
> *E lon lan la,*

Et pendant que l'cœur roulait,
Entendit l'cœur qui parlait.

Et l'cœur disait en pleurant,
Et lon lan laire,
E lon lan la,
Et l'cœur disait en pleurant:
T'es-tu fait mal, mon enfant?

Podemos visualizar um quadro de pequenas rasuras, ao longo de sua tradição, em cima do tema do matricídio. Porque se na canção, acima descrita, conforme consta no romance, a amante, de fato, é má e quer oferecer a seu cão o coração da mãe de seu enamorado, talvez por uma lei de compensação, a cena do matricídio nos é poupada. Já na história do romance, o processo é invertido: uma parisiense, que se separa do marido, vai ao interior do país tentando atrair as atenções de um rico aristocrata, e acaba despertando a paixão de um pescador; este, ao saber da má reputação da parisiense, tenta o suicídio e fracassa; enfermo numa cama, recebe a visita dela, comovida pelas suas demonstrações de afeto; mas é recebida a golpes de machado por parte da mãe do rapaz, vindo a morrer — ou seja, o tema do romance não é um matricídio, ainda que o assassinato nos seja descrito.

Pois a canção de Vicente Celestino não nos omite o assassinato da mãe por parte de seu filho, repetindo o matricídio da antiga canção, agora descrito detalhadamente. Porém, tirando a responsabilidade da amante: um gracejo que se desenrola em tragédia pela ignorância do campônio, que interpreta ao pé da letra as palavras de sua amante.

Disse o campônio a sua amada
Minha idolatrada, diga o que queres.
Por ti vou matar, vou roubar,
Embora tristezas me causes mulher.
Provar quero eu que te quero
Venero teus olhos, teu porte, teu ser.
Mas diga tua ordem, espero.
Por ti não importa matar ou morrer.
E ela disse ao campônio *a brincar*:
Se é verdade tua louca paixão,
Partes já e pra mim vá buscar
De tua mãe, inteiro, o coração.
E a correr o campônio partiu

Como um raio, na estrada sumiu
E sua amada qual louca ficou
A chorar, na estrada tombou.
Chega à choupana o campônio,
Encontra a mãezinha ajoelhada a rezar.
Rasga-lhe o peito o demônio,
Tombando a velhinha aos pés do altar.
Tira, do peito sangrando, da velha mãezinha,
O pobre coração e volta a correr proclamando
Vitória, vitória tem minha paixão.
Mas, em meio à estrada, caiu
E, na queda, uma perna partiu.
E, à distância, saltou-lhe da mão,
Sobre a terra o pobre coração.
Nesse instante uma voz ecoou:
Magoou-se, pobre filho meu?
Vem buscar-me, filho, aqui estou.
Vem buscar-me que ainda sou teu!

Vale destacar que na canção que consta do romance não se trata de um campônio, mas de um homem pobre — outra rasura que vale a pena ser considerada.

A partir do romance, instaura-se uma longa tradição: em 1883 o romance é transformado em drama lírico; em 1910, transforma-se em ópera; e em 1938, em filme, dirigido por Henri Frescourt. Todas essas ocasiões foram formas de divulgação da canção, que viria a ser musicada por Charles Gounod. Ao final do século XIX, a canção já era um sucesso nos cafés, imortalizada por grandes cantoras como Blanche Marchesi e Yvette Guilbert. Esta última, comentando em livro os refrões da canção "Et lon lan laire, Et lon lan la", diz: "o refrão dá todo sentido ao que não está escrito e aumenta toda a força do pensamento trágico" (Fortuna, 2010, p. 204). Sobre a última seção da canção, quando o coração da mãe faz a pergunta aflita ao filho que o arrancou, a cantora diz: "o refrão, nesse momento, deve indicar a voz da mãe. Ela é sobrenatural, plangente, chorosa, quase imperceptível, como se chegasse do além do mundo real" (Fortuna, 2010, p. 205).

A voz tenor de Vicente Celestino investe na solenidade. A perspectiva passa a ser a do campônio que cometeu o crime baseado numa má interpretação. Tragédia e culpa que aflora diante do coração falante da mãe, diante da superioridade do amor da mãe. Crime que talvez possa ser compensado pela emissão de uma voz trágica, que confessa o erro levado pela paixão, enganado pelo que era apenas aparência, puro gracejo.

Pois a reinterpretação de Caetano, em 1968, retira o brilho de uma grande voz que chegou a ser uma constante na história da canção brasileira nas décadas de 1940 e 1950. A voz sem microfone, quando este já se fazia presente, o que, por si só, já demonstra quão anacrônica era. Com a chegada da bossa nova essa história começa a mudar, como informa Luiz Tatit: "é a retomada do contato íntimo entre o artista e os meios de gravação e difusão... num reajuste entre função artística e função técnica (*tekhné* grega)... Quando estas funções se distanciam e perdem a sintonia, ocorre o fenômeno da estereotipação ou pasteurização" (Tatit, 2014, p. 188). Mas o foco da canção, com a interpretação sóbria de Caetano, se desloca para o acontecimento, sem os arroubos da emoção: "uma canção execrável", conforme o intérprete nos explicita em *Verdade tropical*, cujo arranjo de Rogério Duprat acabou transformando-a em "uma das maiores vitórias do Tropicalismo" (Veloso, 2008, p. 288). É porque está em jogo aí o procedimento cafona, que vem a ser o modus operandi tropicalista: o riso cínico e amargo de quem desmonta a ideologia oficial através de um processo de carnavalização. É o que nos sugere Celso Favaretto em sua *Tropicália, alegoria, alegria*. O processo de carnavalização, ambivalente por natureza, opera de forma excêntrica: contaminação de realidades diferentes (moderno e arcaico); depois, transformação delas em condição de coisa acabada, pronta para ser devorada. Não é um modelo de mudança, de substituição de um estado por outro. Estamos falando de um modelo de carnavalização, visando estraçalhar uma imagem totalizante. Em "Coração materno", temos o antigo rural, tanto no texto quanto na melodia dramática, e temos a interpretação *cool*, distanciada, própria de uma sensibilidade urbano-industrial. A manutenção do antigo rural não tem função contemplativa — é exagero tático (operação de deslocamento excêntrico, desapropriando todos os centros e neutralizando-os; ao mesmo tempo,confirmando-os em sua condição de coisa acabada, pronta para ser devorada). Com isso, acaba se ressaltando o grotesco de um tipo de música tida como expressão do sentimento rural, quando não passa de uma convenção (na contramão do processo de naturalização impetrado pela ideologia de direita). A polêmica secreta da paródia, na linha do que escreveu Bakhtin, vem muito ao encontro da reinterpretação de Caetano: uma forma de devorar a linguagem que estabelece a tragédia brasileira como fato irreversível. Mas esse ato libertário não minimiza as contradições, antes aguça o despropositado, numa representação grotesca da dominação. No caso de "Coração materno", dentro do movimento de abertura e fechamento (operação excêntrica) próprio da ambivalência da carnavalização, servirá essa abertura para pôr em questão alguns elementos, dentro das utopias de esquerda, de defesa dos valores tradicionais e arcaicos.

Quando sai o disco *Rumo aos antigos*, temos ali, entre várias canções de Noel Rosa e Lamartine Babo, a música "Pierrô apaixonado", composição de Noel e Heitor dos Prazeres. Originariamente, a canção foi lançada para o carnaval de 1936.

Um pierrô apaixonado
Que vivia só cantando,
Por causa de uma colombina
Acabou chorando, acabou chorando.

A colombina entrou num botequim,
Bebeu, bebeu, saiu assim, assim,

Dizendo: pierrô cacete,
Vai tomar sorvete com o arlequim.

Um grande amor tem sempre um triste fim,
Com o pierrô aconteceu assim,
Levando esse grande chute,
Foi tomar vermute com amendoim.

Ao ouvirmos a versão original, interpretada pela dupla Joel e Gaúcho, constatamos o modelo da tematização, próprio das marchinhas de carnaval. Quanto ao longo substrato da canção, sua origem remota repousa na *commedia dell'arte*, conforme exposto por Tatjane Garcia de Meira Albach em sua dissertação de mestrado *Em Busca do Rumo da Canção Brasileira: a prática e a teoria de Luiz Tatit, de 1974 a 2005*. Mas o que nos interessa é ver essa relação de Tatit com o passado e ver como ele o apropria (sua reinterpretação desse clássico carnavalesco talvez possa nos dar boas pistas).

A primeira observação é que Tatit começa do final: há uma liberdade na manipulação do material que contrasta com a reinterpretação de Caetano (apesar de a reinterpretação tropicalista conter profundas mudanças no que tange à maneira de cantar, a canção original é respeitada). Na reinterpretação de Tatit se começa pela última estrofe da canção (lembrando que as duas estrofes são ditas de autoria de Noel, e o refrão de Heitor dos Prazeres). A sequência de acordes que acompanham a primeira estrofe na reinterpretação de Tatit, que representa a última na versão original, também é digna de nota. Porque atua no sentido de passionalizar a canção junto com a voz do intérprete (na interpretação de Tatit não é apenas o prolongamento das vogais que dá o tom passional; há que se observar também o material de sua voz, como nos informa Regina Machado analisando a canção "Minha cabeça", e que vai se repetir em todas as suas interpretações — tessitura vocal média aguda; timbre claro; emissão frontal, que pode conferir uma metalização ao timbre, com tensionamento relativo das pregas vocais, resultando num certo tremor de voz e denotando cansaço e fragilidade). Tanto o timbre da voz quanto o tipo de emissão, dando corpo físico ao enunciador, podem ser relacionados à debreagem enunciativa, isto é, a proximidade entre enunciador e enunciado, o que nos leva a pensar que a reinterpretação de Tatit, no tocante ao material vocal, está longe de uma neutralidade. Tudo isso, enfim, acaba por instaurar uma melancolia num material que, originariamente, não tem nada de melancólico (além de ser uma marchinha de carnaval, a própria letra ratifica essa perspectiva: "Levando esse grande chute, foi tomar vermute com amendoim").

O fato é que, se pensarmos na longa tradição do Pierrô, assim como fizemos em "Coração materno", vamos constatar que na canção de Noel já existe uma rasura: o final desconcertante da canção, em harmonia com o clima carnavalesco, instaura uma mudança em relação a sua longa tradição. Não podemos esquecer que o Pierrô, uma variação francesa do Pedrolino italiano, é um palhaço triste. E ao contrário do teatro chinês ou japonês, cujas máscaras exprimem sentimentos e individualidades, na *commedia dell'arte* as máscaras não têm expressão facial: representam tipos, caracteres invariáveis. O Pierrô é um tipo fixo (o palhaço que nunca ri); de certa forma, não coaduna com o Pierrô de Noel. Daí porque na reinterpretação de Tatit, o Pierrô sofre mais um desvio, dessa vez restaurando o seu sentido original. É curioso verificarmos, via Tatjane Garcia, que a *commedia dell'arte* cumpre um papel que tem alguma analogia com Tatit: revivifica, mais que destrói, gêneros nobres, porém, esclerosados, revigorando assim formas antigas.

É curioso, pensando nessa revivificação, a relação entre a *commedia dell'arte* e o carnaval. Bakhtin, em seu clássico *A cultura popular na Idade Média e no Renascimento: o contexto de François Rabelais* nos informa que o texto da *commedia dell'arte* priorizava imagens grotescas imbuídas de concepções carnavalescas — atores utilizavam amplamente linguagem não oficial, expressões verbais proibidas e eliminadas da comunicação dos nobres. O problema é que, conforme a sátira menipeia, a paródia de base carnavalesca na cultura popular medieval e renascentista, via Rabelais, estava estruturada no corpo: em vez da consciência, a intimidade exteriorizada, tornando o indivíduo ator e espectador, sujeito e objeto, daí a ambivalência do feito carnavalesco enquanto destruidor e regenerador. A paródia moderna, porém, reativada por toda literatura moderna, se torna um processo negativo, privado de ambivalência regeneradora. E isso porque desaparece o contato corpo a corpo, subindo a festa ao palco e convertendo-se o povo em espectador. A saída, conforme nos indica Favaretto, pensando no Tropicalismo, estava em fazer do carnaval linguagem, o introduzindo na construção das canções. Mas com isso perdia-se a ambivalência, o contato corpo a corpo, que fazia do ritual um processo destruidor e regenerador. Daí porque, segundo Favaretto, o Tropicalismo corrói sem propiciar a regeneração, gerando o riso e o vazio, preenchido pelo desejo e pela violência.

A questão que se coloca é se, no corpo cancional de Tatit, a carnavalização como linguagem gera outra espécie de riso e propicia a regeneração.

O objetivo de Tatit não é destruir o modelo, mas trazê-lo aos dias atuais, vivificá-lo: a voz que fala. Para isso, introduz nele algumas mudanças a fim de preservá-lo. Não se trata do grotesco. O riso é desencadeado não pelo vazio ou pelo efeito cafona, mas pela situação: tem mais a ver com Chaplin do que com Brecht; mais imaginação que razão. Menos cético que Machado de Assis, Dom Casmurro sofre o mesmo problema do eu lírico de Tatit: ambos são cegos para uma verdade visível; a diferença é que em Tatit, reatualizando o palhaço que não ri, há um otimismo ingênuo, enquanto Bentinho sofre do mal contrário. Mas isso se expõe na construção narrativa. Porque há um fato originário que liga a persona cancional de Tatit à melancolia: é a perda do objeto. Essa perda originária é respondida: com desesperança por parte da performance (a voz de Tatit aqui já analisada); com esperança, na construção da canção, propiciando um humor lírico (lirismo que tem a ver com a intervenção do sujeito na realidade); e com ironia pelo deslocamento, pela distância, seja entre o sujeito e o objeto, seja entre o eu e o si mesmo — talvez o ponto mais privilegiado deste estudo.

Volto então para onde comecei. Eram os idos dos anos 1980. No rádio está tocando "Ladeira de memória". Posso relembrar o movimento que fiz me debruçando sobre o rádio, tentando entender o que a canção dizia. E era um ambiente de trabalho, uma repartição. Eu não podia imaginar que trinta e quatro anos depois estaria a relembrar um gesto tão banal.

A odisseia de Fausto Fawcett

> Desligo a televisão nesse clima auditório
> barroco pensando num paradoxo de
> Abelardo, o Chacrinha: não vim aqui pra
> explicar e sim pra confundir. Só que quem
> não se comunica se trumbica.
>
> FAUSTO FAWCETT

1   No campo da música popular, vamos nos defrontar com duas matrizes: uma, de cunho narrativo; e outra, de natureza poético-lírica. Poderíamos pensar, de forma mais abrangente, a cultura perpassada por essas duas formas de expressão: enquanto o texto narrativo pagaria seu tributo ao realismo, incluindo aí a literatura fantástica e a ficção científica, o texto poético, por ser autorreferencial, teria uma relação diferenciada com os três atributos associados à noção de corpo: o tempo, o espaço e o sujeito (fundamentos da experiência do corpo no mundo empírico). Haveria um paralelismo entre o texto narrativo e a experiência sensível, esta última entendida como a experiência individual num contexto espacial e temporal — o que nos faz imediatamente pensar na abertura do texto narrativo a referências extratextuais. Nesse sentido, enquanto o tempo é uma dimensão paralela ou suplementar ao texto narrativo, e, portanto, é representado ou projetado no espaço, já no texto poético-lírico o tempo é presentificado, tem a ver com o instante e a duração é da própria linguagem.

Essa perspectiva que Luis Alberto Brandão Santos retira de Luís Costa Lima vai lhe servir para diferenciar, numa mesma circunscrição, a narrativa de cunho realista e a narrativa ficcional: a primeira, ligada ao reconhecimento — as narrativas documentais propriamente ditas; e a segunda, ligada ao estranhamento, operando por meio do fascínio em relação aos deslimites — elaboração de conjecturas de corpo e experimentação de regimes de temporalidade, espacialidade e identidade. No que tange à linguagem, Luis Alberto Brandão coloca, inclusive, a suspeita de que a experiência dela, por si só, não seja capaz de superar o conceito de corpo (a manifestação sensorial dos signos verbais, como se dá na poesia, expandiria a noção de corpo, mas não equacionaria os problemas a ela vinculados, tal como a dicotomia entre inteligível e sensível): "a pura voz é ainda tratada como corpo. O espaço da linguagem, desejadamente autônomo, é projeção do espaço como categoria vinculada à percepção corporal. Não há, pois, como transpor, no texto, tal limite. Só é possível indicá-lo" (Brandão, 2013, p. 257).

Ou indica-se a dissipação da noção de corpo em *Acenos e afagos*, de João Gilberto Noll, é sugerido um movimento de se projetar, no final do texto, para um além desse fim — um difuso além do próprio romance ou pensa-se o corpo, como base da percepção espacial, segundo suas transmutações — em vez dos estados elementares do corpo, seus estados de transição em que os princípios definidores de ambos os polos (por exemplo: o masculino e o feminino), ao serem superpostos, se veem suspensos e violados. Aqui, trata-se de novos regimes de temporalidade, espacialidade e identidade. Pensar o limite, próprio do texto de ficção, seria, portanto, indicar um difuso além ou pensar o corpo em processo de transição.

Além disso, ao contrário do lírico-poético, o texto ficcional não participaria da dicotomia inteligível/ sensível, espaço/ tempo, descontinuidade/ continuidade, prosa/ poesia. Seu caráter paradoxal é que na linearidade da voz una, ou aparentemente una, o corpo representado está em dissolução; ou na linearidade narrativa, somos expostos a suspensões, hiatos e superposições. É sob essa perspectiva que vamos ler a obra de Fausto Fawcett, seja no contexto da música popular, seja no contexto da literatura: tensionando a noção de corpo, sem cair na armadilha da dicotomia inteligível/ sensível...

II Em 1988, vem a lume *Fausto Fawcett e os Robôs Efêmeros*. Antes disso, Fausto, junto a seu fiel parceiro Laufer, dava continuidade às suas performances que, no início, tinham como cenário o campus da puc, onde fazia Comunicação, no coração da Gávea. Teria sido na inauguração da casa noturna Mistura Fina, folclórico bar no bairro da Lagoa, que Cacá Diegues e o deus André Midani viriam testemunhar o fenômeno Fausto Fawcett na canção "Juliette", um samba cheio de swing que, no disco, é cantado por ele junto a sua intérprete oficial, Fernanda Abreu. Importante contextualizar: estamos em plena efervescência do brock, o rock brasileiro dos anos 1980, fenômeno mercadológico que mobilizou efetivamente grande parte da juventude, cansada da nossa MPB setentista. Tempos de abertura no campo político e liberação do corpo, inclusive para pular e cantar. São plateias sem cadeiras.

No disco *As aventuras da Blitz*, de 1982, marco inicial do BROCK, logo na primeira faixa, "Blitz Cabeluda", a gente ouve: "Aumenta o som!!" É uma nova lógica, um novo cenário na música popular, o Circo que o diga. Mas talvez possamos estabelecer uma diferença entre esse marco inaugural e o que veio a reboque, estabelecendo-se como grande fenômeno de massa. Voltando à primeira música que abre o disco da Blitz, poderíamos dizer que não há canção: há sim, uma sui generis apresentação, cujo interlocutor é o ouvinte, a quem Evandro Mesquita se dirige junto com suas vocalistas. E ele informa que se trata de um disco de uma nova banda. Nada mais autorreferencial. Nenhuma história de amor a ser contada na primeira faixa de um disco que abre um novo ciclo. Nada mais direto. Sob essa perspectiva, o que veio após esse disco, referente às bandas que surgem a seguir no cenário, fica no chinelo. Certamente, as influências do grupo Asdrúbal não podem ser negligenciadas, assim como uma forma narrativa meio falada, pouco lírica, que vai ser devidamente recalcada pelo que vier em seguida.

Mas essa forma narrativa não será inédita na música popular. Sem esquecermos o samba de breque e o cordel, e sem sairmos da década de 1980, dois anos antes de *As aventuras da Blitz*, o álbum *Clara Crocodilo* desponta como um monstro, até hoje insuficientemente digerido. Se pensarmos que na música que abre o disco nem o nome que dá título à canção — "Acapulco Drive in" — é poupado de fragmentação ("Acapulco" é dito por um narrador e "Drive in" por um coral feminino num tom agudo), podemos então compreender a ausência de um discurso linear. Todo o disco vai ser perpassado de cortes, rupturas, e a primeira faixa anuncia claramente o que vamos encontrar pela frente: o coral não confirma passivamente o narrador; mesmo no interior de cada um deles, narrador e coral, existe divisão, diferenças (grave e agudo); e a própria estrutura da canção será dividida em quatro blocos diferentes.

Sob esse aspecto, ainda que, tanto na Blitz quanto em Arrigo, possa ser relevante a forma narrativa, fugindo à predominância lírica da nossa canção, vamos nos deparar com modelos completamente diferentes, para não dizermos contrários. Num, predomina a festa e a estrutura linear, que será mantida por toda a década; no outro, a fragmentação e o conflito, seja na estrutura musical, seja no próprio texto.

A importância de *Fausto Fawcett e os Robôs Efêmeros*, dentro dessa tradição narrativa, é que, fugindo à dicotomia que os discos anteriores representam entre si, a linearidade e a fragmentação serão concomitantes.

III   Foi no ano de 1988, pelo selo da WEA, que Fausto Fawcett fez sua estreia no mercado fonográfico, naturalmente sob a produção de Liminha — alguns nomes dessa época, e até a transcendendo, requerem especial atenção; e Liminha junto com Nelson Motta e André Midani certamente estarão entre esses nomes. Os Robôs Efêmeros, que acompanham Fausto, são: Marcelo Lobato, baterista que viria depois a fazer parte do Rappa; Laufer, guitarrista e compositor; Pedro Leão, guitarrista; Marcos Lobato, baixista; Nelson Meirelles e Sérgio Mekler, nos vocais da faixa "Kátia Flávia" — o primeiro se tornaria baixista do Rappa e o segundo, integrante do coletivo de música e artes plásticas "Chelpa Ferro". Falando em Chelpa, Barrão e Luiz Zerbini estarão também presentes no disco fazendo cover. Fernanda Abreu divide com Fausto a interpretação da última faixa do disco ("Juliette") e seu marido, Luiz Stein, é responsável pela capa, assim como Maurício Valladares pela foto. Não há como negar, trazendo a ficha técnica à tona, que não é um disco voador que pousa na cena dos anos 1980, muito pelo contrário. É um disco que vem desse meio, que está inserido nesse contexto. E o som, seja na mixagem, seja na masterização, é claramente um produto da época.

No entanto, alguma coisa não se ajusta.

Vejamos a recepção do disco na revista *Roll*, publicação da época: "Kátia Flávia é um grande sucesso nas rádios cariocas. Acompanhado por uma batida monótona, que qualquer tecladista poderia ter concebido sem nenhuma ajuda humana, Fawcett declama um interminável e bem-humorado rap onde a música compreensível é a repetição da palavra 'calcinha'. Lingeries à parte, a única explicação possível para o sucesso da canção reside no fato de que ninguém entende o que canta Fausto, já que a qualidade está ausente desse subproduto pop... Fausto e seus robôs não merecem uma análise musical pois não fazem música. Transformados em grupo musical na onda do 'tudo é rock', conseguiram gravar seu elepê. Talvez seja a solução para o mercado fonográfico: eliminar os grupos musicais. O próximo a gravar poderia ser um time de futebol ou uma companhia de dança".

IV O curioso nessa resenha é que seu autor enxerga no disco uma ameaça ao cenário das bandas estabelecidas, além do fato de que "ninguém entende o que canta Fausto".

V Ainda que seja um produto da época, constituído por pessoas que fazem parte da cena (sob essa perspectiva, tanto *Clara Crocodilo* quanto *As aventuras da Blitz* seriam mais estrangeiros), ainda assim, *Fausto Fawcett e os Robôs Efêmeros* indicam uma nova direção à música popular, que, em certa medida, estará presente na década de 1990, via hip-hop e sob o signo das misturas. Não estará totalmente sem razão o resenhista da época. Um ano após *Cabeça Dinossauro*, o disco mais representativo da geração 1980, as pedras começam a rolar: *Fausto Fawcett e os Robôs Efêmeros* é o primeiro indício de uma demolição.

VI E a primeira faixa, "Gueixa vadia", não deixa por menos. O narrador, essa terceira pessoa do singular, entra de sola, na contramão do que prevalecia no BROCK desde o seu primeiro momento. Um narrador que precisa de distância para ver, para fazer um levantamento do que o cerca. E um novo léxico surge com toda força, assim como um novo universo: "Um turista cientista marginal americano passeia pelo lado asiático de Copa". A partir daí, vislumbramos um novo mundo que a festa dos anos 1980 recalcava. Não é à toa que um dos motes da Blitz e que vai constituir o inconsciente da época ou pelo menos de um segmento desta, é: "apertem os cintos que vamos subir". A própria expressão "Circo Voador" denota isso. E o preço dessa ideologia vai ser a distância do que nos cerca. Seja o lirismo, seja o ritmo dançante, ou a mera acusação, tudo será ensejo para perdermos a noção de distância, através da qual nos damos conta do que nos cerca. O narrador faustiano diz ao que veio logo na primeira faixa, que abre o disco, e ocupa um espaço que havia sido confiscado desde a bossa nova.

Ao mesmo tempo, esse predomínio da terceira pessoa, que nos vai dando a ver o que acontece à medida que os fatos se desenrolam, isto é, no coração do presente, sem sabermos o que vai acontecer, gerando assim uma atmosfera de suspense, não é um predomínio absoluto. Volta e meia, os refrões aparecem: às vezes, sob a ótica do narrador; mas outras vezes, sob a ótica da gueixa vadia, sempre em inglês, numa "longínqua disco-music sussurrada". Esses refrões interrompem o discurso linear e instauram um novo regime: seja criando uma nova expressão

— "mitsub-me sony"; seja retirando trechos de canções em inglês — "born to be alive", "talk about bad girls", "don't let me be misunderstood", "freekout".

VII Mistura de "mitsubishi" e "sony", duas marcas japonesas, numa junção que vai produzir um novo significado ("mitsub-me sony"), essa prática nos remete aos achados oswaldianos e à poesia concreta (aglutinações vocálicas). No entanto, em Fausto se fazem precedidas de um preâmbulo ou de um contexto que lhes tiram qualquer possibilidade de hermetismo. Vejamos uma passagem que ilustra bem esse processo: "ela usava uma mini-blusa com foto de Monalisa, ela usava uma mini-blusa Monalisa".

A importância de um novo regime narrativo, como Arrigo Barnabé parece ter concedido a *Clara Crocodilo*, promovendo rupturas à linearidade do discurso, não fugiu do campo de observação de Fausto Fawcett. Como bom observador, ele traz à tona esse processo, mas concomitante ao regime narrativo anterior. Essa mistura de elementos ou de regimes narrativos vai emergir em todas as canções desse disco. Nessa mesma faixa, o sexo e as palavras sussurradas impregnam a narrativa: corpo e expressão. Quando o turista cientista marginal americano acorda, ele se vê "com uma gillette na mão e uma longínqua disco-music sussurrada". Esse duplo regime foge à dicotomia e instaura uma nova lógica que vai perpassar a música dos anos 1990.

VIII O desfile de bad girls, às quais, muitas vezes, o narrador vai dar voz, num contexto extremamente masculino que foi o BROCK, também é digno de nota — mesmo correndo o risco de ser mal interpretado. "Don't let me be misunderstood", afinal, é dito por quem? Pela bad girl ou pelo narrador? De qualquer maneira, fica a expressão "born to be alive", que em bom português significa "feito para viver", de olhos bem abertos, ciente do que está em torno e interagindo sempre.

IX "Tânia Miriam", outra bad girl, se inicia com a descrição: "minissaia vermelha, meia calça preta, garotinha loura, brussieu de lantejoula". Essa descrição de objetos, o mundo físico do qual a nossa subjetividade lírica, desde a bossa nova, vinha se afastando, retorna com intensidade. E junto à descrição de objetos, o desencadeamento da ação, sempre no presente: "ela fuma um cigarro, mastiga um chocolate... incendeia Thundercats na Paula Freitas, incendeia Thundercats na *Santa Clara*..., ela vende a sua calcinha..., ela pega um vidro de perfume cheio de caninha, ela pega o perfume-caninha". Como se o narrador acompanhasse a cena paulatinamente com uma câmera ou fosse uma testemunha ocular. Sua perspectiva é sempre ligada ao momento, sem o privilégio de uma visão de conjunto, onisciente. A não ser quando aglutina a frase anterior, agora sob a perspectiva da linguagem.

x Em "Drops de Istambul", o jovem de Copacabana, a quem o narrador empresta sua voz, quando chupa os tais drops e as pastilhas de ankara, se vê dominado por duas categorias de sensações: imagina meteoros e visuais medievais da Turquia Imperial; e sente seu ego dissolvido na matéria em movimento. Da mesma forma, em "O Rap d'Anne Stark", que é perpassado pela voz do narrador, do protagonista e da locutora brasileira, passagens essas que se fazem abruptas, sugerindo uma multiplicidade de vozes, nos deparamos diante de uma cena de amor entre o protagonista e sua amante, que lhe pergunta: "como você se definiria, meu amor? — eu sou dailynewsweek". A cena inclui um ato sexual diante da TV. Sexo e realidade diluída numa tela de TV. Copresença, diferentemente de síntese. Corpo e imagem. Gillette na mão e uma longínqua disco-music sussurrada.

XI Outro processo muito comum em Fausto é próprio do narrador-copista: repetindo o discurso alheio e ao mesmo tempo acrescentando, o que é próprio do pastiche. Dessa forma, ao suplementar a memória alheia, ele a preserva e ao mesmo tempo a torna outra. Kátia Flávia é a godiva de Irajá. Lady Godiva, segundo uma lenda da idade média, é casada com Leefric, conde de Mércia. E, para que os impostos contra a população fossem reduzidos, aceita o desafio do marido: andar nua sobre um cavalo pelas ruas de Conventry. A nossa godiva também anda nua sobre um cavalo branco, mas é de outro feitio: mais uma bad girl, casada com um figurão contravenção que, ao ser assassinado, lhe obriga a fugir dos assassinos que a perseguem. Copacabana é o seu refúgio. Na fuga, rouba um carro da polícia e a calcinha, tradicionalmente de forte conotação sexual, vem a ser transformada em calcinhas comestíveis e calcinhas bélicas. Gambiarras e pastiches. Lembrar e esquecer. Próprio do narrador-copista (a colagem de trechos de música em inglês, como se dá em "Gueixa vadia", também é uma característica do narrador-copista).

XII "A Chinesa Videomaker" talvez seja a canção mais representativa do disco. Em primeiro lugar porque trabalha com a noção de tempo-espaço, as horas cronometradas, extraindo desse expediente toda tensão e suspense necessários para a trama. É quase um processo de reconstituição: "São 2:45 mas tudo começou às 23:45". Essa forma narrativa será muito usada por Fawcett em sua ficção. A localização geográfica também é precisa. Já a nomeação da protagonista por parte do narrador, toma diversas formas: chinesa videomaker, Vídeo-exu, Mandarim Pornô, Xangai, China-Exu. Essa multiplicação de nomes, adjetivações, sugere um diferencial entre significante e significado, o que nos remete ao Barroco. Conforme Severo Sarduy, em seu clássico *Escrito sobre um corpo*, ao comentar a paródia, refere-se ao processo de sinonimização por causa da vastidão disparada de nomes, que viria a ocorrer exatamente na América Latina: os códigos do saber pré-colombiano acrescido aos códigos da cultura europeia, gerariam, a partir da colonização, um espanhol duplicado (não seria diferente do que viria a acontecer com a língua portuguesa). Mesmo depois de anular, de submeter as organizações autóctones, sobreviveriam delas certos elementos que o espanhol faria coincidir com o que lhes correspondiam. A consequência dessa abundância da linguagem é não mais designar as coisas: o suplemento sinonímico termina designando-se a si mesmo, mostrando sua própria gramática, daí produzindo figuras de linguagem como a perífrase, a digressão, o desvio, a duplicação e a tautologia. Assim, na paródia, utiliza-se a fala contemporânea com seriedade, mas também se inventa livremente, jogando-se com uma pluralidade de tons, isto é, fala da fala.

O texto de Fawcett estará impregnado de paródia, próprio do narrador-copista. Ler em filigrana é deixar decifrar o texto que subjaz a um outro texto.

XIII Mas as duas imagens que saltam aos olhos, presentes em "A Chinesa videomaker", trazem a copresença de duas séries que se antepõem: a do corpo e a da imagem (na primeira parte); a do corpo e a da música (na segunda parte). Ela quer chupar o sexo das pessoas e quer massacrar os olhos dessas pessoas com incessantes imagens de telejornais. E assim ela o faz: "sexo chupado, olhos massacrados. O rapaz é deixado, abandonado, pela Vídeo-exu, numa encruzilhada do Leme". Mas na segunda parte, a chinesa é jogada do alto do Othon Palace pelas neomadonas e, a cada andar em que o corpo bate, um sucesso de Madona é lembrado. Não seria absurdo considerar essa música uma fotografia antecipada de todo conjunto de sua obra: ora dando relevância à imagem, ora à música. Entre *Santa Clara* e *Pororoca Rave*.

xiv Como Cristina Vasques nos lembra em seu estudo sobre o conto "O pacificador", em *A literatura cyberpunk no Brasil*, o cyberpunk, desde William Gibson, que praticamente o fundou em seu "Neuromancer", é constituído por uma ficção científica com atitude. Nessa literatura tecno-poética densa, da qual faz parte Fawcett, haveria a marca das novas tecnologias da informação, sobressaindo o ritmo da linguagem, a simultaneidade de situações vividas, a euforia, o fluxo de sensações, as intensidades múltiplas, o "estar-no-mundo-em-todo-lugar-agora" e a descorporificação. Mas não só. Haveria também todo um contexto narrativo, constituído pelo passado, presente e futuro, via fluxo de consciência. Cristina chama a atenção para a angústia do pacificador (o potencial crítico de todo romance moderno vai ser salientado por Octavio Paz em seu livro *Ambiguidades do romance*: "épica de uma sociedade em luta consigo mesma, de uma sociedade que se funda na crítica, o romance é um juízo implícito sobre essa sociedade" — Vaques, 2004, nota 75, p. 49). A questão é que o conto em referência, assim como toda a literatura de Fawcett, além de crítica e de narrativa inserida no conceito de cultura de massa (mix de várias leituras, incluindo aí revistas, filmes, jornais), nos remete também à intertextualidade, ao portador abstrato da palavra, suporte precário, não figurativo, da língua. Conforme Barthes, a escrita só começa com a morte do autor e sua função simbólica tem a ver com seus fins intransitivos — a voz perde sua origem porque a literatura sempre supera e evapora o que foi dito. Quando abordamos a questão da paródia e do narrador-copista em Fausto Fawcett, estávamos, na verdade, focando a questão da intertextualidade. Cristina Vasques cita Barthes: "a escritura múltipla estaria para ser deslindada e não decifrada — propor sentido sem parar, para evaporá-lo" (Vasques, 2004, nota 38, p. 22–23)

xv Mas, além de sátira, convém não perdermos de vista a literatura de viajante que constitui o conto "O pacificador". E, enquanto tal, existe nele uma dupla perspectiva: existe um deslocamento físico, a organização do espaço real, do território, passível de ser interpretado, tornando possível a memória; mas existe também a internet e, consequentemente, a desterritorialização urbana (uma memória imediata ligada à potência total da imagem). Cristina Vasques nos traz aqui Pierre Lévy, segundo o qual, e contra Paul Virilio, "o ciberespaço não representa a substituição do antigo pelo novo, mas uma complexificação das comunicações, das artes e dos transportes" (Vasques, 2004, p. 104). Aqui, a imagem do homem de negócios, sempre em trânsito com seu celular, é muito mais recorrente do que a imagem de um enfermo, impossibilitado de caminhar, com seu telefone. Não haveria uma incompatibilidade entre o deslocamento físico e as telecomunicações. Ainda que sejam perspectivas diferentes do tempo real, Fausto Fawcett chama-nos a atenção o tempo todo para a copresença desses dois regimes, gerando imagens paradoxais, tais como: "sexo chupado, olhos massacrados".

XVI É esse mesmo tipo de imagem que vai estar presente na sétima faixa do disco: "Estrelas vigiadas". Única composição do disco em que não está presente Laufer, a música de Fausto, feita em parceria com o tecladista Marcelo de Alexandre, tem uma levada eletrônica que vai nos remeter ao disco seguinte, *Império dos sentidos*. Mas aqui ainda se faz presente a imagem faustiana: "fizemos amor entre estrelas vigiadas… numa sala cheia de telescópios observando estrelas distantes". O perto e o longe. O corpo e a imagem.

XVII "Juliette" é o único samba do disco, um samba cheio de bossa. E pela primeira vez, a segunda voz, que se fazia discreta em faixas como "Gueixa vadia" ou "Kátia Flávia", dualiza em primeiro plano com Fausto. É Fernanda Abreu, sua intérprete oficial. Um compositor sem intérprete é como um filho sem mãe. Mas esse registro de Fernanda é digno de nota. Porque se compararmos a participação das vozes e do coro em discos como *Clara Crocodilo* e mesmo *As aventuras da Blitz*, que fazem parte da tradição narrativa na música popular (essa tradição é muito forte também na Vanguarda Paulista), vamos perceber que em Fausto a segunda voz ou o coro não ocupam tanto espaço. É como se o narrador, ele próprio, preferisse dar sua própria voz a diferentes personagens, o que acaba por diluir de certa forma a fragmentação. Ao contrário disso, *Instinto básico*, seu terceiro disco, por comportar diferentes intérpretes, é o que melhor cumpre essa fragmentação.

Mas "Juliette" também estará banhada da poética faustiana, que dará o tom a esse disco, o mais faustiano dos três. Porque aqui estamos diante da tequila evaporada e das mulatas afogadas: corpo físico e matéria evaporada. A tensão chega ao máximo quando enterram na areia o corpo da lourinha Juliette. Passamos então a estar diante de três dimensões do espaço: o alto, representado pela tequila evaporada; a superfície das águas, de onde as mulatas são resgatadas; e o fundo da terra, onde "Juliette" é enterrada. Nenhuma dessas três esferas são autônomas e o sentido está em trânsito por eles. Talvez, por analogia, pudéssemos pensar, respectivamente, o autor, o texto e o leitor, conforme nos sugere Luis Alberto Brandão em seu livro *Sujeito, tempo e espaço ficcionais*. Três esferas que corresponderiam à concepção do autor (profundidade), à recepção do texto (superfície) e à reconfiguração do texto pelo leitor (altura). Sob o signo da altura, os sentidos vão sendo evaporados e reconstituídos por outros sentidos, sem abolir, no entanto, um horizonte de leitura: os modos possíveis de se referir ao real e de interpretá-lo são sempre determinados culturalmente. O que nos leva à seguinte questão: "as aventuras de ficção científica não nos parecem falar muito mais sobre desejos e conflitos humanos básicos do que sobre uma outra possível realidade, efetivamente distinta da nossa?" (Brandão, 2001, p. 73).

XVIII O disco, apesar de algumas incompreensões aqui já relatadas, foi muito bem recebido tanto por parte da crítica quanto do público, o que credenciou Fausto Fawcett à realização de um segundo disco pela mesma gravadora. Em 1989, sob a produção agora de Herbert Vianna, sai *Império dos Sentidos*. E logo na primeira faixa, que dá nome ao disco, nos damos conta da mudança. Em substituição àquele som de bateria, marca da década de 1980, e que até hoje nos enche um pouco de vergonha, nos deparamos com um som mais eletrônico. Ouvi-lo hoje, em 2015, não soa mal e, por isso mesmo, possamos creditar ao disco, pelo menos em termos técnicos, uma contemporaneidade que o anterior já não detém. Não obstante, as canções não são preenchidas pelo mesmo furor, marca registrada do compositor, além de terem perdido em termos sonoros uma sujeira que, no caso de Fausto, é fundamental. Afinal, o espaço ficcional é um lugar onde você encontra a nata da escória mundial, o melhor do lixo civil internacional, marginais industriais encurralados e imigrantes fugitivos da Europa unificada (Shopping de Vodoos). Se o capitalismo é exacerbado nesse enclave, está longe de pertencer ao primeiro mundo. Respira mais a atmosfera do mecânico negão eletricista em *Santa Clara Poltergeist*, leitura desaforada de *Poltergeist, o Fenômeno*. Não podemos esquecer que estamos diante de um narrador-copista, a nos trazer as figuras do pastiche e da paródia. É num mundo de gambiarras que esse som sujo, mesmo correndo o risco de se tornar anacrônico, se faz importante.

XIX As bad girls continuam presentes, mas dessa vez com uma concorrência desleal. E talvez aí possamos começar a entender melhor esse *Império dos sentidos*, cujo título nos remete a um filme japonês do mesmo nome, representativo de uma época e de muito sucesso por esses trópicos.

"Facada Leite Moça" (Viviana Vancouver) e "Android Nissei" (muito próxima da "Gueixa vadia") expressam o universo do disco anterior. Narram uma ação e vão produzir uma dupla série: a do corpo e a da imagem/ som. Assim são as facadas e a foto hiper-realista; assim são a trepada entre o piloto de rally e a narcótica android nissei por um lado e a voz da android (pedaços de palavras japonesas e uma longínqua disco music) por outro. Mas em "Judith Raquel" e "Cicciolina" desaparece a ação, tão marcante no disco anterior. Em "Mapas Alemães", "Shopping de Vodoos" e "Santa Clara Poltergeist" desaparece a bad girl. E fechando o disco, a top model "Sílvia Pfeifer", capa do disco, certamente representa o contrário de uma bad girl.

XX Seja no som como foi produzido, seja nas músicas propriamente ditas, é um disco que perdeu o corpo, perdeu o público e fez perder a gravadora. A última faixa fala por si: "fascinação por imagens cada vez mais artificiais... mundos não humanos que só existem nos desejos... universos paralelos... as heroínas dessa *fascinação espiritual* são as manequins das revistas de moda mais sofisticadas... E de tanto ver o mundo transformado em imagem, de tanto ver a vida ser transformada em show de realidade patrocinada, eles não sabem mais se os seus sentimentos são seus mesmos ou se são ficção de realidade...". Não é à toa que pela primeira vez o termo "android" é utilizado ("Android Nissei", que, no disco anterior, corresponde a "Gueixa vadia"). Esse disco, não tão bem recebido quanto o anterior, talvez, por isso mesmo, tenha sido o responsável por abrir as portas para Fausto à experiência com a literatura, mais especificamente na ficção científica, dentro do gênero cyberpunk. Há quem credite a *Santa Clara Poltergeist*, publicado um ano após o disco, em 1990, a primeira experiência do gênero na literatura brasileira. Mas antes de chegarmos ao seu primeiro livro, talvez fosse importante nos determos mais um pouco no que ele chama de "fascinação", enquanto emoção espiritual, comparando ao que Benedito Nunes chama em Oswald de Andrade de sentimento órfico.

XXI Em Oswald, o sentimento órfico, presente na fase final de sua concepção de mundo antropofágica, conforme é apresentado no Primeiro Congresso Brasileiro de Filosofia (Um aspecto antropofágico da cultura brasileira — o homem cordial), é a recuperação do medo ancestral, fundamento comum das formas primitivas da consciência religiosa e do ritual católico. Mas desvinculando o ser humano da transcendência para entregá-lo à imanência de um mundo sem Deus. Medo ancestral no sentido de que a vida é reconhecida como devoração ou "rapina" no dizer de Fausto Fawcett. Conforme Oswald, "A angústia de Kiekgaard, o cuidado de Heidegger, o sentimento do naufrágio tanto em Mallarmé quanto em Karl Jaspers, o Nada de Sartre, não são senão sinais de que volta a filosofia ao medo ancestral ante a vida, que é devoração" (Nunes, 1978, p. 144). E a libertação desse pavor não se daria mais através de uma cultura messiânica, pela transcendência do perigo e por sua possível dirimição em Deus, mas pela vida em sociedade ou pela alteridade, através da qual se viveria nos outros.

O homem cordial vê os outros em si. Essa espécie de alteridade contrapõe-se àquela outra baudelairiana do ser diferente, isolado. E talvez possamos aqui aproximar a imagem do homem cordial em que se converteria o bárbaro tecnizado, fase final da concepção antropofágica, à ideia de ética "comum" que Antonio Negri vai desenvolver na Teoria do Poder Constituinte: o comum se daria através de uma práxis amorosa; a militância do comum como produto de uma tecnologia do amor. Suzane Lima Costa, em seu texto *Estéticas do Ciborgue no Brasil*, retomando Negri e Hardt, vai sublinhar a diferença do ciborgue brasileiro para analisar *Santa Clara Poltergeist*: "A ficção científica brasileira faz uso do movimento antropofágico de Oswald para reler a ficção científica norte-americana, inventando formas democráticas e poderes constituintes que a conduzem através e para além da própria representação do Império que é feita pela ficção norte-americana" (Costa, 2010, p. 9). Antes de retomarmos o texto de Suzane Lima para entrarmos em *Santa Clara Poltergeist*, talvez possamos concluir que o sentimento órfico (ainda um sentimento religioso, mas desvinculado da transcendência) e a emoção espiritual diante da imagem de Sílvia Pfeifer, última faixa do disco *Império dos Sentidos*, retratam respectivamente o medo ancestral e a contemplação lúdica — essa última tendo como consequência a fascinação por imagens cada vez mais artificiais (mundos não humanos que só existem no desejo). Se o medo leva à ação solidária do homem cordial, a fascinação, ao contrário, leva à contemplação solitária das imagens, ao sedentarismo e ao retraimento. O *Império dos sentidos* enfatizou o mundo das imagens, com consequências na própria concepção sonora do disco. Nesse sentido, ele se afasta do álbum anterior. Só em 1992, com *Básico instinto*, Fausto recupera o que tinha perdido e o corpo volta a ocupar posição de destaque.

XXII Quando em 1993 sai o disco *Básico instinto*, um ano depois do livro com o mesmo nome, o ambiente musical que caracterizou a década passada já não era mais o mesmo. As grandes multinacionais da indústria fonográfica passavam a investir em pequenos selos. O boom do BROCK já eram águas passadas. A BMG veio com o selo Plug, que abrigou bandas como Hojerizah e Picassos Falsos, e a Sony com o selo Chaos, onde a banda Skank viria aparecer pela primeira vez para o grande público. O que caracterizava esses pequenos selos era o orçamento enxuto, assim como direção artística e divulgação à parte. Novos tempos para o rock, que não era mais mainstream. O que não deixou de ter consequências estéticas: Planet Hemp, Chico Science e Nação Zumbi, Raimundos, Picassos Falsos... viriam a produzir um outro som, abrigando cada vez mais um hibridismo, que não era propriamente a marca dos anos 1980. Mas, de certa forma, isso já estava contido em *Fausto Fawcett e os Robôs Efêmeros*, seu primeiro disco, lançado em 1987. *Básico instinto* e a *Falange Moulin Rouge*, já em 1993, viria pelo selo Chaos/Sony com produção de Carlos Savalla e com uma banda completamente diferente dos discos anteriores. Laufer, seu fiel escudeiro, era mantido e viria a assinar com Fausto a maioria das canções; mas nomes como Dé (baixo) — antigo Barão Vermelho, Dado Villa Lobos (guitarra) — Legião Urbana, João Barone (bateria) — Paralamas (vindo a ser substituído mais tarde por Charles Gavin — ex-Titãs) indicam o *tour de force* da Falange Moulin Rouge. É tudo década de 1980. Se incluirmos aí Paulo Futura (DJ), os percussionistas Eduardo Lyra (que acompanhava os Paralamas) e Ari Dias (ex-A Cor do Som), vamos constatar que aqui não tem estreantes: é tudo cobra rodada. Atrações à parte: Katia Bronstein, Gisele Rocha, Luck Luciana, Regininha e Marinara. A sensação que passa é que o disco, muito bem-produzido, e com participação intensa da banda, foi projetado tendo em vista os shows, com a presença física das louras fatais. E a repercussão foi tamanha que até se transformou em programa da TV Bandeirantes.

XXIII A questão que vale ser levantada é sobre a posição desse disco em relação aos anteriores. Das treze faixas apresentadas, duas me parecem ocupar posição de destaque: *Básico instinto*, que é um resumo do conto que dá nome ao livro e parece mais uma explanação teórica; e KGLRM, que apresenta, esta sim, uma estrutura muito parecida com a das canções do primeiro disco — existe o narrador-personagem que age (olha para um pôster) e ouve a voz de Mefistófeles; e existe o narrador que explica essa voz para o leitor-ouvinte. É uma estrutura mais complexa que a de *Básico instinto*. Dentro da história, o narrador-personagem olha um pôster, fazendo desencadear a voz de um outro, que ordena: "faz um show despacho para as loura entidades pinups que são os vetores do teu básico instinto, do teu divino demônio pessoal, forma uma banda chamada Falange Moulin Rouge, falange musical do sentimento Exu, Xuxa, Angélica, Madona, Cicciolina, Rio de Janeiro, Hong Kong". As ordenações são importantes em Fausto (veremos isso em *Santa Clara*). O disco é o cumprimento delas.

Mas o que as faixas vão mostrar vai ser um empobrecimento desse narrador, seja na ausência de histórias, seja na estrutura de canção que passa a prevalecer na maioria das faixas. Não existe mais bad girls. Aquelas que dão nome às canções... "Kátia Talismã", "Gisele", "Regininha", "Marinara"... chamam-se exatamente assim; são elas mesmas. É como se o imaginário estivesse bloqueado diante do corpo real de cada uma delas. Nesse sentido, o disco *Básico instinto* se antepõe a *Império dos sentidos* — são dicotômicos entre si. O manequim das revistas de moda mais sofisticadas, quase irreal, se contrapõe ao comum, às louras do *Básico instinto*. Uma tem a ver com o mundo dos desejos, com as ficções — não é à toa que ela vai aparecer numa imagem de telão; já as louras do *Básico Instinto* falam no disco e nos shows, vão estar bem ali, à nossa frente, em carne e osso; basta que subamos no palco e as toquemos.

XXIV Luis Alberto Brandão, em seu texto "Espaços do corpo", ao comentar os corpos literários dos anos 1970, 1980 e 1990, faz uma interessante comparação entre cada uma das décadas. No caso dos anos 1990, elegendo como modelo *Uma civilização*, de Bernardo Carvalho, a narrativa, segundo Brandão, é sempre mantida na esfera de sujeitos indagadores e testemunhais, mesmo que inutilmente indagadores e falsamente testemunhais. Porque aqui se trataria de um corpo pósteórico: os corpos figurados são considerados, por si, estranhos a ponto de embotar ou inibir a eventual estranheza no modo de narrá-los. Ao contrário, no caso dos anos 1980, tendo como modelo *O Concerto de João Gilberto no Rio*, de Sérgio Sant'Anna, o estatuto dos corpos tornase impreciso e espectral: o corpo se torna esvaziado de autossuficiência sensível, autossuficiência essa que era uma marca da década de 1970, e há como que uma sintonização entre os dois registros: o regime narrativo e a figuração do corpo — simultaneidade entre ambos, sem subordinação. Fazendo uma analogia com os discos de Fausto Fawcett, *Império dos sentidos* seria também um grande representante da geração 1990. Há um desleixo narrativo em prol da figuração estranha dos corpos, enquanto, em *Básico instinto*, os corpos estão lá, em carne e osso. Se os termos do teatro são paradoxais, uma vez que o corpo do ator representa, ao mesmo tempo que são corpos apresentados em sua plena corporeidade, Fausto faz então Regininha representar Regininha, retirando o caráter paradoxal que era a marca de seu primeiro disco.

xxv *Santa Clara Poltergeist* teria sido concebida primeiramente como show/ teatro. Foi só depois que se transformou em narrativa, vindo a ser reconhecida pela crítica como uma experiência muito bemsucedida, até porque marcaria o primeiro momento de uma literatura cyberpunk brasileira. O fato é que, ainda dentro do campo da recepção crítica, como bem observa Fábio Fernandes, após o seu lançamento e após as ótimas críticas de primeiro momento nos jornais, abateu-se um silêncio sobre o livro, além de ter vendido muito pouco. O segundo livro de Fausto, *Básico instinto*, viria a ser publicado dois anos depois e quase concomitante ao seu terceiro disco do mesmo nome.

Não seria desproposital relacionarmos o disco ao livro no que tange a *Básico instinto*. Haveria neles algo específico que os diferenciariam sobremaneira de *Santa Clara Poltergeist*. Em *Copacabana Lua Cheia*, publicado em 2001, ou seja, nove anos depois, e dentro de uma coleção cujo tema era o Rio de Janeiro, Fausto experimenta outra forma, a do diário. E, com isso, para ficarmos dentro do campo narrativo de ficção, de suas três experiências, uma ligada à ficção científica, outra à forma breve dos contos, e a terceira a um diário ficcional, nos damos conta de diferenças que não vão estar ligadas apenas à questão de gênero; serão diferenças profundas que marcarão um primeiro momento, dicotômico por excelência. Com *Favelost*, publicado em 2012, isto é, onze anos após *Copacabana Lua Cheia*, é que vai se abrir um novo ciclo na narrativa de Fausto, em que a natureza híbrida de sua ficção vai assumir pela primeira vez forte evidência, seguido de perto por *Pororoca Rave*, publicado em 2015. Vamos tentar seguir esse percurso, acompanhando o grande esforço narrativo de Fausto no sentido de transpor para a ficção o que havia conseguido logo no seu primeiro disco: o corpo e sua desrealização através da imagem ou do som, de maneira simultânea, concomitante e paradoxal.

XXVI Em *Santa Clara Poltergeist* existem ordenações às quais o protagonista Matheus se vê sujeito, mas que constituem desvios. Em primeiro lugar, a voz de Vera vai pros olhos de Matheus e lá fica rabiscando o seu campo visual e dizendo:

Preciso que você venha para Copa e capture o ovário-míssil que está circulando no estilo *minute man* nos subterrâneos do bairro. Este *minute man* é o estilo dos mísseis atômicos que circulam debaixo do solo para não serem detectados. Você precisa trazer até mim esse ovário falso e pequeno cujo interior é bomba radioativa e vai explodir dentro de dez horas. A única maneira de evitar isso é enfiando esse falso ovário na minha vagina. Só eu posso estancar suas reações explosivas. Se isso não acontecer, Copacabana, eu, você, milhares de pessoas vão pelos ares levadas por uma ventania fervente (Fawcett, 2014, *Santa Clara Poltergeist*, p. 45).

Continuando, mais uma ordenação, agora impressa no rosto esporrado:

Você precisa adaptar um aspirador a um captador de ímã a fim de atrair o ovário. Só um magneto envolvido por uma corrente de ar poderá interromper a circulação do ovário-bomba. Depois, leve-o até Clara, pois só o contato com sua vagina desativará a bomba reativa. Mas preste atenção: não conseguirá ímã em lugar algum, pois todas as lojas de ferragens estão tomadas por pesquisadores. O segredo é o seguinte: ímãs escondidos em troféus esportivos. Mas o ímã de que você precisa está numa loja da Xavier da Silveira, entre a Nossa Senhora e a Aires Saldanha. Leve o seu contador geiger e, quando ele captar alguma radiação dentro de uma taça ou troféu, é ali que estará o ímã necessário. Coloque então, esse troféu no bojo de um aspirador Arno velhíssimo que está numa loja de antiguidades industriais na Siqueira Campos. Esse aspirador tem um tipo de sucção anos sessenta que é perfeita para a tarefa, além de um bojo com material metálico raro não mais fabricado. Feito tudo isso, vá para o último buraco do bueiro (no Leme) e espere o ovário ser capturado por ele (Fawcett, 2014, *Santa Clara Poltergeist*, p. 68).

Não conseguindo encontrar-se com Clara e já de posse do ovário, resolve olhá-lo, sabendo que supostamente explodirá dali a três horas, e ao passar a mão para tirar o limo do esgoto queimado, lê o seguinte:

Matheus, o chamado que você recebeu, o orgasmo, a vibração de gozo que te transpassou, a voz que falou com você não era de Vera/ Clara Poltergeist. Eram a voz e a vibração orgástica de outra menina que nós usamos para te atrair e fazer com que você viesse pra Copa e capturasse o ovário-míssil. Você não precisa entregá-lo a Clara a fim de desativá-lo. Basta girá-lo para a esquerda e o dispositivo de detonação radioativa se auto-anulará definitivamente... Matheus, tá tudo nessa caixa preta orgástica, nosso ovário de ferro instável. Não nos decepcione e tome cuidado porque, além de nos pegar, esses caras querem nossos resultados. Um abraço. Orgânicos" (Fawcett, 2014, *Santa Clara Poltergeist*, p. 97–103).

Fugindo do cerco policial, segurando o ovário-míssil, é acolhido já baleado (balas de paralisação do sistema nervoso central), por um inglês de nome Oliver, filho do coronel Percy Harrison Fawcett, que se perdeu há sessenta e dois anos nos confins do Araguaia à procura do Eldorado ou de uma raça de brancos atlânticos (seu pai havia perdido um caderno em que anotara tudo o que vira e testemunhara dos proto vikings; esse caderno havia sido levado pelos terroristas ribeirinhos que acabaram por vendê-lo a um órgão governamental — era intenção de seu pai, dar-lhe o caderno, que continha segredos dessa civilização dos vikings. E aí vai então mais uma ordenação, a definitiva:

Fawcett e Liv, sua companheira de porte viking, me deram esse contador geiger de ferro instável. Esse ímã nesse ovário — caixa preta de magnetismos orgasmáticos o atraiu primeiro, mas ele não é o único. O que me interessa e o que deve interessar a você também, o verdadeiro ovário de Clara Vonheim, está enterrado aqui em Copacabana, e é preciso realmente achá-lo e colocá-lo no ventre de Verinha Blumenau, senão ele vai explodir, transformando essa falha magnética baixa no pesadelo... será apenas a hecatombe mental e física. Essa falha magnética é o ovário de Clara, a radiação do ovário de Clara Vonheim, detonada pelas plugações dos orgânicos que aumentara a intensidade radioativa dele. É preciso tirar o ovário de baixo da alta tensão da Figueiredo e levá-lo, junto com Verinha, pra alguma mulata arigótica num oba-oba espírita, num cabaré de samba espírita. Fazer a troca do ovário dela pelo de Vonheim e, através dele, a memória de Clara Vonheim se reentrará na órbita do planeta. Segundo me disse Liv, a memória de Vonheim está provocando curtos-circuitos nos limbos desde que foi exilada numa catalepsia por uma mandrágora vingativa É precisa trazer sua memória de volta, e só Verinha Blumenau, que foi invadida pelo ferro instável e por eletromagnetismos paranormais, tem condições de receber e dar à luz a uma memória tão potente... você me ajuda a pegar aqueles cadernos lacrados e eu te ajudo entregando esse contador geiger de potência maior do que o usado por você na descoberta do troféu com ímã (Fawcett, 2014, *Santa Clara Poltergeist*, p. 118–119).

A história de *Santa Clara Poltergeist* se dá através dessas ordenações que interferem nas anteriores, mas que desencadeiam a narrativa, abrindo-lhe novos caminhos. Como se as ordenações provocassem rupturas: a terceira promove uma mudança em relação à primeira, e a quarta reafirma a primeira e nega a segunda. Estaríamos então diante de uma estrutura circular. Em todo caso, o princípio desencadeador da aventura estaria sempre nas ordenações prévias. Duas séries, nesse caso, estariam copresentes: a das ordenações e a série dos acontecimentos que lhes seguem, cumprindo-as; linguagem e realidade. Mas vão ser sempre as ordenações que vão interferir no rumo dos acontecimentos. São essas ordenações que, talvez, por analogia, pudéssemos relacionar com os selos dos "Cieps cabalísticos" — selos que continham informações literárias acompanhadas de sensações intelectuais relativas a elas:

Daí que as crianças e os adolescentes mais gagos, desinteressados, afastados das leituras, analfabetos, mudos, disléxicos, aléxicos, quando tinham o selo atrás dos dentes, não apenas ficavam rútilos de erudição, falando sem parar, mas também sentiam, vivenciavam as frases e o pensamento como se surfasse na contra realidade típica gerada pelo verbo que faz do mundo seu refém simbólico (Fawcett, 2014, *Santa Clara Poltergeist*, p. 42).

Já quase ao final do livro, nos deparamos com a realidade enquanto refém do verbo virtual. Por mais que os acontecimentos da narrativa fizessem parte da série do real/ corpo, vinham sempre a reboque das ordenações, sempre a serviço do virtual.

XXVII Na introdução à *Santa Clara Poltergeist*, Hermano Vianna, num breve texto, faz algumas colocações que dizem respeito a certo relativismo do autor: "Contra os transgressivos de plantão, Fausto sabe que hoje irremediavelmente Freddy Krueger vale a mesma coisa que Hamlet" (Fawcett, 2014, *Santa Clara Poltergeist*, p. 8). E mais adiante, contrapondo-o aos escritores cyberpunks norte-americanos, que, para o antropólogo, não passariam de individualistas ingênuos, referindo-se a Fausto, assim o diz: "nenhuma lição de moral para os seus leitores... é tão bom ser dono do seu nariz, quanto dissolver seu ego na matéria em movimento" (Fawcett, 2014, *Santa Clara Poltergeist*, p. 9).

O fato de usar elementos da cultura pop, lado a lado com os da alta cultura, talvez pudesse nos levar a pensar numa nivelação cultural que, sob o signo da cultura de massa, privilegiasse sobretudo o entretenimento.

A questão é: essa leitura serve para quem?

No caso da narrativa em referência, nos deparamos com os xiitas orgânicos (terroristas), o mundo da ciência oficial, os yogues pranayamas, e personagens absolutamente triviais como Matheus e Verinha, que viriam acidentalmente ocupar um papel de destaque na trama. O corpo dos dois, por pura contingência, se transformaria em ciborgue (o crânio de Matheus precisa ser recarregado constantemente, assim como o intestino-prótese de Verinha o é à base de bateria automobilística). Como será a convivência com esse déficit e como se vai revertê-lo, não me parece uma questão menor e, tudo indica, foge de qualquer niilismo relativista.

É o que o texto de Suzane Lima Costa — *Estéticas do Ciborgue no Brasil* — parece indicar: através de um processo de pastiche, o terror sobrenatural do filme *Poltergeist*, produzido por Spielberg nos anos 1980, é transformado em terror sucateado das tecnologias nas favelas do Rio de Janeiro ou na sua maior representação que é Copacabana: à abdução sobrenatural pela televisão, contrapõe-se a força tecno-mística dos rituais do corpo — quem passa a oferecer poderes paranormais não é mais a presença espiritual de mundos paralelos, e sim a tecnologia de gambiarra. O puxadinho e a gambiarra tecnológica, mais que conciliar corpo e máquina, arcaísmo e modernidade, seriam, no dizer de Osmar Moreira dos Santos em *Um banquete antropofágico: violência originária e tática de negociações emergentes no Brasil*, citado pela própria Suzane, "artifícios de duplicidade, *feeling tecnicus*: mecanismo de engendramento da potencialidade dos esquecidos na periferia, para quem a tecnologia sempre cumpriu um papel reativo de exclusão e apagamento" (Costa, 2010, p. 2). Não seria essa uma forma de transgressão? Daí porque há que se ter cautela diante de termos que parecem iguais, como *Poltergeist*, os quais, em contextos diferentes, assumem outras funções.

Daí que, ao estabelecer a diferença entre a literatura de Fausto Fawcett e os cyberpunks clássicos, em vez de se cair na armadilha da ausência de valores morais por parte da narrativa de *Santa Clara Pol-*

tergeist, como Hermano Vianna parece sugerir, Suzane Lima Costa, ao estudar o ciborgue tupiniquim, vê diferenças específicas em relação ao cyberpunk clássico, tais como a afirmação do atraso, da arte da sucata, como espaços possíveis de produção de sentido. Fugindo à racionalidade logocêntrica, que investe na dicotomia centro/ periferia, progresso/ atraso, moderno/ arcaico, instaurando termos como "dependência", "imperialismo", "atraso", "subdesenvolvimento", e que acredita que a tecnologia desenvolvida pelo mundo capitalista é um reflexo da economia das grandes potências, o ciborgue em *Santa Clara* se diferenciaria, por exemplo, do ciborgue em *Neuromancer*. Neste, são listados os ciborgues protéticos, genéticos e informáticos.

André Lemos, em *Cibercultura: tecnologia e vida social na cultura contemporânea*, lista os protéticos, os interpretativos — influência dos *mass media* — e os netcyborgs, que são propriamente as redes da internet. No caso de *Santa Clara*, o ciborgue ali contém uma noção de tardio que alinha ecologicamente as mais diferentes potências da periferia: tecnologia de ponta e gambiarra; misticismo e vulgarização científica; puxadinho e biotecnologia; classe média e mutirões de cooperação; pobreza extrema e projeto pré-sal. Esse corpo híbrido seria o formato do ciborgue brasileiro, tal como se tenta desenhar em *Santa Clara*, tendo como principais representantes, Verinha e Matheus: superpondo temporalidades e misturando o pré-moderno e as tecnologias de ponta. Portanto, contra a ideia de tardio (defasagem, atraso ou distância temporal), acena-se para diferentes tipos de modernização, não apenas àquele ligado ao progresso técnico. Daí a relação que Suzane estabelece entre o homo ludens da antropofagia oswaldiana e o ciborgue tupinipunk retratado em *Santa Clara*: fundir ludicamente a cultura da reciclagem (natureza) com o mundo da tecnologia moderna (técnica), síntese promovida pelo instinto lúdico: "o Homo Ludens da cultura antropofágica rompe com o tempo e com as hermenêuticas da racionalidade cartesiana, em busca de uma invenção, de uma ética de identidade para além do racionalismo cartesiano ou da ideia de que a tecnologia desenvolvida pelo mundo capitalista é um reflexo da economia das grandes potências" (Costa, 2010,p. 8).

A leitura de relativismo promovida por Hermano Vianna serve para quem?

XXVIII A nivelação de valores, recorrendo aqui a Peter Pál Pelbart em *Vida Capital: ensaios de biopolítica* (2003), nivelação essa que nos leva a pensar que "Freddy Krueger vale a mesma coisa que Hamlet", estaria ligada às leis imutáveis da vida e do capital, condenando a vida individual e social ao eterno retorno niilista (há uma destruição de valores antigos para conservar a ordem estabelecida, sem nunca se produzir nada de novo). Portanto, há um movimento de destruição nesse processo de nivelação, gerando uma servidão maquínica generalizada. A questão, conforme Pelbart, é que o capitalismo é incapaz de absorver tanto o excedente de trabalho (excedente maquínico) quanto os fluxos que ele gera, apesar de suas tentativas de repressão ou de sobrecodificação, seja através de controle e regulação estatal, seja através da infantilização midiática. Haveria, dessa forma, um movimento imanente por trás do niilismo, cabendo à filosofia, vinculada a uma relação crítica e clínica com os movimentos niilistas do capital, extrair desse niilismo algo que pertença ao intempestivo, ao monstro futuro comprometido com um tempo por vir. Esse monstro intempestivo no coração de uma Copacabana High-tech, quintal do terceiro mundo e sujeita às experimentações científicas, sejam elas dos xiitas orgônicos ou das grandes corporações, pode nascer a qualquer hora, contra todas as expectativas oficiais, através de movimentos transversais de desterritorialização (modelo maquínico e rizomático).

Um modelo antientrópico, sem início nem fim. Nem genealógico (sem o ponto de vista biológico que faz do DNA a substância hereditária especial que faz a vida se replicar e se reproduzir, sem a intervenção de valores externos), nem teleológico (sem a pulsão de morte e seu modelo mecanicista). A hereditariedade, dentro desse modelo antientrópico, em vez de passar pela ruptura do fim, é a própria ruptura, fugindo do ponto de vista evolucionista, biológico e humanista. É o que Luis Alberto Brandão vai chamar de corpos hipotéticos, não previsíveis, indeterminados. Tanto a gambiarra quanto as diferentes ordenações que dão encaminhamento à narrativa de *Santa Clara* são a arte do desvio, sugerindo movimentos transversos e implicando a heterogeneidade. Nesse sentido, o conceito "Homem", como conhecemos, é um código que pode capturar fragmentos de outros códigos, como dos animais e do silício, fronteiriços a ele, gerando uma nova forma e um novo conceito. O ciborgue em *Santa Clara* anuncia um novo homem, longe daquele que veio a ser instaurado dentro da racionalidade cartesiana.

XXIX Em 1992, dois anos após o lançamento de *Santa Clara*, é publicado *Básico instinto*, constituído por contos. Sua reedição em 2014, pela editora Encrenca, incluiu o conto "O pacificador", dentro da rubrica "Lobos solitários", e incluiu também "A visita", dividido em vários capítulos. Originalmente, o livro *Básico instinto* é subdividido em quatro partes, das quais uma, a que leva o título do livro, tem apenas uma narrativa. As demais, "Louraças", "Copacabana" e "Gnósticos", são constituídas cada uma delas por duas narrativas. Curioso é que sua reedição, 22 anos depois, recebe como *bonus track*, mais duas narrativas que vão seguir outra lógica.

Na rubrica "Louraças", constituída por "Kátia Flávia" e "Facada Leite Moça", vamos nos deparar com duas narrativas que, de certo modo, malgrado suas semelhanças (estamos diante das bad girls tão marcantes de seu primeiro disco), vão se diferenciar no que tange à estrutura narrativa: em "Kátia Flávia, a louraça belzebu", até certa altura, a narrativa se dá no passado; mas, a partir do assassinato de Salomão Calígula, muda o ritmo da narrativa, que passa a estar pautada no presente. A partir daí, acompanhamos um ritmo frenético de fuga, que dá a marca a essa narrativa. No caso, uma fuga que não tem fim porque ninguém consegue capturar Kátia Flávia. Já em "Facada Leite Moça", apesar de Viviane Vancouver ser uma loura condenada (o FBI descobriu que Viviane está pagando pessoas para se mutilarem, explodirem lugares em grande estilo visando a suas fotos hiper-realistas), o presente é usado não como fuga, mas como ação voltada a produzir determinado resultado, no caso, a foto hiper-realista do seu suicídio. No primeiro caso, uma ação que se desvia, foge, visando à não captura; no segundo, uma ação que obedece a um plano, uma estratégia. Duas espécies de ação que se dão no presente, mas com a diferença de que uma está subordinada a um projeto e a outra não.

Já em "Copacabana", vamos nos defrontar com duas outras narrativas: "Copacabana Hong Kong" e "Vanessa Von Chrysler", e, surpreendentemente, vamos reparar a mesma lógica.

No primeiro caso, existe uma zarabatana com a qual a gueixa vadia atinge o pesquisador Derek — as ações deste estarão sob a influência da agulha afrodisíaca que transforma a realidade numa imensa pele de mulher; a ação não é livre nem por parte de Derek, nem por parte da gueixa vadia, cuja ação estará sujeita a determinado resultado: roubá-lo.

No segundo caso, a Vanessa Von Chrysler é descongelada, contra as instruções recebidas — "não a descongele jamais, pois não se sabe o que poderá acontecer com essa garota de alma exilada" (Fawcett, 2014, *Básico Instinto*, p. 37). Nesse caso, as ações não seguem as instruções ou as ordenações, ao contrário de *Santa Clara*, o que leva a um dos momentos mais pungentes do livro, porque, ainda que Vanessa esteja submetida às imagens de sua memória, seja como tirolesa, seja como general da ss, imagens que lhe são recorrentes durante sua fuga junto com Bruno (rapaz fascinado por antiguidades gerais e arquivos informáticos), essas imagens não vão interferir na fuga: não há subordinação da ação ao passado ou a qualquer projeto. Instaura-se aí uma dupla série: a da memória e, consequentemente, da identidade; e a série do presente que se materializa na fuga, não na identidade. Essa concomitância, sem subordinação, talvez seja o ponto mais alto da narrativa faustiana.

No terceiro grupo de narrativas, denominado "Gnósticos", vamos nos deparar com "Valdecir e Chacininha" e "Vanusa e Rachid". Na primeira narrativa, toda ela pontuada pelos horários — começa às 3 da manhã e termina às 05:59 do dia seguinte —, sublinha-se a linearidade do tempo de uma ação sempre no presente (esse recurso vai ser muito usado por Fausto, seja no diário em *Copacabana Lua Cheia*, seja em *Favelost* produzindo o suspense). Na segunda narrativa, "Vanusa e Rachid", é praticamente eliminado o recurso ao presente — apenas no início e no final da narrativa esse tempo é usado: "Impossíveis auroras boreais flutuam azuladas, flutuam projetadas no céu da Amazônia. Abaixo delas um suculento e enigmático corpo de mulher desafia todos os sentidos... Uma mulher de cabelos platinados diverte com acrobacias... as populações amazônicas" (Fawcett, 2014, *Básico instinto*, p. 95); "A única coisa que se sabe é que impossíveis auroras boreais continuam flutuando azuladas, projetadas no céu da Amazônia" (Fawcett, 2014, *Básico instinto*, p. 110). Tirando esses dois fragmentos, um no início e o outro no final, toda a narrativa vai estar concentrada no passado, o que dá a ela uma posição diferencial dentro do livro, já que o tempo presente de uma ação, seja qual for a natureza desta, será constante.

No que tange a Valdecir *e* Chacininha quanto à natureza da ação dos protagonistas, vamos nos encontrar diante do seguinte quadro: a ação de ambos, sempre situada no presente, vai sofrer um significativo processo de transformação, que poderíamos descrever como ação ligada ao projeto, ação ligada à fuga, e ação ligada à vingança. No primeiro caso, em se tratando de Valdecir, há um projeto de purgação do humano através de linchamento: "Separar o efeito kirlie vermelho-azul que vaza dos amantes explodidos e enviá-lo através de vento e da atmosfera para outros casais que treparão inspirados pela vibração da aguardente purgatório nas peles humanas. Do amor desses casais receptores do kirlie purgado, nascerão outros seres renascidos da matéria brasileira degradada" (Fawcett, 2014, *Básico instinto*, p. 67).

A ação tresloucada de Valdecir obedece a esse projeto, assim como a de Chacininha, que foge e explode o Palacete do Imperador Balaço (grupo de extermínio) para seguir o seu desejo: ser "modelo-manequim-puta-de-luxo-apresentadora-assim-animadora-de-auditório-empresária-do-ramo-cosmético e etc." (Fawcett, 2014, *Básico instinto*, p. 65). A ação de ambos, num primeiro momento, segue o projeto/ desejo; mas logo é revertido em fuga para sobrevivência: "Gorete não marca bobeira, pega na bolsa de Valdecir um chifre de búfala. Atira o chifre no guarda, que escorregando na chuva, perde o equilíbrio e não atira nela, tempo suficiente pra faca chifruda voar e vazar o olho direito do meganha e o olho escorrega do buraco na face e fica boiando assim gelatina ótica na água da chuva. A dupla de gnósticos se manda com a multidão encharcada atrás" (Fawcett, 2014, *Básico instinto*, p. 84). Lembrar que esses pedaços de entidades, tais como Exu, originalmente são enfiados no interior do corpo dos amantes e, em seguida, explodidos, seguindo uma seita milenarista de linchamentos fundamentalistas — são peças/ entidades/ totens da ambiguidade absoluta, da criação e da destruição, da criação a partir da destruição (esses pedaços de estátua tinham, portanto, nesses linchamentos, uma função determinada). Pois no processo de fuga, como vimos, esses pedaços são utilizados em outra função.

Ao final da narrativa, diante de mauricinhos barras-pesadas, os pedaços de estátuas explodidas tomam uma última função, a de vingança: "Agora o paradoxo absoluto da dor no coração de Valdecir vendo o que se faz em prol da salvação do mundo sendo usada em prol da simples crueldade" (Fawcett, 2014, *Básico instinto*, p. 91). E até mesmo ao atender o último pedido de Chacininha (explodir seu corpo a fim de levar para um outro casal a inspiração de sua fecundação explosiva), nem aí Valdecir consegue dar à sua ação aquela função originária: "Nada a ver com rituais de ressurreição. A dor é grande e a pancadaria será de vingança absoluta" (Fawcett, 2014, *Básico instinto*, p. 93).

Em "Vanuza e Rachid", as ações dos seus protagonistas seguem seus projetos ou imagens-guias e, a certa altura, há um processo de fuga. Naturalmente, vive-se uma guerra entre a Greenpeace e os tecnogósticos que Rachid representa. A imagem-guia de Vanusa, consequência das perturbações somáticas decorrentes da seiva de uma planta de teor híbrido, exerce a mesma função do projeto de mutação bioneurológica

do Greenpeace El Fatah, ao qual Rachid é filiado, e que visa à preservação definitiva da espécie, a ser enviada para a viagem eterna no cosmo
(e Vanusa seria a cobaia-mor da evolução da espécie na escala antro-
poide). Segundo Rachid, um asteroide viria a se chocar contra a terra.
Há um processo então claro de negociação entre os dois. Quanto à
imagem-guia de Vanuza, "a libido-picture de uma mulata adormecida
dentro de um jukebox no interior de uma caverna cuja porta de ouro
maciço só poderia ser aberta pelo pau de um maníaco, de um funda-
mentalista. Esse pau deveria ser enfiado devidamente duro no coração
gelatinoso de uma estátua cravada na porta dourada camuflada por
bilhões de formigas se reproduzindo infinitamente sem comer ou fazer
qualquer coisa" (Fawcett, 2014, *Básico instinto*, p. 101).

No final das contas, Rachid topou trepar com a mulata e Vanusa
topou ceder direitos corporais para a Greenpeace Al Fatah (a planta
híbrida lhe havia dado o poder da eterna juventude, imune ao tempo).
Após um rápido processo de fuga, que ocupa pouco espaço da narrativa
(são perseguidos por tribos xifópagas e nuvens de insetos), dá-se, por
acaso, o encontro com a caverna onde está aprisionada a mulata jukebox. E a narrativa se interrompe, sem nos dar conta do sucedido no seu
interior, mas criando, pela primeira vez na sua literatura, três espaços físicos bem delimitados: o céu, onde imagens são projetadas; a superfície,
onde as ações são expostas; e a caverna, interditada ao olhar do leitor.

xxx Apesar de alguns pontos do texto "Vanusa e Rachid" remeterem
ao seu livro anterior (o acidente inicial — no caso de *Santa Clara*, a
bicicleta; de Vanusa, o soco da mexicana que a faz perder um olho;
o poder de curar e assassinar que ambas passam a deter — uma, por
efeitos da ferrugem, a outra por efeitos da planta híbrida administrada
pelo índio eunuco; também a presença de uma mulata ao final de
ambas as narrativas — é curioso que em *Santa Clara* a função da mulata
arigótica é introduzir o ovário em Verinha para impedir que a bomba
seja detonada, enquanto no conto é ela que deve ser libertada de um
jukebox), ainda assim, malgrado alguma correspondência, há uma
estrutura circular em *Santa Clara*, já mencionada aqui, ao contrário
de "Vanusa e Rachid" — o final dessa narrativa fica em aberto porque
não se dá a ver, assim como em Kátia Flávia, que desaparece ao final,
fugindo à captura.

Por fim, as duas narrativas que fazem parte dos gnósticos apresentariam, no que tange à relação entre o projeto/ imagem/ desejo e ação

correspondente, uma relação de diferença: no caso de "Valdecir e Chacininha" há um processo gradativo que faz a ação dos personagens se diferenciarem de sua correspondência original com o projeto ou o desejo; no caso de "Vanusa e Rachid", ao final da narrativa, a ação dos personagens na caverna fica interditada ao nossa olhar, fugindo assim a uma estrutura fechada.

XXXI As duas narrativas acrescidas à edição original 22 anos depois, "O pacificador" (dentro da rubrica "Lobos solitários") e "A visita", parecem confirmar uma forte tendência presente no livro e sinalizam na direção de uma estrutura em aberto. Ambas as narrativas têm um desfecho parecido.

No caso de "O pacificador", narrado na primeira pessoa, fato pouco frequente em sua literatura, ao contrário de Júpiter Alighieri que é capataz de humanistas em *Favelost*, temos um freelancer: "Sou um pacificador e escolho alvos pessoais de redenção para cutucar minha solidão. Meu social é indireto e sorrateiro. É patético afeto voluntarioso que cutuca a vocação para a solidão de quem sempre frequentou os ambientes, as cenas, os colapsos da escuridão humana. Agora sou um freelancer, sou um pacificador de almas à deriva..." (Fawcett, 2014, *Básico instinto*, p. 132). Há de fato uma diferença entre o capataz e o pacificador. E o próprio narrador nos sugere que teria sido algo que não é mais. Hoje é um freelancer. E ainda que trabalhe em prol de uma organização, aliciando almas, nada mais o prende: "Sou um pacificador e todo pacificador tem um senso épico absoluto... refém da inquietação aventureira não apenas em termos de deslocamento geográfico, mas também no que diz respeito a uma megalomania de se pôr à disposição de todos os saberes e técnicas e condicionamentos... máximo de experiências sociais numa espécie de ascese, de aperfeiçoamento espiritual" (Fawcett, 2014, *Básico instinto*, p. 147). Após todo o processo de resgate de uma alma à deriva, no caso, Petra, é como se ele próprio se abrisse a essa condição de deriva, através da qual novas sensações e novos envolvimentos se dariam: "A solidão do Batman de Dostoiévski chega ao meu coração novamente... Vou saindo pelo centro de triagem e pesquisa Júlio Verne à pista de pouso. Pegar o avião para qualquer lugar já que tenho passaporte mundial" (Fawcett, 2014, *Básico instinto*, p. 157). À deriva ou solidão como condição de possibilidade para a constituição de novos saberes.

"A visita", narrativa dividida em vários capítulos, ao contrário da anterior que se dá num fôlego só, é que fecha o livro. Mas não será diferente o seu final. Também narrada na primeira pessoa, encontra-se o personagem-narrador ligado aos serviços de um casal, a quem favorece, via internet, com imagens que ele propicia através de suas alucinógenas pizzas. Ele também um sênior, um idoso boy, um motovelho. Em determinada altura, ele avisa: "Sair fora e abandonar tudo, mas antes tenho que entregar três pizzas na noite do abismo". (Fawcett, 2014, *Básico instinto*, p. 166). E assim o faz a serviço do casal Bienal Forense que "escaneiam as fotos da natureza-morta humana, transformam-nas em adesivos, grudam nos corpos e ficam se lambendo e fudendo…" (Fawcett, 2014, *Básico instinto*, p. 196). Ao final da narrativa, após a realização de sua missão, e após mais um estado de vertigem, ao qual era constantemente submetido (ligação com o ovelhaço interrompida), volta do derrame e ainda Hermes Sem Registrus, mais espesso que um tijolo, a narrativa chega ao fim deslisando-se para a terceira pessoa: "Thick as a Brick vai dar o fora. Vai para outra megalópole. Procurando por muita coisa, vai se jogar noutros abismos, noutras odisseias. Homero sempre à espreita. Mesmo numa ruazinha. O vento fudido voltou" (Fawcett, 2014, *Básico instinto*, p. 208).

XXXII A introdução de Cacá Diegues ao livro *Básico instinto* chama a atenção para um aspecto que, segundo o cineasta, seria a característica principal do livro e da narrativa de Fausto de um modo geral: "Fausto talvez seja o primeiro escritor brasileiro a reproduzir a estrutura do pensamento audiovisual. Aqui, não se trata mais de se referir a seus signos, expressar de algum modo a sua importância, introduzi-lo na narrativa como elemento cenográfico, uma ambientação contemporânea, mas de utilizar-se do audiovisual como de uma nova lógica (uma estrutura de pensamento que mudou a forma da humanidade ver a si mesma e agir diante disso)" (Fawcett, 2014, *Básico instinto*, p. 9). O audiovisual não estaria a serviço de ideias, ele seria uma ideia em si mesmo.

Naturalmente, e isso Cacá admite, essa nova lógica seria uma novidade do século xx. A diferença é que, segundo ele, com o passar do tempo, convive-se naturalmente com essa nova lógica, sem o encantamento original, liberando assim a arte de si mesma e fazendo com que sua matéria volte a ser a própria vida, em vez do autoencantamento ou da autorreferência: "Certos noticiários, um certo cinema, uma certa política, a televisão, tudo faz parte de uma gigantesca e, ao mesmo tempo, delicada montagem que não está sendo necessariamente articulada por nenhum Big Brother, nenhuma central subversiva de controle da humanidade. Ela é apenas parte de um acordo inconsciente e implícito entre todos nós, de cuja participação nesse puzzle depende o evento e sua forma final" (Fawcett, 2014, *Básico instinto*, p. 10–11).

Esse texto de Cacá Diegues parece se dividir em duas partes: a estrutura audiovisual é uma conquista do século xx e nesse sentido Fausto Fawcett está inserido dentro de uma tradição modernista: ironia, aglutinações de vocábulos, pastiches, paródia... A questão, me parece, é a segunda parte: um Cacá Diegues contorcionista, que cria um argumento estranhíssimo para se desvencilhar do experimentalismo da linguagem em que está inserido o audiovisual e a própria literatura de Fausto Fawcett. E, de certa forma, para justificar o cinema do próprio Cacá, a essa altura, bem distante dos anos heroicos do Cinema Novo. "Acordo inconsciente e implícito entre todos nós" parece a racionalidade de Habermas, de inspiração iluminista, a um passo do neoliberalismo. Os textos de *Básico instinto*, ao contrário, são fundamentalmente tecidos de perseguições e fugas, e o único acordo de que temos notícia é entre Vanusa e Rachid — mas, infelizmente, não sabemos no que deu. Textos de contrastes, variações (as duplas estrategicamente colocadas em cada rubrica, incluindo aí os dois novos textos acrescidos à primeira edição, parecem mais querer chamar a atenção para as diferenças do que para as semelhanças). Contos que registram as variações, tentando dar conta do mundo. E, mais até do que a lógica do audiovisual, lembrando o catálogo de Chacininha: livro de recortes absolutos. "Pegar o catálogo de Chacininha é viajar na impressão de que todos os registros, todas as transmissões, todas as páginas de jornais e revistas, todas as programações que saem das tvs e das rádios, todos os sinais, tudo que é digitalizado, todos os filmes, imagens, sons, músicas, fotos, tudo que é divulgado é uma espécie de infinito e de ininterrupta reza desencontrada, saída da esquizofrênica brutalidade simultânea de tudo o que acontece na face do planeta" (Fawcett, 2014, *Básico instinto*, p. 81–82).

Ao contrário de um acordo inconsciente, Fausto celebra uma reza desencontrada.

XXXIII Em 2001, foi publicado pela editora Dante *Copacabana Lua Cheia*. Ou seja, onze anos após a publicação de *Básico instinto*. A própria ideia de "diário de ocorrências cotidianas", ainda que misturadas à ficção, dá ao livro um tom mais fragmentado ainda que *Básico instinto*. Segue-se um roteiro mínimo. Até mesmo a ida de Samantha Kelly Morgan, a vadia letrada americana, ao interior de Mato Grosso, já que viaja bancada por revistas de pesquisa do terceiro mundo instaladas no primeiro, para conhecer uma divisão psiquiátrica alternativa, não dá muito certo: chegando lá, algo dá errado e há uma fuga dos assistentes psiquiátricos clandestinos, antecedendo sua volta ao Rio. Os personagens, isto é, o narrador da história e Samantha, ficam expostos à contingência e, nesse aspecto, assemelham-se a Álcool (o cão apelidado por eles), "nosso bom e velho mentor". Em *Copacabana Lua Cheia*, portanto, radicaliza-se um processo que já dava sinais em *Básico instinto*. Se existe um projeto ou desejo (ficar sete dias numa kitchenette em Copacabana com uma americana e escrever o diário dessa temporada, misturando reportagem e ficção), ao menos é um projeto aberto ao instante, dentro de limites de tempo e geográficos. Não se obedece a ordenações fechadas, não se age no sentido de cumprir imagem-guia, não se lança mão de estratagemas a fim de que o outro aja sob a influência de terceiros. Registra-se tão somente o dia a dia mesclado a ficções inofensivas, que o narrador expõe ao leitor porque faz parte do contrato incluí-las.

A importância de Álcool, o cão mentor, completamente inserido no aberto, em meio ao trânsito, às ruas e à praia de Copacabana, levando os dois personagens da história a esse mesmo fluxo, por outro lado não será desprovido de rupturas. Se o aberto nos expõe às contingências, sublinhando o instante, por outro lado, o empenho em registrá-lo já implica uma certa suspensão. E aqui talvez possamos dar a devida atenção às paralisações que ameaçam ou atingem os personagens faustianos.

XXXIV   Desde *Santa Clara Poltergeist*, a paralisação paira sobre seus personagens. Em Matheus, o seu cérebro precisa ser recarregado constantemente. Assim como no conto *Vanessa Von Chrysler*, dentro do livro *Básico instinto*, em que a personagem que dá nome ao conto luta contra a paralisação, precisando ser recarregada nos painéis luminosos. Mas se em ambos os casos luta-se contra a paralisação, até porque é uma questão de vida ou morte, há outras espécies de paralisações, inevitáveis, tais como a sensação de solidão do narrador-personagem no conto "O pacificador", assim como no conto "A visita", em que o narrador-personagem entra num estado semelhante ao da epilepsia (coincidentemente, ambos os contos são acrescentados 22 anos depois à edição original). Essas paralisações inevitáveis, ao contrário do personagem Matheus em *Santa Clara*, que consegue combatê-la através de artifícios, ilustram bem a estrutura fragmentária dos contos, que é radicalizada no formato de diário em *Copacabana Lua Cheia*. Aqui, é a americana Samantha que se vê vítima de ataques, contra os quais nada se pode fazer. Paralisação a cujo teor não temos nenhum acesso (nos é vedada qualquer explicação).

xxxv Conforme Giorgio Agamben, em seu livro *O Aberto: o homem e o animal*, Heidegger teria em seu curso de 1929–1930, "Die Grundbegriffe der Metaphsik", referido ao primado metafísico da animalitas, segundo o qual haveria um "atordoamento", problema interno à própria animalidade, que faria da pressuposta pobreza de mundo do animal uma riqueza incomparável: "a vida é um âmbito que possui uma riqueza de ser aberto, que o mundo do homem talvez não conheça" (Agamben, 2013, p. 99). É justamente essa abertura animal ao desinibidor (o sangue para o carrapato), que Heidegger absorveu da biologia de Jakob von Uexküll, que será chamada de atordoamento e servirá de pano de fundo sobre o qual se poderia destacar a essência animal do homem. Atordoamento que estará ligado a uma espécie de abertura muito própria: exposição sem desvelamento (a cotovia está no aberto, mas não o vê). Esse seria o estatuto ontológico paradoxal do ambiente animal: aberto e não aberto, ou, aberto em um não desvelamento — ao mesmo tempo que há uma abertura mais intensa e arrebatadora que qualquer experiência do conhecimento humano, há também o não desvelamento do desinibidor (o carrapato não tem consciência do sangue; ele apenas é atraído por este, que permanece desvelado). A importância do tédio, com seus dois momentos estruturais diferentes, é que será uma experiência de fechamento a essa exposição sem desvelamento. Num primeiro momento, é o ser deixado no vazio, o abandono no vazio: "nesse vazio as coisas não são simplesmente subtraídas e desfeitas: elas estão lá, mas não têm mais nada a oferecer, permanecem completamente indiferentes, de tal modo, porém, que não podemos nos libertar delas, porque estamos presos e entregues àquilo que nos entedia (não nos deixamos seguir)" (Agamben, 2013, p. 105).

Nesse aspecto, esse primeiro momento essencial do tédio (ser deixado no vazio) tem muitas semelhanças com o atordoamento animal. Mas o segundo momento do tédio, o tédio profundo, é quando o ser é mantido em suspenso (experiência do desvelar-se da possibilidade originária — potência pura — na suspensão de todas as concretas possibilidades específicas. Essa imobilização, própria do tédio, tornando todas as possibilidades do *Dasein* (o ser como tal) presentes, mas inacessíveis, inativas, é o que possibilita outra espécie de abertura: ver o fechamento, a captura do "não ver a cotovia o aberto". A abertura humana para um mundo, ao contrário da abertura animal ao desinibidor, teria como condição de possibilidade o tédio profundo, o momento da suspensão e fechamento de uma abertura animal. O que nos sugere um primado metafísico do animal em relação ao homem (apenas uma operação sobre o não aberto do animal é que levaria à condição humana), eliminando assim a hipótese do pressuposto humano e a via da subtração para alcançar o animal.

XXXVI Para Agamben, no entanto, o grande problema é justamente o estabelecimento de uma ligação entre o animal e o humano, através de uma zona neutra ou de um espaço de intermediação. Seria próprio da máquina antropológica esse exercício: no caso da máquina dos antigos, produziria-se o animal-humano (*homo ferus*), por meio da humanização de um animal — é o caso dos escravos, dos bárbaros e dos estrangeiros; no caso dos modernos, produziria-se o homem-animal (*homo alalus*), excluindo de si como não humano um já humano, isto é, animalizando o humano, isolando o não humano no homem — é o caso do judeu ou do estado de coma. Essa zona neutra é a vida nua, a grande contribuição da máquina antropológica: homem e linguagem não coincidiriam — haveria uma forma superior de intuição do homem sem a linguagem. De certa forma, quando Heidegger estabelece os dois momentos estruturais do tédio, um enquanto vazio e o outro enquanto suspensão, o primeiro preso ao que lhe é indiferente e dessa forma semelhante ao atordoamento animal, e o segundo enquanto manifestação das possibilidades presentes, mas inativas, ele também usa o mesmo método da máquina antropológica: produz um duplo elemento, como algo separado e excluído de si mesmo.

XXXVII Não é à toa que *Copacabana Lua Cheia* talvez seja o texto de Fausto que mais faça uso da metalinguagem. Não são apenas as paralisações de Samantha Kelly Morgan que testemunhamos. São também as do narrador falando sobre a sua narração: "Meu pensamento é batida de swing. Música cinematográfica do verbo grafitado cantado na embolação do groove ladainha falação de frase clip de imagem capturada no eterno jornalismo pessoal das ocorrências que cercam a mim e a Samantha" (Fawcett, 2001, p. 139). Pela primeira vez na narrativa faustiana, o protagonista é o diário. O objetivo da história é a escrita. O grande desafio é escrever o diário e vive-se para isso naqueles sete dias.

XXXVIII Pensamento, ritmo, música, imagem, canto, ocorrências, que talvez pudéssemos reduzir a som e imagem. Mas o que também vai chamar atenção nessa narrativa é a constante referência ao leitor, nunca tão presente quanto em *Copacabana Lua Cheia*: "Tô falando dessa parada de escrever conversando com você, meu camarada... Falo do pensamento-divagação, raciocínio, abstração, que ajuda a consciência e isso só com o texto... Porque não bastam imagem e som... Leitura ainda é a técnica perfeita para se desenvolver a linguagem, que é a sustentação da mente na nossa civilização" (Fawcett, 2001, p. 84–85). Isso remete a um outro texto de minha autoria, "Por que Paulo Leminski?", em que analiso uma palestra do poeta curitibano dada num curso da FUNARTE. Leminski desenvolvia justamente esse argumento, que, de certa forma, vai na contramão de suas próprias experiências concretistas passadas. Talvez por isso, *Distraídos Venceremos* não tenha tido a mesma atenção por parte de seus antigos aliados. Mais que a palavra-imagem, aqui vai se priorizar o pensamento-raciocínio. E também Fausto parece estar entretido, tanto quanto Leminski, num certo jeito de escrever que nos remeta a uma comunicação direta com o leitor: "Quem escreve desse jeito também conversa direto com a humanidade, só que indo bem mais fundo na intimidade cotidiana de si próprio e dos outros" (Fawcett, 2001, p. 84).

Provavelmente, Fausto tivesse diante de si bem clara a diferença que *Copacabana Lua Cheia* representava em relação a sua narrativa anterior. Tanto que a determinada altura de seu diário de ocorrências cotidianas, ele evoca um lugar-limite ao seu texto: "Esse diário é o começo de um seriado infinito. É também o fim de uma trilogia sobre Copacabana enquanto ambiente total para tudo" (Fawcett, 2001, p. 35). Esse ponto de confluência nos chama a atenção enquanto ponto-limite ou ponto de ligação entre duas experiências narrativas que vão marcar a obra de Fausto. Porque *Favelost* e *Pororoca Rave*, como tentaremos mostrar em seguida, se arriscarão por um caminho não dicotômico, ao contrário do ocorrido entre *Santa Clara* e *Básico instinto*. De certa forma, *Copacabana Lua Cheia* é a radicalização de rupturas que predominam em *Básico instinto*, enquanto em *Santa Clara* vai prevalecer a linearidade (chamamos atenção para a ideia de cálculo ou retorno do mesmo que se dá na primeira ficção de Fausto).

Essa radicalização do processo de rupturas em *Copacabana Lua Cheia* nos sugere uma analogia com a suspensão a que Heidegger vai chamar atenção quando analisa o tédio profundo, que daria origem ao propriamente humano: experiência do desvelar-se da possibilidade originária (potência pura) na suspensão de todas as concretas possibilidades específicas. Ente que existe na forma de poder-ser, condição de possibilidade para ser algo, essa é a força estranha faustiana que o leva sempre a conhecer novos universos: "Estamos assim aqui e agora mas só por uma semana. Porque o imperativo promíscuo e o abandono geral é o que guia nossos corações e mentes. Odisseia, epopeia, Homero sempre à espreita" (Fawcett, 2001, p. 48). Esse abandono geral é tal como a suspensão, tal como os ataques de Samantha ou os do narrador (ataques de equivalência simultânea): forças afetivas maiores que a nossa consciência, dissolvendo o ego. Suspensão do fluxo em contraponto ao cão chulo e à lua cheia: entre a natureza e a tecnologia, ou mesmo entre o corpo e a imagem.

XXXIX Mas esse fluxo será retomado na sua narrativa seguinte, *Favelost*. Até porque a suspensão ou o tédio é a condição de possibilidade para a experiência, que terá em Fausto um valor supremo. Mesmo em *Copacabana Lua Cheia*, ponto terminal de uma escrita e início de uma nova, há sinais claros da importância da vivência: "um mendigo acompanhado de vários gatos... olhando o cara me lembrei de outro alucinado... foi apelidado de Rasputin... olhos... revelando muitas vivências, experiências, viagens, fugas, crimes ou simplesmente uma loucura incontrolável... Quando aparecia carregando seu saco de bíblias... cercado de cachorros, dava para acreditar em espírito, noutros mundos melhores e mais estranhos que esse... Andava pra cacete..." (Fawcett, 2001, p. 120–121). Essa ideia nos remete à epopeia faustiana. Não é à toa que, em determinada altura de seu diário, ele recomenda: "Ir fundo e não evitar nada para obter o ouro da vivência nas olimpíadas da existência" (Fawcett, 2001, p. 134). Em *Uma literatura globalizada: o corpo literário de Favelost*, Robson Batista dos Santos Hasmann nos chama a atenção a esse aspecto de simbiose entre as máquinas e a linguagem literária — o que acaba por gerar um enriquecimento cultural e linguístico justo numa época em que a literatura teria perdido a linguagem como matéria-prima. Os muitos neologismos, constantes na prosa faustiana, são uma prova das novas categorias a serem criadas para nomearem novos objetos e fenômenos. A profusão de sinais dirigidos ao controle do corpo é respondida por uma projeção de signos (representação simbólica) constituintes do humano e do literário. Nesse aspecto, à tentativa de ultrapassar os limites do corpo, de um corpo tradicional e linear como a linguagem do romance, tentativa por excelência do pós-moderno, segundo Hausmann, *Favelost* responde resgatando a totalização do discurso artístico-literário, através das grandes narrativas, seja pelo empenho (uma literatura tradicional, realista e engajada), seja pela ficção científica, em que a tecnologia é absorvida a nível de conteúdo: engajamento e futuridade; identidade nacional e invasão tecnológica. Na ideia de valorização da experiência, e retornando a *Copacabana Lua Cheia*, "essa inquietante ladainha do cinema-reportagem na incessante captura desse mundo de ocorrências que é a terra humanizada", a questão está em registrar no corpo do texto as marcas do tempo. Não é ultrapassar o corpo do texto através de um léxico encolhido, com uma concisão que leve à micronarrativas, tal como acontece em *Eles eram muitos cavalos* de Luiz Ruffato. Se há uma intensidade, não é ela provocada pelas máquinas em direção à superação do corpo, antes, através do corpo (do texto) por intermédio de procedimentos de linguagem: ironia, sarcasmo, neologismos, repetição de termos e ideias, mistura de elementos da alta cultura e da cultura de massa, jogos de palavras — intensidade barroca, registrando no corpo do texto as marcas do tempo. Representação niilista cheia de intensidade, ao contrário do niilismo negativo em que o indivíduo, no seu grau zero de subjetividade, é transformado em signo estatístico.

Talvez pudéssemos aqui concluir, no que se refere a *Copacabana Lua Cheia*, com a imagem de Sandro Bula, o poeta: "manipulador de palavras... mudando a posição das palavras... reescrevendo as bulas, as notícias infinitamente... Poeta é isso, o resto é tentativa" (Fawcett, 2001, p. 22–23).

XL A partir de agora, vamos ter que lidar com a última etapa da narrativa faustiana e que não poderia deixar de estar anunciada também em *Copacabana Lua Cheia*, já que esse texto tanto fecha quanto anuncia um novo ciclo. É quando uma nova lógica, não dicotômica, passa a prevalecer, priorizando o paradoxo: "Desligo a televisão nesse clima de auditório barroco, pensando num paradoxo de Abelardo, o

Chacrinha: não vim aqui para explicar e sim para confundir. Só que quem não se comunica se trumbica" (Fawcett, 2001, p. 131). E aqui finalmente chegamos ao início. Porque o primeiro disco de Fausto, assim como suas últimas narrativas, obtém uma estranha ressonância, que talvez nos remeta à seguinte ideia: foi necessário um longo esforço narrativo a fim de que se chegasse à mesma estrutura das imagens que constituem as canções de seu primeiro disco — essa estranha estrutura que *Copacabana Lua Cheia* nos sugere no sabonete da Duarte: "Álcool lambe algum resto de chocolate grudado num pôster-foto-rasgada de Paloma Duarte num skate anunciando sabonete. Lambendo chocolate no sabonete da Duarte" (Fawcett, 2001, p. 130). A colagem da última oração, criando um sentido absurdo, é precedida pela oração anterior que estabelece a separação da série das imagens e do corpo — procedimento muito utilizado nas canções de seu primeiro disco, aqui já analisado: "ela usava uma mini-blusa com foto de Monalisa, ela usava uma mini-blusa Monalisa". Esse procedimento linguístico torna-se a chave do caminho narrativo percorrido por Fausto em sua ficção: se em *Santa Clara* há um esforço de identificação entre as duas séries, daí a importância das imagens ou das ordenações, já em *Básico instinto* investe-se na separação dicotômica (a forma como foi estruturado o livro já aponta para o dualismo, inclusive na parte introduzida posteriormente: "A Visita" e "O Pacificador"), enquanto em *Favelost* e *Pororoca Rave* vai se apostar na copresença ou no paradoxo, sem prevalência das imagens ou do corpo.

XLI Onze anos após a publicação de *Copacabana Lua Cheia*, surge a quarta experiência narrativa faustiana: *Favelost*. Um intervalo de tempo quase tão grande quanto o existente entre *Básico instinto* e *Copacabana Lua Cheia*. Começa com as Hulkvuittom queimando joias e batons caríssimos (Fawcett, 2012, p. 7) e termina com "um longo beijo sacramenta o caos" (Fawcett, 2012, p. 241), última frase que fecha a narrativa. Desta vez, Fausto retorna ao caminho iniciado com *Santa Clara*, mas, diferentemente desta, vai inserir várias janelas: concomitante à saga de Júpiter Alighieri e Eminência Paula, dentro das 24 horas que lhes restam para desarmar o chip assassino e reverter sua função paralisante, que só vingaria se viessem a se encontrar, estará em jogo na narrativa outras perspectivas e outras técnicas. Uma dessas será a introspecção de ambos os personagens, momento em que a narrativa passa a ser usada na primeira pessoa e sempre no tempo passado (fluxo de consciência). Já em suas primeiras músicas, em especial aquelas que preponderam no seu primeiro disco, chamávamos atenção para as mudanças do sujeito narrativo: de um narrador onisciente na terceira pessoa para a narrativa de um personagem na primeira pessoa. Essas mudanças do sujeito narrativo nos fazem diante de várias vozes, ainda que, muitas vezes, elas se correspondam em seus pontos de vista, como acontece entre o narrador, Júpiter e Paula. E da mesma forma que um mesmo personagem viria a se assinar por nomes diferentes, dependendo de sua fase de vida (no caso de Eminência Paula: Catarina Augusta, Dallas Melrose e Mata Hari da Augusta; no caso de Júpiter Alighieri: Bruce Lido e Batman de Dostoiévski), nos damos conta de uma relação entre o mesmo e o diferente. Diga-se de passagem, um mesmo personagem assinar nomes diferentes é um fato novo em sua narrativa, o que dá a *Favelost* uma singularidade em relação ao que fora desenvolvido anteriormente pelo autor.

Outra janela que se abre em *Favelost* é a ênfase ao ensaio, numa intensidade que nunca havia sido experimentada antes, com exceção do conto *Básico Instinto*. Mas o que chama atenção agora é que essa nova janela está inserida num mesmo fluxo, o que nos remete a uma tradição modernista do romance híbrido. Nesse sentido, vale lembrar a importância concedida a *Serafim Ponte Grande* por Haroldo de Campos, que valorizará justamente o que Antonio Candido via como algo menor em Oswald, influenciado que estava, o crítico paulista, por um estruturalismo psicologizante.

Aqui, os personagens são chapados, assim como são na referida narrativa de Oswald, relembrando-nos a sua condição de papel. Mas, em vez de uma carência ou falta, o desnudamento do processo de formação dos personagens nos dá conta de seu caráter ficcional, através de rica experimentação da linguagem. Assim, como já anunciava *Copacabana Lua Cheia*, em *Favelost* a escrita continua sendo o personagem principal: mensagens amorosas no Twitter, a introspecção no passado, a descrição da cidade, a narrativa épica centrada na ação dos dois personagens no presente (Júpiter e Paula), os ensaios reflexivos e a repetição poética (a reza) que muitas vezes são frasísticas, repetitivas e tomam a forma de manchete, dando um cunho artificial e nominalista, despregados do referente. É sob essa multiplicidade de técnicas narrativas que *Favelost* está estruturado.

XLII E ainda que a maior parte dos capítulos seja constituída por textos pequenos e, muitas vezes, o foco centrado na ação dos dois personagens principais seja desviado — sinal de que a história em si talvez não seja o mais importante ou pelo menos não detenha o monopólio na narrativa de Fausto —, o fato é que essa multiplicidade faz parte de uma estranha unidade, como se uma mesma voz se entreabrisse em várias ou as várias vozes misturadas se transformassem numa só. Talvez seja esse o sentido de mancha urbana ou aquilo que Fausto chamará de Abrangência Panorâmica: "Um gozador pode chegar a dizer que sabe muito bem os endereços e os quarteirões, os limites geográficos de todas essas empresas, negociações e países, mas definitivamente esses limites não seguram nada. Ninguém barra a Abrangência Panorâmica". É essa abrangência que faz perder as fronteiras entre as cidades ou entre as técnicas narrativas: "conurbação de megalópole, entre Rio e São Paulo, cheia de ocupações desordenadas, calculadamente desordenadas, cheias de arquiteturas improvisadas, numa alternância de construções disparatadas pontuadas por arranha-céus de aparência futurista cafona... espelhados, marmóreos, fumês. Apenas a aparência de favela camuflando não se sabe o quê. Nenhum carro pode entrar em Favelost, pois suas ruas são estreitas. É uma Mancha Urbana com cara de metrópole medieval. Ruas estreitas para facilitar a camuflagem de tudo" (Fawcett, 2012, p. 107). Também a descrição de Copacabana em *Santa Clara* guarda alguns desses aspectos, principalmente no que tange à camuflagem: no interior de uma simples loja comercial, experimentações científicas e tecnológicas estão em andamento. Esse aspecto não sofre alteração com o tempo: estará sempre presente na narrativa de Fausto. Uma paisagem idêntica que pode ser entendida como uma simples aparência, camuflando as diferenças que habitam seu interior.

Sob esse aspecto, vale relembrar o bife filosófico de Webirene, ex-colega de Paula da "Intensidade Vital", firma à qual estavam ligados Júpiter e Paula, e que monta TVs de plasma na laje de uma mini-indústria cosmética: "Podemos tudo nos nossos acessos à internet, nas apropriações e processamentos de todas as informações... Mas quem é intermediário de quem?" (Fawcett, 2012, p. 205). Essa pergunta nos remete "às hierarquias suspensas na leveza dos bites... às hierarquias em guerra na festa cruel dos negócios" (Fawcett, 2012, p. 205). Sob a aparência de uma favela ou do nivelamento de todos ou de uma voz única que perpassa a narrativa, estariam submersas indústrias em guerra ou patentes ou vozes dissonantes... Entre as quais nenhum acordo racional seria estabelecido — penso aqui na estranha introdução de Cacá Diegues ao livro *Básico instinto*, sugerindo justamente o contrário. A duplicidade a que chamamos atenção nas suas narrativas, assim como nas suas canções, duplicidade da imagem e do corpo, do projeto e da ação, do longe e do perto, e que se dará ora de forma dicotômica (*Básico instinto*), ora sob a forma de poder (*Santa Clara*), ora de forma paradoxal (*Favelost* e *Pororoca Rave*), deverá estar a serviço ou da ideologia ou da transcendência. Mas tanto uma quanto a outra serão expressões do básico instinto, cujos princípios são basicamente dois: criação e rapinagem; amor e ódio. Haveria então duas espécies de identidade: uma que se daria sob a forma de falsa aparência (autoconsciência) e outra enquanto básico instinto. Essa segunda forma de identidade é aquela à qual Fausto se refere quando diz: "Enquanto se discute o pega pra capá dos modelos sociais econômicos dos EUA cheio de rombos e dívidas, (se discute) o europeu que mina seus cidadãos com voracidade previdenciária atrasando a produção de riquezas, (se discute) o chinês com seu socialismo de capitais ou (se discute) os sul-americanos esquerdofrenicamente patéticos, (se discute) os africanos falidos mas que servem pra experimentações variadas, (se discute) alguns asiáticos, semi-estado, à beira de algum colapso, (se discute) os BRICS e os PUGS que apresentam problemas de contribuição para o desenvolvimento da unificada Europa, enquanto o Brasil se preocupava com corrupções, balanços, estatísticas, *Favelost* acontecia... nem contestadora anárquica da mercantilização, nem conservação de alguma dignidade religiosa-industrial-classe média, nem território de secreta operação tecnológica. É mais do que tudo isso. É *Favelost*, isso é o que é" (Fawcett, 2012, p. 40). Nem operação e nem contestação. Essa estranha identidade, que talvez pudéssemos associar à ideia de caos ou falta de sentido, é aquilo que tudo é. A invenção da transcendência (a perversão da invenção que nos move, própria da distração) e as convicções próprias do modo religioso, ideológico e étnico, através da autoconsciência, seriam pares dicotômicos; mas ambos expressariam a falta de sentido do Caos ou a Visão do Grande Negativo Operante: o homem é um decaído, um condenado à infelicidade, que precisa se esforçar para se livrar de sua miséria primordial.

XLIII   E assim como diferenciamos uma falsa identidade, enquanto projeção/ imagem, e uma real, enquanto acontecimento, também poderíamos diferenciar duas espécies de negação: a que reconhece sua miséria primordial e a necessidade do esforço para fugir dessa condição; e a negação específica da melancolia, do "ser ou não ser" shakespeariano que leva à paralisia. É o que poderíamos entender como niilismo ativo e passivo. A questão da paralisia perpassa toda obra de Fausto através de diferentes modos: quando enfrentada através de choques elétricos (recarga de energia através de um fusível); quando leva ao abandono de alguma atividade para que, em seguida, possa ser experimentado um novo caminho; quando, produto da melancolia, fazendo a dúvida gerar a imobilidade; e, finalmente, quando a sua ameaça nos leva a inventar um meio de fugir ao seu encalço. Perseguição e fuga nos remetendo a Tom e Jerry, tão ao gosto de Fausto. Mas se *Favelost* perpetua essa lógica, arquipresente em todas as suas narrativas, a vitória final de Júpiter e Paula, revertendo a função do aplicativo, é um teste de final de curso: "Todo mundo hoje é cobaia de alguma transação" (Fawcett, 2012, p. 57). A vitória pessoal dos dois não incide contra o sistema. Conforme as palavras de Júpiter "a adrenalina do General Patton (da segunda guerra) me guia para o amor e pra vida de soldado universal". Em *Santa Clara*, ao contrário, Verinha é perseguida pela polícia oficial (existe o interesse do Estado em sua captura). Em *Favelost*, os personagens principais são soldados universais. E ainda que consigam driblar a morte, através de um esforço pessoal, estão inseridos dentro de uma ideologia — foi um teste de final de curso. A trama consegue reunir simultaneamente o básico instinto da sobrevivência e a utopia enquanto guardiões de uma nova moralidade — o mesmo e o diferente. Essa junção indica uma nova lógica em sua narrativa.

XLIV A profusão de sinais dirigidos ao controle do corpo é respondida por uma projeção de signos que é constituinte do humano e do literário, registrando no corpo do texto as marcas do tempo. Luis Alberto Brandão fala, como situação-limite, de um corpo hipotético como característica da ficção — procedimentos que interrogassem as categorias, em vez destas, de forma apriorística, determinarem a narrativa. E nos dá três exemplos que marcariam respectivamente a ficção dos anos 1970, 1980 e 1990, com perspectivas diferentes no que diz respeito ao estatuto do corpo (Brandão, 2013, p. 215–225). Nos anos 1970, em *Feliz Ano Novo*, de Rubem Fonseca, apontado por Luiz Alberto como uma ficção paradigmática do período, o corpo é apresentado como fetiche: os corpos-objetos celebram sua individualidade e autonomia — é um corpo veraz, não obliterável. Sob essa perspectiva, o corpo se apresenta sob um prisma representacional (se a narrativa, ao descrever uma atrocidade física, adquire um tom inocente, tamanha ambigui-dade indica uma tensão entre os dois registros: o realismo narrativo, que trabalha com o reconhecimento, próprio das narrativas documen-tais; e a ficção que trabalha com o estranhamento, operando por meio do fascínio em relação aos deslimites, elaborando, assim, conjecturas de corpo). Essa ambiguidade entre o corpo representado e sua nar-ração, o normal e o estranho, é um sinal de que o corpo é anterior à teoria, ou, conforme o universo de Fausto, é quando o corpo escapole ao controle. Um caso clássico é o conto "Valdecir e Chacininha", que, por conjunções do acaso, alguma coisa não dá certo: Valdecir é obri-gado a usar as explosões por crueldade, vingança, fugindo assim à sua função original.

Na narrativa dos anos 1990, estamos já diante de um corpo que é um objeto teórico, portanto, posterior à teoria. Daí porque os corpos figurados são considerados, por si, estranhos a ponto de embotar ou inibir uma eventual estranheza no modo de narrá-los. É o caso de *Uma civilização*, de Bernardo Carvalho — a narrativa é mantida na esfera de sujeitos indagadores e testemunhais, ainda que inutilmente inda-gadores e falsamente testemunhais (a incógnita da narrativa mítica, que tenta se decifrar, de uma civilização que foi dizimada, permanece). Nesse caso, estamos cientes de um copo incógnito, não mais reconhe-cível, como o era nos anos 1970. Não é raro, nesse caso, apelar-se para o realismo mágico e certo tom fabular e onírico — o que não significa que as categorias realistas básicas tenham sido tencionadas. Em *Co-pacabana Lua Cheia* é o caso das fábulas de "fantasia barroca maluca", como "A Fábula da Fêmea Camafeu", ou as lendas marginais, tais como "La Boqueteira Violeteira". É quando se foge do registro diário, reco-nhecível, e passa a se ter como objeto de narração um objeto estranho. Pode-se inclusive apelar ao tom surrealista. Mas isso não significa que a narrativa tenha abandonado a sua zona de conforto.

Luis Alberto Brandão ao indicar, nos anos 1980, as ficções de Sérgio Sant'Anna (*O Concerto de João Gilberto no Rio*) e João Gilberto Noll (*O Cego e a Dançarina*) como representativas daquela década, não somente indica uma certa especificidade de narrativa como também elege seu campo de interesse. Aqui, mais importante que as figurações do corpo (normal ou estranho), serão os regimes narrativos. E, diferentemente da oposição que testemunhamos em Rubem Fonseca, entre ficção e realismo, aqui nos damos conta de uma sintonização entre os dois registros, em vez da tensão. E isso porque não é mais um corpo pré nem pós-teórico. Há uma simultaneidade entre corpo e teoria, que acarreta um corpo estranho e reconhecível: seu estatuto é impreciso e espectral. Os elementos básicos narrativos — sujeito, espaço e tempo — estão lá, mas em constante dissipação. Não cabe aqui a ideia de impossível, nem a de superação do corpo, que, conforme Robson Batista nos lembra, terá sido o projeto pós-moderno: superação dos limites corporais, expressa em narrativas curtas que não sofreriam uma simbiose com o cenário e, portanto, não absorveriam conteúdos contemporâneos. Tudo que a literatura de Fausto não é. O corpo ainda está lá. É esse corpo que ainda nos prende a atenção, palpável. Não tem certamente mais a veracidade e o poder de comoção sociológica como tinha em Rubem Fonseca. Essa autossuficiência sensível foi esvaziada. Mas também não está desmaterializado, não é um objeto teórico, o qual nos remeteria à literatura dos anos 1990 e ao campo cancional daquilo que convencionalmente conhecemos como Nova MPB e que, talvez, tenha em Romulo Fróes e Nuno Ramos seus principais nomes. Há uma diferença entre corpo errante, fugidio, impreciso e corpo desaparecido. E o corpo desaparecido será ainda uma simulação: "A pura voz é ainda tratada como corpo. O espaço da linguagem, desejadamente autônomo, é projeção do espaço como categoria vinculada à percepção corporal. Não há pois como transpor no texto tal limite. Só é possível indicá-lo" (Brandão, 2013, p. 257). Tal como o realismo que supõe um corpo autônomo e suficiente, e cuja representação é uma espécie de simulação, o seu oposto, o corpo teórico, também o é. Daí a importância de se esgarçar a narrativa, da temporalidade ser descontínua, do espaço não possuir adjacência nem homogeneidade, e do sujeito se decompor. É quando a narrativa se torna imagem da narrativa. Narram-se não histórias, mas simulações de histórias.

XLV Esgarçar é como uma grande panorâmica. Há que se tomar a devida distância a fim de que se possam avistar todos os elementos envolvidos. É como o *Jardim das delícias terrenas*, de Hieronymus Bosch, que se transformou em capa de *Favelost*. Esgarçar para não se iludir com a utopia realista, nem com utopia construtivista. Ainda que se venha a pagar um preço caro por isso. Num momento polarizado pelo qual passa o país, algumas passagens de *Favelost* incomodam, perturbam e até nos levam a lançar hipóteses sobre a situação solitária de Fausto Fawcett na literatura brasileira. O que nos leva imediatamente a José Agrippino. Sua *PanAmérica* guarda alguns traços de semelhança com *Favelost* (mais com *Favelost* que com *Santa Clara*). Não podemos esquecer que na primeira narrativa de Fausto, trata-se sobretudo de evitar a explosão. Em *Favelost*, ao contrário, trata-se de evitar a paralisação. Em *PanAmérica*, como nos indica o estudo de Evelina de Carvalho Sá Hoisel, em seu texto *Supercaos: os estilhaços da cultura em PanAmérica e Nações Unidas*, está em andamento a exacerbação dos sentidos, o excesso, a explosão, através da qual se restabeleceria uma nova ordem como nos é sugerido ao final de suas páginas. Em determinada altura de *Favelost*, o narrador recorre a Blake: "Se as portas da percepção fossem abertas, veríamos o universo em toda sua majestade infinita. Mas isso já não tem misticismo nenhum em *Favelost*". Naturalmente, a utopia "esquerdofrênica" vai sofrer com a mordacidade de Fausto, sempre disposto a acionar sua grande angular. É assim que no capítulo 75 existe uma longa reflexão humanista de um senhor com crise hamlética e que colocará em questão tanto os nazistas/ comunistas quanto o homo zappiens, os quais, por sua vez, através de seus filhos, o colocarão em questão. Se o narrador onisciente se identifica com os zapiens, estes, por sua vez, através da reflexão humanista, sofrerão uma dura crítica: "heresia fascista do totalitarismo democrático, assoberbado, turbinado por ciência aplicada a tudo... indiferença e desprezo pelo seu inimigo... vão, na maciota, no calcanhar de Aquiles das doenças, da grana, da ambição, das rações de afetos mal digeridos ou não digeridos" (Fawcett, 2012, p. 232). O grande projeto de Fausto, a essa altura dos acontecimentos, mas que já dava seus sinais em *Copacabana Lua Cheia* através de seu caráter metalinguístico, é pôr tudo à prova. É ao que Flora Süssekind, em seu texto "Ficção 80: dobradiças e vitrines", vai chamar atenção no material de vidro: põe o modelo em evidência, exposto aos olhares alheios, e por isso posam como corpos espetacularizados — o corpo adquire um caráter de objeto e sua representação, nesse tipo de literatura, é resultante da articulação de categorias sensíveis e conceituais; mas, simultaneamente a isso, esses corpos, nessa literatura, também terão um caráter hipotético, não só pela reflexibilidade das vitrines mas também pela dicção ensaística da narração — o centramento do corpo e a subjetividade associada à voz que narra, serão corroídos pelo reflexivo da narrativa (aqui não se trata de uma articulação de categorias sensíveis e conceituais, mas sim de vetores de sensibilização e conceituais que definem a significação, dando ao corpo não mais um caráter de objeto, mas um caráter hipotético). Quem vê é também visto e, dessa forma, tudo passa a ser revertido. Inclusive o chip, cuja função paralisante é revertida para a função de blindagem. Esse caráter de reflexibilidade do vidro, maneira com que Flora Süssekind vai abordar a literatura dos anos 1980, é como entendemos ser a forma mais adequada de situar a literatura de Fausto Fawcett. Passagem contínua, transformando tudo em paisagem, espaço, locais com seus respectivos nomes: Praça de Alimentação de Máquinas, Terraço de Firma Veterinária, Praia do Calibre, Jardim das Rolling Stones, Hangar dos Golens Vitalinos...

XLVI Porém, se por um lado há uma forte espacialização, por outro há uma representação objetiva do tempo, isto é, aspectos cosmológicos, físicos do tempo, como algo que efetivamente transcorre e contra o que Júpiter e Paula lutam porque, se não conseguirem se encontrar em determinado período, acabarão mortos. Há, de fato, desde suas primeiras músicas, essa concepção de tempo contado, individualizado, como um fluxo objetivo, contínuo, uniforme, mas que provoca o suspense na história porque vai se lutar contra sua previsibilidade. O contemporâneo de sua literatura é impedir o ordenamento e a lei presumível do tempo, concebendo o instante povoado de agoras em permanente fluir. Ainda que o tempo efetivamente transcorra, e temos aqui um modelo de referência, é impossível dominá-lo através de qualquer racionalização ou sistematização. Ainda que haja um chip programado para paralisá-los e, à medida que o tempo passa, cada vez mais eles vão chegando perto do fim, tenta-se reverter esse processo. É por isso que a dada altura do texto, o narrador nos informa que o escaninho "literatura-poesia" foi sacudido pela Filosofia Sibilante, a qual seria constituída pela simbiose, sinergia, sinestesia e saturação. E nos dá conta de um curioso conflito entre Farenheits e Almanakindles, cujo resultado é um empate técnico. Se os primeiros lidam com pensamentos imperfeitos, vastas emoções e imagens surrealistas (são os subjetivos, herdeiros temporais de Proust), os Almanakindles, por sua vez, lidam com o espaço, com o "tudo ao mesmo tempo agora", enquanto gerador de êxtase ("expandir com os dispositivos atuais o que Joyce escreveu"). Quer me parecer formas diferentes de se ler o tempo: aprisionado de forma racionalizante ou subjetiva (o modelo de percepção do tempo está de certa forma conectado ao seu modelo de referência, o que faz suspeitarmos de uma certa relação entre tempo subjetivo e objetivo); e o tempo pleno de ambiguidades, povoado de agoras em permanente fluir. Um tempo moderno e um outro contemporâneo. Proust e Joyce irreversivelmente empatados. Surrealismo e colagem. Lendas contemporâneas e efeitos de linguagem. Essa duplicidade está exposta, inclusive na história, que começa com as gossip girls — "encarnações femininas e bucetílicas da grande entidade cafajeste do hinduísmo emergente, Nanvalinada" "(Fawcett, 2012, p. 8) —, e termina com "Paula e Júpiter trepam. Gozam o que tem para gozar desarmando o chip assassino... Com a blindagem sob a pele, os dois permanecem abraçados. Um longo beijo sacramenta o Caos" (Fawcett, 2012, p. 241). A narrativa começa então com o egoísmo (a rapinagem) e termina referindo-se à comunhão, ambos ligados aos básicos instintos, ainda que possamos pensar numa simultaneidade: o processo que desencadeia a trama, e que faz Júpiter e Paula lutarem contra o tempo, é uma história de amor e sobrevivência ao mesmo tempo, comunhão e egoísmo. Se pensarmos que reverter a função do chip é ainda ratificar a Intensidade Vital, firma à qual pertencem, uma vez que se trata de um teste, e, ao mesmo tempo, afirmação das suas individualidades, vamos então nos deparar com uma atmosfera insólita, que problematiza o realismo. "Sacramentar o caos" talvez esteja ligado a uma narrativa que opera por meio do fascínio em relação aos deslimites, o que leva seus elementos narrativos básicos (sujeito, espaço e tempo) a uma constante dissipação e imprecisão.

XLVI Francisco Ortega, em seu livro *O Corpo Incerto: corporeidade, tecnologias médicas e cultura contemporânea*, ao comentar, na terceira parte do livro, "O Corpo entre Fenomenologia e Construtivismo", sobre o mental e o físico, chama atenção para o caráter dualista em Foucault: o mental e o físico seriam duas entidades metafísicas independentes, apenas invertendo o dualismo tradicional — enquanto neste, o poder da mente sobre o corpo, realizando o "cuidado de si" e modificando asceticamente o si mesmo, se dá pela presença dos outros (ocupar-se consigo é ocupar-se dos outros, colocando a justiça no centro desse cuidado), no dualismo foucaultiano, o corpo passa a ser a origem ativa da resistência ao poder. A contradição que Ortega vê nesse Foucault de *Vigiar e punir*, ou seja, da primeira metade dos anos 1970, é que o mesmo corpo construído pelo poder, também será a origem ativa da resistência, estendendo seu campo de influência à alma, esta compreendida como o que vem a ser produzido no interior dos corpos pelo poder via controle e monitoramento corporal. Foucault nesse momento é construtivista, o que só complica, segundo Ortega sua perspectiva de resistência. Mas a partir da segunda metade dos anos 1970, essa resistência não se daria mais através do corpo construído passivamente. Foucault passaria a pensar então uma outra noção de corporeidade, uma outra economia do corpo e dos prazeres, que ultrapassaria a dimensão discursiva/ construtivista, e se aproximaria a uma noção próxima do corpo fenomenológico, como potencial de ação. Esse aspecto em Foucault viria a ser criticado por construtivistas como Judith Butler, porque, ao invocar uma multiplicidade libidinal pré-discursiva que pressupõe uma sexualidade anterior à lei, Foucault abdicaria do modelo construtivista de corporeidade. Fausto Fawcett não deixa de encenar esse acontecimento, através de uma mordacidade cáustica a toda forma de discurso. Sob esse aspecto, vale a pena meditarmos não só a copresença do longe e do perto, do telescópio e do sexo, da mente e do corpo, em algumas de suas canções como "Estrelas vigiadas" e "Gueixa vadia", mas também vislumbrar o tom irônico em *Favelost* diante da reflexão humanista do pai hamlético, que levaria à seguinte observação dos filhos: "papo burro disfarçado de crítica profunda. Chega! Vamos nessa!" (Fawcett, 2012, p. 232). Há sempre uma valorização da ação em detrimento do discurso. Conforme Ortega, as distinções entre corpo vivo e corpo vivido, isto é, entre o corpo construído cientificamente e descrito de forma fisicalista por um lado, e o corpo enquanto experiência corporal vivenciada por outro lado, teriam apenas um caráter funcional com fins práticos — o que está em jogo mesmo é a ação. Dessa forma, o corpo é, antes de tudo, capacidade de movimento, ação, em vez de reação passiva ao meio.

Como é sempre o mesmo corpo, o que chamamos de corpo vivo e vivido seriam apenas dimensões de uma mesma corporeidade. Não é corpo como discurso — aqui, Ortega se socorre de Ian Hacking para estabelecer a diferença entre objeto e ideia: "uma coisa é a ideia de biologia, as diferentes teorias, olhares, instituições, instrumentos e práticas científicas e laboratoriais, que são, sem dúvida, histórica e culturalmente condicionadas; outra coisa é o objeto, o ser vivo, a sua composição físico-química e genética, o que não é uma construção cultural"(Ortega, 2008, p. 201). Portanto, não é o que a sociedade faz ao corpo e com o corpo, mas o corpo como base da ação e da experiência, esta compreendida como novas maneiras de experienciar o corpo — quando Foucault descreve as práticas sexuais, ele está preocupado em descrever as maneiras de experienciar esse corpo e não em descrevê-lo discursivamente. Se no construtivismo, isto é, o corpo como discurso, há um claro dualismo entre corpo e mente, esta última sendo produzida no interior dos corpos disciplinados pelo Poder (corpo instrumentalizado, sem sujeito nem intenção), o contrário seria promover estruturas corporais invariantes que norteariam nossa experiência, em vez de ficarmos sujeito às estruturas. Mas com isso recai-se novamente no dualismo sujeito e objeto. O corpo passa a ser tomado como sujeito da ação, produto do livre-arbítrio (voluntarismo). O disciplinamento corporal, por um lado, e a essencialização da experiência vivida, por outro, seriam posições antagônicas: estruturalismo e filosofia do sujeito; o corpo como mero produto físico de controle/ resistência e como sujeito da ação. E, tanto numa posição quanto na outra, haveria uma espécie de dualismo: corpo/ mente; sujeito/ objeto. A ideia de Caos em Fausto Fawcett, tanto desenvolvida no conto *Básico instinto* quanto em *Favelost*, quer me parecer estar ligada a um irracionalismo, que talvez pudéssemos identificar a uma identidade sem sujeito: estrutura estruturada e estruturante. É o que Pierre Bourdieu vai chamar de "habitus" — o envolvimento do agente num domínio prático já estruturado, dá forma ao habitus; mas, este, uma vez formado, funciona como princípio que gera e organiza novas práticas. É também o que Merleau-Ponty vai chamar de ação dialética entre ação e hábito: a ação tanto é moldada pelo hábito quanto pode gerar novos hábitos que moldarão ações futuras. Essa relação entre invariante corporal e variações histórico-culturais não tem um caráter essencialista até porque esses invariantes podem ser alterados no futuro, vindo a se estabelecer novos invariantes. Essa relação de mão dupla poderia ser compreendida assim: a construção social da consciência do corpo (variável histórica) pode gerar uma disfunção somática (corpo), que por sua vez pode gerar formas de desaparecimento social do corpo.

À desvalorização do corpo promovida pelos construtivistas, Ortega traz, em contraposição, nomes como Mark Johnson e George Lakoff, segundo os quais o corpo é que molda a linguagem — a riqueza dos invariantes corporais constituiria metáforas essenciais para a interpretação do mundo e o entendimento. E se aqui Ortega se contrapõe à mão construtivista da linguagem, também o faz em contraposição à teoria representacionalista que opõe linguagem e corpo. Nem corpo pós-teórico (a literatura de Bernardo Carvalho), nem corpo pré-teórico (a literatura de Rubem Fonseca). É a ideia de linguagem como atividade encarnada.

XLVIII A relação que Ortega estabelece entre, por um lado, a tecnobiomedicina, a realidade virtual, a inteligência artificial, pós-humanismos, cyborglogias e cyberpunk, e, por outro lado, construtivismo social-discursivo do corpo, faz vir à tona a construção da corporeidade. E, nesse sentido, podemos pensar a medicina como um projeto moderno — meta relato transcendental com força normativa universal. A progressiva virtualização dos corpos na tecnobiomedicina, por exemplo, tem relação, para Ortega, com a mulher descorporificada, mediante a corporificação da teoria em Judith Butler. Ao corpo subjetivado e encarnado, próprio do corpo fenomenológico, se sobreporia um corpo imaterial e mental, que ora nos remete à corporificação da teoria no construtivismo, ora à sociedade da mente na filosofia da consciência, que seria transferida para o computador; em ambos, o desprezo pelo corpo, próprio à tradição cristã.

XLIX Robson Batista dos Santos Hasmann em *Uma literatura globalizada: o corpo literário de Favelost*, aqui já abordado, nos chama a atenção para a metáfora da caneta-tinteiro, metáfora clara da escrita e do escritor — caneta-tinteiro enquanto instrumento estranho ao mundo tecnológico de *Favelost* e através do qual promovia-se a execução de pessoas com ataques hamléticos —, podemos aqui pensar em reversão de funções, típico caso de gambiarras, dando ao terceiro mundo uma perspectiva antropofágica, mas, sobretudo, poderíamos pensar no que Robson vai chamar de ontologia existencial humana: a intensidade do humano que responde com uma projeção de signos os sinais dirigidos ao controle do corpo. Retomando o texto de Ortega, o corpo modificado não desaparece e nem permite superar a corporeidade como origem da ação. Trata-se do devir ciborgue e não de autômatos. Os chips e seus equivalentes potencializam a ação do corpo, mas nem por isso a ação deixa de ser corporal: "a carne é uma realidade aberta à técnica, como amplificadora da percepção e da faculdade senciente; o envelope corporal torna-se o lugar da negociação e apropriação desses suplementos, que deixam de exercer a função compensatória de substituição para acrescentar e potencializar a percepção e sensorialidade do indivíduo" (Ortega, 2008, p. 224–225). A música "Bengala de cego", que compus e consta do primeiro volume da *Trilogia Skylab & Tragtenberg*, trata justamente do devir ciborgue. Em *Favelost*, resgata-se a ficção científica, quando a tecnologia é tratada a nível de conteúdo, diferentemente do Concretismo e seus herdeiros (Arnaldo Antunes) que a tratariam a nível da forma; mas, por outro lado, filia-se também ao realismo enquanto engajamento, tendo como tema a identidade nacional e a opressão social: uma característica da ficção cyberpunk na América Latina, como será abordada por Rodolfo Rorato Londero.

L Talvez pudéssemos pensar a literatura de Fausto Fawcett, em seu anseio de partir para novos mundos, novas experiências — o texto "A visita", em suas últimas linhas, é bem característico —, como uma odisseia contínua. Em suas páginas há um sentimento de que a vida vale a pena ser vivida. E aqui talvez pudéssemos recorrer a Ortega, que recorre a Winnicott, mais especificamente à sua teoria da ação criativa: sobre a importância da resistência do ambiente à ação corporal, estimulando um impulso agressivo-criativo. A grande consequência da tecnobiomedicina, assim como do construtivismo social, foi, ao contrário, a instauração da ação descarnada na realidade virtual. O que levaria a uma ausência de resistência do ambiente. Esse eu imaterial, desconectado e sem resistência, encenando o dualismo entre mente e corpo, objeto e linguagem, levaria não só à depressão, ao desânimo, à apatia, à fraqueza da vontade, como à perda do sentimento de realidade com o esquecimento das consequências reais de nossas ações no mundo real (um mundo sem obstáculos, onde empreenderíamos saltos no vazio sem nenhum dano). Pois o impulso agressivo-criativo de Fausto, próprio do corpo encarnado, nos levaria, três anos depois, a vivenciar uma nova experiência: *Pororoca Rave*.

LI Estamos no ano de 2015. Através da editora Tinta Negra, Fausto faz vir à tona seu novo rebento: *Pororoca Rave*. E pela primeira vez, na narrativa faustiana, o som vai ocupar um lugar privilegiado. Em *Santa Clara*, o som está presente como "gravador de rapina para recepção de músicas desencontradas... ou emitindo voos rasantes de mixada sonoridade barroca... Funk Bach, Funk Vivaldi, Funk Pachelbel" (Fawcett, 2014, *Santa Clara Poltergeist*, p. 71). Trata-se do Gavião Ghettoblaster barroco: "Um gavião gravador de rapina voa baixo por Copacabana zunindo hits barrocos nos ouvidos cansados" (Fawcett, 2014, *Santa Clara Poltergeist*, p. 144).

Já em *Favelost*, as referências ao som parecem um pouco modifica-das — agora, trata-se do som como Coisa a ser absorvida e mexida de forma violenta. O escaninho música sacudido pela filosofia Sibilante tomaria a forma de monções musicais: "Formato musical fonográfico em meio à barulheira gigante de várias sonoridades abarcadas por músicos e manipuladores de aparelhagens com programações de timbres, vozes e vibrações. Sonoridades cortadas e redirecionadas por muita gente, caracterizando a Mega Cena Noise, Mega Ambientes de Ruídos Pesquisados" (Fawcett, 2012, p. 123). Não se trata apenas de mistura de gêneros. Estamos aqui na perspectiva da Indústria Noise, modulando-se nuances sonoras e direcionando os ruídos para produzir a muzak em *Favelost* e criando assim monções musicais: "Pegar toda a história fonográfica e transformá-la em nuvens de músicas" (Fawcett, 2012, p. 123). Além disso, faz-se menção também ao som pro corpo — música clínica para ambientações viscerais.

Em *Pororoca Rave*, as referências sonoras se multiplicam e tornam-se o tema do livro. Mas há que se perceber antes a mudança do Gavião Ghettoblaster barroco em movimento no alto (*Santa Clara*), para os manipuladores de sonoridades, as quais são cortadas e redirecionadas (*Favelost*). Não é mais uma questão de mistura, como se dava em *Santa Clara*, nem de manipulação. (música vista aqui, em *Favelost*, não como gêneros em mistura, mas como constituída por pequenas unidades a serem manipuladas).

Em *Pororoca Rave*, no entanto, o som está em tudo, está em todos. Não é mais o Gavião Ghettoblaster nem a manipulação do som. Trata-se de captar a radiação do Big Bang, isto é, a sua vibração original, presente em tudo e em todos. Em *Santa Clara*, tratava-se de captar a força única que se seguiu à primeira explosão, força a que se liga o orgasmo ou a libido (estamos no campo da Física). Em função dessa força primordial pesquisada pelos orgônticos, que vamos presenciar uma explosão de imagens — os boreais eletrônicos que o digam. Mas de um modo geral, ainda que se faça referência ao som em vários momentos da ficção narrativa de Fausto Fawcett, poderíamos afirmar que, pelo menos, nos três livros que antecedem *Pororoca Rave*, há um predomínio da imagem. A singularidade de sua última narrativa está no fato de que, ao menos tematicamente, trata-se de pesquisar o som. E se os personagens principais de *Santa Clara* e *Favelost* são perseguidos para que seus corpos sejam objetos de experimentação, em *Pororoca Rave*, eles o são, não em função de seus corpos, mas por causa dos depoimentos de criminosos que o Duo Coletivo Sound coloca nas mixagens ou nas instalações em bienais — assassinos que incriminam gente graúda da polícia federal ou do Estado. O motivo da perseguição não é o corpo, é o som. Na narrativa de Fausto há, tematicamente, um gradativo crescimento do som até chegar ao seu predomínio total. Da mistura de gêneros à endomúsica, passando pela música da escrita, até a transformação do mundo em modulações da vibração original.

Interessante observarmos que, em *Copacabana Lua Cheia*, o som, ou vai estar ligado à audição dos discos dos Rolling Stones e do funk carioca de Marlboro, ou vai estar ligado à escrita. Em certo momento do diário, faz-se referência também à endomúsica: "Hoje (o Quinta dos Infernos) vai receber a visita da banda Chelpa Ferro, que vai tocar uma variação eletrônica e repetitiva da música Tumbling Dice dos Rolling Stones" (Fawcett, 2001, p 101). Mas, de um modo geral, o que vai prevalecer no diário é o som relacionado à escrita: "... falação de texto que é diário de ocorrência num ritmo de batidão-ladainha" (Fawcett, 2001, p. 109).

LII   Rodolfo Rorato Londero, em seu *O Futuro Esquecido: a recepção da ficção cyberpunk na América Latina*, vai trazer à baila o subgênero da ficção científica, o cyberpunk, ao qual vai relacionar *Santa Clara Poltergeist*, mas enquanto ficção que argumenta a partir de seu lugar (poderíamos pensar num pós-cyberpunk; ainda que com a mesma técnica de construção da sua matriz americana, os personagens, os cenários e as suposições sobre o futuro seriam diferentes). Tanto Hermano Vianna, em sua introdução à *Santa Clara*, faz questão de diferenciar a narrativa faustiana do modelo cyberpunk quanto o próprio Fausto, em entrevista a Rorato Londero, sublinha essa diferença: "... o noticiário sobre o cyberpunk me interessa pra caramba, mas meio de fora, porque essa ficção tinha aquela visão Tron... de sair daqui, se isolar... o sonho da liberdade. Eu acho que a gente não muda, como diz Millôr, os gregos teorizaram tudo... toda a tecnologia pra mim são só *gadgets*... Todo Jetson tem medo de ser Flintstone. Essa coisa da tecnologia como sinônimo de progresso, eu não acredito. E também o punk, pra mim, é mais uma coisa cínica. Vamos avacalhar... pegar o excesso... e vamos mandar uma quinta marcha na banalização, na vulgarização, em qualquer coisa. Para mim, como o Hermano diz no prefácio de *Santa Clara*, tanto faz a guerrilha quando dissolve o ego na matéria em movimento. Para mim é pau a pau. Não quero salvar o mundo" (Fawcett, 2010).

Esse trecho da entrevista, concedida por Fausto a Rorato Londero, num momento em que ainda não havia sido publicado *Favelost*, parece ir na contramão do viés utópico que Londero tende a inserir à recepção da ficção cyberpunk na América Latina. Naturalmente, há que se diferenciar o que o autor escreve e que ele diz ter escrito, isto é, a sua obra do seu discurso. Por outro lado, Rorato, em sua sagaz percepção do final das fronteiras entre alta e baixa cultura, música popular e música erudita, aclamada pelos pós-modernos, recorre a Jameson para entender o fenômeno: "Quando os pós-modernistas proclamam a anulação de uma distinção mais antiga entre cultura de elite e a chamada cultura de massas, isso demarca a vitória final, por exemplo, da literatura estabelecida perante as invisíveis (todos reconhecem a presença do gênero policial em *O Nome da Rosa*, mas ninguém designa esse romance como literatura invisível, compreendida aqui em oposição à literatura estabelecida, e baseada em valores tais como efemeridade, particularidade e imitação). Pelo menos os frankfurtianos, tantas vezes acusados de discriminar as literaturas invisíveis, reconheciam o embate. Hoje, o pós-modernismo proclama a assimilação definitiva das literaturas invisíveis pela literatura estabelecida" (Lodero, 2011, p. 18).

Haveria, segundo Rorato, no embate hoje entre literatura estabelecida e literatura invisível (talvez pudéssemos pensar aqui em Borges por um lado e William Gibson por outro), duas estratégias diferentes, mas que realçam antes de tudo uma luta: por um lado, a literatura pós-moderna que, apesar de realçar a literatura invisível em detrimento da universal, principalmente no tocante aos valores etnocêntricos desta, ainda assim, continua seguindo as regras da literatura universal; por outro lado, a literatura de massa, que tenta desestruturar o sistema hierárquico sobre o qual se erigiu a literatura universal, cujos valores são a eternidade, a universalidade e a originalidade. A luta pela legitimação literária dessa que chamamos de literatura invisível, segundo Rorato, passaria pela demarcação de fronteiras, na contramão do Tropicalismo e da contracultura.

É sob essa perspectiva que Rorato vai sublinhar a alegoria, que, segundo ele, é a chave segundo a qual o código da ficção científica pode ser decifrado.

LIII Conforme Borges, citado por Rorato, "na alegoria haveria um duplo movimento que buscamos para definir a ficção científica: os caracteres alegóricos ocupam um lugar intermediário entre a realidade e a abstração do entendimento lógico (a faminta e fraca loba da Divina Comédia não é um emblema ou letra da avareza: é uma loba e é também a avareza, como nos sonhos)" (Lodero, 2011, p. 39). Assim como o texto é o corpo literário e não apenas representação. Essa dupla face é própria da alegoria. Há nela, enquanto expressão do particular, uma relação com a efemeridade: exibe em sua superfície as marcas de seu tempo de produção; existe ali a materialidade de uma inscrição concreta. Não é significado metonímico, produzido por uma leitura ingenuamente especular da imagem, capaz de ganhar novos significados a cada geração e que é próprio do símbolo; mas também não é significado metafórico — a loba não é metáfora de avareza. Essa dupla negação é que caracterizaria a alegoria, o que a torna eternamente concreta e sempre passado. Se no símbolo se chega acidentalmente a um só significado, pelo modo direto de manifestação espiritual, na alegoria há uma pluralidade de significados, posto que o momento da produção textual está lá para ser lembrado.

Conforme Idelber Avelar, quando a verdadeira história não é narrada pela literatura universal (porque os outros permanecem indizíveis, seja em razão da incapacidade da metáfora usada por essa literatura, seja em razão de os outros não se expressarem por eles mesmos), os discursos marginalizados vão indicar um fracasso passado que interpela o presente em condição de alegoria. Daí a presença de monstros na ficção científica: é o retorno do reprimido, desafiando a ordem cultural (não é o monstro incompreendido, produzido pelo desejo do mesmo; nem como pretexto de descrever tabus sociais e culturais que em termos realísticos seria impossível). A alegoria é o retorno do reprimido: os insetos-escravos enquanto representação da escravidão; o não pensado como retorno.

LIV Esse "não pensado" quer me parecer importante na narrativa de Fausto. Naturalmente, a alegoria está relacionada ao momento da produção do texto e não há como separar corpo e ambiente, a tecnologia que o diga, tão presente em sua narrativa — são os valores da efemeridade e do particular na contramão da literatura universal: é o que denominamos "eternamente concreto" e que pede para ser decifrado. Pierre Bourdieu, no seu estudo clássico sobre Baudelaire, o indica. Mas, por outro lado, essa condição alegórica do "não pensado" diz respeito também a um porvir. É como Derrida vai interpretar a fala de Marx em seu livro *Espectros de Marx*: deixar as questões indeterminadas como uma abertura jamais preenchida, um messianismo sem conteúdo, o vazio da fala. Essa perspectiva não aponta para um relativismo, como apressadamente Hermano Vianna tenta estabelecer em sua introdução a *Santa Clara* (tanto faz a guerrilha ou dissolver o ego na matéria em movimento), próprio da utopia neoliberalista, segundo a qual as diferenças são vistas como sucessão passiva e a história passa a ser das pequenas variações, dos ajustes, sem comprometer a dinâmica global capitalista. Ao contrário, o vazio da fala de Marx é a própria abertura da alegoria para o futuro em sua indeterminação. O empate técnico entre humanistas e psicopatas, ou entre guerrilha e o ego dissolvido na matéria em movimento, ou entre civilização e barbárie, ou entre filosofia sibilante e introspecção do tempo maturado, não livra ninguém, nem o homo zappiens (heresia fascista do totalitarismo democrático, assoberbado, turbinado por ciência aplicada a tudo). Porque é tudo utopia. Já a forma vazia do alegórico expressa o ser em sua forma pura, da alteridade infinita, ainda não definida. É como compreendemos o niilismo ativo em Fausto Fawcett: não como instância estática que negasse a historicidade; é paralisação para mudar e não como impotência.

LV A última narrativa de Fausto Fawcett, *Versão sonoplástica de um barato místico*, é concluída num clima meio indeterminado. Não há nenhuma euforia quanto ao seu desfecho, como tão pouco havia em *Favelost*. Em vez de um clima utópico, que está presente em *Santa Clara* quando a detonação da bomba é interrompida, em *Favelost* estamos diante de um teste de fim de curso e, em *Pororoca Rave*, um trajeto de avião para rumo desconhecido, mas que é sugerido algumas páginas atrás: "a polícia muito a fim de chegar nos dois para transformá-los em exemplos ou cooptá-los para se tornarem *mod squads*, para se tornarem colaboradores da polícia com seu talento rebelde" (Fawcett, 2015, p. 44). Processo muito presente atualmente através da delação premiada. Não há vitória nem derrota. Júpiter e Paula conseguem reverter a função chip paralisante, mas permanecem integrados à Intensidade Vital. Assim como o Duo Coletivo Sound consegue chegar até a pororoca amazônica, mas sem poder avançar em direção ao exterior. Em ambos, a vitória é só pela metade. Permanece uma região de penumbra, tal como em Kátia Flávia, que desaparece, e em Vanusa e Rachid, cuja narrativa se interrompe sem darmos conta do sucedido no interior da caverna. Os textos "O Pacificador" e "A Visita" também apontam em seus finais um rumo desconhecido do seu protagonista. E em *Copacabana Lua Cheia* há o mesmo ponto de interrogação quanto ao futuro: "A lua tá cheia e o diário continua em solo americano, ou não sei onde ano que vem" (Fawcett, 2001, p. 140).

Em seu afã de expressar o caos, em seu nonsense e indeterminação, Fausto Fawcett criou alegoricamente Copacabana, Amazônia e a mancha urbana entre Rio e São Paulo. Alegorias que não são nem metafóricas, nem metonímicas: nem abstratas, nem literais. Assim como está ligado ao momento de sua produção, pedindo para ser reconstruído ou decifrado, também apresenta uma forma indeterminada que aponta para o futuro. Esse caráter paradoxal de suas imagens ("vadia letrada"), dá também ao corpo um caráter complexo, o que nos faz remeter ao conceito de "habitus" em Bourdieu: o habitus se forma no envolvimento do agente num domínio prático já estruturado e, uma vez formado, funciona como princípio que gera e organiza novas práticas. Há, portanto, uma simultaneidade e uma congenialidade entre o eu e o mundo, o corpo e o ambiente.

Arnaldo Antunes:
a engrenagem de uma peça só

I Em 1984, com um disco homônimo, os Titãs (antes chamados "Titãs do iê iê") começam sua odisseia, não livres de algumas resistências. O disco não consegue penetrar a contento no espaço carioca, considerado habitat natural da geração do BROCK, o rock brasileiro da década de 1980, cujo útero estava localizado no Circo Voador. Ao lançarem, no ano seguinte, o disco *Televisão*, para diminuírem esse déficit chamam como produtor Lulu Santos, e a coisa não anda: o fraco desempenho comercial do disco, aliado ao descontentamento do grupo com a mixagem do seu produtor, expressam as dificuldades iniciais. O desentendimento entre Lulu e os Titãs, nessa época, ficou exposto numa declaração folclórica do compositor carioca: "toca baixo como se tocasse cavaquinho", referindo-se a Nando Reis. Mas se ambos os discos eram vistos com uma sonoridade confusa, começa aqui, a meu ver, um traço que vai singularizar a banda: a luta em não aderir totalmente ao formato exigido pela indústria. Nesse sentido, é interessante a declaração de Jamari França, no programa *Matador de Passarinho*, informando ter sido procurado na época por André Midani, que lhe teria perguntado sobre duas bandas: IRA! e Titãs. O que mostra o quanto essas bandas não se alinhavam ao formato que a indústria começava a estabelecer no cenário do rock brasileiro daquele momento.

Mas a última faixa do disco *Televisão*, "Massacre", vai acenar na direção de seu trabalho subsequente, *Cabeça Dinossauro*, tido por muitos como o disco mais importante do rock brasileiro. Ao menos as vacilações iniciais são postas momentaneamente de lado e a banda produz um disco homogêneo, muito benquisto tanto pela indústria quanto pelo público. Certamente, é o disco em que Arnaldo Antunes emplaca o maior número de composições: um total de oito, das quais apenas uma é exclusivamente sua: "O que".

II No disco seguinte, repetindo o produtor anterior, Liminha, porque não se mexe em time que está ganhando, os Titãs retomam sua antiga divisão, agora mais explícita: de um lado do disco, efeitos digitais e música eletrônica, numa pegada mais funkeada; do outro lado, o rock cru do *Cabeça Dinossauro*. Essa divisão já era anunciada no disco anterior, quando sua faixa mais importante, "O que", ao contrário das demais, expunha o eletrônico em suas entranhas. O fato é que a vendagem de *Jesus não tem dente no país dos banguelas* supera a marca do disco anterior, chegando acima de 250 mil cópias vendidas. Arnaldo emplaca cinco composições, das quais apenas uma não é feita em parceria — "Todo mundo quer amor". Estamos no ano de 1987 e a banda torna-se uma das principais referências da geração.

Após o disco ao vivo *Go Back*, o *Õ Blésq Blom*, de 1989, vai ser o divisor de águas, momento maior de uma discografia que, desde sua origem, esteve acossada por forças opostas, entre seguir o formato da indústria ou seguir seu próprio caminho. A história dos Titãs e sua afirmação no cenário nacional, passa por essa negociação interna; outras bandas, ao contrário, aderiram ao formato da indústria desde o primeiro instante e com isso passaram incólumes, sem grandes sobressaltos. *Õ Blésq Blom* e sua mistura de pop eletrônico, *world music* e Tropicalismo, é a volta do recalcado, ao fechar da década de 1980, com muita programação eletrônica e teclados. Arnaldo também vai emplacar cinco composições, todas elas em parceria, mesmo número do disco anterior. E com isso fecha-se um ciclo. Porque no seguinte, *Tudo ao mesmo tempo agora*, dispensado Liminha, a banda volta ao rock básico, tomando ela própria a direção do disco. Estamos já no ano de 1991 e uma mudança profunda na música brasileira começa a tomar forma. O disco vende menos de 150 mil cópias pela primeira vez desde *Cabeça Dinossauro*, e Arnaldo emplaca apenas três músicas (na verdade, todos da banda passam a assinar coletivamente as composições).

Finalmente, em meio a produção do disco seguinte, *Titanomaquia*, Arnaldo pede demissão. Jack Endino, aquele mesmo do Nirvana, viria a produzir o disco que, por sinal, também terá um desempenho de venda muito pequeno. Estamos já no ano de 1993 e a opção da banda, cada vez mais explícita por um rock grunge, vai na contramão do mercado brasileiro, onde o rock não é mais mainstream. A partir daí, os Titãs descem ladeira abaixo: tornam-se fósseis, emblema de uma nostalgia, incapazes de se adequarem aos novos tempos. Sua força, enquanto banda, residia justamente na negociação entre o formato indústria e o som próprio. A partir do momento em que optam por seguir a indústria, abandonando a si próprios, paradoxalmente a indústria não os quer mais. Ao contrário, Arnaldo segue o faro da mudança implementada na música brasileira a partir da década de 1990. Mas para isso será necessário atravessar um túnel. Em outras palavras, a mudança do "vestuário", ou todo o processo de adequação necessária, começa com o disco *Nome* em 1993 (projeto multimídia que inclui livro, disco e vídeo), atravessa os discos seguintes — *Ninguém, Silêncio, Um Som* —, culminando em *O Corpo*. Espaço de transição dos mais importantes em sua discografia, espaço esse que vai atravessar toda a década de 1990. A partir do disco *Paradeiro*, de 2001, cuja produção fica a cargo de Alê Siqueira e Carlinhos Brown, Arnaldo segue então a nova lógica da música brasileira, cada vez menos conectada às grandes gravadoras (*Paradeiro* e *Saiba* ainda estarão ligadas à BMG, mas os discos seguintes serão produções independentes).

Nessa nova lógica, o mainstream vai estar ligado ao sertanejo, axé, funk e pagode, que, segundo alguns, correspondem à ascensão das classes C e D, enquanto a MPB retoma seu caminho de experimentações e reconhecimento, perdido anteriormente para o rock. Esse caminho de experimentações é que venho chamando de Nova MPB, inserida no terceiro período da história moderna da música brasileira: o primeiro período vai dos anos 1960 ao começo dos anos 1980, da bossa nova à MPB dos anos 1970; o segundo período corresponde às décadas de 1980 e 1990 e vai da Vanguarda Paulista ao BROCK; e o terceiro período, com seus primórdios ainda na década de 1990, marca o retorno da MPB ao seu espaço de experimentações, ainda que restrita a um público cada vez menor e ao lado de outros segmentos musicais. A importância de Arnaldo é que ele encarna esse elemento de transição da segunda à terceira fase: do rock à Nova MPB. E, por mais que essa Nova MPB não seja mais mainstream, ainda assim ela vai ter um espaço de reconhecimento e poder.

Mesmo que a Vanguarda Paulistana tenha profundas diferenças em relação à Nova MPB, não seria de todo um erro considerar a transição daquela a esta menos traumática que a transição do BROCK à Nova MPB. A boa recepção de Itamar Assumpção nos dois discos póstumos interpretados pela nova geração é uma prova, ainda que, no caso de Arrigo, essa passagem continue improvável.

De qualquer maneira, podemos perceber no caminho trilhado por Arnaldo e por Itamar caminhos antagônicos (e aqui podemos estender o caso Itamar tanto para Arrigo quanto para Luiz Tatit/ Rumo: todos eles começam como independentes e são reconhecidos como independentes — os discos da Vanguarda Paulista são discos independentes em sua grande maioria). No caso de Arnaldo, não. Tirando sua experiência com o grupo performático de Aguilar, Arnaldo é superreconhecido pelos Titãs — o primeiro disco da banda, em 1984, já saiu por uma grande gravadora. E isso tem consequências profundas: a Vanguarda Paulista começa como resistência, como um movimento à margem da indústria; já o rock brasileiro do período é assimilado, torna-se mainstream. O caminho da Vanguarda Paulista, pois, começa através de uma negação e haverá um longo caminho até que isso possa ser revertido; no caso de Arnaldo, começa com uma integração e há todo um esforço de adequação de sua parte para que essa integração continue. A Vanguarda Paulista começa com um "não" e termina com um "sim". Arnaldo Antunes começa com um "sim" e se adéqua para perpetuar esse "sim" — haveria quase que um esforço sobrenatural do artista para perpetuar o "sim", acompanhar as mudanças de mercado e criar novas alianças.

A outra diferença entre a Vanguarda Paulista e Arnaldo Antunes é que a transição da primeira se deu em seu próprio espaço — a Vanguarda Paulistana não se transformou na Nova MPB, apenas foi reconhecida e assimilada por essa nova música. No caso de Arnaldo, não foi só reconhecimento; ele próprio foi efetuando a transição de espaço, a transição de atitude e acompanhando a transição de mercado. Nesse caso, a mudança do rock para a Nova MPB, encarnada por Arnaldo, é muito mais traumática e impressionante. É quase um processo de contorcionismo.

III Pois o "não" inicial da Vanguarda Paulista tem a mesma violência da adequação que Arnaldo vai empreender para a passagem do rock à Nova MPB. Daí porque vamos privilegiar em sua discografia os discos *Nome*, *Ninguém*, *Silêncio*, *Um Som* e *O Corpo*.

É curioso que *Tudo ao mesmo tempo agora*, disco em que os Titãs começam a descer ladeira abaixo, data de 1991, ano em que sai o segundo livro de Arnaldo, *Psia*, por uma grande editora, a Iluminuras (o livro havia sido publicado originalmente pela editora Expressão em 1986). Não seria então absurdo relacionarmos seus principais livros (além de *Psia*, *Tudos*, *As Coisas*, *Nomes* e *2 ou + corpos no mesmo espaço*) com sua crise nos Titãs e com seus primeiros discos solos. É justamente nesse momento de adequação de seu trabalho, ocorrido por quase toda a década de 1990, que seus livros e discos vão se intercruzar. Não é à toa que vai se privilegiar então em sua obra, a experiência intersemiótica: justamente porque vai estar situada num espaço de fronteira, num momento de passagem.

iv   Essa configuração de sua obra musical, na qual privilegiamos os discos *Nome, Ninguém, Silêncio, Um Som* e *O Corpo*, localizada entre a fase Titãs e a fase Tribalistas em diante, acaba por nos remeter a um poema de Augusto de Campos, "coraçãocabeça", ao qual o próprio Arnaldo vai conceder grande importância (ele chega a escrever um texto para a revista *Mnemosine 4*, de fevereiro de 2004, e que se encontra presente em *Outros 40*, onde faz considerações críticas sobre o poema de Augusto, servindo para situarmos a sua própria produção, tanto poética quanto musical).

v

> COR (EM (come (ca (minha) beça) ça) MEU) AÇÃO
> CABE (EM (Não (cor (meu) ação)Cabe)MINHA)ÇA

Essas duas orações, que pelos parênteses lembram mais uma linguagem matemática ou de lógica formal, vão remeter a uma relação entre cabeça e coração, mantida pela tradição literária em campos opostos. Nesse sentido, cabe lembrarmo-nos como o grupo Noigrandes, formado por Haroldo e Augusto de Campos, mais Décio Pignatari, vão se posicionar, em sua origem, diante da geração de 45. Se pensarmos que os concretistas, quando começavam a escrever seus primeiros poemas, faziam parte do "Clube de Poesia", que era uma instituição ligada à geração de 45, podemos então imaginar qual foi o grande embate do movimento concretista em seus primórdios. Em vez de uma constituição imagética correlata aos sentimentos, a produzir um espaço de representação, a poesia para eles passa a se constituir como um espaço de atrito, daí a substantivação das imagens. A analogia passa a se dar por via assertiva e não por comparação: no poema "Lobisomem", de Décio, a paixão dominadora é denominada "amor-iroquês" — nesse poema de 1950, primórdio da aventura concretista, a qual vai tomar novas configurações com o tempo, podemos já constatar a presença de parêntese, que torna-se um espaço para falar de si mesmo contra a tradição poética: "(… sabe há muito o caminho e o lugar/ Onde estou à mercê:/ É uma estrada asfaltada, tão solitária quanto escura,/ Passando por entre uns arvoredos colossais/ Que abrem lá em cima suas enormes bocas de silêncio e solidão)".

Já no poema "cabeçacoração", editado em 1980, o parêntese adquire uma nova função. Porque aqui não há mais espaço para a indagação de seu processo de escrita ou problematização do lugar de tal processo, como o "Lobisomem" tenta fazer: "fui então fantasiado a travesti/ Arrojado na escala do mundo/ E não houve lugar para mim". Em "cabeçacoração", o parêntese é como uma bomba que explode pros lados e instaura a simultaneidade. Essa passagem é importante acompanharmos. De 52 a 55, que correspondem aos três primeiros números da revista *Noigrandes*, a visualidade aparece como um entre outros elementos postos em relação, por uma linguagem de precedência reflexiva, sobre seus próprios meios ("Lobisomem", de Décio Pignatari, é, portanto, um dos primórdios dessa fase). Aqui vai imperar um procedimento compositivo denominado "orgânico-fisiognômico": a palavra é um mero objeto fenomenológico — dados imediatos e primeiros para uma experiência direta, desconectada de todo antecedente e do posterior. Mário Pedrosa, inclusive, estabelece nessa época uma diferença entre o poeta concretista e o pintor concretista: este último, ao contrário do poeta, despoja-se de toda experiência fenomenológica direta e consegue externar a ideia visual que arquitetou, concebeu e planejou. Mas em junho de 1957, um texto importante de Augusto de Campos, "Da fenomenologia da composição à matemática da composição", é o que melhor explicita a passagem do procedimento "orgânicofisiognômico" para o "geométrico isomórfico" na poesia concretista: racionalidade construtiva, maior controle do acaso e o poema passando a ser a realização precisa da estrutura verbal planejada, aparecendo com a nitidez da lógica simbólica.

VI Resta-nos verificar como essa nova noção se relaciona com a noção de produção em série e como, consequentemente, se afasta do discurso histórico das vanguardas.

Esse discurso histórico das vanguardas traz a concepção do objeto único: o campo poético como presença e expressão da individualidade artística. Nesse contexto, há a necessidade constante da constituição do novo, da originalidade. O objeto é contemplado ou desfrutado por causa de sua singularidade, da habilidade do artífice ou pela parte da história humana que se entrelaçou com a história da formação do objeto.

A isomorfia geométrica, da qual a segunda fase da poesia concretista estará impregnada, apresenta uma interação entre o tema, ou a palavra-conceito que o define, e a forma geométrica. Há uma uniformização formal que foge, portanto, da originalidade defendida pelos vanguardistas históricos. Mas aqui há também uma grande influência da concepção do *standard*, enquanto objeto cultural, da Bauhaus: o objeto poderá ser usado pelo público com a racionalidade e precisão formal que o próprio objeto impõe com a sua forma. Em outras palavras, a necessidade de uma atitude reflexiva includente, na qual a produção da diferença apareça com contornos de positividade. Vemos, portanto, uma tensão que não chega a ser eliminada pela uniformização formal: ao mesmo tempo, elementos formais *que resistem ao devir* e permitem a atualização comprometida do presente; e, por outro lado, *o lugar da poesia na sociedade moderna*.

A revista n. 4 de *Noigrandes* coloca, então, essa nova perspectiva (isomorfia geométrica), privilegiando o ideograma em vez da interferência externa do autor.

Exemplos desse procedimento é o poema EIXO FIXO de Haroldo de Campos: em seu eixo horizontal, apresentam-se palavras-temas, camadas interpretativas múltipla e variável de acordo com o repertório cultural de cada leitor (uma estrutura aberta); em seu eixo vertical, o ideograma de uma proposição poética. Se esse eixo vertical apresenta uma autonomia do espaço, enquanto superfície singular, aritmética, antinatural e antirreal, concebido arbitrariamente pelo homem enquanto construtor de signos, e, nesse sentido, é um sistema fechado, opondo-se à ideia de originalidade autoral das vanguardas, por outro lado, a poesia concreta vai efetuar uma visada crítica a esse sistema fechado, por intermédio da antropofagia e da afirmação da diversidade de solos que compõem as manifestações culturais. Nesse último sentido, haveria também uma continuidade teórica entre objeto de arte e mundo.

A poesia concreta apresentaria, portanto, essa tensão entre uma estrutura aberta e outra fechada: tensão que está presente desde "Lobisomem", com a problematização do espaço poético; e tensão que não é eliminada pela interação entre forma e conteúdo (no poema "Velocidade" existe um triângulo que realiza a encenação onomatopeica do som do motor, exprimindo uma velocidade progressiva — otimismo desenvolvimentista), mas, ao mesmo tempo, esse mesmo triângulo apresenta um procedimento paulatino de construção que não deixa de ser uma crítica a esse mesmo campo simbólico. Nesse último caso, a poesia concreta apresentaria uma dimensão cultural crítica ainda não suficientemente analisada.

A leitura de Arnaldo ao poema "cabeçacoração" de Augusto de Campos desloca a tensão para o campo sexual. E vai deixar nessa leitura uma série de sinais que vamos encontrar em sua própria obra.

VII Procedendo a uma leitura de dentro para fora, a partir da célula mínima (minha, meu), como camadas que se abrem à medida que o discurso se faz, Arnaldo chama a atenção para o novo emprego do parêntese, que vai funcionar como um ideograma, em vez de afirmação do si-mesmo ou do questionamento da tradição poética, como se dava em "Lobisomem" de Décio Pignatari. Haveria em "cabeçacoração" uma tensão entre geração e nascimento, tempo e espaço, começar e não caber, havendo, inclusive, a sobreposição física das orações quando o livro se fecha, criando uma estrutura tridimensional (são orações paralelas, cada uma numa página diferente). O poema vai funcionar como uma cópula de opostos, a qual Arnaldo vai explorar em todos os seus detalhes: "coração e cabeça vão trazer o "c" e o "ç" (ícones do feminino e do masculino); os "as" abertos nas sílabas átonas — em "cabeça" nas extremidades, em "coração" no meio, como se encaixassem completamente; as diferentes incidências de "ça" (em "coração" separando a oposição de gêneros; em "cabeça", posterior ao verbo "caber"; em "começa", posterior à "come", o qual sinonimiza o ato sexual em português coloquial e ao mesmo tempo dando uma piscadela para a poetiza Emily Dickinson, que escreveu um poema usando uma relação orgânica, de alimentação, entre "cabeça" e "coração"); o "não cabe", que contém no final da primeira palavra o "ão" de "coração" e no início da segunda palavra o "cabe" de "cabeça"; em "cabeça", a sílaba tônica que cabe entre duas sílabas, enquanto em "coração" não cabe; a sílaba tônica no final de "coração", enquanto em "cabeça" e em "começa" não é no final; a "cabeça" da primeira oração, sofrendo o corte entre "ca" e "beça", exprime um excesso que reitera a "cabeça" na segunda oração, a qual sofre um corte entre "ca" e "ça"; a cor vermelha como fundo para as letras brancas, e tendo grafado no próprio corpo do poema "cor/ ação" (esse vermelho que tanto pode ter o sentido de paixão quanto da tradição construtivista dos russos como Rodchenko, que combinou vermelho e branco em inúmeras artes gráficas); por fim, o tipo escolhido das letras que parecem pulsar, inchar, quase não caber em si.

A leitura de Arnaldo, ao trazer o texto "cabeçacoração", chega ao ponto de identificá-lo como germe do "poema bomba", escrito posteriormente, em 1987, onde a fragmentação do discurso se dá não mais a partir de frases e vocábulos, como ocorre em "cabeçacoração", mas a partir de letras. De qualquer maneira, ao que Arnaldo vai chamar atenção é o processo de explosão e, portanto, de uma tensão impossibilitada de se conter. Nesse sentido, a própria noção de ideograma, tão marcante na segunda fase da poesia concretista, entre 56 e 58, deixa de ter relevância. A própria leitura pros lados já indica uma tendência na poesia pós-concretista de Augusto, que não escapa a Arnaldo. Aqui, não há eixo vertical e a leitura se espraia simultaneamente para ambos os lados, horizontalmente.

VIII Olhar, entoar, escrever, dançar... o uso do corpo tanto para produzir quanto para perceber: o uso, a práxis da linguagem, produzindo sentido.

A leitura de Arnaldo ao poema "cabeçacoração" de Augusto explora as percepções sensoriais, e nada parece ser mais relevante em seu trabalho poético do que essa perspectiva. É praticamente um aspecto político que nos remete ao distanciamento brechtiano, mas que vai estar presente no formalismo russo: desafiar a noção de obra de arte automática, habitual e do pensamento algébrico, oferecendo uma alternativa criadora que proporcionaria um distanciamento desfamiliarizante ao leitor, através de obras poéticas que apresentassem elementos comuns da realidade como se estivessem sendo vistos pela primeira vez. Ver com olhos livres (Oswald de Andrade) ou ver com novos olhos (Brecht) acaba tendo um mesmo sentido: sair da malha do habitual ou, como o próprio Brecht gostava de dizer, alienar-se do habitual — em vez de reconhecer o objeto, percebê-lo ou reconstruí-lo de forma ativa.

IX Certamente, em todo esse processo, o corpo e suas percepções tornam-se importantíssimos. E se isso não é nenhuma novidade no campo da poesia, já no campo da música popular brasileira a ressonância concretista é mais rara: "Batmakumba" é o exemplo clássico dos tropicalistas na percepção dos objetos, transgredindo o subjetivismo ou o eu lírico (os fonemas *bê* e *tê* de "bat", o qual nos remete a morcego em inglês ou ao verbo bater, assim como o fonema *ka* de "cum", todos eles nos remetendo aos tambores dos rituais afro-brasileiros, isso sem mencionar que, do ponto de vista visual, a letra nos remete a duas orelhas que tanto podem ser de um morcego quanto de um homem-morcego). Mas essa experiência verbivocovisual, mesmo entre os tropicalistas, é raríssima. A música popular brasileira é um terreno propício para o eu lírico e Arnaldo Antunes, certamente, terá sido um dos compositores que mais buscou o estranhamento.

X Um bom exemplo é o jogo morfológico com que se empenha, fazendo flexão dos gêneros das palavras, modificando sua flexão e criando novas possibilidades lúdicas de leitura. A música "Meu minha", do disco *Ninguém*, vai nessa direção dentro de uma estrutura harmônica bastante simples, com uma sequência básica de acordes (tônica-subdominante-dominante com a sétima adicionada-tônica). Nessa música que, conforme a análise semiótica de Luiz Tatit, faz parte do processo de tematização (curta duração entre as notas e estreita variação sonora — pequena oscilação intervalar), encontramos na primeira estrofe uma regularidade sintática (pronome seguido de substantivo) e uma aplicação regular de gênero. Mas na segunda e terceira estrofe passam a ocorrer empregos irregulares de gênero. Na quarta estrofe, acelera-se o andamento, realçando ainda mais o aspecto narrativo e não emocional, presente desde o início, e criando instabilidade à interpretação — evidencia-se a fala nesse momento. Nessa mesma quarta estrofe continua o emprego irregular de gênero e a regularidade sintática passa a se alterar ("meu meu minha meu"). Quando chegamos à quinta estrofe, há uma diminuição do andamento, sem chegarmos ao que Tatit chama de processo de passionalização, mas nos defrontamos com o caos, seja ele sintático, seja quanto à aplicação de gênero, seja quanto à semântica ("pãe", "me", "mai"). A canção então oferece um processo gradativo de desvinculamento dos códigos convencionais da língua, como se esvaziasse de qualquer conteúdo para chegar à concretude do som (o que nos remete a outra canção, esta do disco *Nomes*, chamada "Nome não": "só os sons são/ som são"). A palavra oralizada estaria mais próxima do objeto pelo fato de ser ela mesma um som, logo, algo que o poeta não pode nomear (ele pode nomear uma coisa, não o som, por isso que "som são"). Não podendo ser nomeado, o som acaba se afastando um pouco do caráter representativo dos nomes e se tornando ele mesmo uma coisa.

XI Essa busca da concretude, tentando fugir à representação, o que dá à palavra oralizada grande importância no conceito poético de Arnaldo, Silviano Santiago parece não ter compreendido (assim como não compreendeu a ficção de Sérgio Sant'Anna — desenvolvo esse tema no texto que escrevi sobre o ficcionista). Seu ensaio, *Entre estilhaços e escombros*, do livro *Ora (direis) puxar conversa!*, abordando três poetas de linhagens diferentes (Arnaldo Antunes, Carlito Azevedo e Eucanaã Ferraz), expõe claramente sua incompreensão ou má vontade em relação ao primeiro: "Duas ou três coisas que sei dele". Silviano analisa o objeto híbrido, *2 ou + corpos no mesmo espaço*, livro e CD, como uma atitude de zelo por parte do pai em relação ao filho-texto. É nesse sentido que, segundo Silviano, o CD seria um complemento de leitura, para um leitor que veria a partitura como insuficiente. Seria retomado aqui, por parte de Arnaldo, o conceito platônico e fonocêntrico, desconstruído por Derrida em sua *Gramatologia*. E, nesse aspecto, a poética de Arnaldo, segundo Silviano, viria eivada de um aspecto conservador no tocante à clássica questão autoral: a leitura guia do CD parece querer ensinar o modo correto de leitura, continuando assim o arcaico manifesto da vanguarda construtivista brasileira com os seus "é preciso".

Silviano contrapõe a esse método de complemento de leitura um outro, usado pelos poetas surrealistas e pelo próprio Duchamp, que Silviano vai denominar "suplemento de leitura". Aqui, o jogo entre escrita e fala seria menos parafrástico e de total responsabilidade da memória do leitor. A dupla leitura, o ouvido na dimensão temporal e a vista na dimensão espacial, viria a desconstruir a clássica questão autoral. Para esse leitor, a interpretação por parte do autor lhe soa excessiva. Esse leitor está inserido na leitura do *espacement* mallarmaico, leitura essa, revista pela teoria da paródia. Em Robert Desnos "D'aile ivrez-nous du mal" nos remete, por um ouvido interior a "Delivrez-nous du mal". Assim como em Duchamp, seu personagem feminino "Rose Selavy" nos remete a "Rose, c'est la vie". Esses "dois ou mais corpos no espaço" se dão via jogos de diferenças que apontam para suplementos de leitura. Desinstitucionalizado pela iconoclastia dadaísta e banido pela tecnologia, o livro mallarmaico investe nesse jogo de diferenças entre escrita e fala, sob total responsabilidade da memória do leitor. Haveria nesse sentido uma democratização da leitura, pregada hoje tanto pelos defensores da cidadania quanto pelos educadores que lutam por um maior número de bibliotecas bem equipadas. O texto de Silviano aponta a metralhadora para a vanguarda construtivista brasileira e para a estética da vanguarda de um modo geral, em seu afã, por parte dessa estética, de guiar, indicar caminhos e textos.

A perspectiva do desencantamento do mundo, à qual alguns filósofos contemporâneos como Richard Rorty chamam atenção, e em que, de certa forma, Silviano Santiago está inserido, vai trabalhar com a ideia de democracia: se o desencantamento comunal e público nos leva à liberação espiritual e privada, o preço a ser pago por esse desencantamento vale a pena (ao contrário do que pensavam Adorno e Horkheimer). Silviano conclui o texto ironicamente: se "no aluno de poesia oswaldiano" a descrença se manifesta não como desprezo, mas como inveja de quem tem certeza, tal como se apresenta em seu poema "dúvida", já para Silviano a descrença se manifesta como inveja de quem ainda descobre assombrado o mundo, a própria vida e a arte. Nesse último caso, uma descrença ligada ao desencantamento do mundo.

XII   A incompreensão de Silviano está no fato de pensar o CD de *2 ou + corpos* como um fechamento de sentido. A questão é que não somente a voz traz uma certa entonação; a caligrafia, que por sinal, não despertava o interesse do núcleo histórico do Concretismo, reproduz a entonação; o canto (cristaliza a entonação); a performance... Enfim, todos esses aspectos são práticas do discurso que agregam novos sentidos. Sobretudo, a grande diferença de Arnaldo em relação aos concretistas históricos é a valorização concedida ao desdobramento. E, nesse aspecto, o corpo assume grande importância.

O que Silviano faz entender em seu ensaio é que o suporte ou contexto da palavra estaria a serviço do fechamento do sentido, ao contrário do livro mallarmaico, que conteria uma abertura. A contrapartida desse livro é a sua não contaminação por outras linguagens. O problema é que a origem da língua, conforme Rousseau, é a voz expressando por diferentes inflexões vocais uma paixão. Tem, portanto, um sentido de comunicação. Não há como separar a língua do seu uso ou do seu contexto. Já em sua origem há uma contaminação de diversas linguagens: se no início o homem cantava, esse canto (palavra cantada) é anterior à poesia falada, escrita, e até mesmo anterior à música instrumental. É sob essa perspectiva de origem, a qual se deve muito a Rousseau, que se vai valorizar não apenas o aspecto verbal como parte ativa do processo significativo, mas também a prática do discurso. Consequentemente, todos os suportes da palavra tornam-se importantes: desde a leitura oral com os contadores de história, passando pela impressão da escrita e chegando até as edições eletrônicas. É sob esse aspecto que o projeto *Nome* vem a lume: como disco, livro e vídeo. O curioso é que nessa interação entre diversas linguagens, própria do discurso intersemiótico, não somente se dissolvem os códigos convencionais como também é ratificada sua presença. Uma das faixas mais interessantes desse projeto, *E só*, começa com a voz de Arnaldo cantando trechos de outra canção, "Nome", mas interrompidos pela mesa de edição, inserindo o silêncio, enquanto aparecem imagens de signos e do corpo do cantor misturando-se a eles. Depois o vídeo passa a destacar as paredes carregadas desses signos, enquanto são entoados os versos de *E só*, os quais são aprisionados na forma fixa da canção.

No livro, *E só* é um poema que, do ponto de vista conteudístico, trata da solidão; se acrescentamos a ele o silêncio e a dança, vamos nos defrontar então com uma confluência de linguagens que acaba gerando um novo código, tal qual um ideograma. Nessa confluência de linguagens, não há hierarquização, ainda que, em Arnaldo, fique bem claro que se trata dos vários suportes do verbo poético.

XIII Talvez possamos então retornar ao "cabeçacoração" de Augusto, ao qual Arnaldo empreende sua leitura, registrada em *Outros 40*. À dialética da interação, se sucede a dialética da tensão, terminando por explodir e se desdobrar para os lados. Se a idade de ouro do Concretismo histórico, entre 1956 e 1958, caracterizada pelo geométrico isomórfico, vai privilegiar o eixo vertical do poema, ideograma de sua proposição poética, o que predomina a partir dos anos 1960 com reflexos até hoje nos concretistas e seus descendentes, é o processo do desdobramento. *Galáxia* de Haroldo de Campos é um exemplo, assim como o "poema bomba", de Augusto: a tensão que explode e se desdobra, por exemplo, nas canções, na poesia e nas edições de vídeo de Arnaldo. Naturalmente, esse processo de desdobramento vai estar focalizado em várias passagens da obra de Arnaldo. Estamos *Entre escombros e estilhaços*, título do ensaio de Silviano, o que também sugere a eliminação de qualquer resquício de hierarquização dos discursos. Nesse aspecto, temos que creditar importância ao Tropicalismo, do qual Arnaldo parece mais devedor que do próprio Concretismo. E não é à toa que isso se dê: o Tropicalismo talvez tenha sido a primeira expressão de "escombros e estilhaços".

XIV A primeira fase de maturidade da música popular brasileira se espraia da bossa nova ao Tropicalismo, sob o beneplácito da indústria fonográfica, até o fim dos anos 1970, quando o modelo, que parecia calcado numa abertura, passa a dar sinais claros de esgotamento: uma grande parcela de novos compositores mantinha-se à margem do processo. Foi a partir daí que a Vanguarda Paulista veio a lume, trazendo no seu bojo algumas características que destoavam não só do que vinha sendo tocado nas rádios, como também de todo o ideário tropicalista. Daí porque prefiro entender esse início dos anos 1980 como uma segunda fase da moderna música popular brasileira, contra a qual a indústria empreende imediatamente o contragolpe: o BROCK, o rock brasileiro dos anos 1980. Esse contragolpe não deixa de constituir uma mudança em relação à MPB esclerosada dos anos 1970, mas, ainda assim, traz muitos elementos comuns.

Essa segunda fase é então constituída por uma ruptura e uma restauração. E isso talvez explique um texto revelador, publicado em 11 de novembro de 1987 no jornal *Folha de São Paulo*, de autoria de Arnaldo Antunes: "O desafio da facilidade".

XV Fica clara a posição de Arnaldo em relação a *Clara Crocodilo*: "a Tropicália apontava para registros múltiplos... Já *Clara Crocodilo* apontava uma direção bastante definida, para onde apenas um dos gomos do leque Tropicália podia ser lançado". (Antunes, 2014, *40 escritos*, p. 39). Num outro gomo estavam os primeiros LPs de Walter Franco; num outro, Jorge Ben Jor; num outro, os trabalhos posteriores de Caetano e Gil; e haveria outros gomos que Arnaldo não chega a especificar. Mas Arnaldo partia de uma afirmação de Arrigo para no fim refutá-la: essa afirmação de Arrigo era de que *Clara* prosseguia a linha evolutiva da canção popular que vinha da Tropicália.

Cabe aqui a seguinte questão: "prosseguir a linha evolutiva que vinha da Tropicália" significa continuar essa tradição? Gostaria também de saber onde está localizado o gomo do leque tropicalista para o qual está apontado *Clara Crocodilo*, como parece fazer crer Arnaldo, na relação entre popular e erudito.

A experiência de *Clara*, a meu ver, não aponta para nenhum ponto localizado no Tropicalismo, ao contrário das experiências de Walter Franco. Nada ocorrido naquele período conturbado de 1968 e 1969, e imediatamente posterior a ele, se aproxima do que foi *Clara*, legítima fundadora dessa segunda fase da música popular brasileira.

E, no entanto, como o próprio Arnaldo tão bem a define, *Clara* é uma aproximação do erudito com o popular: "Compassos irregulares transformados em ritmos dançantes. Atonalismo em música pop. Pound e Batman".

Mas o que diferencia então a fusão entre "Batmakumba" e a fusão de *Clara Crocodilo*?

Essa questão me parece fundamental para entender os compromissos do Tropicalismo: nivela-se para baixo; elimina-se todo o ambiente da música erudita e experimental que ainda resistia na década de 1950 no Brasil, tendo como focos a "música nova", do qual Rogério Duprat era egresso. E o que provavelmente favorece esse processo de nivelamento, que vem a prevalecer no Tropicalismo, é justamente o privilégio concedido à voz, ao canto enquanto cristalização da entonação.

Quando *Clara* aponta para o dodecafonismo propicia a fuga dessa cristalização. E ainda que o Grupo Rumo privilegie o canto falado, a radicalização com que o faz, imprime diferença e o coloca num processo de experimentação e pesquisa, que passa longe do nivelamento tropicalista.

Vale aqui lembrarmo-nos do belo ensaio de Roberto Schwarz, *Verdade tropical: um percurso no tempo*: "... a inspiração igualitária não convence, pois na associação de Chacrinha e Sartre (como o próprio Caetano sublinha ao abordar a sua música 'Alegria, alegria') há também a alegria debochada de nivelar por baixo, sob o signo do poder emergente da indústria cultural, que rebaixa tanto a gente pobre quanto a filosofia, substituindo por outra, não menos opressiva, a hierarquia da fase anterior" (Schwarz, 2012, p. 100).

Retomando a diferença entre "Batmakumba" e "Clara crocodilo", não há dúvida de que existe uma fusão de registros em ambas as músicas: levam preceitos estéticos, em princípio, mais voltados a uma elite intelectual, à consciência das massas; porém, os preceitos estéticos de "Batmakumba" são verbivocovisuais; enquanto em "Clara", os preceitos estéticos, além de verbivocovisuais, estão voltados à estrutura musical. O recalcamento dessa última, exercido pela indústria, explica-se por ser de mais difícil comunicação, preferindo-se optar por um caminho mais cômodo.

XVI   A fusão que veio a predominar no BROCK, e ainda hoje predomina na música popular brasileira, com o mercado musical completamente reconfigurado pela internet, continua sendo verbivocal (a inserção de códigos visuais em "Batmakumba" não deixa de ser um fenômeno esparso no próprio Tropicalismo). Ainda assim, a música brasileira passou por uma profunda transformação a partir da década de 1990, quando o rock deixou de ser mainstream. E, pelo visto, continua passando. Praticamente desapareceu a indústria fonográfica ou, pelo menos, aquilo que já foi um dia. E vai ser justamente por toda a década de 1990 que seremos brindados com os trabalhos mais relevantes de Arnaldo. De uma perspectiva sincrônica, podemos visualizar esse período como um parêntese situado entre o rock e a Nova MPB. *Cabeça Dinossauro*, de um lado, e os *Tribalistas*, do outro, serão as duas referências extremamente populares para as quais os parênteses vão se abrir (relendo este texto três anos depois, tendo a considerar essa década de 1990 como o primeiro momento desse terceiro ciclo da música brasileira, ao qual identifico com a estética do longe — essa estética terá como signo o desdobramento, levado às últimas consequências nas décadas seguintes por nomes como Romulo Fróes; nesse sentido, o disco *Nome*, de 1993, seria o seu marco inaugural).

XVII O disco *Nome*, que na verdade é um projeto multimídia englobando suportes tradicionais como o livro e o disco, mas também o vídeo através de experimentos eletrônicos e técnica de edição, data de 1993 e é o primeiro trabalho solo de Arnaldo após sua saída dos Titãs.

Podemos entender aqui, na própria música, o resultado da junção de contextos diferentes: a voz e os experimentos eletrônicos; o corpo e a mesa de edição. As músicas desse disco são quase antimúsicas e nada lembram a experiência da banda Titãs. Sampler; programação de ritmos; a guitarra experimental de Arto Lindsay; a multiplicação da voz de Arnaldo em "Dentro"; os cortes da mesa de edição em "Pouco", "E só" e "Soneto"; a respiração assim como a programação em "Fênis"... Tudo nos remete a um espaço de experimentação, estranheza e de interferência na natureza. Apesar do disco *Nome* ser sucedido por *Ninguém*, *O silêncio* e *Um som*, os quais, mesmo dentro de um padrão sonoro reconhecível, não deixam de se destacar em sua discografia (é o caso de canções como "Minha meu", "O nome disso", "Consciência", "Fora de si", "Nem tudo", "Inclassificáveis", "E estamos conversado", "Poder", "Desce", "O Buraco do Espelho", "A engrenagem", "Quase tudo", "Descida", "Na ativa" e "Um som" — todas elas imbuídas da discussão de linguagem), a idade de ouro em Arnaldo tem como desfecho o disco *O corpo*.

Concebido para o conhecido grupo de dança, Arnaldo fala da experiência em depoimento no livro *Lições de dança 2* e também presente em *Outros 40*: "gravava textos e decompunha-os, sobrepondo vários canais de vozes, sampleando sons diversos e construindo ritmos com eles, improvisando melodias sobre essas bases rítmicas" (a forma laboratorial dentro do estúdio não era a única, mas era a que mais nos chamava a atenção). A própria obra começa com as vozes sozinhas, que, por sinal, vão estar presente o tempo todo como extensão do corpo, mas a partir das quais vamos presenciando uma sucessão de interferências. O trabalho praticamente nos remete ao som primitivo de tribos. Arnaldo continua: "Alguns traços podem ser destacados: o uso constante de colagens; edição de fragmentos. A mescla de elementos acústicos, elétricos e eletrônicos... a convivência de contrastes — violência e suavidade. Algo de Xingú e algo de jungle" (Antunes, 2014, *Outros 40*, p. 40).

XVIII Voltando ao texto "O desafio da facilidade", escrito quando fazia parte dos Titãs, mais exatamente em 1987, Arnaldo vai dar importância não a *Clara Crocodilo*, e sim ao álbum *Suspeito*, surgido após a experiência de *Tubarões Voadores*, de Arrigo Barnabé. Este ainda próximo dos preceitos estéticos de *Clara Crocodilo*. Mas, com *Suspeito*, Arrigo claramente flerta com o pop radiofônico. Arnaldo fala mais: "Em *Suspeito*, Arrigo procura novos caminhos, abrindo possibilidades para além de um modelo que já dominava, e que tinha o risco de se repetir. Com essa busca ele estabelece também um diálogo mais essencial com a tradição tropicalista" (Antunes, 2014, *40 escritos*, p. 40). E no final de seu texto, ele explicita ainda mais: "A diversidade de gêneros e tratamentos para cada música nesse *Suspeito*, parece um desafio novo para Arrigo. Evolução ou mudança de lente? De qualquer forma, ele parece ter compreendido que a novidade tem muitas faces, e que algumas podem ser fáceis" (Antunes, 2014, *40 escritos*, p. 42).

XIX Em nome da multiplicidade, à qual o Tropicalismo se liga essencialmente, criou-se a tábula rasa: nivelamento por baixo. Põe-se fim a uma hierarquia dos discursos, da alta cultura em relação à baixa, nem que para isso sejamos obrigados a fechar as portas de pesquisas, tais como se davam na década de 1950, no campo da música erudita no Brasil. A diversidade de gêneros veio a se tornar a grande camisa de força da cultura brasileira, contra a qual não há escapatória. Daí a força do Tropicalismo. As pesquisas intersemióticas, ao mesmo tempo que apontam a fragilidade das fronteiras, indicam a *engrenagem de uma peça só*. E não há como fugir desse campo justamente porque ele é aberto, ele é múltiplo.

XX Isso acaba por me remeter ao belo texto de Giorgio Agamben, *Homo Sacer: o poder soberano e a vida nua 1*, quando o filósofo italiano traz à tona o pensamento de Lévinas, presente no livro *Algumas reflexões sobre a filosofia do Hitlerismo*, de 1934. Segundo Lévinas, a ontologia heideggeriana é a filosofia implícita no hitlerismo e no marxismo também, ao assumir, incondicionalmente e sem reservas, a situação histórica, física e material como uma coesão indissolúvel do espírito com o corpo, da natureza com a cultura. Encaixar-se aos corpos consistiria na essência do espírito, tornando-se biológico o seu coração ("põe a mão na consistência"). Com isso, estamos tratando de um espaço de encaixamento e não de liberdade: em vez de contemplar, atuar. Naturalmente, há uma diferença profunda entre o nazismo e a ontologia heideggeriana: em Heidegger, estamos tratando da experiência da existência, e não da valoração da vida (o ser subtrai-se a toda decisão externa e apresenta-se como uma coesão indissolúvel, na qual é impossível isolar algo como a vida nua); já no hitlerismo, a vida é determinada em clave biológica e eugenética, tornando-se o local de uma decisão incessante sobre o valor e o desvalor, onde a biopolítica converte-se continuamente em tanatopolítica (o campo não é mais da existência, tornando-se espaço político). Mas Lévinas, apesar de reconhecer a diferença, aponta a ontologia heideggeriana como condição de possibilidade para o nazismo: a facticidade em Heidegger está ligada à dejeção (o ser que é e tem por ser os seus modos de ser; o Ser é decididamente desse modo e nessa situação — o que leva à ideia de missão). Ao contrário da facticidade em Husserl — alguma coisa é de certo modo e em certo lugar, mas poderia ser alhures ou de outro modo —, a indiscernibilidade absoluta entre o ser e suas determinações, sem consideração da contingência, levando apenas em conta a dejeção, isto é, os modos de ser, permite que o seu desdobramento possa tomar a forma alterada do nazismo. Isso, de certa forma, nos remete à crítica de Richard Rorty ao reencantamento do mundo: afinal, o desencantamento comunal e político pode nos levar a uma liberação espiritual e privada.

XXI A obra de Arnaldo Antunes surge já imersa em uma atmosfera em que a noção de especialização se encontra em cheque como resultado justamente da mistura de linguagens que tomou forma e corpo na década de 1960, mas que só foi possível a partir da experiência inovadora do movimento concretista na década de 1950. Certamente, o cenário tardio em que Arnaldo aparece vai lhe dar toda a sua peculiaridade.

Em primeiro lugar, em Arnaldo não há o processo de questionamento poético levantado pelos concretistas; esses sim verdadeiros desbravadores de um espaço inusitado na cultura brasileira; assim como não há de sua parte o enfrentamento político efetuado pelos tropicalistas num contexto nacionalista e conservador, ainda que na música popular brasileira seja justo o papel de destaque atribuído ao seu trabalho, não só pela regularidade dos seus discos, como pela forma inusitada de compor (não são muitos os compositores populares que demonstram o domínio da língua que ele possui). Isso, inclusive, atesta o seu tempo: ainda que esteja envolvido com a nova música popular brasileira, que chamo de terceira fase, da canção expandida (alguns músicos e compositores do atual cenário ou tocam ou já tocaram com ele), ainda assim, o caráter sintético e racional que demonstra para fazer música o insere na fase anterior, isto é, no segundo ciclo. Caso raro de adaptação aos novos tempos, especialidade que seus amigos titânicos ou não foram capazes de operar, ou, quando tentaram, com exceção de Nando Reis, não foram felizes, o que vai chamar atenção em seu processo composicional vai ser justamente o período localizado entre os Titãs e os Tribalistas: do projeto *Nome* até *O corpo*.

A distância desfamiliarizante ao leitor, apresentando elementos comuns da realidade como se estivessem vistos pela primeira vez ("dinheiro"), sublinhando o distanciamento crítico da realidade e apresentando um nível político da estética; figuras de linguagem com presença de simultaneidade semântica e sintática dos vocábulos, como tentativa de transgredir o "eu" lírico; rompimento de expectativas do leitor com a transformação de provérbios, o que nos remete à noção brechtiana de deslocamento e destruição de ideologias transmitidas; rompimento de expectativa sintática; vocábulos homófonos e homógrafos, nos remetendo às semelhanças e diferenças das palavras; justaposição de elementos ímpares como os personagens fictícios da literatura e os personagens da história como no poema "porque eu te olhava e você era o meu cinema" (Antunes, 2013, *Psia*); alternativa não prescritiva em sua gramática poética, flexionando, por exemplo, o substantivo "tudo"; efeito ótico dos poemas levado ao seu limite máximo, abordando, portanto, a visão e contrariando expectativas, além de chamar atenção para a linguagem em relação aos seus modos de produção e reprodução; a nomenclatura ("os nomes dos bichos não são os bichos") como oposição a Saussure, segundo o qual a perspectiva é que cria os objetos e sendo a linguagem composta de convenções estipuladas e institucionalizadas (o signo linguístico seria resultado do padrão do som e do conceito); as percepções sensoriais se sobressaindo às definições enciclopédicas (Antunes, 2013, *As coisas*), provocando uma inversão de expectativa e criando a consciência do processo visual ao ler o poema, em vez de se ater ao significado original (além do significado ou do objeto simbólico, o valor intrínseco do objeto — "dinheiro é um pedaço de papel"); a presença de sinais visuais explorando mais de uma dimensão e permitindo, simultaneamente, diversas possibilidades de leitura — "o que (se) foi é (s) ido"; a potência de no espaço artístico se viabilizar uma coisa impossível, como a simultaneidade de um mesmo espaço ser ocupado por mais de um vocábulo (*2 ou + corpos no mesmo espaço*), o que nos remete ao ideograma; a intertextualidade e a exploração intersemiótica — na palavra "solto" o "o" é um ponto preto sólido imitando o efeito que a luz do sol tem na visão; o diálogo sincrônico com a poesia brasileira e com a sua própria — o poema "gera" em *2 ou + corpos* dialoga com "exagera zera" de *Psia* e com "nascemorre" de Haroldo de Campos; a mutabilidade e a progressão visual como em "Volver" e "Agouro", estimulando percepções visuais e conceituais do leitor; o questionamento da relação entre forma e conteúdo — "o gesto é o principal" ou "o ar que contorna, define a forma", assim como os provérbios modificados e o aspecto visual e auditivo da rima e da repetição, muito presentes em "Palavra desordem" (Antunes, 2002), chamam a atenção para as várias interpretações do poema — nesse sentido, a matéria-prima do poema assim como sua comunicação tornam-se fundamentais.

XXII   Esse mapa estético de Arnaldo serve-nos ao menos para entender seu projeto: de alto teor conceitual e explícito (nada hermético). Nesse sentido, está mesmo afastado de "Un Coup de Dés", como o atesta Silviano Santiago. No famoso poema francês, a palavra mágica é o que importa. O contradiscurso em Mallarmé, conforme o explicita Kristeva, se dá a partir da arqueologia do campo significativo da língua; parte-se do mundo abstrato para a construção do poema. Já nos concretistas, a leitura a "Un Coup de Dés" não nega o acaso nem a história: parte-se da experiência vivida para a construção particular do campo significativo da palavra, retornando como campo conceitual histórico da palavra. No Concretismo vai persistir, então, em suas diferentes fases, uma tensão: estrutura e história; autonomia e razão histórica por meio de reposição antropofágica; concepção de abertura na estrutura poética — eixo horizontal com suas palavras-temas, de interpretação múltipla, conforme o repertório cultural de cada leitor — e ideograma da proposição poética como estrutura fechada em seu eixo vertical.

Já o desdobramento dessa tensão perpassa o Tropicalismo e seus frutos tardios como Arnaldo. Coincide com a noção de tribo: a engrenagem de uma peça só. E nada mais escapa a essa abertura.

XXIII Música não só para ouvir, mas também para dançar, para o culto de adoração aos deuses e para outras mais diferentes utilidades, como o atesta "Música para ouvir", do disco *Um som*. Sob esse aspecto, a arte não é para falar da vida, mas para vivê-la. E daí a retomada de um primitivismo, segundo o qual a arte não tinha um sentido estético — estava, antes, ligada a questões de essência da vida das pessoas. Essa reunião de diferentes segmentos que a vida expressa (o poema "ávida" em *2 ou + corpos*), de certa forma, é muito bem ilustrada pela tecnologia (a internet), assim como foi vislumbrada por Oswald de Andrade em seus textos filosóficos: o mundo tribalizado, anteriormente pelas antigas sociedades tribais, hoje pela tecnologia. A imprensa e o livro, ao contrário, representariam o individualismo e, consequentemente, a projeção do corpo no espaço. O tribalismo, pois, expressaria um desejo de unicidade, abolindo inclusive as noções de tempo e espaço. Certamente, não era esse o ideário concretista, ainda que possamos visualizá-lo, como um de seus elementos, a uniformização formal, a isomorfia geométrica, o seu diálogo com a escola de Ulm, trazendo à tona a concepção de *standard* da Bauhaus — "o objeto poderá ser usado pelo público com a racionalidade e precisão formal que o próprio objeto impõe com sua forma" —, tudo isso remete a um sentido de arte que a insere no espaço público e que a faz como um elemento da própria vida. O curioso é que a radicalidade desse processo acabaria por colocar em questão a própria noção de autoria e, ao que tudo indica, isso não pretende ser discutido pelo Tropicalismo, ou, ao menos, pelo Tropicalismo oficial (Tom Zé, nesse sentido, vai mais fundo que seus companheiros — *Jogos de armar* que o diga). E aqui talvez vejamos os velhos compromissos de Arnaldo com o Tropicalismo e o próprio Concretismo: um paradoxo ou mesmo um dualismo que, se no Concretismo pode ser expresso como tensão, já a partir do Tropicalismo até hoje se expressa como desdobramento. Os frutos tardios do Concretismo estão ancorados sob a ideia de movimento, diluindo toda possibilidade de diferença. A unicidade, a que o trabalho de Arnaldo faz referência, leva ao limite o movimento de abertura iniciado pelo

Tropicalismo: abertura que inclui tudo, ainda que essa inclusão, nos termos de Giorgio Agamben, abranja também a vida nua, aqueles que não têm direito nenhum (exceção inclusiva).

Se os ecos tropicalistas ainda nos remetem a uma vertente vitalista, expressiva, isso se dá em função de os meios de comunicação de massa serem ainda, em meados dos anos 1960, uma via de mão única. A tribo de McLuhan expressa bem essa cultura pop dos anos 1960, à qual os tropicalistas de "Batmakumba" vão estar ligados. Tecnologia ainda monopolizada. E essa será uma das questões mais incisivas da videoarte no Brasil, naquele período. Será o mundo da simultaneidade e das agregações artísticas, mas ainda sob o monopólio da voz nas rádios e na televisão. A partir da década de 1990, no entanto, o processo se radicaliza e é justamente nessa década que Arnaldo vai produzir seu trabalho mais interessante. A partir da internet, um indivíduo pode ser não só receptor, mas também sujeito de informações (uma retribalização mais consistente, com uma cooperação mútua na produção de conhecimento). Naturalmente, essa mudança vem muito bem expressa no seu trabalho de poesia (basta vislumbrarmos os apelos à percepção e participação ativa do leitor). Mas na música popular é onde podemos acompanhar melhor esse processo, principalmente se pensarmos que a música popular sempre se fez mais refratária às mudanças. Em Arnaldo não há mais narrativa nem sentimentalismos. Há sobretudo um vazio absoluto em lugar do eu lírico. Se nesse aspecto Arnaldo abre um espaço novo no coração da música popular, por outro lado ficamos com a impressão de que ele não foi fundo onde poderia ter ido. A estrutura da sua canção se faz ancorada por forças antigas e tonais, que impedem a ruptura — como se alguns compromissos o obrigassem a seguir sempre com o freio puxado.

XXIV Se esse aspecto encontra-se claramente cristalizado nas fases Titãs e Tribalistas — essa última começando em *Paradeiro* (coproduzido por Carlinhos Brown) e desaguando nos dias de hoje —, uma opção pelo popular, pelo simples e pela fácil comunicação (não tenho dúvida de que, se a indústria fonográfica permanecesse vigorosa, Arnaldo seria um artista tão bem-sucedido quanto Chico Buarque e Caetano Veloso), o período, entretanto, que estamos a privilegiar, de *Nome* até *O corpo*, ainda que profícuo em experimentações, já guarda as condições de possibilidade para o que viria a se desdobrar em sua discografia. Por isso que nos remetemos ao texto de Agamben, quando este nos traz à tona as críticas de Lévinas ao hitlerismo (ainda que Heidegger esteja situado num outro patamar, ele teria sido condição de possibilidade para um desdobramento futuro em direção ao Terceiro Reich).

Mais do que o próprio ideograma, que é uma espécie de congelamento de várias coisas ao mesmo tempo, gerando algo diferente da soma de seus termos, Arnaldo privilegia o desdobramento e a mudança — processo presente em poemas como "Agouro", "Volve", "Quero", "Ávida", incluídos em *2 ou + corpos presentes no mesmo espaço*, de 1997. Desdobramento que torna explícita a ideia central, quase a explica para um leitor desavisado, ao ponto de parecer didática. "Engrenagem de uma peça só" porque perdeu a tensão concretista, tensão que retorna à Vanguarda Paulista, por quem nenhum tropicalista guardou muita simpatia, mas que volta a se distender com o brock, através do qual Arnaldo Antunes inicia o seu processo. É sob o signo do desdobramento que, inclusive em seus trabalhos mais experimentais, podemos compreendê-lo.

O sublime na obra de Luís Capucho

> Se Platão tivesse visto mamãe.
>
> LUÍS CAPUCHO

Em 1995, o compositor Luís Capucho faz um show no Café Laranjeiras, no Rio de Janeiro. É possível que, nessa época, tirando alguns poucos amigos que o acompanham até hoje, Luís fosse um ilustre desconhecido. A gravação do referido show, no entanto, viria trazer-lhe uma certa visibilidade — não que deixasse de permanecer na sombra; esta o acompanha até hoje. Mas certamente foi através da gravação desse show, o qual foi dirigido pela cantora e compositora Suely Mesquita, que o niteroiense, de origem capixaba, Luís Capucho, viria a ter algumas de suas músicas defendidas por nomes de peso, tais como Cássia Eller e Pedro Luís.

Todavia, a importância dessa gravação se remete a um fato que viria tomar maiores proporções, na medida em que pensamos em suas consequências: um ano após o show, Luís Capucho entra em coma devido a uma neurotoxoplasmose, que deixaria sequelas e com as quais o compositor convive até hoje; foi dentro desse quadro que vem a saber estar infectado pelo vírus da aids. Não fosse essa gravação, nunca poderíamos tomar conhecimento da mudança. As sequelas motoras que viriam afetar sua voz — e isso para um cantor é trágico —, são muito bem ilustradas nos discos que viria a gravar mais tarde: *Lua Singela* (2002), *Cinema Íris* (2012) e *Poema Maldito* (2014). As sequelas lhe afetariam o timbre, o ritmo e a própria forma de pronunciar as palavras: "Minha voz é muito estranha por causa da minha incoordenação motora. Tenho dificuldades para pronunciar os fonemas e a força que preciso fazer para dizê-los, incham-me as veias do pescoço. Também para que eles saiam é necessária muita concentração e, desse modo, as palavras ficam lentas, explicadas, com a pronúncia exagerada pelo esforço em dizê-las. E embora saiam explodidas, altas, roucas e arranhadas, são sempre minuciosas em sua pronúncia". Essa declaração, transcrita em seu livro *Mamãe me adora*, o qual vai ser, daqueles que escreveu, o em que mais vai tecer comentários sobre a doença e suas sequelas, ilustra bem a transformação: a gravação do show mostra-nos uma voz que flui naturalmente, quase que preguiçosamente, dentro de um contexto soul em que um segmento da música carioca estava inserido, acompanhada por Naldo Miranda no outro violão e voz, num fluxo único, num só movimento. Cabe aqui remetermo-nos a *Mamãe me adora*: "A história é somente minha, tem sentido único e linear. E mesmo que haja sinuosidades à direita e à esquerda, acima e abaixo, ou que, às vezes também, com voltas à frente e atrás, essa é história de apenas um fluxo, fino e corrido". Esse contexto de fluxo único vai impregnar, além de *Mamãe me adora*, seus livros anteriores, *Cinema Orly* (1999) e *Rato* (2007). Já os discos que viria a lançar após a doença trazem à tona, com sua nova voz, a experiência do corpo, do fluxo irregular, do atrito e de uma incoordenação motora. Se a gravação ao vivo, assim como seus livros, indica uma das coordenadas em que está assentada sua obra, os seus discos expõem um outro lado, o que nos remete à ironia do narrador diante de uma amiga, segundo a qual as sequelas teriam dado espírito às suas músicas.

Talvez o perigo seja justamente pensar um lado superando o outro. É nesse sentido que a gravação ao vivo do show, no Café Laranjeiras, assume um valor que deve ser destacado não só pela diferença em relação aos discos que viriam a ser gravados posteriormente como também porque as músicas, que vão estar presentes nesse show, apontam já numa dupla direção: onde uma não supera a outra, nem deixam de ser o que são para se transformarem numa terceira.

II   A primeira coisa que salta aos olhos, quando nos deparamos com o repertório do show, é o grupo das músicas que foram compostas em parceria: são as piores; mas ao mesmo tempo vão indicar uma marca de geração. Inclusive, não podemos esquecer que, no ano seguinte, em 1996, sai uma coletânea com os novos compositores cariocas (de muitos desses fui testemunha ocular, em suas performances no CEP 20.000). A coletânea, com o nome *Ovo*, produzida por Rodrigo Campello e Pedro Luís, traria, entre seus componentes, o próprio Luís Capucho que, a essa altura, num leito de hospital, estava mais pra lá do que pra cá. Vai ver que, por isso, introduziriam um coro de anjos em sua belíssima *Amor é sacanagem*, como ironiza o compositor em seu site. Se pensarmos no contexto da coletânea, onde se sobressai uma dicção pop com recursos eletrônicos e um estilo "soul carioca da zona sul" (Rodrigo Campello, que mixou as faixas, é um bom exemplo), vamos entender por que algumas dessas marcas vão estar presentes em Capucho. Ainda mais quando, na referida coletânea, a superpresente Suely Mesquita acrescenta sua voz arrastada à canção de Capucho, a qual foi reaproveitada de sua gravação ao vivo. É dentro desse espírito que vamos entender algumas parcerias presentes no show do Café Laranjeiras. Um bom exemplo é "Romena" e "Savannah", ambas compostas com Suely Mesquita, ou mesmo "Max", em parceria com Marcos Sacramento: no caso das duas primeiras, a sensualidade soul, cheia de preguiça, que impregna a coletânea; no caso da última, um experimentalismo fajuto ao qual Marcos Sacramento esteve ligado desde a época de sua banda Cão sem dono dos idos de 1980. Não tem como desconsiderar essas marcas em Capucho — até mesmo na razoável "Máquina de escrever", em parceria com Mathilda Kovak, que escreveu um texto cheio de jogos de linguagem rasteiros para a coletânea.

Naturalmente, me refiro aqui a uma marca de época. E apenas a um segmento dela. Porque os anos 1990, talvez os mais injustiçados por críticos empedernidos e crescidos a formol, foram os que deram origem a tudo de bom e ruim da música popular brasileira. Aqui mesmo, no Rio de Janeiro, tinha o "soul carioca da zona sul", que acoplava não só a turma do *Ovo*, mas também Marco Suzano, Lenine, Fernanda Abreu, Zélia Duncan, Ana Carolina… Rodrigo Campello que o diga), mas tinha também Planet Hemp, Gangrena Gasosa e Zumbi do Mato. Se pensarmos no hip-hop paulista (Racionais MC's) e no Mangue Beat, ambos endeusados pela MTV, que também se estabeleceria nessa década…, na axé-music, no pagode de terno e gravata, no samba de raiz do Cacique de Ramos e na música sertaneja sob o patrocínio do Governo Federal à época, sob a presidência de Fernando Collor de Mello.

Vamos então compreender o que foi o caldeirão dos anos 1990 (sem mencionarmos Raimundos, o projeto solo de Arnaldo Antunes e os jogos de armar de Tom Zé). Época de desrecalcar tudo que a década de 1980 impôs com o BROCK. A turma do *Ovo* viria a ser chamada por críticos paulistas de "retropicalismo" e uma nova onda de resgate e valorização do Tropicalismo viria tomar corpo nos anos 1990.

III   O panorama é este: resgate das identidades, como o discurso feminista, LGBTQIAP+, o movimento negro, o maracatu, a marijuana… acoplados a uma linguagem pop e tecnológica, aplanando dessa forma os fragmentos que não se encaixavam e provocando uma espécie de diluição — não podemos esquecer também o fenômeno da *world music*. Talvez tenha sido essa a grande transformação que se processaria a partir dos anos 1990, iniciando um novo ciclo na música popular brasileira. Esse pipocar das diferenças, mas dentro da cultura de massa, onde tudo é permitido e nada mais impressiona. Nesse contexto, e a coletânea *Ovo* é um bom exemplo, por mais que você sublinhe a diferença entre os que compõem a referida coletânea (Bia Grabois, Pedro Luís, Arícia Mess, Suely Mesquita, Rodrigo Cabelo, Mathilda Kovak, Antonio Saraiva, Twins), o que se ressalta é o mesmo. E, naturalmente, tendo como referência a indústria cultural, tudo passa a ser citação e paródia. Veja a música "Prometeu" de Rodrigo Campello e Suely Mesquita, que abre a coletânea: "Zeus falou que o negócio agora é rock/ Hera ficou uma fera/ Dionísio era cheio de swing mas era muito zoneado, não sabia competir pra entrar no mercado/ Apolo era MPB/ Marte era heavy metal...". Ou então a música "Mary Shelley ou eu quero um homem": "as pernas de David Bowie, os braços de Gérard Depardieu, a boca de Mick Jagger... a inteligência de Cleópatra". Dois exemplos de duas compositoras, que, diga-se de passagem, exemplificam o surgimento da compositora na música popular (se pensarmos que somente no finalzinho da década de 1970, algumas compositoras surgiriam no cenário da MPB — caso de Marina, Fátima Guedes, Angela Ro Ro — é significativo que esse número, a partir dos anos 1990, tenha se multiplicado).

IV Essa marca dos anos 1990 também está impregnada em Capucho pela forma tão natural com que trata da homossexualidade. Pensamos, por exemplo, que a morte de grandes ídolos, como Cazuza e Renato Russo, ainda seria resguardada e tratada com alguma reserva. No entanto, em Capucho, apesar do seu discurso direto sobre sua identidade, como marca de uma geração, ainda assim, nada mais distante de seu estilo que as citações e as paródias presentes em seus parceiros, tendo como pano de fundo a indústria cultural. Daí a complicação em sua obra, a dupla direção que as suas primeiras músicas, gravadas no show do Café Laranjeiras, já indicam, e que o aproximam e o afastam de sua geração.

V É significativa a diferença, nesse primeiro registro gravado, entre as composições próprias, inteiramente suas, e as feitas em parceria. Seu objeto de referência, no primeiro caso, são elementos do cotidiano esvaziados de valor cultural e de julgamentos. Nesse sentido, o que transparece em seu discurso é um novo sujeito: ainda que encontremos marcas de sua identidade sexual, a sua declaração subjetiva e poética não está atrelada a nenhum objeto prévio. É um processo de fundação: assim como o dito não corresponde ao estabelecido, quem o diz funda um novo sujeito sem identidade. E esse fora do lugar, condição da universalidade, instaura uma ruptura. Conforme Alain Badiou, em seu livro *São Paulo: a fundação do universalismo*, o universal é laico porque está ligado ao leigo — não diz respeito à classe, é alheio ao poder e não pertence a nenhuma ordem. Pois esse caráter laicizante é uma marca tanto nos livros quanto nas músicas de Capucho, ao contrário do que vislumbramos na coletânea *Ovo*: a identidade entre ser e soul em Pedro Luís; os deuses mitológicos identificados aos gêneros da música popular em "Prometeu"; o feminismo escancarado em "Mary Shelley ou eu quero um homem"; a igualdade racial em "Tanto incomum" (Mórbida Semelhança); a identidade carioca em "Caricas I". Poderíamos, inclusive, comparar a coletânea a um terreno todo cercado por identidades distintas que reivindicam direitos. E não obstante essas diferenças presentes, a sensação de homogeneidade vem do fato de que, conforme Badiou, não só as identidades subjetivas e territoriais reivindicam o direito de serem expostas às prerrogativas uniformes do mercado, como, segundo a mesma lógica, a homogeneização abstrata do capital acaba por permitir que circule apenas o que pode se contar, mas não a incontável infinidade de uma vida humana singular — o que acaba gerando as identidades fechadas. Aqui estaria, segundo Badiou, a cumplicidade entre o capitalismo liberal do mercado mundial e a ideologia culturalista.

VI Mas, se a presença da marca identitária está lado a lado com o gesto subjetivo que funda um novo sujeito, vamos encontrar também em Capucho, dentro de suas composições solitárias, presentes no show do Café Laranjeiras, outra espécie de dupla inscrição. Aqui referimos à forma como se estruturam seus versos. À coluna dos substantivos concretos, se ligam composições como "Poltrona", onde nos vemos diante de uma declaração de amor a um objeto: aqui pululam substantivos concretos — cama, nave, trono, mar — e adjetivos como "reumático" e "paralítico" (dentro da própria composição, recheadas de objetos concretos, visualiza-se também o outro lado, expresso pelo verbo: "assim meu corpo na poltrona, enquanto *voam* passarinhos, enquanto flores *morrem* na janela"). Mas imediatamente anterior a essa canção, "Pobreza" instaura a coluna dos substantivos abstratos: estamos tratando de símbolos, como no caso do paradoxal verso "sua gorda pobreza rica é mesmo uma dura".

Seguindo essa pegada, novamente são colocadas lado a lado, de forma proposital, duas canções que acenam em direções contrárias: "Mamãe me adora" e "Sua mãe". No primeiro caso, trata-se do amor pelo filho, que escapa à representação — só reconhecemos esse afeto na canção de forma indireta, negativa — "mamãe me amava mais do que outros homens que ela também amava" — e daí segue a descrição de vários tipos de homens (o único momento em que o filho se refere à mãe, é feito de forma simbólica: "eu sou sua flor, sua pedra preciosa no fundo do peito"). No caso da canção seguinte, "Sua mãe", há como que um distanciamento, impossível no caso anterior, para falar da mãe; e o que presenciamos é uma descrição concreta — "que susto, saiu da cozinha e veio".

Mais um par, curiosamente lado a lado, "Amor é sacanagem" e "Humilhante", compõe séries opostas entre si. No primeiro caso, como diz o próprio título, o substantivo abstrato sofre um bruto processo de concretização ao ponto de o narrador se declarar "vulgar no amor"; e fala-se sobretudo de corpo: "em comparação aos felinos, o corpo dos homens é mais concentrado". Já em "Humilhante" fala-se de morte, mas de forma indireta, negativa: "não mais manhã, não mais coração coberto de desejo, não mais fome, não mais medo, não mais seu corpo, não mais seu beijo"; ou então de forma indeterminada: "nada é mais"; "nada é mais humilhante do que morrer". Da mesma forma que essa última, "Destruição", dentro da série de substantivos abstratos, enumera os objetos destruídos como forma de representar a destruição — é o mesmo processo indireto de tratar alguém que escapa à representação, passando a ser identificado como um substantivo abstrato: "você é a destruição".

O outro par, "Para pegar" e "Maluca", completa o mesmo esquema das composições. No caso da primeira, há uma transformação gramatical: o verbo no infinitivo se transforma no presente do indicativo, e a proposição em verbo — o que indica um tempo presente, imediato, concreto. No caso da segunda canção, as rosas, que efetivamente têm um sentido simbólico e abstrato, são distribuídas pelos vários cantos da casa — e à medida que são mencionados os espaços físicos, aumenta-se a carga simbólica da canção.

VII Após esse registro do show, ocorre o acidente: "Há um tempo, após terem me encontrado caído, desacordado, numa esquina perto de casa, o carro da polícia levou-me para o hospital...". Conforme essa descrição que consta em "Mamãe me adora", podemos então vislumbrar um segundo tempo, pós-acontecimento, do qual vão constar *Cinema Orly, Lua Singela, Rato, Mamãe me adora, Cinema Íris e Poema Maldito*. Alain Badiou, em seu livro sobre Paulo, diz: "a verdade é instaurada por um gesto subjetivo que declara um acontecimento aleatório e singular, como a ressurreição de Cristo, no caso de Paulo". Esse pós-acontecimento, segundo Badiou, trabalho típico de militante, que dá andamento ao processo de verdade, não abole a situação ou a origem do acontecimento, apenas efetua um deslocamento em relação a ela. Em outras palavras, a opinião ou a identidade particular e histórica, a que venhamos estar ligados, permanecem externas e compatíveis ao projeto da verdade. É assim que, por analogia, podemos pensar a série dos objetos concretos e dos objetos abstratos na obra de Capucho, ou as marcas geracionais e o sem lugar. Não existe aqui processo dialético. Voltando a Badiou em seu texto sobre Paulo: o universalismo, que Paulo estende às fundações, nada tem a ver com a dialética; não se trata de negar o particularismo — o universal é o encaminhamento de uma distância concernente a uma particularidade sempre subsistente; viver com o século, mas sem se conformar.

VIII Em *Cinema Orly*, seu primeiro trabalho após o acidente, logo na introdução, Capucho identifica uma questão que vai permear toda a narrativa: "É frustrante pensar que esse romance (com um homem) tenha sido o que mais intensamente desejei por todos esses anos e, no entanto, nunca tenha acontecido". E se pergunta ao final: "Por que é que ainda não me acostumei ao fato de a vida ser má? Por que é que ainda não estou tirando proveito da vida doce? Por que não vou ao Orly com orgulho, se lá é a gota doce?".

Deparamo-nos então com a perspectiva crítica de quem se posiciona tanto à distância do Orly quanto à distância dos "romances". Seu primeiro trabalho, pós-acontecimento, guarda, portanto, essa dupla distância: seja em relação à identidade fechada do Orly, seja em relação à generalidade da sociedade. Para Deleuze e segundo o capítulo "Do acontecimento", no livro *Lógica do Sentido*, o acontecimento, que se diferencia do acidente, se reencontra incorporal e manifesta em nós o esplendor neutro que ele possui em si como impessoal e pré-individual, para além do geral e do particular.

Essa mesma equidistância, o narrador nos dá conta quando deixa, por um instante, de olhar pros tempos em que frequentava o Orly, e comenta com ironia: "Quanto a mim, não contava com o fato de ficar claudicando, impossibilitado de tocar violão e com a voz do homem elefante. De todo modo, uma antiga colega de escola outro dia me disse que, depois que fiquei assim, ganhei espírito. Eu que duvidava de ter espírito, que me perguntava se eram todos da espécie humana que tinham um, como temos os braços, tenho agora um espírito, como um rim, sem senti-lo, assim como quem tivesse um rabo" (Capucho, 1999, p. 21).

Naturalmente, o que está em jogo nessa narrativa não é o processo de superação, mas de deslocamento.

IX Além de os títulos dos capítulos apresentarem três alternativas, acompanhadas pela partícula "ou", vamos nos defrontar, volta e meia, com explicações que sofrem esse processo. Por exemplo: ora o narrador interpreta a bolha do Orly como uma tentativa do Estado de eliminar os seus integrantes do conjunto da cidade, confiando-os num gueto e, dessa forma, controlando-os melhor; ora abre outra possível explicação — "Se não havia nada disso, se não estávamos sob a tutela de nada nem de ninguém, então o Orly foi conseguido pelo nosso desejo anárquico de prazer e era isso o que valia" (Capucho, 1999, p. 93). Num outro momento, explanando sobre a ausência de amor e sexo juntos num filme, ele argumenta: "Talvez amor e sexo por serem grandes não possam ocupar o mesmo lugar no coração. *Ou*, quem sabe, o sexo me tira a atenção do amor que deve haver na interpretação canastrona dos atores pornográficos *ou*, talvez ainda, o amor esteja neles e não na interpretação e eu é quem passa ao largo, porque tenho a expectativa de um amor de novela" (Capucho, 1999, p. 114). Essa estrutura triádica, que nos remete à dialética e que permeia os títulos dos capítulos, efetua um interessante deslocamento com a partícula "ou", o que significa que não há conciliação nem síntese. Da mesma forma que, entre os espectadores do Orly, efetua-se uma relação sem cumplicidade e que o narrador vai remeter à relação do devoto com a santidade. Essa relação intransitiva, assimétrica, desigual, é transcrita assim: "Meu amor, embora fosse profundo, aureolando-me no momento do sexo, não precisava de intimidade alguma, era apenas para a imagem de um homem sentado, mais ou menos, como ser devoto de uma santa, da qual nunca conseguiremos nos aproximar" (Capucho, 1999, p. 114). O trágico está justo nesse fato. Num belo texto, "O pensamento trágico", Maurice Blanchot vai diferenciar o homem mundano do homem trágico, no que diz respeito à forma de relação da diferença, nos seguintes termos: "o homem trágico vive na tensão extrema entre os contrários, remonta do sim e não confusamente misturados pelo homem mundano, aos sim e não claramente mantidos em sua oposição" (Blanchot, 2007, p. 31). A partícula "ou", na narrativa de Capucho, ao contrário de um relativismo que denotasse ambiguidade (jogo de luz equívoca), atua no sentido de manter cada um dos contrários de forma absoluta, sem mistura e sem confusão. Mas esse paradoxo não é fonte de júbilo. Ao contrário: "sei que enquanto a maioria avança para o acasalamento natural, mesmo que isso não a deixa de ficar só, para nós outros poucos, avançamos cada vez mais para a tragédia sem namorado" (Capucho, 1999, p. 127). Sua fantasia, o seu desejo é a relação, o namoro, a cumplicidade. Retornando a Blanchot: a forma do pensamento trágico sempre leva ao extremo as afirmações contrárias, que deve manter juntas; embora, não podendo evitar o paradoxo, ela tampouco possa aceitá-lo, pois o que busca é a realização da síntese que ela afirma absolutamente, mas como absolutamente ausente.

x   Sobre a noção de máquina, que os frequentadores do Orly tão bem ilustram, Capucho diz: "É preciso ter essa noção de máquina (apenas porque não é possível de outro modo) ou então na ausência dela, chorar, chorar ajoelhado frente ao fantasma do garoto que se foi sem olhar para trás, sem dizer adeus, o que seria demais"(Capucho, 1999, p. 128). A relação que cabe, numa estrutura heterossexual, àquele que não vai namorar uma menina e nem vai ter um horizonte de casamento, dentro de padrões estabelecidos, é a relação de máquina, principalmente se pensarmos a ausência de uma relação de cumplicidade. O escrito no guardanapo nos dá conta da primeira frustração, a abrir uma longa série que perpassa a narrativa: "Eu ainda não conhecia o Orly e estava apaixonado pelo Saré, um rapaz que encontrava num bar e que jogava com ele partidas de sinuca. Depois ele sumiu" (Capucho, 1999, p. 125). Longe de uma atitude melancólica diante da perda, o personagem responde ativamente da seguinte maneira: "Resta-me somente a sorte de algum garoto querer gozar" (Capucho, 1999, p. 127). Essa relação maquínica vai sublinhar, em vez da harmonia, uma assimetria, tal qual a relação entre um fiel e uma imagem. Dentro do Orly há um sem-número de descrições que a indicam: "Tinha a fantasia de tê-lo como namorado, mas nas vezes em que fui mamá-lo, ele sequer dignou-se a me dar algum assunto" (Capucho, 1999, p. 141); "Diante da masculinidade, sempre senti um misto de adoração e complexo de inferioridade" (Capucho, 1999, p. 142). Essa assimetria era, inclusive, introjetada: "Meu namorado via o filme como se nada acontecesse (estava sendo chupado), como se os terminais nervosos, abocanhados entre suas pernas, não dominassem completamente a massa de seu cérebro" (Capucho, 1999, p. 138); "disfarçavam o intenso prazer que sentiam (dois rapazes fazendo sexo anal no cinema), mostrando fisionomias apáticas, insensíveis, distraídas" (Capucho, 1999, p. 137). Portanto, a diferença assimétrica e não harmônica, sem formar um todo integrado, não era só entre dois personagens, era também dentro de si mesmo. A projeção não respondia ao original. Ainda Capucho: "Nunca devemos perguntar a um veado que tipo de bicha ele é. Normalmente, elas têm uma ideia camuflada de si próprias... meu namorado, um bicha-bofe, não era, segundo ele, homossexual" (Capucho, 1999, p. 55).

XI A imagem, e não podemos esquecer que o cenário principal da narrativa é um cinema, comporta um diferencial em relação ao referente: "sentia que meu peito dilatava para ver os paus que eram ampliados na tela muitas vezes" (Capucho, 1999, p. 20). Se considerarmos que seus espectadores, não só contemplavam como também copiavam as cenas entre si, vamos então compreender mais um desvio: os filmes são héteros, mas os espectadores, homos. Não é à toa que são tratados como ícones: "Gostava do Orly porque lá nos permitíamos ser apenas imagem. Foram tão frustrantes as vezes em que eu ou algum homem tentou ter alma, que era preferível mantermo-nos sempre ícones... Silenciosamente, sem nenhum olhar ou palavra que trouxesse alguma lembrança de que possuíamos alguma alma, pagávamos ou pagavam algum boquete na gente sem que isso implicasse algum envolvimento. Éramos como quem vendia o corpo. Nenhum envolvimento. O que não queria dizer ausência de emoção" (Capucho, 1999, p. 63). A imagem aqui, dissociando-se da imagem do sujeito, torna-se pré-individual — daí a desimportância do olhar e do falar. Puro desejo e também abstração, é o que leva Capucho a definir os veados, diferentemente dos travestis, como abstrações de homens. Essa fuga de uma identidade individual, que Capucho chama de espírito, o faz identificar os frequentadores do Orly a ratos ou seres rastejantes: "No Orly, sente-se que somos répteis milenares e, então, a vida na penumbra do porão, do cinema, é mais espessa" (Capucho, 1999, p. 23).

Imagem da imagem, mas comportando um diferencial entre ambas, talvez seja essa a maior metáfora de sua primeira narrativa: "No Orly, éramos todos anônimos... Éramos só uma imagem e estava descobrindo o quanto isso era bom. Éramos exatamente como atores que trepam nos filmes, com exceção do fato de sermos de carne e osso, portanto, mais saborosos. Pensava sempre naquela história de que a verdadeira obra de arte interfere, modifica o receptor e ao ver o público do Orly interagindo tão infernalmente com os filmes na tela, acho que lá os filmes eram verdadeiramente obras de arte" (Capucho, 1999, p. 73).

Um belo texto de Judith Butler, em seu livro *Problemas de gênero*, sublinha a perspectiva de Foucault no que diz respeito à construção dos gêneros. Considerando que a disputa contemporânea sobre a sexualidade é em termos de sua construção, uma linha apresentaria um *telos* a governar o processo de construção, enquanto outra estaria preocupada na prática discursiva contínua, cujos termos estariam abertos a intervenções e ressignificações. Não seria então impróprio nem mesmo absurdo relacionarmos o filme hétero e a prática homo, no cinema Orly, como um processo de deslocamento e perversão a que está sujeito o processo de cópia. Uma coisa é a prática reguladora da identidade — construtos héteros, cujo processo é de repetição constante de uma lógica —, o binário disjuntivo e assimétrico do masculino/ feminino (é o que se chamaria de heterossexualidade compulsória); outra coisa são as configurações de gênero, que são repetições desses construtos heterossexuais — repetições que não são reificações e, portanto, comportam deslocamentos e perversões. Essa perspectiva de Foucault, ao mesmo tempo que afasta a ideia de naturalização dos gêneros — a cultura sexual hétero é já uma cópia dos construtos héteros —, por outro lado pensa as possibilidades subversivas de sexualidade e da identidade nos próprios termos do poder, sem precisar estabelecer um além utópico ou além gênero, como tentaram fazer Lacan e Wittig. É dentro desse contexto que fica clara a expressão de Capucho: "a masculinidade, representada por um caralho, era tudo o que eu queria possuir... ver minha imagem refletida em sua lagoa (Orly), como na *História de Narciso*" (Capucho, 1999, p. 20). A questão é que essa imagem é cheia de deslocamentos.

XII Outra coisa que a narrativa põe em evidência é o processo de maturação, de desenvolvimento. Há sempre um antes e um depois. Vez por outra o narrador se insere através do presente, como se já estivesse a léguas do Orly: "Eu estou morrendo de saudades a respeito do Orly" (Capucho, 1999, p. 50). É quando nos salta à vista que aquela experiência é rememorada, é reconstituída. Mas mesmo sua reconstituição nos dá conta de algo processual: "Com o tempo me tornei um excelente chupador" (Capucho, 1999, p. 71); "Alguns caras me chamavam para o banheiro onde gostaria de comer minha bunda. Ainda não aceitava... era um estágio que eu ainda não tinha alcançado" (Capucho, 1999, p. 72); "Aquela primeira pesada impressão de prisão subterrânea psiquiátrica que havia sentido nas primeiras vezes em que fui ao Orly, havia se perdido totalmente. Agora era mais uma festa de répteis, peixes, dragões" (Capucho, 1999, p. 102). É como se todo um processo se desencadeasse, cheio de mudanças, até a conquista da tão sonhada masculinidade, momento em que o processo viria a se completar. Vale a pena acompanharmos essa longa descrição já no final do livro: "Levantei-me e fiquei encostado à parede onde podia ver o filme e ter uma visão panorâmica do cinema. Sentia que estava definitivamente um réptil. Tinha total controle do cinema... Como uma ave de rapina localiza e fixa a presa voando bem no alto... observava seu movimento para localizar no rodízio das poltronas, o homem de meu interesse e abatê-lo... Ficava feliz porque era como se tivesse atingido, finalmente, minha maturidade sexual. O Orly trouxe-me essa masculinidade adulta tão esperada, embora não passasse de uma bicha. Sei que não possuía a masculinidade exuberante. No Orly não era uma bicha feminina nem masculina. Para mim, esse nada que eu era, a ausência de formação de imagens sensuais no meu espírito, era a masculinidade, contribuía para ela meu corpo, minhas roupas, meus pelos, minha voz... O Orly não exigia de mim uma postura... desse modo minha forma masculina se compunha, se completava com seriedade, mesmo que eu me curvasse num boquete" (Capucho, 1999, p. 139–141).

Além do aspecto comentado anteriormente, qual seja, das possibilidades subversivas da sexualidade e da identidade nos próprios termos do poder, através da repetição com deslocamento dos construtos heterossexistas (uma masculinidade que se curva num boquete), quer me parecer também que o narrador relaciona a masculinidade a uma capacidade de escolha, que nos remete à liberdade, assim como a uma visão geral, não compartimentada. Há um processo gradativo: da prisão subterrânea psiquiátrica para a festa de répteis e para a ave de rapina.

Mais curioso ainda é que o narrador faz uma ligação aparentemente improvável: "Sentia que estava definitivamente um réptil... Como uma ave de rapina localiza e fixa a presa voando bem no alto..." (Capucho, 1999, p. 139). Essas duas espécies que habitam espaços contrários chamam a atenção e nos abrem uma possibilidade de leitura que penso estar localizada no Sublime.

XIII Kant, na *Dedução dos juízos estéticos puros*, coloca que a maneira de pensar está fundamentada no juízo estético sublime — que é completamente diferente do sublime na natureza. Em outras palavras, os juízos sobre o sublime dizem respeito a uma relação conforme a fins das faculdades de conhecimento, isto é, conforme a vontade (nesse caso, o objeto é usado subjetivamente conforme a fins). Quando o objeto é ajuizado conforme a fins por si e em virtude de sua forma, trata-se nesse caso de um juízo estético dirigido ao belo. É importante essa diferenciação porque, no primeiro caso, trata-se de uma pressuposição subjetiva, qual seja, o sentimento moral a estabelecer um vínculo entre a imaginação e a faculdade das ideias; no segundo caso, trata-se de uma pressuposição objetiva, estabelecendo o vínculo entre a imaginação e a faculdade dos conceitos. Quando aqui usamos o termo "pressuposição", queremos sublinhar os juízos estéticos enquanto aqueles sobre os quais os fins não são capazes de os fundamentarem, ao contrário dos juízos teleológicos e da sensação sensorial — nestes últimos a imaginação estará sempre sujeita a leis. Muito embora os fins não sejam contraditos nos juízos estéticos, eles não têm influência direta sobre tais juízos.

XIV Mas é interessante a diferença que Kant estabelece entre entusiasmo e exaltação, dentro de sua "Observação Geral sobre a exposição dos juízos reflexivos estéticos", porque, nesse momento, ele vai sublinhar a importância do entusiasmo, o qual vai caracterizar como uma espécie de demência — um acidente, porém, passageiro, que pode atingir o entendimento (a faculdade dos conceitos). Pior, para Kant, é delirar não com o entendimento, mas com a razão — ou seja, sonhar não com imagens, mas com princípios — é a ilusão de valer algo para além de todos os limites da sensibilidade (sobre essa questão, Thomas Weiskel, em sua análise de *O homem obscuro*, de William Blake, diz que o homem obscuro, por não ver distintamente o objeto, sente medo e culpa. Sem subverter o modelo kantiano, mas completando o entremeio emocional de sua estrutura, Weiskel traz à tona Blake e, em vez das três etapas kantianas, destaca quatro: 1) a paixão indolente pelo objeto do desejo; 2) o sujeito do Sublime é envolvido por uma aparência ou perspectiva de externalidade, de extensão tal que suas capacidades cessam de funcionar energicamente e logo se sentem diminuídas e humilhadas; de seu fatigado intelecto surge uma imagem indeterminada de perfeição ou totalidade; 3) projeção negativa; 4) a consciência recupera a autoestima, se identifica e aliena a "natureza em nós".

Mas é a projeção negativa que Kant vai chamar de "modo de apresentação abstrata" (espécie de representação da lei moral) e a que Deleuze vai atribuir grande importância em seu estudo sobre Kant, *A filosofia crítica de Kant*, que o filósofo alemão vai identificar como o esforço por parte da faculdade da imaginação em apresentar o infinito, estendendo com isso as forças da alma. Ao contrário das imagens da sensibilidade, temos aqui uma apresentação negativa e que faz parte da estrutura do sublime. Delira-se aqui não com a razão, mas com as imagens, de forma que possa se apresentar, mesmo que negativamente, o infinito. Seria algo passageiro, próprio do entusiasmo, um primeiro momento que produz, inclusive, mal-estar. Mas fundamental para o salto.

xv Como observa Roberto Machado, em seu livro *O Nascimento do trágico*, o que vai caracterizar o sublime, tanto para Kant quanto para Schiller, é a apresentação do infinito de forma indireta: "Em Kant, para expor as ideias de razão, que não podem ter correspondente na intuição, a faculdade do juízo procede de modo indireto, analogicamente, elegendo uma intuição que não tem com o conceito nenhuma semelhança de conteúdo e valendo-se apenas do acordo entre as regras de reflexão sobre um e sobre outro" (Machado, 2006, p. 102). Ou na concepção antropológica de Schiller: "a grandeza relativa fora do homem é o espelho no qual ele vê a grandeza absoluta dentro de si mesmo". (Machado, 2006, p. 103). E mesmo para Schelling, que vai produzir, não uma concepção moral mas ontológica do sublime, não há como escapar da intuição indireta do absoluto — no seu caso, não através de uma intuição sensível, mas intelectual, segundo ele, mais plena do infinito — onde há o triunfo da necessidade, haverá também o da liberdade (a liberdade absoluta idêntica à necessidade absoluta). Desse modo, ao interpretar a Tragédia, Schelling recorre a uma interpretação moral, ou seja, a uma maneira sublime de pensar e proceder: o destino, que parecia absolutamente grande, se torna símbolo da maneira moral, já que são idênticos.

Segundo Roberto, contra essa tradição que faz do sublime um elemento de constituição do trágico (tanto Nietzsche quanto Schopenhauer estariam também dentro dessa tradição), o pensamento hegeliano vai se insurgir, deslocando a temática da catarse da forma para o conteúdo: a causa dos afetos de medo e compaixão, por parte do espectador da tragédia, é o reconhecimento da potência ética divina, que vai levar ao fim o conflito humano, exterminando o herói, uma vez que a forma humana será sempre uma encarnação unilateral da harmonia divina, provocando violência e conflito. Em outras palavras, para Hegel, o fim da tragédia não é o infortúnio e o sofrimento, mas a satisfação do espírito, pois só assim a necessidade do que acontece aparece como uma racionalidade absoluta e o ânimo se sente apaziguado eticamente. Essa curiosa interpretação de Hegel sobre a catarse aristotélica, segundo observa Machado, desloca-se do eixo da forma para o eixo do conteúdo. E com isso desaparece todo o trabalho humano, no sentido de responder a um processo de sofrimento: cabe à potência ética divina restabelecer a harmonia — a própria tragédia do acontecimento, estabelecendo o processo catártico no espectador, é em função da racionalidade absoluta que vai, ao final, restabelecer a harmonia. A interpretação de Roberto Machado ao capítulo 6 da *Poética* de Aristóteles, o qual termina dizendo "a tragédia, suscitando medo e compaixão, tem por efeito a purificação dessas emoções", não bebe da fonte hegeliana: "Interpretei essa formulação como Aristóteles querendo dizer que medo e compaixão são emoções penosas que a tragédia deve despertar no espectador com a finalidade de purificá-lo, fazendo o espectador reconhecer essas emoções em sua essência, em sua forma pura. Além disso, parece-me que essa experiência emotiva purificada, possibilitada pelas formas do medo e da compaixão, suscitadas pela tragédia, substitui no espectador, o sofrimento pelo prazer: é a intelecção das formas do medo e da compaixão, tal como acontece na catarse trágica, que produz o prazer" (Machado, 2006, p. 235–236).

Esse trabalho de intelecção, que não deixa de ser uma projeção negativa, é próprio da estrutura dúplice do sublime. É o que ilumina o belo texto de Deleuze sobre o Acontecimento, na *Lógica do Sentido*, quando fala do poeta Joë Bousquet: a ferida que traz profundamente no seu corpo e essa ferida apreendida na sua verdade eterna como acontecimento puro são duas coisas completamente diferentes; querer não exatamente o que acontece, mas alguma coisa no que acontece, alguma coisa a vir de conformidade ao que acontece, segundo as leis de uma obscura conformidade humorística. Instaura-se, portanto, duas séries: da efetuação e da contraefetuação; o que acontece e o expresso — sendo o segundo elemento da série, paradoxal, uma vez que, enquanto projeção negativa, a representação sensível abre-se para o abstrato, devidamente liberado dos limites do indivíduo e da pessoa. Daí a singularidade do Acontecimento.

XVI Não é diferente a elaboração empreendida por Capucho em seus três livros e também em seus três discos, mesmo durante sua convalescença, cuja enfermidade, tal como em Joë Bousquet, traria suas sequelas.

Após seu primeiro romance, *Cinema Orly*, aparece seu primeiro disco em estúdio, *Lua Singela*, de 2002, pelo selo Astronauta. E sentimos aqui o primeiro choque: sua voz não é mais a mesma, nem a forma pela qual toca violão, se compararmos com seu disco ao vivo, anterior ao acidente. Outra coisa que salta aos olhos, nesse disco produzido por Paulo Baiano, responsável também pelos teclados e pelos arranjos (lembrando que o mesmo, junto com Marco Sacramento, viria a compor as faixas do disco *Cão sem dono*, nome também da banda, de 1986), é que, das doze canções, apenas quatro não foram feitas em parceria. Se levarmos em conta que, dessas quatro, uma foi regravação ("Maluca"), o saldo das canções compostas exclusivamente por Capucho é muito pequeno. Esse fato não deve ser menosprezado, principalmente em se tratando de Luís Capucho, um compositor extremamente singular. Por outro lado, ao contrário dos livros, os discos são experiências coletivas, e, mais do que nunca, aqui em *Lua Singela*, seus amigos estão presentes: Mathilda Kovak, com quem Capucho compôs "Bengalinha", "Sucesso com sexo", "Algo assim" e "Máquina de escrever", essa última regravada em dueto com a compositora; Suely Mesquita, com quem compôs "Vai querer", que nos remete a "Presente cotidiano", de Luiz Melodia ("quem vai querer comprar banana?"); e Marcos Sacramento, com quem compôs "Fonemas", "Ponto máximo" e "Íncubos", essa última na voz djavaniana do próprio Sacramento. Não é difícil identificarmos nesse disco as canções que são a marca registrada de Luís Capucho e que, por sinal, foram compostas exclusivamente por ele: "Lua singela", "Os bichinhos", "Maluca" e "A vida é livre". Dessas, poderíamos separar em dois grandes grupos: as que pertencem à série das músicas ligadas ao corpo; e as pertencentes à série das músicas abstratas e simbólicas (essa separação fica bem nítida nesse disco).

"Lua singela", que abre o disco e deixa bem exposta a nova forma com que o compositor passa a tocar violão, compõe a série das músicas, de seu repertório, ligadas ao corpo: "eu estou morto de fome", diz o vampiro que gosta daqueles que têm maior quantidade de sangue. Mas, ainda que várias imagens concretas perpassem essa canção, não há como deixarmos de notar uma divisão no corpo da própria canção, que nos remete à separação entre o belo e o sublime: "vocês estão cada vez mais lindos pelas ruas da cidade, subindo para os apartamentos, indo para suas casas"; "vou andar sem destino, dormir sob as marquises... eu não tenho onde morar, não há onde eu possa morar... eu estou morto de fome". É justamente sob essa perspectiva de não acolhimento, de abandono, que se depreende uma imagem sublime ao final da canção, de quem se abstrai do sofrimento e vê singeleza, contra todas as evidências: "no céu negro de estrelas/ a lua enorme caindo atrás da cidade, ê lua singela".

"A vida é livre" pertence ao segundo grupo de canções, as quais estão inseridas dentro de uma perspectiva de movimento e liberdade. A experiência atroz foi superada: "eu já não tenho medo" e "a vida não para de chegar". Se na canção anterior o narrador está debaixo das marquises, aqui "as ondas parece que empurram a cidade pro alto". Pouco se usa o verbo na primeira pessoa do singular; trata-se da experiência do infinito. A mesma coisa ocorre em "Bichinhos" — o narrador tenta lembrar como ele pensava na época, mas o que lhe vem à memória é apenas o voo dos bichinhos. A individualidade desaparece.

Por fim, "Maluca", já descrita aqui, faz parte daquelas canções com projeções negativas (se representa o absoluto através de imagens sensíveis: na sala, na mesa, na TV, no sofá, na cama, no quarto, no chão, na penteadeira, na cozinha, na geladeira, na varanda, na janela.

Portanto, estas quatro canções constituem o núcleo do disco e ilustram a experiência do sublime: "A vida é livre" e "Bichinhos" como acontecimento pré-individual e impessoal; "Maluca" como expressão do absoluto através de imagens físicas e concretas; "Lua singela", a experiência integral do sublime, o que faz essa canção ocupar um lugar privilegiado no disco.

XVII *Rato* é a sua próxima empreitada. Publicado em 2007 pela editora Rocco, começa com a palavra "mamãe": "Mamãe está no alpendre passando roupa". Essa é a primeira frase do livro. Se pensarmos que no *Cinema Orly* existem raríssimas referências a sua mãe, damos de cara com uma nova paisagem. Outra diferença é que, no primeiro livro, o cinema e seu interior absorvem toda a paisagem — apenas no final é que vamos ter algumas informações sobre seu bairro, único momento em que testemunhamos um deslocamento de ambiente. Já em *Rato* não se trata mais de um espaço subterrâneo constituído de "répteis" — aqui, presenciamos um tempo antigo e outro moderno: "a irradiação da luz na atmosfera da cidade à beira-mar"; "nossa casa à sombra dos edifícios do centro, sugestão de outra época mais serena e mais faceira, contrastando com os edifícios modernos" (Capucho, 2007, p. 8). Essa casa antiga, inclusive, tinha nomes diferentes: "casarão" e "cabeça de porco". Ela própria expressa tempos diferentes: "o que antes era uma casa onde se comunicavam olhos, boca, narina e orelha, hoje são cômodos compartimentados" (Capucho, 2007, p. 10)

Outra diferença notável em relação ao livro anterior é sua abertura de perspectiva: se no *Cinema Orly*, o narrador-personagem, ao lembrar das noites solitárias passadas no bar de seu bairro, reclama quando tentavam puxar conversa, retirando-o de seu solilóquio, aqui, pela primeira vez, há como que um chamado para que interfiram na narrativa: "os nomes quando deixam de se iluminar, em vez de refletirem as coisas da vida, e assim abrir o caminho por onde passamos, passam a aprisioná-las e sugar-nos para sua prisão como se fossem um redemoinho em ralo de pia. É o horror inextinguível... É sempre uma pessoa que poderá iluminá-los. Eu preciso da iluminação de um leitor. A casa onde entramos é esse sumidouro de nomes frios, de fresca luz" (Capucho, 2007, p. 10–11).

Em *Rato*, portanto, não estamos mais diante de personagens que são ícones, imagens, sem identidade própria — como as que frequentam o cinema Orly; ao mundo sem conflito do cinema, sobrepõe-se um novo mundo, agora não mais subterrâneo. Os personagens têm nome próprio, características próprias: Seu Antônio, Valdir, Nogueira, Julio, Ernesto, Senhor Jofre... Além de o narrador-personagem se colocar em confronto com eles, também vai se defrontar com a mãe: "Tenho a impressão de que as pessoas normais, como mamãe, vivem mais à superfície" (Capucho, 2007, p. 28); "Eu e por exemplo o Ernesto estamos como que submersos como os peixes que vivem no fundo do mar..." (Capucho, 2007, p. 28–29). Mas ainda que reconheça estar submerso, há uma diferença em relação ao livro anterior: em *Rato*, o personagem-narrador visualiza os outros e suas áreas de confronto: "às vezes estou na superfície... Quando vou à superfície, não vou para dominar, para tomar partido, mas para arejar um pouco... Eu sou um rato. Saio da toca sobressaltado, rápido, para conseguir um pouco de comida, mas o meu mundo mesmo é a toca..." (Capucho, 2007, p. 29).

Até mesmo a forma como ele próprio se denomina já mostra uma diferença em relação aos frequentadores do Orly: "eu sou". Seu novo livro, portanto, trata-se dessa saída, desse arejamento, ainda que seja uma superfície muito própria: "Quando estou nessa mesinha que fica no corredor entre a nossa sala quarto e a cozinha... escrevendo estou na superfície. Dessa forma, tomo as rédeas da vida com minhas mãos, um jeito de sair da toca, sem sair do fundo, revelando-me" (Capucho, 2007, p. 29). Essa superfície muito própria de que trata o narrador, ele dá a dica: é a escrita; e pela primeira vez nos damos conta de um salto em relação ao *Cinema Orly*, como um processo mesmo de metalinguagem: "um jeito de sair da toca sem sair do fundo" (Capucho, 2007, p. 29). O segundo salto vai se dar no seu terceiro livro, *Mamãe me adora*, que mais tem a ver com altura. Mas em *Rato* trata-se da escrita propriamente dita, superfície através da qual o personagem-narrador deixa o solipsismo e visualiza o espaço através de seus conflitos e relações: "Estou escrevendo para isso, para estar à superfície. Estou munido de coração e humildade que exigem os encontros. Encontrar-me na superfície, botar minha cara assim é o que quero. Estar senhor de mim mesmo, com minha burrice e inteligência, na cara da vida" (Capucho, 2007, p. 30). "Senhor de si mesmo" é o que parece ser a conquista do personagem-narrador de *Cinema Orly*, ao final de suas páginas — o que nos sugere um processo de continuação quando Capucho escreve *Rato*, ainda que o processo da escrita não coincida com o do tempo retratado (apesar de *Rato* ser posterior a *Cinema Orly*, a época retratada em *Rato* é anterior à época retratada em *Cinema Orly*).

Por sinal, se em *Cinema Orly* a grande questão é o estabelecimento de uma relação a dois permeada de intensidade e duração (há naquela narrativa um processo de desmanche de relações, que poderiam dar certo mas são interrompidas), já em *Rato*, a relação com Plínio é per-passada de modo contínuo e sua própria interrupção, ao final do livro, sublinha menos a interrupção que um deixar de se ver, um desapareci-mento gradativo (aqui não há uma galeria de relações que não deram certo, como ocorre em *Cinema Orly*).

Com isso quero sublinhar a importância da duração; existe um processo no tempo, não só da experiência como também da escrita, que faz a segunda narrativa de Capucho se diferenciar da primeira.

XVIII Conquistar a masculinidade, processo que demanda tempo, é ser senhor de si mesmo, o que não significa uma forma única — há toda uma plasticidade que a envolve. Mas, ao contrário da melancolia, a masculinidade envolve o conceito de sujeito da ação: "Apesar de ser um cara para dentro, sinistro, não sou presa da melancolia (o olhar de Jesus), mas da masculinidade. Persigo seus prazeres dentro e fora de mim, atrás e na frente, à beira do vulgar e do sublime" (Capucho, 2007, p. 31). Aliás, colocá-la entre o vulgar e o sublime nos remete a uma certa experiência, o esforço humano em transformar o sofrimento em prazer, a necessidade em vontade. Se a melancolia implica em uma inação, a masculinidade age. E isso envolve também uma concepção do trágico, sendo constituído pelo sublime: é o sentimento de medo e compaixão que leva o espectador da tragédia à catarse; em outras palavras, o espectador, numa contraofensiva, reconhece essas emoções em sua forma pura, suscitando o sentimento de prazer. Em todo esse processo existe, portanto, um esforço humano, uma ação deliberada que, se não foge à impotência diante da natureza, pelo menos imprime sua vontade através da razão. Ao contrário do pensamento dialético hegeliano, que concebe a tragédia como tendo por objetivo a satisfação do espírito humano, e nesse sentido haveria um momento de conciliação e harmonia com a morte do herói; já a concepção da tragédia como sendo determinada pelo sublime, não implica em conciliação, mas em representação do absoluto pelo sensível: "um jeito de sair da toca sem sair do fundo" (Capucho, 2007, p. 29).

XIX   Para o narrador-personagem, haverá sempre artifícios para fugir ao torpor, não importando que beirem o vulgar ou o sublime: seja se masturbando, seja lendo ou escrevendo, são ações que fogem ao torpor. Certamente, o conceito mais importante em Capucho é o da masculinidade, base para o conceito de sublime, que, por sua vez, é básico para certo conceito de trágico.

XX

Enquanto o luxo não vem, enquanto não deixa de ser apenas essa irradiação de luz na atmosfera da cidade à beira-mar, moro tranquilamente nessa casa à sombra dos edifícios do centro, num recanto ainda pacato. Os edifícios vêm desde as proximidades da praia, hoje um aterro, até a esquina. Depois deles, uma casa antes da minha, o casario antigo toma conta do resto da rua e dessa parte do centro, que é uma parte mais envelhecida e bonita, porque tem sempre em sua aparência sombria e decadente a sugestão de uma outra época mais serena e mais faceira contrastando com os edifícios modernos (Capucho, 2007, p. 7–8).

Anuncia-se assim uma narrativa que vai ser perpassada por conflitos, traições e áreas claramente demarcadas: o velho e o novo; os compartimentos da casa, agora chamada de "cabeça de porco", sem estarem suas partes interligadas como antigamente; a impossibilidade de ver os vizinhos como "se não os tivéssemos" — "Estamos encaixotados na casa, no lote que ela ocupa, ou melhor, emparedados, empedrados na sua arquitetura velha" (Capucho, 2007, p. 78) — nesse aspecto, é interessante o comportamento dos moradores dos edifícios recém-construídos, que querem conhecer, ocupar o lugar, familiarizar-se, ao contrário dos moradores do casario, que não se dão nem entre si nem com os que moram nos edifícios. Esse é o universo não só do "cabeça de porco" como de todo casario antigo, separando-se, compartimentando-se, entre si e com o resto da cidade. A separação entre o personagem-narrador e os habitantes do "cabeça de porco" se dá nesse contexto de compartimentação. Inclusive, a crítica do personagem-narrador à sua mãe, que não consegue pôr ordem àquela casa, ao contrário da antiga proprietária que criava regras e não acolhia todos que procuravam a casa, está dentro desse contexto de racionalidade. A perda da casa seria a consequência de uma organização anárquica que a mãe do personagem-narrador imprimia: "tenho a impressão de que as pessoas normais, como mamãe, vivem mais à superfície" (Capucho, 2007, p. 28). Mas justamente esse comportamento da mãe é que dava, aos olhos do personagem-narrador, todo mistério: "Mamãe é adorável não somente porque meus desejos são uma ordem, mas também porque é simpática, extremamente sociável e doce" (Capucho, 2007, p. 24); "É de uma bondade burra, irritante, mas a bondade sempre tem razão" (Capucho, 2007, p. 25); "Temos mais liberdade porque o Cabeça agora não tem mais a autoridade de antes, não tem mais aquele rumo. Não tem aquelas rédeas. Sua direção ficou mais anárquica, ficou mais divina; mais de acordo com os desígnios de Deus" (Capucho, 2007, p. 65). "Estou escrevendo para isso, para estar à superfície" (Capucho, 2007, p. 30), a certa altura da narrativa, ele afirma. E o coroamento é no final, é sempre no final. Ao esforço de chegar à superfície, ele empreende, ao final do texto, em seu epílogo, a articulação entre o céu e o subterrâneo — isso, depois de um longo processo. "Aqui nesse porão de Jurujuba me sinto finalmente no meio do luxo. É que a baía resplandece ao nosso lado, e não há, para mim, nada mais luxuoso do que estar misturado ao ouro e à prata no translúcido azul verdejante que vem dela. Nesse céu, com a luz quebrada em flocos ao reverberar no chão, pedras, árvores e colinas em torno das águas, é que Cristo pode voltar com seu generoso pau sob a fralda de nuvens — bondoso, belo, balsâmico" (Capucho, 2007, p. 126–127). A paródia e a perversão com a volta de Cristo, se dá através da junção inesperada dessas duas séries: do sublime e do vulgar; do céu e do subterrâneo; da razão e do sensível. Tendo a mãe como modelo, a narrativa finaliza questionando até o processo de compartimentação do sujeito, o qual tomaria as rédeas da vida com as próprias mãos: "Enquanto (Cristo) não vem, atendo às gentes no balcão, reorganizando a vida, eu e mamãe. Ou será a vida que nos reorganiza: soberana, irrevogável, madrasta?" (Capucho, 2007, p. 126–127). Foi necessário, no entanto, um grande esforço a fim de que chegasse a esse questionamento final, o que novamente traz à tona a perspectiva kantiana do sublime.

XXI   Em 2012 aparece o novo disco de Luís Capucho, *Cinema Íris*. E a novidade é que dessa vez, dez anos depois de *Lua Singela*, das treze faixas que compõem o disco, apenas três foram feitas em parceria: "A música de sábado", com Kali C.; "Os gestos das mulheres", com Mathilda Kovak; e, "Romena", já presente em seu disco ao vivo, parceria com Suely Mesquita. O saldo é positivo dessa vez: dez músicas com melodia e letra de Capucho, o que não deixa de interferir no resultado final do disco (no anterior, das doze faixas, oito haviam sido feitas em parceria). Fora isso, deve ser sublinhado, no que tange aos arranjos de Paulo Baiano, também responsável pelos arranjos do disco anterior, um maior equilíbrio entre as faixas: aqui, mesmo em músicas que apresentam alguma experimentação sonora, como é o caso de "Para pegar", canção que já havia sido apresentada em seu disco ao vivo, e também de "Pessoas são seres do mal", a voz e o violão de Capucho se mostram perfeitamente integrados ao arranjo, ao contrário do que acontecera no disco anterior, quando em algumas faixas o arranjo se fazia mais presente que o cantor — é o caso de "Ponto máximo" com arranjo de Rodrigo Campello e "Fonemas", por sinal, ambas em parceria com Sacramento. Nesse sentido, chama atenção os diferentes procedimentos usados em "Para pegar", sem tirar o foco na canção: inicia-se com uma colagem da gravação ao vivo, prossegue com a voz e o violão atual de Capucho, para depois entrar com sampler e programação — uma das marcas imprimidas por Baiano no trabalho de Capucho — e, ao final, a canção retoma a gravação ao vivo. O que se nota no arranjo dessa canção são os diferentes elementos que constituem o trabalho de Capucho: o presente e o passado na forma do compositor cantar e tocar violão, assim como o uso do eletrônico.

Um ponto em comum com o disco anterior, e que sublinha a importância que Capucho concede a alguns amigos, é a presença de outros cantores. Se, em *Lua Singela*, Sacramento canta "Íncubos" e Mathilda Kovak, "Máquina de escrever", já em *Cinema Íris*, Sacramento canta "O gesto das mulheres" e Suely Mesquita, "Romena". Seus discos, mais do que nunca, registram a marca não só de sua geração como também de um segmento do qual surgiu. Se Suely Mesquita dirigiu seu show no Café Laranjeiras, Sacramento fez a direção artística de *Cinema Íris*. Essa marca se imprime em seus discos e, algumas vezes, se harmoniza com o trabalho pessoal de Capucho — nesse aspecto, *Cinema Íris* é de longe o seu melhor disco de carreira; outras vezes, seja em alguns arranjos, seja na maior parte de suas parcerias, percebe-se claramente um confronto.

XXII Nesse disco emblemático de Capucho surge mais uma canção que tem como tema "a mãe": "Eu quero ser sua mãe", que vem se juntar a outras de seu repertório: "Mamãe me adora" e "Sua mãe". Estas duas últimas, como analisado anteriormente, apresentam tratamentos opostos: em "sua mãe" há uma descrição objetiva, que foge às expectativas do personagem-narrador; já em *Mamãe me adora*, trata-se de uma narração subjetiva e indireta — apela-se não só para o simbólico, "eu sou sua flor", representando o absoluto através do sensível, como se apela também para o negativo ou indireto: "mamãe me amava mais do que outros homens que ela também amava… ciganos, pedreiros, patrões". A novidade de "Eu quero ser sua mãe", em relação às duas anteriores, é que se usa agora uma categoria abstrata para representar o sensível, invertendo o simbolismo enquanto método de representação do absoluto. Aqui, o absoluto passa a ser representação do sensível. Não é diferente o método aplicado na música "Céu", significado abstrato que representa o beijo: sem o céu de seu beijo é pornografia sem céu (o abstrato representa o sensível). Em vez de fugir do sensível em função de uma limitação do entendimento, buscando-se então uma relação entre imaginação e razão em direção ao absoluto, como se dá no esquema kantiano do sublime, aqui volta-se para o sensível, parodiando o absoluto. O disco *Cinema Íris*, portanto, em relação ao repertório anterior do disco ao vivo e de *Lua Singela*, representa um avanço, um novo lance.

Outra novidade é a canção "A expressão da boca", que me parece algo completamente inusitado em relação ao repertório anterior de Capucho. Aqui, pela primeira vez, a linguagem chega a um limite: "que loucura pode ser/ é uma delícia pode ser/ uma coisa fácil/ que loucura pode ser/ não entendi". Esse quase hermetismo é uma novidade em Capucho, como se, pela primeira vez, ele tentasse fugir ao processo de representação: blá blá blá (é onde sopra o espírito). Ainda mais: "a expressão da boca revela a pessoa no momento/ mais completamente fora do momento". Expressão enquanto puro acontecimento, Deleuze diz: o acontecimento não é o que acontece (acidente), ele é, no que acontece, o puro expresso: o sentido, o brilho, o esplendor do acontecimento. "Revelar a pessoa no momento e mais completamente fora do momento" tem a ver com o que Deleuze denominava o "paradoxo do ator": a sua interpretação se dá no instante; mas sua personalidade se abre para um papel impessoal e pré-individual, que é justamente a sua representação, abrindo-se para o futuro e para o passado — é quando o ator libera uma linha abstrata (linguagem ou desejo) e não guarda do acontecimento senão o contorno ou o esplendor — esse esplendor neutro, para além do geral e do particular, a quarta pessoa: "chove", "se morre".

XXIII Dentro dessa perspectiva, predomina, na atmosfera do disco, o movimento e o repouso. Há uma série de músicas que indicam o movimento do narrador-personagem ou de terceiros: "Cinema Íris" (a moça que faz *striptease*); "A expressão da boca" (o narrador-personagem); "A música de sábado" (o narrador-personagem); "Atitudes burras" (as pessoas que se movimentam, à espera, no consultório); "O motorista" (dirigindo o ônibus); "Para pegar" (para e pega); "Parado aqui" (vendo você passar na rua, rindo, me olhando). Mas essas mesmas músicas indicam também contemplação: "Parado aqui" (o narrador-personagem); "Atitudes burras" (o narrador-personagem); "Música de sábado" (olhando para o mar, olhando para o vazio); "Cinema Íris" (os espectadores). Essas duas séries, de forma, têm a ver com os dois romances de Capucho: o *Cinema Orly* estaria ligado à série do sensível e *Rato*, à série da razão — em *Rato*, "Quando estou nessa mesinha que fica no corredor entre a nossa sala quarto e a cozinha... escrevendo, estou na superfície.

Dessa forma, tomo as rédeas da vida com minhas mãos, um jeito de sair da toca sem sair do fundo, revelando-me". Revelar, expressar. Naturalmente, estamos no campo da linguagem, seja na música, seja na literatura, justamente no pós-acontecimento, ou no pós-acidente, onde toda a obra de Capucho vai se constituir, com exceção do disco ao vivo. Mas se estamos no campo da expressão, ela se volta ou ao sensível ou à própria expressão, enquanto metalinguagem. É nesse sentido que a expressão da boca, pode ser a de boca nervosa ou a de boca aberta. Assim como a expressão da boca aberta pode estar ligada à contemplação do sensível ou à reflexão propriamente dita: no primeiro caso, trata-se dos espectadores na canção "Cinema Íris"; no segundo caso, é a própria reflexão do narrador-personagem em músicas como "Parado aqui", "Atitudes burras" e "A expressão da boca". Nestas últimas, ou o narrador-personagem está parado ("Atitudes burras", "Parado aqui"), ou está em movimento ("A expressão da boca", "Música de sábado") — é quando o movimento e a reflexão acontecem simultaneamente, o que nos remete à ideia de paradoxo: as duas séries estão juntas, mas se mantêm autônomas.

XXIV No mesmo ano em que é lançado *Cinema Íris*, também é publicado o livro *Mamãe me adora* pela Edições da Madrugada.

É possível, na medida em que vá desnovelando o enredo da minha narrativa, que me embole aflitivamente entre as frases e as ideias e que me surpreendam emoções profundas de desprazer ou que eu venha a me debater na dúvida nojenta sobre qual caminho deva tomar, se vou montado na mulinha, ou no meu cavalo alado (Capucho, 2012, p. 29).

Assim, num importante parêntese aberto à narrativa, assombram o narrador algumas dúvidas, que, apesar de reconhecer como remota possibilidade, podem levar alguns leitores a interromperem a leitura e não testemunharem a alegria do ato de narrar. Além disso: "Haverá aquele leitor que, chegando ao final de minha história, haverá de voltar ao ponto de agora e intrigar-se ante meu triunfo e alegria de contar" (Capucho, 2012, p. 30). Haveria, portanto, aqui, claramente, o acidente e a narrativa, ou o que poderíamos chamar de acidente e acontecimento: a morte da mãe e a sua narrativa.

Durante todo o percurso do ônibus, o narrador-personagem se vê envolvido ora pelo tesão, ora pelo enternecimento: "Através do vidro, o motorista cintilava./ Imaginei seu grande caralho confortando o meu peito e respirei mais fundo e mais quente e, outra vez, com mamãe me veio a ternura distrair-me a olhar pela janela" (Capucho, 2012, p. 44).

Esses cortes, de um plano a outro, incomunicáveis, faziam-se, muitas vezes, através de fortes rupturas: "Assim, num estado em que eu estivesse já pronto para entrar em definitivo no sono, mas um pouco antes, quando ainda não estivesse caído na explosão do nada que é ele, meus pensamentos ficaram mais soltos libertos, e viajando, confundiam-se com sonho... na velocidade desse meu corpo que era um fio de líquido avançando campo fora, mas que poderia, não sei dizer bem, quase um gás, flutuando em êxtase... sua voz de homem (motorista) rasgou-me o sonho, fazendo-me esgarçar e me romper. E sua pressão quando me bateu, num sopro, explodiu-me o corpo diáfano" (Capucho, 2012, p. 60–61).

Mas se aqui estamos sob o contexto das rupturas, a elaboração da narrativa vai levar a uma junção, em que, em vez da ruptura no nível do real, este é subjetivado: "(no ônibus) fomos surpreendidos por uma chamada de celular de um dos passageiros já acomodados na poltrona imediatamente atrás da nossa. O celular começou a sorrir suavemente e a intensidade do sorriso foi se intensificando mais e mais. Até que se tornasse uma gargalhada atroz, cruel, escarnecedora e absolutamente alta. Era algo assim como o pipocar da gargalhada de uma pomba-gira, quando desce ao terreiro. Um traço assustador, ao mesmo tempo espiritual e inumano, engraçado e terrível" (Capucho, 2012, p. 32). Inicialmente, a recepção daquele dado real, mecânico, faz analogia com coisas sobrenaturais. Um pouco mais à frente, sem que inicialmente saibamos se tratar de um sonho, quando o narrador-personagem adormece, essa mesma gargalhada é transfigurada: "Os guinchos da sereiazinha que ainda ouvíamos com o fim da passagem dos carros masculinos, sem que precisássemos um momento, aos poucos, tornaram-se um repuxo de gargalhadas cruéis, que eram esguichadas sobre a multidão" (Capucho, 2012, p. 111).

Por fim, quando sua mãe dá o último suspiro na igreja:

Mamãe não estava mais ali, eu vi. Seu corpo recostou-se, caindo contra o banco. A moça de olhos felizes (dona do celular) olhou.

— Chame alguém — eu implorei segurando o corpo de mamãe. A moça correu para os cinegrafistas. Deixou a bolsa sobre o banco.

— Ará, ará, ará... — o celular na bolsa disparou e sua gargalhada foi intensificando dentro do centro de luz.

— Mãezinha, mãezinha — segurando mamãe, eu pedia para que ela não fosse, mas ela não estava mais ali.

Foi tudo rápido.

— Ará, ará, ará — a sereiazinha gargalhava em sua ferocidade (Capucho, 2012, p. 119).

A história, ao final, por um movimento rápido, faz uma junção inesperada que aglutina tudo: a lenda da sereia que vive na gruta debaixo da catedral; o toque do celular; o sonho do narrador-personagem enquanto dormia... Como se fosse uma espécie de montagem, sob a qual os fotogramas se mantivessem autônomos, independentes.

XXV Essa curiosa narrativa de Capucho, que claramente se diferencia dos seus romances anteriores pelo clima fantasmagórico que os curtos parágrafos enfatizam, remete-nos ao universo de Clarice Lispector. Mas se a narrativa faz um tributo à personagem feminina da mãe e se o narrador anuncia que é uma história de um fluxo só, fino e corrido, com um sentido único e linear, o que, de certa forma, tem a ver com a perspectiva de superfície ("estou conformado ao ritmo de tudo, exatamente, como os acontecimentos vieram se passando, entregue à força de como as coisas foram acontecendo" (Capucho, 2012, p. 30), é preciso ter cautela nessa espécie de conformação. Em *Rato*, fica claro que a superfície da mãe não é a superfície do filho: "Temos mais liberdade porque a Cabeça agora não tem mais a austeridade de antes, não tem mais aquele rumo. Não tem aquelas rédeas. Sua direção ficou mais anárquica, mais divina, mais de acordo com os desígnios de Deus" (Capucho, 2007, p. 65); entretanto, nesse mesmo livro: "Quando estou nessa mesinha que fica no corredor entre a nossa sala quarto e a cozinha... escrevendo, estou na superfície. Dessa forma tomo as rédeas da vida com minhas mãos, um jeito de sair da toca, sem sair do fundo, revelando-me" (Capucho, 2007, p. 29). Em *Mamãe me adora*, fica explícito o trabalho árduo de recuperação da saúde, momento em que produziu a sua obra literária e boa parte de sua obra musical: "com o aparecimento do coquetel, vivo, rendo-me à dramaticidade de mamãe, inclino-me e determino-me na direção do homem no que estou sempre e cada vez mais me transformando" (Capucho, 2012, p. 94). O conceito de masculinidade parece aqui muito presente e, certamente, é uma constante em todo o trabalho de Capucho: o gesto conciso, humano e subjetivo de responder a um real desagradável, de que não damos conta, e que termina por produzir certo prazer.

XXVI Antes da escrita e, portanto, antes do acidente, o narrador identifica uma época suicida e trágica: "Portanto, foi minha inclinação para a tragédia e para todas as coisas que no mundo sejam inclinadas para o feminino, que me fizeram ter um projeto inconsciente de morte". E não é só pulsão de morte que o narrador identifica como feminino. Em *Rato*, observamos: "concentração do meu centro se quero me sentir homem... dilatação de meu centro se quero me sentir como mulher". A ideia de feminino estaria ligada, em Capucho, a derramamento, expansão: "o fato de eu estar trepando com outro homem, um cara que também possui um pau e uma bunda de homem, me faz sentir que desabo no céu e caio derramado. Não é um derramamento para o abismo. É mais como se me propagasse, como se dilatasse em todas as direções" (Capucho, 2007, p. 97). Essa ideia de expansão que o narrador relaciona com a própria vida, ele assinala nas páginas de *Rato*: "O mundo é tão vasto e a vida espremida, socada, aprisionada no meu corpo de homem é mais que adorar a mim próprio na figura de algum outro cara, como pode fazer supor o cerne dessa história. A vida, claro, extrapola e é muito mais que meu pequeno corpo. É mais que minha história. Que meu deslocamento na Cabeça. Existem as montanhas de neve e os vales! Existem as montanhas tropicais com árvores que ao longe são azuis! Existem os deuses" (Capucho, 2007, p. 106). Esse expansionismo é feminino e é o modelo do narrador. A certa altura, definindo a mãe em seu último livro e opondo-se a Platão, para quem o homem que não sabe escrever e não sabe nadar não é educado, Capucho solta uma frase lapidar: "Se Platão tivesse visto mamãe" (Capucho, 2012, p. 102). E sublinha seu caráter movediço: "Em sua doçura, quase nunca a vi discordar de alguém, discutir opiniões, convencer com argumentos, opor-se a outras ideias. E isso a meu ver (não sendo desprovida de escolhas)... tem grande poder de desarraigamento" (Capucho, 2012, p. 69–70). Esse desarraigamento leva, inclusive, a fazermos uma analogia com os atributos flutuantes a que Foucault faz referência, conforme Butler (em vez de pensarmos uma metafísica da substância, em que o gênero é visto como substância ou o sexo aparece como causa das experiências sexuais, haveria antes um jogo dissonante de atributos — é o sentido performático, as expressões construindo a identidade — conforme Nietzsche, o fazedor é uma mera ficção acrescentada à obra). E aqui, talvez, valesse a pena, antes de entrarmos no último lance de dados de Capucho — *Poema Maldito* —, fazermos referência à representação do dionisíaco em Nietzsche, conforme Roberto Machado.

XXVII Segundo Roberto Machado, no terceiro parágrafo de *A visão dionisíaca do mundo*, Nietzsche diz: "Importa antes de tudo transformar o pensamento de desgosto com respeito ao horror e ao absurdo da existência em representações que permitam viver: são o sublime como sujeição artística do horror e o ridículo como alívio artístico do desgosto. Esses dois elementos entrelaçados estão unidos em uma obra de arte que imita a embriaguez, que joga com a embriaguez" (Machado, 2006, p. 221–222). Nessa passagem, fica clara a diferença: o sublime não é Dionísio. Existe o modelo e sua imitação, a qual está sujeita a deslocamentos. Mas, da contradição entre os dois princípios constitutivos da Tragédia, a contradição originária entre Apolo e Dionísio, isto é, entre individualidade e unidade, é possível, segundo Roberto, compreender uma união conjugal entre ambos, pela vinculação entre a temática nietzschiana do trágico e a teoria do sublime (em Hegel, a Tragédia visa a suspensão do indivíduo pela racionalidade absoluta; já em Nietzsche, não há suspensão de um dos termos — ambos estão em uma relação muito própria e não é de identidade). A representação do horror é o que constitui o sublime, provocado pelo momento do desgosto (são os atributos que sempre desencadeiam o processo). Através do sublime podemos então encarar o horror e desencadear um certo prazer — porque o horror é apresentado de forma negativa — mesmo se um dos termos é dominante (em Nietzsche, o dominante é o dionisíaco), a ele só se tem acesso pelo outro termo marcado por uma inferioridade... um só pode aparecer simbolizado pelo outro, isto é, deixando em parte de ser ele mesmo. Naturalmente, aqui se dá uma espécie de acordo discordante, próprio do sublime: a verdade dionisíaca se dá através da aparência, daí porque o gênero Tragédia é um elemento intermediário entre a beleza e a verdade (há uma dissonância que faz da Tragédia um símbolo da verdade); diferentemente, a Epopeia, enquanto gênero, é uma aparência da beleza (se pensarmos que o belo é o véu que oculta a verdade, aparentá-lo ou fazer do belo sua arte significa obedecer a um acordo harmonioso).

XXVIII Através de sua narrativa, Capucho não só encarou a sua doença como a morte da mãe — experiências dolorosas, das quais retirou, inclusive, alegria. É como ele diz a certa altura em *Mamãe me adora*: "Embora minha vida não tenha perfeição, no momento de agora, estou como triunfante, já que nessa iniciativa de lhe contar o que me aconteceu e apesar de tudo, estou cheio de entusiasmo e alegria" (Capucho,

2012, p. 29–30). É essa experiência do sublime que permeia toda a obra de Capucho, seja na literatura, seja na música, e que o leva a transmutar o terror diante de sua mãe morta: "E minha tristeza sem tamanho, uma consciência de ser aquela minha última chance (de segurar suas mãos), encantou mamãe. Confusamente, no seu corpo sem mais vida, não havia terror. O fato terrível era a maravilha, como são encantadas as sereias" (Capucho, 2012, p. 115).

Ainda que o processo de seu trabalho, e aqui mais uma vez sublinhamos a importância do percurso, nos encaminhe no sentido de destacar a importância do dionisíaco, unidade primitiva, pré-individual, presente tanto nos frequentadores do Orly, que são mais ícones do que indivíduos, quanto na sua mãe, de quem o narrador destaca a direção anárquica da Cabeça... essa unidade primitiva não leva à morbidez melancólica. Sua narrativa, seja em seus livros, seja em suas canções, mais acena na direção do esforço, da atividade: é o conceito de masculinidade que o leva, no cinema, a escolher como uma águia escolhe sua vítima; ou que o faz substituir a ausência de namorado por prazeres imediatos; ou que substitui a loucura, diante da tragédia, pela lucidez. Essa ação, própria do sublime, que nele leva também a artifícios para fugir do tédio, seja a masturbação, seja a experiência da leitura ou da escrita, é como podemos definir o conceito mais importante em sua obra: "Apesar de ser um cara para dentro, sinistro, não sou presa da melancolia (o olhar de Jesus) mas da masculinidade. Persigo seus prazeres, dentro e fora de mim, atrás e na frente, à beira do vulgar e do sublime" (Capucho, 2007, p. 31).

XXIX   No final de 2014, portanto, dois anos após *Cinema Íris*, sai o quarto disco de Capucho, e seu último disco lançado: *Poema Maldito*. Ele explica em seu site o encontro com Leonardo Rivera, diretor do selo independente Astronauta, por onde havia sido já lançado o *Lua Singela*. Desse encontro fica decidida a gravação de um disco no formato voz e violão, ideia original de Rivera, com intervenções sonoras e efeitos de Felipe Castro, que, junto com Capucho, assinaria também a produção do disco. E pela primeira vez, Capucho se aventura longe daqueles que o acompanhariam desde o início da carreira. Aqui não estão Suely Mesquita nem Mathilda Kovak; e Marcos Sacramento, presença constante em seus trabalhos anteriores, assinando várias faixas em parceria, além de cantar nos dois discos anteriores, dessa vez assina com Capucho apenas uma faixa: "O camponês". Paulo Baiano, outra presença fortíssima, tendo gravado, mixado e produzido os dois discos anteriores, além de ter sido responsável pelos arranjos e teclados, dessa vez faz uma discretíssima passagem no piano em "Cavalos". O disco vem a ser prensado graças ao sistema de *crowdfunding* e também graças a Ney Matogrosso, que não só investiu no disco como também chegou a mencionar em entrevistas o desejo de gravar o compositor.

Das onze faixas, cinco foram compostas em parceria. Mas o que se observa dessa vez é que, dessas cinco, três são fortíssimas e estão integradas ao universo de Capucho (nos discos anteriores acontecia o contrário: as parcerias se desviavam do núcleo de suas composições). Estou me referindo aqui a: "La Nave vá", em parceria com Manoel Gomes; "Poema Maldito", que dá nome ao disco, em parceria com Tive; e "Mais uma canção de sábado", esta em parceria com Alexandre Magno e Jardim Pimenta — nomes que aparecem pela primeira vez nos discos de Capucho. "Soneto" e "O camponês", a primeira em parceria com Marcelo Diniz e a segunda em parceria com Sacramento, não me parecem representativas desse núcleo. Mas o disco tem uma unidade, tal como a tem o disco ao vivo e *Cinema Íris*. Nesse aspecto, tendo a ver *Lua Singela* como o mais irregular de sua discografia.

xxx O problema de *Poema Maldito* é que o disco, ainda que constituído de belas composições, não cresce. E aí vem uma questão específica do universo musical: ao contrário da literatura, fazer discos, e isso o próprio Capucho sabe reconhecer, é uma atividade coletiva e, como tal, está sujeita a intromissões de toda ordem, que fogem ao controle do artista. Através de suas músicas ou de suas gravações, em função desse aspecto coletivo, conseguimos claramente encontrar a marca de uma geração ou mesmo de um segmento — o aspecto situacional, que, como diz Badiou, concerne a uma particularidade sempre subsistente. Não há dúvida de que o núcleo composicional de Capucho guarda uma distância concernente a esse aspecto situacional, e é fato que podemos distinguir isso nos seus trabalhos anteriores. Distância que não implica uma negação. Em *Poema Maldito*, no entanto, há uma questão técnica não resolvida e que implica negação. Como se o escritor invadisse o espaço da música e assim destruísse o que antes fazia parte da estrutura de sua obra: a presença do aspecto situacional, exterior ao processo criativo, mas não incompatível com ele. Ao analisarmos algumas músicas desse novo trabalho, vamos constatar essa dupla presença, negada pelo modo como foi produzido o disco.

XXXI Há duas séries nessas canções de Capucho: a composta de objetos e a composta de fantasias e pensamentos. Insistentemente, em cada faixa do disco *Poema Maldito*, nos deparamos com essa divisão. Vejamos alguns exemplos:

1. "La nave vá" tem a nave propriamente dita, em movimento, que nos leva a outros mundos, e tem a janela "parada, objeto comum, vulgar, que não me leva a lugar nenhum"; numa segunda etapa, há uma transfiguração: "mas é por causa dela/ que eu viajo na nave/ é ela que me leva, é ela que é bela, eu aprendi a amá-la através dos anos" (uma metamorfose de algo parado para algo em movimento, como se a janela e a nave se transformassem numa coisa só e não houvesse mais a separação anterior — como se o pensamento estivesse aqui representado pela janela e, estivéssemos no campo do simbólico, onde representamos por imagens sensíveis o absoluto ou o irrepresentável).

2. Em "Os gatinhos de Pedro", "preciso ir mais alto, fico suspenso" e "corro atrás" — essa junção de fluxo e suspensão é que torna as coisas complicadas demais, as duas séries copresentes.

3. Em "Mais uma canção de sábado", o visível e o invisível: os objetos parados — os móveis, as facas, os livros, as plantas, a água parada tão perigosa; e "você não veio com a chuva". Por fim, a transmutação: "você está em todo lugar" — transformando a ausência em presença simbólica ("você não pode mais se esconder de mim").

4. Em "Formigueiro", o nome dá luz às coisas, mas também dá movimento ao pensamento, trazendo espírito e dando sentido — "quase não termino", o que nos remete novamente a uma dupla presença.

5. Em "Meu bem", há a série dos objetos "sem você" e o universo da invenção, da ficção, da criação ("das sombras que você é, eu fiz você pra mim, o meu lado mais iluminado") — o que sugere um processo de trabalho, propiciando a transmutação: mais ficção que livro.

6. Em "Velha", certamente a canção mais clássica que ilustra o processo simbólico do sublime: uma sucessão de imagens, muitas delas pueris, para representar o absoluto — "carinho perfumado

de perfume baratinho"; "a pele de cama usada"; "a mão de roupa ensaboada"; o sorriso de legumes"; "o vestidinho de chita com florezinhas"; "sapatinho de plástico apertadinho". Mas a essa série de imagens objetivas, abre-se uma outra composta de verbos no gerúndio: "por ela vivi sonhando, por ela vivi sorrindo, por ela vivi partindo".

7. Em "Cavalos", a série dos objetos (mesa, cadeira), os quais não conduzem nem seduzem; e a imagem de cavalos representando o ser amado, que, por sinal, numa abertura em abismo, lembra flores e a luz dos diamantes.

Há, portanto, a série dos objetos e a série das imagens em que ocorre o processo de transfiguração ou de representação do absoluto, característica do sublime. Essa experiência do sublime ocorre sempre numa segunda etapa, daí a importância do transcurso e da dupla estrutura.

O processo de produção do disco *Poema Maldito*, ao contrário dos discos anteriores, isto é, *Lua Singela* e *Cinema Íris*, não respeitou essa estrutura paradoxal que o núcleo de suas composições expressa. A "esculhambação interessante" a que o artista faz menção, em dada altura do disco, vai numa direção contrária a que permeia seu trabalho, tanto de música quanto de literatura, que é de esforço e de resposta ao que o faz impotente.

Por uma nova história

O estranho e o esquisito

1   Em "O Novo Advogado", pequena narrativa que abre o volume de "Um Médico Rural", de Franz Kafka, nos damos conta de um ex-cavalo, agora advogado. Bucéfalo, o cavalo de batalha de Alexandre Magno, rei da Macedônia, fazia parte de um tempo em que a direção das portas da Índia era assinalada pela espada do rei. Ainda que inalcançáveis, era indicada sua direção. Um acontecimento, porém, teria ocorrido, a partir do qual nem mais isso se tornaria possível. O deslocamento das portas para mais longe e mais alto nos impediria de conhecer, inclusive, sua direção. As espadas, portanto, viriam a perder a função indicativa; muitos viriam a segurá-las, mas apenas para brandi-las. Um gesto que se torna vazio e apenas formal: perdeu-se o sentido que as orientava. O gesto final do advogado, que é reconhecido em sua condição problemática —"Em geral a ordem dos advogados aprova a admissão de Bucéfalo. Com espantosa perspicácia diz-se que, no ordenamento social de hoje, Bucéfalo está em situação difícil e que tanto por isso como também por causa do seu significado na história universal, ele de qualquer modo merece boa vontade" (Kafka, 1999, p. 11) —, será o de mergulhar nos códigos. Esse processo de inversão é característico em Kafka e será desenvolvido em Benjamin (o que o teria levado, inclusive, a desenvolver a oitava tese "Sobre o conceito de História": a tarefa que faltaria a ser realizada, segundo Benjamin, é a produção do estado de exceção efetivo).

A "boa vontade" que deveria se ter com Bucéfalo, aparentemente, é semelhante à tolerância que se tem àqueles que são admitidos numa instituição sem pertencer a esta. Na verdade, o novo ordenamento, paralelo ao deslocamento das portas da Índia, de certa forma o admite, mas em razão de sua obstinação. É, afinal, como começa o texto: "temos um novo advogado, o Dr. Bucéfalo". A "boa vontade", alegada com tamanha perspicácia, esconde a obstinação de quem conseguiu vitoriosamente penetrar as portas da lei, contra todas as adversidades. E, num gesto simétrico e invertido ao da lei que perde o sentido e se transforma em vida (a espada brandida num gesto vazio), temos agora o Dr. Bucéfalo que mergulha sua vida nos códigos.

II   No outro texto do mesmo volume, "Diante da lei", visualizamos as infinitas negociações para se adentrar as portas da lei, que, curiosamente, se mantêm abertas. O próprio porteiro, diante da obstinação do homem do campo, lhe sugere a entrada, apesar da proibição, alertando-o, todavia, para a presença de outros porteiros em seu interior.

O inusitado é como adentrar no já aberto. Porque no "já aberto", de certa forma, já estamos dentro. O texto de Kafka apresenta, então, essa estrutura aberta que é a própria forma da lei: não prescreve nem veta nenhum fim determinado. E tal como acontece no texto anterior, a vigência da lei sem significado é o novo acontecimento, com o qual tanto Bucéfalo quanto o camponês vão ter que se deparar. Em tal situação de abertura, vive-se a inusitada experiência de não se poder entrar nem sair da relação (nesse caso, o não fechamento da própria impede, em última análise, que possamos estar livres de seu raio de ação). É próximo à experiência do exilado: ainda que se possa estar num país estrangeiro, continua-se a sofrer as relações com a política (o exílio, no máximo, levou ao exilado a experiência do abandono; mas, enquanto tal, ele continua preso ao seu país, por intermédio das leis que não permitem seu retorno). Essa estrutura, da qual a linguagem também faz parte, é própria do estado de exceção: assim como a forma pura da linguagem pressupõe o não linguístico, a forma pura da lei, tão bem representada pelas portas abertas, pressupõe a exceção.

A estratégia do camponês não será, portanto, adentrar o já aberto. Ele sabe que adentrar o já aberto é mera ilusão. Dessa forma, não atende a sugestão do porteiro. Seu empenho será no sentido de fechar as portas, através de um obstinado processo que vai consumir toda sua vida. E do qual fazem parte a não comunicação e a provocação como possíveis estratégias para o fechamento.

III   Uma canção de nome "Passarinho esquisito", composta por Romulo Fróes e Rodrigo Campos, e que consta do disco *Passo elétrico*, do grupo Passo Torto, formado pelos dois compositores mais Kiko Dinucci e Marcelo Cabral, chama a atenção pelo esforço de definição da palavra "esquisito". A aparente semelhança entre o "passarinho esquisito" e o narrador, deve ser desvanecida no transcorrer da canção: "Passarinho acuado, usa a minha voz/ Regurgita a melodia da minha ilusão/ ... Passarinho tem meu rosto, finge que sou eu/ ... Não tem meu sangue verdadeiro/ Mas sente que é/ Igual/ Não é bastante estrangeiro, mas pensa que é meu/ Irmão".

Aqui, no corpo da canção popular, surge pela primeira vez uma divisão de um sentido que parecia unívoco e que, de certa forma, dava o tom lírico à nossa música popular. Não é difícil pesquisar a ocorrência de "passarinho" na vasta extensão da MPB, chegando até "Sabiá" de Chico Buarque e Tom Jobim, síntese de uma tradição luxuosa e da própria nacionalidade.

A canção a que nos referimos não só abre uma fenda num sentido que parecia unívoco como também estabelece uma diferença entre esquisito e estrangeiro. A palavra "esquisito", na língua portuguesa, veio, com o tempo, a encobrir um sentido que lhe era original e foi sendo posto de lado. A palavra vem do latim "exquisitus", "procurado com atenção", portanto, de "escolha especial, coisa muito boa". Portanto, esse sentido original "exquirere", formado por *ex* ("fora") mais *quaerere* ("buscar", "procurar"), foi sendo, gradativamente, posto de lado. Ainda que tenha em nosso idioma um sentido de "excelência" e "requinte", foi sendo predominado pelo que é estranho e extravagante. Já "estrangeiro" é a fonte de "estranho", cuja origem "extraneus" denota "o que é de fora, desconhecido, não familiar".

A canção mergulha então numa diferença original entre "esquisito" e "estranho". Se a primeira palavra denota, originariamente, algo que usualmente permanece fora dos usos e costumes e, ainda assim, merece ser capturado, buscado e, portanto, reconhecido por sua excelência, mantendo vínculos com aquilo do que se afasta, já o "estranho", ao contrário, se mantém irreversivelmente afastado de determinado ordenamento (sua resistência é obstinada e, por isso mesmo, por se manter intraduzível, é sempre visto com ressalvas).

"Passarinho esquisito", de uma forma que só a arte é capaz de fazê-lo, denuncia então uma fragmentação que se mantém recalcada pelo senso comum. Essas qualificações e formas de ser, que se mantinham unificadas na tradição da música popular, dão luz, então, a uma diferença original e que talvez nos ajude a pensar a estrutura aberta da forma da lei.

IV O que aconteceu à palavra "esquisito" na história da língua portuguesa, talvez, tenha uma analogia com o que veio a ocorrer com o mundo após a primeira grande guerra mundial.

Giorgio Agamben em seu livro *Homo Sacer*, ao analisar o conceito de "povo", dá conta de um mesmo processo de velamento que analisamos entre "esquisito" e "estranho". Por ocasião da Revolução Francesa, essa duplicidade — inclusão e exclusão — torna-se incômoda (anteriormente, a divisão, seja na idade clássica, seja na medieval, era vista de forma natural e transparente — havia o Povo, detentor de direitos, e o povo deles excluído; a questão é que com a Revolução Francesa, tendo a vida como fundamento da soberania e dos direitos, a exclusão vem a tornar-se um escândalo intolerável que vai levar à crise do ordenamento Estado-nação). O projeto moderno, a partir do fim da primeira grande guerra, será no sentido de excluir essa fratura presente no próprio conceito de "povo". A questão é que o processo de exclusão e extermínio, a que o projeto moderno dá margem, expandindo cada vez mais a fronteira dos excluídos, dá luz ao que já estava na origem da política, qual seja, o vínculo entre o poder e a vida nua dos excluídos.

v Quando uma simples canção exprime a diferença originária entre esquisito e estranho, talvez então possamos nos perguntar se, de uma forma condensada, ela não quis exprimir a história de um velamento que a própria música popular corroborou. As portas da lei mantidas abertas nos textos de Kafka é a maior metáfora de um processo do qual nos mantemos reféns. Enquanto as diferenças se mantinham claras, podíamos ao menos visualizar o dentro e o fora, o cidadão e o estrangeiro, o esquisito e o estranho. Mas, a partir do momento em que as portas se escancaram, passamos a testemunhar uma estrutura em que a exceção vira a regra, os excluídos, uma população inteira e cada vez maior, e a lei, que passa a vigorar sem conteúdo, a própria vida.

Fazer com que a lei seja aplicada, tem a ver com o fechamento da porta. E as duas figuras que o ensejam é o provocador e o insulado.

Para que o estranho não seja esquisito, dentro da estrutura biopolítica em que vivemos e que não admite retrocesso, há que se remeter aos personagens kafkianos. Se a lei se transforma em vida, seus personagens transformam a vida em regra, tal como Bucéfalo que mergulha nos códigos. Podemos também pensar no personagem de Primo Levi, que nos campos de concentração é conhecido como "muçulmano": o processo de apatia a que chega o impede de distinguir o fenômeno de natureza e os castigos impostos pelas regras; nele, a vida se transforma em regra; e mesmo que seja a consequência de um processo de exclusão, acaba por se constituir numa resistência a esse mesmo processo.

Na música popular, um nome que vem chamando a atenção é o de Romulo Fróes. O estranhamento de suas canções, nascidas no coração dessa nova MPB, nos leva a pensar o processo de inversão kafkiana. Tal é a sua afirmação dessa nova música, desde a canção expandida, até a aglutinação dos músicos que compõem a cena, passando pelo processo específico de gravação dos discos, que chega ele a se transformar no seu arauto. A intensidade dessa afirmação elimina qualquer abertura. E se Marcelo Camelo, um representante inegável dessa nova música, informa que a intenção foi eliminada do processo composicional, a intenção de Romulo é eliminar a intenção. Essa construção obstinada, no coração da nova música, o transforma, assim como o personagem de Primo Levi, numa resistência a qualquer abertura do sistema.

A outra figura que provoca a inversão é o provocador. Nesse caso, também é esfacelado o sentido unívoco do "passarinho" na canção popular. Seu estranhamento tem o sentido de levar o porteiro a fechar-lhe a porta na cara. No caso anterior, é o próprio artista que propõe o fechamento, transformando-se num culto à invisibilidade.

De qualquer maneira, são estratégias, de modo a impedir que o estranho se transforme em esquisito.

A lama na música brasileira

Na música popular brasileira, dois artistas usaram a palavra "lama" com tanta insistência, que o referido termo acabou assumindo o papel de palavra-chave em ambos os trabalhos. Quero me referir a Damião Experiença e Chico Science.

Ainda assim, o sentido do termo é completamente diferente em um e outro, o que nos sugere diferenciações importantes dentro do terceiro ciclo da música brasileira. Se Chico vai estar ligado a uma espécie de política identitária, segmento vigoroso dentro do terceiro ciclo, já Damião representa um primeiro momento de fundação desse ciclo, em torno à evasão do real ou do discurso, por meio da linguagem.

A lama em Chico tem um sentido preciso, localizável: os manguezais dos rios de Recife. João Cabral já se referia a essa lama em *Morte e Vida Severina*. Essa lama é a base do Mangue Beat: é denúncia, mas é também inserção, como se observa em "Malungo":

A ciência conseguiu juntar
o mangue com o mundo
e de lá saiu
um malungo boy malungo
Antenado, camarada, malungo.
Sangue bom.
Francisco de Assis.
Malungo sempre bom.

Da Lama ao Caos, fala-se em Sandino e Lampião. E a revolução é o caminho a se trilhar, sem abrir mão da modernidade. Sair da miséria tem como corolário o computador e a modernidade. A lama é a miséria e a insurreição.

A música de Chico e seus respectivos arranjos apontam na direção dessa inserção no mundo moderno. Cheia de overdrives e dub, lado a lado com os tambores do maracatu, o hibridismo já era sugerido no Tropicalismo: Luiz Gonzaga e Beatles.

Não é de admirar, portanto, que houvesse pronta aceitação, apesar da morte prematura de Chico. A nossa "Inteligenzia" adotou o Mangue Beat de braços abertos, e Chico Science, ainda que com apenas dois discos, se tornou referência de nossa cultura.

O mesmo não se pode falar em relação a Damião Experiença. Caso-limite, passou ao largo do nosso reconhecimento. Nenhum disco seu, dos tantos que produziu (alguns chutam o número de 36), consta de alguma lista dos dez mais. É uma sombra na música popular brasileira, quando não é motivo de chacota. O programa Ronca Ronca, que me fez conhecê-lo, certa ocasião entrevistava o músico Frejat e este fez menção a uma gravação de Damião no estúdio de Torcuato Mariano:

o técnico de som estava preparando os equipamentos e quando informou a Damião que podia começar, este lhe disse que já havia terminado (risos).

Em Damião, seja por uma insuficiência técnica ou mental, o reggae não é reggae, a música é quase sempre a mesma, o seu violão de poucas cordas só faz barulho e a gaita não toca lá coisa com coisa. Daí a primeira diferença em relação a Chico, que, quando ouvimos, distinguimos o maracatu, a embolada, a ciranda e outros ritmos pernambucanos. Em Chico existe a ideia de uma restauração agregada a novas tecnologias. Já em Damião não existe restauração nenhuma, é tudo impreciso, inacabado, precário, e daí, por mais paradoxal que seja, a sua força.

O mundo de Damião é tão subjetivo que está longe de qualquer inserção no mundo moderno. Em seu livro, que se repete em suas músicas, suas afirmações contra o aborto e contra a nova igreja (teologia da libertação) estão na contramão da história. Poderia até, diante desse anacronismo, construir um mundo reacionário, antimoderno, não fosse a sua linguagem de *bas-fond*, cheia de palavrões e sexo. Impossível um discurso lógico em sua fala, ao contrário do Mangue Beat. É aí que talvez pudéssemos aproximá-lo ao Bispo do Rosário com sua técnica de assemblagem e seu amor à taxonomia. Psicótico e também marinheiro, como havia sido Damião, Bispo retirava do lixo os seus materiais, o que dava a seu trabalho uma conformação ao tempo. Ambos foram contemporâneos. Se o discurso de Bispo se esvaziava de uma lógica narrativa, uma vez que a ideia de coleção retira o privilégio de determinados materiais em relação a outros, o discurso de Damião também o fazia. "Todos são iguais, homem ou mulher, preto ou branco, todos são iguais". E aí, creio, está a base de seu trabalho e o sentido que toma a palavra lama: "Porque todos nós iremos para a lama. Porque depois que nós morremos, a gente vai para o chão, se a gente é queimado, depois as cinzas, a gente põe no chão e elas viram lama. Então eu digo: Planeta Lamma. É o planeta mais certo que existe no universo. Porque todos ali são iguais, um não pode falar do outro porque todos vão para ali, para serem eles mesmos, podem ser brancos, amarelos, pode ser encardido. Pode estar lindo, pode estar bem pintado, pode ter a maior mansão, tudo de confortável, de repente bateu o coração, e vamos todos nós para o Planeta Lamma".

Não é à toa o nome "Damião Experiença". A palavra "experiência" tem em Damião um status tal e qual a palavra "lama". E, se pensarmos bem, ambas se equivalem. Aliás, sua biografia está quase toda nas canções. Não nego que ao me remeter a The Jimi Hendrix Experience, e mesmo a "Fátima Bernardes Experiência", fui levado inicialmente a pensar a "experiência" no sentido científico do termo: um laboratório de experiência, experimentações científicas como o skylab americano. A questão é que, dessa forma, pode-se mergulhar em determinada prática, em detrimento de outras do senso comum, e então instaurar-se um processo de hierarquização. Os movimentos vanguardistas do século passado caíram nessa armadilha e acabaram apenas invertendo o platonismo, o que os impediram de uma alternativa real à Metafísica.

Mergulhar no seio da experiência, desarticulando qualquer possibilidade de discurso — é a isso que nos levam as canções de Damião, alguém de olhos e ouvidos bem abertos ao seu tempo. E lá vai a sucessão de suas imagens:

"o erro foi meu, casar com mulher furada, que outro comeu"; "a mulher que faz aborto não tem pena do seu próprio corpo... para evitar, deve tomar no ânu o ano inteiro"; "vamos deixar de lado a TV — máquina doida"; "a música é pátria do universo, não tem fronteira"; "planeta lamma — 27 palmo debaixo da terra, pode ser barões, ladrões"; "a droga é a história do universo, a língua das pessoas é mais suja do que as drogas"; "o mundo é minha pátria — eu abro a janela, uma aquarela"; "não gosto de ditadura, tem fingimento com abertura"; "sou a favor da natalidade, de tudo que é vida"; "a camisinha é pra pegar dinheiro"; "gurilões, bichos da cara preta"; "minha mina me largou por outra mulher, eu só gosto de mulher sapatão"; "Adeus, Adolfo Hitler, Eva Brown"; "Volta Getúlio Vargas para se encontrar com Fidel Castro"; "Vamos fazer açúcar para exportar para a Rússia"; "os homens estão virando mulher"; "os bichos da cara preta matando de escopeta, não têm medo de careta"; "Rastafari é ser livre"; "vim lá do sertão em busca de solução"; "no xadrez — lá mesmo me tornei um vagabundo mesmo sem querer"; "estou desempregado, sem comer e sem dormir"; "você é negra, seu irmão também era negro, quem matou ele? Você sabe muito bem"; "a lida do morro, a vida do morro, os homi desceram, deixando atrás o ódio e a dor"; "o povo da América Central é tudo raçudo"; "morro do galo, era tudo natural, agora não é mais, é tudo artificial, pão com doce pra dar gosto na erva natural"; "só os mendigos salvam o planeta"; "mamãe não quer que eu seja homem não, que homem tem que trabalhar, metido a machão, usa chifre na cabeça pra dizer que é machão"; "o mundo foi bem feito, todo mundo tem defeito, ninguém é direito, não adianta prender, bater, matar, vocês só sabem criticar as mulheres da rua, os travestis, as mariposas"; "eu quero uma mulher livre, que seja humilde pra casar com Damião Experiença, uma mulher bonita pra me sustentar, que saiba passar, que saiba gozar, eu não ando com mulher de graça"; "eu vou para a praia de Havana plantar banana, Havana — cidade maravilhosa de América Central"; "eu não me sinto envergonhado de dizer que nunca trabalhei"; "eu sou peixe, sai do meu pé... mas eu estou aqui na terra, eu não gosto de mar"; "eu não nasci no Brasil, eu nasci na União Soviética, minha mãe é cubana, meu pai é revolucionário, militar da União Soviética, minha mãe é abolicionária"; "eu vejo com olho aberto a chuva levando barraco da favela"; "amor de mulher é dinheiro"; "o que está acontecendo eu já previa, rei de espada, dama de ouro... faria um jogo melhor se eu fosse um rei de ouro"; "eu gosto de apanhar de mulher, eu sou masoquista, ela pode bater, dá na minha cara, dá na minha boca, eu quero gozar a vida. Desde que ela me pague, ela pode fazer o que quiser comigo, eu quero uma mulher, me bate, me dê um bolachão"; "tenho raiva de quem trabalha, sempre fui sustentado por mulher"; "é livre ser Rastafari, eu sou é Rastafari lá do sertão"; "o mundo é dos inteligentes, dos espertos"; "o mundo é dos inteligentes, está dividido em duas potências"; "eu sou fã dos Estados Unidos e da Rússia"; "o papa visita a favela e não faz nada por ela, Papa papão, tá papando o meu próprio pão"; "por que a razão de nós americanos da América do Sul não viajamos pra Cuba, para tirar as dúvidas dos jornais americanos que tanto criticam Cuba, falando de Fidel Castro"; "homens da lei ficam fazendo certas maldades com essas pobres mulheres (prostitutas), dentro de suas casas vaidade, tanta coisa incubada, eles ficam com tanta raiva, pegam os travestis, mulheres das enxurradas, dando tanta porrada"; "marinheiro João Cândido foi um revolucionário da marinha brasileira... pegou um navio, saiu baia a fora e gritou — ou liberta a chibata ou aumenta o fogo. Os Homi gritaram bem alto — a chibata ta libertada"; "qual o homem ou mulher que não faz o 1999? Eu não faço porque não gosto"; "meu pai e minha mãe batendo com cipó de caboclo, fui obrigado a fugir, assim mesmo agradeço o que ele fez comigo, quebrou minha boca, minha cabeça"; "Viajando pra Cuba e pra Cortina de Ferro, perturbado da cabeça, mamando as meninas mais novas. Não valho nada mas as mulheres ficam tudo em cima de mim, gostam da minha língua"; "os bichos da cara preta estão acabando o Brasil"; não tem nenhuma gravadora, eu financio o meu próprio acústico... é tudo de graça, não precisa comprar"; "eu quero casar com essa vagabunda, essa cadela arrombada. Estou brocha, já fui o maior cafetão do mangue"; "eu nasci na Colômbia, Bogotá, vou fumar a pretinha de lá, vou navegar a branquinha de cá"; "sábados, domingos e feriados, dias de cornudo ficar em casa"; "prostitutas enlatadas, casadas, tanto faz da zona, tanto faz da família"; "diabo tem chifre, demônio bota chifre no homem"; "eu sou a favor da vida, sou contra o aborto, toma no cuzão pra não fazer aborto"; "lésbicas, gays, mulheres que eu amo, elas trazem mulheres pra vocês e pra elas"; "mulher casada quer ser vaca de boi"; "eu casei e virei gay, todo gay é casado"; "neném, vai dormir que papai vai ser mamãe e mamãe vai ser papai"; "botei sua mãe na zona pra me alimentar"; "a mulher é a galinha, o homem é viado, ela fala pra ele — dá em cima de mim, viado!"; "eu só gosto de mulher que só gosta de mulher e toda vez que chegar em casa só encontro mulher"; "só gozar com aquela merda lá que tem em casa?"; "gayzão quer ficar casado pra disfarçar que é gay"; "eu sou casado, eu sou cornão, cornão casado, mas já estou velho, brocha, vou dar no pé".

As sequências de fragmentos, retirados de suas canções, e citações, extraídas de seu livro, compõem o que é o vocabulário de Damião Experiença. E, assim posto, parece mais uma bricolagem, juntando coisas incompossíveis, mas retiradas da experiência. Tara, vagabundagem, comunismo. Materiais retirados do lixo histórico e, ainda que antagônicos, postos lado a lado, como uma coleção de objetos. Qual deles tem a primazia? Aí é que está. Para quem viveu o ápice da Guerra Fria, deve mesmo ficar atônito ao ouvir Damião declarar-se fã da Rússia e dos Estados Unidos. "E eu digo que a terra é um ser vivente, porque ela nos constrói e depôs nos destrói. É por isso que esse livro se chama *Planeta Lamma*, o planeta da verdade, da realidade, é a coisa mais certa que existe, não adianta, o ser humano como homem e mulher são todos iguais."

A lama ou terra é a base, o fundamento mesmo de um discurso pragmático, antilamentação, ao contrário de Chico Science, que vê a lama como negação humana e motivo para insurreições. A lama em Damião iguala, em Chico Science é luta de classes e estopim. A lama em Damião induz à transformação pelo trabalho; em Chico Science, à revolução e à luta armada. A lama em Damião é um apelo à união dos diferentes; em Chico, um convite à porrada. E se o instrumento dessa luta em Chico integra a tecnologia, Damião, se não a nega, ao menos não a endeusa.

Daí porque em Chico existem sempre dois mundos: "Pernambuco embaixo do pé, e minha mente na imensidão"; a lama e o caos; o passado e o moderno, como se observa em "Um Satélite na Cabeça":

Com as roupas sujas de lama
porque o barro arrudeia o mundo...
eu sou como aquele boneco...

controla seu próprio satélite.
Andando por cima da terra,
conquistando o seu próprio espaço.

Em Damião, ao contrário, o mundo é um só: "e é aqui que termina as minhas histórias e meus versos, as minhas músicas. É o mundo, é o Planeta Lamma".

Júpiter Maçã

Jazz fusion, samba-jazz, música celta, medieval, judaica, psicodelia, rock de Manchester, rock de Detroit, Nuggets, canções jazzy de cabarés franceses e alemães, minimalismo, folk, música concreta, slogan-art, Beatles, Stones, Birds, Stereolab, Syd Barret, Bob Dylan, David Bowie, Lou Reed, Mutantes, Tropicalismo, Jovem Guarda, Bossa Nova, ficção científica, cinema, artes plásticas, Semana de 22, psicotrópicos, beatniks, sexo, mentiras e videotape.

Querer abarcar essa gama de variações é bem próprio de um espírito camaleônico. Para tanto, um ônus: a angústia da síntese. Como recensear tudo isso?

Júpiter Maçã é um espírito raro. Basta que passemos em revista artistas e bandas de rock. Cada um buscou a identidade, valor máximo que um artista pode pleitear. E de nada terá valido tantos anos de estrada se não for alcançada essa voz própria, pela qual se possa ser reconhecido.

E quando a identidade deixa de ser o paradigma? Quando, ao contrário, a quebra de expectativa passa a vigorar numa carreira, gerando inclusive muitos mal-entendidos? Como é que fica? Uma identidade que se construiria a partir de múltiplas máscaras. Esse é o caso de Flavio Basso, vulgo Woody Apple, vulgo Júpiter Maçã, vulgo Júpiter Apple, vulgo... Apple Sound?

Começou no TNT. Banda gaúcha, ainda da década de 1980. Júpiter chegou a gravar com ela apenas na Coletânea Rock Grande do Sul, mas antes do primeiro disco da banda, veio a sair, nem chegando a gravar, ainda que tivesse composto todas as músicas desse disco. O motivo alegado da saída: a banda não comprou a ideia das músicas de sacanagem. E, de fato, no segundo disco da banda, já sem a participação de Júpiter, não vamos mais encontrar o universo de "A irmã do Doctor Robert", "Charles Master", "Baby, eu vou morrer n'outro planeta", "Dentro do meu carro".

Um ano após o lançamento do TNT, os Cascavelletes, sua segunda banda, lança seu primeiro disco e pela BMG. Estamos em 1988, e entre músicas como "Menstruada", "Carro Roubado" e "Morte por Tesão", todas diretas e sem subterfúgios, um caso raro na música brasileira onde a censura das *majors* vinha substituir a dos militares, a música que acabaria se destacando seria "Jéssica Rose". E o curioso é que se destaca não pela linguagem picante que predomina no disco, mas porque abre um espaço de diferença no meio de um rock primário — um folk da pesada, estilo que estará, a partir daí, arquipresente.

A primeira demo da banda data de antes. VORTEX é de 1987. Aqui predomina a sacanagem. "A Última Virgem", "Estupro com Carinho", "Minissaia sem Calcinha" são símbolos de uma geração que não era representada pela mídia. E Júpiter foi seu porta-voz, ainda que corresse o risco do precário. Nem Mamonas nem Raimundos foram tão diretos. Sua coirmã, Graforréia, não fosse a guitarra de Birck, soaria politicamente correta e sem alma.

Mas em 1989, meses depois de uma demo gravada no Rio de Janeiro, surge o disco mais importante dos Cascavelletes e foi pela EMI-ODEON: *Rock'A'Ula*. Na sua maior parte, predomina o estilo sacanagem que acabou dando à banda sua principal marca. Mas apesar da *punhetinha de verão* da "Nega Bom Bom", ou da *sente no meu colo, pise no acelerador* da "Cão e cadela", tem também: "Gato preto" — original até debaixo d'água —; "Sorte no jogo, azar no amor", que se Bruno e Marrone escutassem, iriam querer gravar; "DISCO" que também é um estilo, ao qual Júpiter, pensando na pista, sempre recorrerá; sem contar as belas "Jéssica Rose", já conhecida, e "Lobo da estepe".

Depois, surge a demo dos Cascavelletes, datada de 1990. Das sete músicas apresentadas, "Rosas de amor" é de longe a mais interessante, num entrecruzamento bizarro de Ian Curtis e Johnny Cash. O restante é irregular. Mas ainda assim, dentro do seu primitivismo, podemos já realçar uma marca que o diferenciava, por exemplo, da Graforréia Xilarmônica, banda gaúcha que participava da mesma cena: a sinceridade rasgada. Nada mais beat. Era uma ingenuidade valiosa, que refletia inclusive no timbre da voz — a velha questão da entonação. Nesse sentido, o compositor é sempre o melhor cantor.

Na segunda demo, um ano após o lançamento da primeira, destacase "Lobo da estepe". A versão de "I Feel Good" é também genial, e "Se eu fosse mulher" tem um verso símbolo que não só prepara para o que virá no futuro como também expressa essa valiosa ingenuidade da qual nenhum grande artista poderá se apartar: "Se eu fosse mulher/ seria infiel,/ teria mil amantes na torre de babel".

Depois, em 1992, surge um compacto com as músicas "Sob um céu de blues" e "Homossexual".

Entre 1994 e 1995, com uma banda de Mato Grosso, Os Pereiras Azuis, Júpiter começa a preparar o repertório de um futuro disco solo (essa experiência foi inclusive registrada).

Até que em 1996, pelo selo Antídoto/ Acit, com produção de Egisto Del Santo, e Glauco Caruso na bateria e percussão, Emerson Caruso no baixo, e Júpiter no resto (guitarra, violão, craviola de 12, teclados, harmônicas e vocais), sai o seu primeiro disco solo: *Sétima Efervescência*. E é um corte. Foi eleito pela revista *Rolling Stone* um dos 100 discos brasileiros mais importantes de todos os tempos.

A primeira coisa a se ressaltar: a coragem da ruptura. O que poderíamos entender até como traição. Se na fase anterior predominava o puro sexo, a imagem direta, aqui é outro o paradigma: o psicotrópico, a ambiguidade e o espaço mental.

Em comparação à fase anterior, ocorre uma sublimação. Conversar talvez seja mais importante que trepar. A amizade e o amor expressam um espaço abstrato que se abre agora, sem que para isso seja necessário eliminar a intensidade vivida.

A música símbolo é "Eu e minha ex". E, tal como o título indica, não é mais uma relação unívoca: talvez sejam *um só de novo em outro planeta, dimensão, circunstância e situação*. É a ingenuidade valiosa capaz de dizer na cara o que por si só é tão complexo. E os dois estão falando sobre suas vidas. E o que eles querem mesmo é amizade. Essa superação que é tão difícil e da qual ele desconfia não ter conseguido ainda efetuar. É uma relação ambígua, complexa, entre ele e sua ex. E, no entanto, é sua ex: ela tem *novas ideias, discos, filmes, diferentes de quando ele opinava*.

A estrutura da música é bipolar (a primeira parte é bem diferente da segunda). O arranjo sinfônico de Birck convive lado a lado com o rock dos Beatles (Birck, aqui, é o George Martin de Júpiter). E a música, tal e qual o texto, tal e qual seu arranjo, tal e qual a carreira de Júpiter, não é mais unívoca. Essa complexidade, a que se agrega a psicodelia, mais um elemento novo do qual Júpiter não vai mais se afastar, corrobora no sentido do *distanciamento do real*. O outro é o próprio eu, com o qual ele conversa em "As Tortas e as Cucas" — "falei com a minha sombra". As mulheres são os psicotrópicos ("Querida Superhist" e "Miss Lexotan"). Em vez do Cadillac e da moto, novos espaços planetários ("Sociedades Humanoides Fantásticas") e *um lugar do caralho*. É interessante verificarmos aqui que esse lugar ainda não é nomeado claramente, ainda que seja apartado do real, ao qual ele se contrapõe: é o primeiro indício de uma nova estética, que chamaremos de "estética do longe". São os primeiros passos de um novo ciclo na música brasileira, o terceiro ciclo.

Ainda que "O novo namorado" resista monocórdio, o novo paradigma é a "Essência interior" — aqui, no espaço sincrônico da canção, ele se masturba, mas está ligado na essência interior dela. Essas duas imagens contrárias, lado a lado, dão o tom a *Sétima Efervescência* e a fazem bem distante dos Cascavelletes.

Qual outro artista brasileiro terá empreendido tamanha mudança? Vale acrescentar aqui a música medieval de "Canção para dormir", a bossa nova que se introduz em "Sociedades humanoides fantásticas" (*it's a skylab*) e a colagem em "Sétima Efervescência Intergaláctica". Finalizar o disco com a colagem é de certa forma afirmar a referida técnica. As partes diferentes de qualquer música sua, a partir daqui, sugerem mais um processo de colagem, tamanha a diferença entre elas, do que um desenvolvimento orgânico (talvez possamos nos remeter aqui ao disco de Ava Rocha, quase vinte anos depois, *Ava Patrya Yndia Yracema*, em que as partes diferentes de uma mesma música indicam a técnica da montagem, não mais restrita ao arranjo como se dava em Rogério Duprat no Tropicalismo, mas fazendo parte do próprio processo composicional das canções).

Plastic Soda, de 1999, fim de século, é uma nova virada. Ele já anunciava em "The Freaking Alice", que por sinal tem o verso mais poético de sua obra — *seus pezinhos embarrados por pintora*. Mas nessa música, ele afirma: "toda mutação acaba sendo evolução". E ele agrega agora a bossa nova.

O disco, elogiado por Caetano e Tom Zé, receberia alguns prêmios: troféu Açoriano do RS e APCA (Associação Paulista de Críticos de Arte). A essa altura, Júpiter se afirmaria como um dos nomes mais importantes do sul. A maturidade é expressa em versos como: "Talvez não vá demorar muito tempo,/ a sombra de um homem crescido surgir", em "Welcome to the Shade". O disco, todo composto em inglês, confirma a trajetória de sublimação, iniciada em *Sétima Efervescência*. Em "Over the Universe", ele diz: "Fonte do amor astronômico metafísico,/ o foguete toca o céu/e vai diretamente do meu coração para o seu". Uma outra face dessa sublimação, o real passa a ser reflexo do eu: "Você vê o rapaz e a empregada em flor,/ talvez sejam apenas seu reflexo o tempo todo", em "A Lad & a Maid in the Bloom".

Se algumas canções continuam a experiência da psicodelia do disco anterior ("Sambe Groove Theme", "24 Hours Nude", "Head Head", "The

True Love of the Spider"), a novidade serão aquelas limpas de distorção e que acentuam a beleza das canções. É o caso de "Morning Intuition Man", ainda que nesta, além das cordas e da voz a nos dar a sensação de distorção e desafinação, tem em seu final uma colagem de sons, artificialmente introduzidos, que sublinham o caráter complexo e experimental de sua obra. Mas, "Bridges of Redemption Park", "Over the Universe", "Plastic Soda" e "Welcome to the Shade" mostram um outro lado do compositor: são canções limpas, belas e tranquilas. O que não diria dessas canções o libidinoso adolescente que se criou ouvindo Os Cascavelletes?

Quando apareceu *Hisscivilization*, o susto não foi menor. Também pudera. Se quase foi abolida aqui a psicodelia, por outro lado são agregados o minimalismo e a música concreta. O texto perdeu sua importância. Se no disco anterior, composto em inglês, o texto já perdia força e podíamos apenas flagrar aqui e ali bons achados poéticos, já em *Hisscivilization*, Júpiter se debruça no som e produz um disco digno de um Egberto Gismonti ou Edu Lobo. Disco de texturas e muitas camadas, em que o teclado (sintetizador, órgão e moog) é arquipresente. Não podemos esquecer Cuca Medina (em *Sétima Efervescência*) e Astronauta Pinguim.

A voz feminina (Thalita F Jones) torna-se importante em Hisscivilization e deixa de ser presença secundária. Além disso, valoriza-se a linguagem oral, é o caso de "Overture and the Something Else" e "In the Presence of Zogh Zucchini". Em "Metrópole", o riso feminino e espontâneo ao final da faixa, procedimento ao qual Júpiter vez por outra se utiliza, mostra o quanto seu trabalho assimila o acidental.

Se a música concreta e industrial está presente, principalmente ao final das faixas, como é o caso de "Homeless and the Jet Boots Boy", "Overture and the Something Else", "In the Presence of Zogh Zucchini", também nessas o minimalismo, que nos remete a Philip Glass, marca presença.

Foi mais uma virada porque, se no disco anterior a novidade eram as belas e simples canções bossa-novistas, em *Hisscivilization* Júpiter retoma o que talvez seja sua maior característica: a complexidade, seja da própria composição, constituída de partes bem diferentes entre si, seja do arranjo, integrando diversas técnicas numa mesma faixa. Essa saturação de elementos me faz lembrar a banda de interior que é inserida ao final de "Pyrus Malus et Fragaria Vesca".

Bitter aparece em 2007, na verdade sua gravação é posterior ao disco que viria em seguida. Mas serve como mais um contraste. Dessa vez não é Thalita, é Bibmo. A gravação é feita numa tomada só, os arranjos são simples, e o camaleão nos oferece um desfile de máscaras. Um retorno ao velho rock and roll, do qual seus fãs se sentiam ausentes. Simples e coeso. Bob Dylan reaparece em diversas faixas: imitá-lo, como Júpiter o faz, pode dar a dica do seu método de trabalho. Mas não é só Dylan. Em "Clowns", Johnny Rotten; em "Exactly", que já constava do disco anterior, os irmãos Gallagher; em "Down Mith Girl", Lou Reed. Descubra você onde está Iggy Pop, David Bowie ou Jefferson Airplane.

Diziam-me, algum tempo atrás, que Júpiter só olha o umbigo. E foi mesmo essa impressão que tive ao ser entrevistado por ele na MTV. Ao menos o Jô estuda antes a pauta, há uma pré-entrevista, ele não entra vendido no lance. E naquela entrevista da MTV, ou a produção não deu a Júpiter as informações, ou, se deu, ele as desconheceu. E entrou vendido no lance. Ali, tive a certeza de que o umbigo é o seu livro. Mas ao me debruçar em sua obra, mais uma rasteira. Porque seu trabalho é justo o contrário: não é seu umbigo, é o mundo; seu método de trabalho é quase uma mimésis e Bitter nos mostra isso com clareza (essa relação mimética talvez nos remeta a umas das tendências desse terceiro ciclo da música brasileira, que é a tendência nostálgica, passadista, dentro da lógica evasiva que perpassa esse ciclo).

Uma tarde na fruteira é sua obra-prima. Súmula das súmulas, o camaleão finalmente consegue dar a síntese dos caminhos já trilhados. Era a angústia do camaleão: fazer o recenseamento; colar o espelho partido. Porque se sua essência é a fragmentação, sua angústia também o é. Daí seu desejo de juntar pedaços.

Se, nos discos anteriores, esse desejo se manifestava, ainda assim estava longe do equilíbrio alcançado agora.

Mas a sensação de rasteira que sempre sentimos ao nos debruçarmos sobre ele, estranhamente, aqui desaparece. Justo na sua obra-prima, na súmula das súmulas. Até em suas apresentações ao vivo, que faziam muitos dos seus fãs se descabelarem revoltados, a rasteira era aplicada. Nunca a apresentação era a reprodução do disco. E nem havia como ser. Não só pelas dificuldades técnicas, mas principalmente pelo seu modus operandi: sempre ser outro. A justificativa das drogas e do álcool é secundária. Se não fossem eles, seria outro o motivo. Mas o Júpiter do disco não é mesmo o Júpiter ao vivo. E isso se integra ao sentido geral do seu trabalho.

"A marchinha psicótica de Dr. Soup" serve como uma bela alegoria do espelho partido: *é o mosaico de imagens mil*. No disco, a língua portuguesa é retomada. A palavra é sempre mais conservadora que a música. O que não dizer então da imagem, mais conservadora ainda porque congela à superfície o movimento profundo dos sons. E esse é o disco mais plástico de Júpiter.

Mas a imagem, ainda assim, é complexa: Woody Allen, Allen Ginsberg e Bob Dylan num mesmo ser.

Em seguida, o "Tema de Júpiter Maçã" retoma o recenseamento. Não é à toa que, mais adiante, em "Mademoiselle Marchand", música de estrutura complexa em que a primeira parte, constituída por acordeom e judaísmo, dá lugar a um rock sessentista, ocorre esse verso: "existem antiquários hoje em mim".

E cada faixa traz à tona uma faceta já explorada: a música celta ("As mesmas coisas", "Plataforma 6"), a MPB tropicalista ("Um sorvete com você"), o orientalismo ("Beatle George"), a bossa nova de Sérgio Mendes ("Carvão sobre tela"), o samba-jazz ("Plataforma 6"), a música judaica ("Mademoiselle Marchand"), a música eletrônica ("Base primitiva"), a música de pista ("A menina Super Brasil"), a música concreta ("Viola de aço"), o folk ("Little Raver"), o jazz fusion ("Plataforma 6"), a psicodelia ("As mesmas coisas"), o minimalismo ("Viola de aço"). Neste último exemplo, incide outra faceta já comentada: a incorporação de acidentes, erros e acasos (uma falha no equipamento leva Júpiter a improvisar um folk, no qual fala do defeito e o insere na música).

Mas nada se compara a "Casa de mamãe". Se, em *Sétima efervescência*, "Eu e minha ex" é a música-síntese, exprimindo uma nova relação mais complexa e menos direta, "Na casa de mamãe" é a consolidação de um estilo. É o que há de mais bipolar na MPB, seja na estrutura melódica, seja na estrutura poética. "Me sinto um pouco decadente, mas com estilo". As frases de Júpiter são sintéticas, no melhor estilo inglês, e isso vem desde sua aprendizagem no TNT e nos Cascavelletes. Mas aqui ele se supera. Como se a decadência estivesse ligada a esse esforço de fixação de um estilo, um esforço de identidade. Ainda que permaneça cult underground, como na marchinha, ele já visualiza em 2020 a sua transformação para hit nacional. Na Fruteira, sua ansiedade é finalmente estancada. Se chá e cachaça, ou serenidade e histeria, perpassam a "Casa de mamãe", não haverá melhor retrato de uma obra que primou pela diferença e pela identidade. E se em minha abordagem optei por acompanhá-lo desde os primeiros passos, tentando flagrar mutações e desvios, sobretudo suas imitações, foi sempre no sentido de tomar partido pela Diferença. A herança cultural lhe permitiu se perder, fugir de si e enraivecer os fãs. Poucos compositores foram capazes de ir tão longe. Mas seu último gesto sintetiza tudo: *Uma tarde na fruteira* contém todos os frutos e permite, finalmente, que ouçamos Os Mutantes e encontremos Júpiter. Essa situação absurda, que levou Borges a pensar os poetas fortes como criadores de seus próprios precursores — Kafka criou Browning — é "o triunfo de havermos colocado de tal modo o precursor em nossa própria obra, que determinados trechos da obra do precursor parecem ser não presságios de nosso advento, mas antes devedores de nossa realização e até mesmo diminuídos por nosso maior esplendor" (Bloom, 2002, p. 191–192).

Ainda assim, não acredito que *Na Fruteira* seja o último gesto, até porque seu húmus criativo vem da mimésis. Já ouvi murmúrios sobre "Apple Sound" e "slogan-art" — repetição do slogan poético e do som organo looped. Ou seja, novas paixões que o levariam a "errar" mais.

A grandeza da Fruteira é seu grande fracasso. Mas, sem ela, não poderíamos entender o dualismo: sem ela, não ficaria o registro de um eu eternamente errante.

É sobre esse aspecto que coloco em questão algumas observações de Jorge Cardoso Filho e Pedro Silva Marrano no texto *Do underground para o mainstream sem perder a categoria: análise da trajetória de um músico gaúcho*. Em primeiro lugar porque as categorias referidas, "underground" e "mainstream", no atual estágio da música planetária, com o colapso de vendas da grande indústria e as novas relações entre público e artista, via internet, vêm sofrendo profundas transformações. O mundo deixou de ser underground. E a tendência, ao que tudo indica, também não é o mainstream. Daí porque traduzo, como o alvo principal de uma proposta poética, a conquista de sua autonomia. O poeta forte, segundo Harold Bloom, é aquele que atinge sua singularidade. Deveríamos então traduzir "mainstream", na frase enigmática de Júpiter — "passar para o mainstream sem perder a categoria" — como o reconhecimento de uma voz própria, finalmente conquistada, o que para Júpiter passa por uma abrangência e complexidade, longe do segmentarismo. Diante de um público médio que cada vez mais tem acesso à informação em razão da internet, o mainstream é o múltiplo e o complexo.

Daí porque me parece absurda a ideia que identificasse na trajetória do artista alguma derrota, expressando o desacordo entre projeto poético e recepção. Até porque seus projetos são de extrema plasticidade, tal e qual um caleidoscópio.

Arrigo Barnabé

Onde andará Clara Crocodilo? Onde andará?
Será que ela está adormecida em sua mente
esperando a ocasião propícia para despertar e descer até seu
coração...
ouvinte meu, meu irmão?

1   A Escola de Comunicações e Artes da USP, certamente, foi o laboratório de sua música. Não chegou a se formar porque no Festival da Cultura fez o que fez, e faturou o primeiro lugar com "Diversões eletrônicas". Foi na década de 1970 que o ovo foi chocado, em meio a um cenário musical adverso.

A história de Arrigo se confunde com a história da Vanguarda Paulista, pelo menos em seus primórdios. Não que esta seja ele, e já em meu texto sobre Itamar Assumpção procuro estabelecer algumas diferenças. Mas se pensarmos que o próprio Itamar está presente na banda que Arrigo apresenta no Festival da Cultura, não seria improcedente pensarmos que o "Nego Dito" vem do mesmo ovo de *Clara Crocodilo*, só depois alçando voo próprio.

Essa precedência de Arrigo ao que viríamos chamar de Vanguarda Paulistana, por si só, lhe dá uma posição de destaque ou de inventor. O que não significa que as criaturas não viessem a se opor ao pai e até tomar-lhe o lugar. Pode também acontecer um erro: a experiência pode dar errado e o cientista amargar dias de tristeza e solidão. Em verdade, o desenrolar dessa história leva o seu inventor a um isolamento visível. Mesmo como professor visitante da UNICAMP, mesmo com seu programa de rádio, e mesmo com os shows, um aqui, outro ali, vindo inclusive a gravar Lupicínio Rodrigues, a sensação que dá é de um Arrigo esquecido (completamente diferente da situação de Itamar Assumpção com sua *Caixa Preta*, ou mesmo de Luiz Tatit, recentemente levado aos palcos por Zélia Duncan). *A Caixa de Ódio*, seu último disco, assume então uma dimensão metafórica.

II Mas o confronto lhe foi sempre essencial. Cabe aqui fazer uma analogia com Caetano Veloso. A passagem de ambos pelos antigos festivais da canção é bem sintomática.

Caetano, em "É Proibido Proibir", confronta-se com o público. Seu discurso torna-se antológico: "se vocês entendem de política como entendem de estética, tamos fritos".

Já em Arrigo, dez anos depois, o confronto se dá na própria música, absolutamente estranha aos padrões da época (não podemos também esquecer as suas diversas canções em que se dirige diretamente ao público).

Já aqui vemos uma diferença significativa entre eles, ainda que ambos usem do confronto: é que Caetano abandona a música e põe-se a bradar contra o público e a estrutura dos festivais, enquanto Arrigo faz o mesmo de forma indireta e menos ingênua — suas próprias músicas, tanto "Diversões Eletrônicas" quanto "Infortúnio", expõem o conservadorismo do público, que se põe a vaiar e jogar objetos, sem que ele se dirija ao público em momento algum.

Essas duas situações expressam, na verdade, diferenças profundas: o Tropicalismo, ainda que tivesse pessoas da dimensão de um Rogério Duprat, Damiano Cozzella e Julio Medaglia, vivia uma espécie de quiasma: o discurso era moderno, a música nem tanto. Não fossem esses arranjadores, a coisa seria bem pior. Essa espécie de esquizo se refletiu na forma de se fazer política (a guerrilha que o diga, fadada ao fracasso). Na verdade, é uma característica herdada do século XIX, que Roberto Schwarz tão bem definiu quando analisou a obra de Machado de Assis: a nossa elite entre a barbárie e a civilização.

Toda a década de 1970 foi pródiga em expressar a hipocrisia. Os baianos, Caetano e Gil, representantes oficiais do Tropicalismo, punham-se agora à frente de uma música conservadora, dentro de um mercado fonográfico excludente e que investia cada vez mais no estrelismo.

Essa situação propiciou o nascimento de Arrigo e sua *Clara Crocodilo*: agora, um discurso que se coadunasse com a música, e que ambos fossem uma coisa só. A epígrafe deste trabalho sugere a integração da mente e do coração.

III No texto sobre Itamar Assumpção, eu chamava a atenção para o fato de que a Vanguarda Paulista é constituída pelo confronto de várias vozes. Desaparece a estrela solitária e seu uníssono. O coro torna-se importantíssimo. Quero me lembrar de algum artista dessa vanguarda que tivesse um trabalho solo, mas não consigo. O palco se enche. Acabou o "voz e violão". E, na própria música, são vários os personagens e até mesmo vários os narradores. Essa multiplicidade em confronto é sua primeira marca. Que somada aos vários motivos musicais, fazem uma canção extremamente complexa.

Vejamos "Diversões eletrônicas", composta em parceria com Regina Porto.

Tem uma primeira parte, composta do coro feminino (que se subdivide por uma voz solo e mais duas vozes) e Arrigo — ambos narradores, ainda que, no caso de Arrigo, vai se tratar sempre de um narrador que nunca será neutro, o que dá à canção um clima expressionista, tão diferente do que predominava na música popular brasileira a partir da bossa nova (esse exagero já anuncia uma relação com a história em quadrinhos, longe de algo natural e intimista).

Na segunda parte da canção, mudam-se os motivos musicais e introduz-se outra voz, a do garçom, ampliando assim o leque de vozes (nessa parte, a frase "nesses delírios nervosos dos anúncios luminosos que é a vida a mentir" cita uma antiga música de Sílvio Caldas, retirando-a de um contexto lírico para outro diametralmente oposto).

Na terceira parte, com um novo motivo musical, voltam o coro feminino e Arrigo, ambos como narradores.

A quarta parte é constituída pelo canto de impostação clássica, de uma voz feminina, sem a banda, o que muda radicalmente o clima da canção, reportando a outros tempos, ainda que o texto seja absolutamente moderno: "ela ri perversa ao ver o bêbado jogado no chão".

A quinta parte retoma o primeiro motivo, mas com a banda completa. E a sexta parte retoma o segundo motivo, também com a banda completa. Nessas duas últimas partes, não existe mais voz.

IV   No contexto das canções desse primeiro disco, vemos predominando o exterior. A começar pelos locais: Play Center, Drive in, Acapulco Drive in, Diversões Eletrônicas, Balcão de Fórmica Vermelha. Por sua vez, o narrador predomina: raros são os momentos em que o discurso é confessional ou na primeira pessoa; quando o personagem fala, é sempre em diálogo. Temos a sensação de que se perdeu a interioridade. Tudo se torna superfície, ação, movimento. Nunca a música popular havia chegado a esse ponto. A única aproximação que me arrisco a fazer é com o samba de breque do Kid Morengueira, influenciado pelo faroeste americano. Mas nesse caso não havia incômodo, o riso era uma prova.

Em Arrigo, a predominância do narrador atesta a distância em relação à subjetividade. Perdem-se a tônica subjetiva e a tônica musical com sua dominante. Sabe-se que a música serial e dodecafônica se caracteriza sobretudo por uma ausência de centro: "a construção de uma série tem por objetivo retardar no maior tempo possível o retorno de um som já escutado", segundo Schoenberg. Iguala-se assim a função atribuída a todas as notas da escala cromática.

A consequência é que a noção de tempo muda completamente: se na música tonal o tempo é subjetivo e, portanto, vivido como contínuo (a música tonal é a linguagem do ego, oferecendo a ele dispositivos de integração), já no serialismo o tempo não é mais linear nem causal, tornando-se tempo das puras intensidades diferenciais (é a experiência urbano-industrial, onde reina a fragmentação, a simultaneidade e a montagem).

v   De qualquer maneira, Arrigo não é Schoenberg. Além de tudo, tornou-se conhecido no campo da música popular. Segundo ele próprio, seja em função de uma certa burocracia que reina nos setores eruditos da nossa música, contra a qual sempre se rebelou, seja em função mesmo de uma deficiência sua de formação, teve apenas reconhecimento parcial entre os músicos eruditos. Nesse campo, as missas, em memória de Bispo do Rosário e em memória de Itamar Assumpção, continuam sendo seu grande feito, sem mencionarmos o trabalho junto à Orquestra de Sopro de Curitiba. O fato é que o elemento teatral e a performance fazem parte de sua gênese, desde os tempos da ECA.

Quando comenta positivamente seu primeiro disco, ele credita sua unidade ao fato de terem ocorrido shows antes de sua gravação. E isso me parece sui generis em termos de música popular, posto que, na maioria das vezes, a gravação vem antes. O que novamente sublinha a relação cênica de sua música. Essa perspectiva vigora de forma abrangente na Vanguarda Paulistana, como é o caso de Itamar, cujo reduto original era o teatro.

Mas talvez possamos sugerir uma hipótese: a ideia de obra de arte total, que a ópera encampa, e que está em seus primórdios na concepção wagneriana. E sobretudo em Stockhausen, com seus patamares de frequência, remetendo à unidade temporal dos movimentos vibratórios.

Com isso está criada a relação entre tempo e espaço. Porque os eventos frequenciais são de todo tipo: durativo, de altura, timbre, intensidade. Em Stockhausen, a dissolução do horizonte repetitivo não impede a sua busca de integração, que será obtida a partir da perspectiva de que duração e altura são formas diferentes de uma mesma base frequencial.

A obra de arte total que Arrigo persegue (é ator de cinema, com um desempenho excepcional como Orson Welles no filme *Nem tudo é verdade* de Rogério Sganzerla, ator de teatro, autor de diversas trilhas para cinema, autor de peças camerísticas e óperas, muitas delas nunca gravadas e nem reencenadas, o que nos leva a perder parte significante de sua obra) lhe dá uma interessante flexibilidade. Tal e qual Stockhausen, que buscava a integração das propriedades do som via base frequencial, José Miguel Wisnik nos lembra em seu livro *O som e o sentido* que Arrigo utilizou o dodecafonismo como gerador de células repetitivas dançantes e assimétricas. É como se sequenciássemos Schoenberg, repetindo-o em círculos, destacando assim o que a versão original apaga da memória pelo compromisso com a não repetição. Surgiriam então figuras rítmicas suingadas, linhas de baixo de uma impressionante riqueza e que fariam empalidecer, com a sua rara textura acentual e harmônica, toda a música minimalista.

Pois o que Clara Crocodilo nos faz ver é justamente essa integração entre duração e altura, e sempre na perspectiva da música ocidental.

VI Itamar Assumpção dramatiza essa relação de integração. E todo meu texto referente a ele diz respeito a essa história, que é a sua. É um processo paulatino, diacrônico, e que toda sua discografia testemunha, inclusive com *Pretobrás II* e *III: o embate com o "outro"*, até sua integração. Mas a música de Itamar é tonal, daí requerer o tempo, ao contrário de Arrigo. Eu me arrisco a dizer que, após *Clara Crocodilo*, pelo menos no que diz respeito a sua discografia, temos apenas uma sombra em vias de dissolução. Seu primeiro disco disse tudo. Abriu caminho a uma nova história, o segundo ciclo de nossa música, incluindo aí o rock tupiniquim, o BROCK. *Clara Crocodilo*, em relação ao resto que viria a ser produzido por Arrigo, e mesmo em relação ao trabalho de Itamar, é uma experiência sincrônica, não linear, e ligada à simultaneidade. Porque, antes de mais nada, o seu disco seguinte, pela Ariola, *Tubarões Voadores*, gravado em 32 canais no estúdio Transamérica, malgrado a boa intenção, naufraga fragorosamente. Provavelmente é o seu disco mais bem-produzido. O mesmo fenômeno aconteceu com Itamar pela Continental: discos bem-produzidos não significam necessariamente mais valiosos; sobretudo com a Vanguarda Paulistana, que primava por questionar a forma fechada e monopolista como o mercado fonográfico vinha se portando.

"Crotalus Terrificus" é da mesma linguagem do disco anterior, e "A Europa curvou-se ante o Brasil", na voz de Paulinho da Viola, sugere um caminho em relação ao samba, que infelizmente não gerou muitos frutos. As demais músicas, ou fogem do serialismo, ou perdem a pulsação. Curiosamente, em sua grande maioria, compostas em parceria, ao contrário do disco anterior (as parcerias, no caso de Arrigo, a meu ver, acrescentam pouco à sua música).

Dois anos depois, aparece a trilha sonora do filme *Cidade oculta*, novamente cheia de parceiros. O tom lúgubre da película espalha-se pela música, com um som que lembra jogos eletrônicos, cheio de teclado e sintetizador. A música-tema se sobressai e lembra Tom Jobim, o que significa estar a léguas de distância do seu primeiro e aclamado disco.

Um ano depois, em 1987, aparece *Suspeito*, que, segundo seu autor, foi feito para pagar dívidas. Novamente, cheio de parcerias que pouco acrescentam. Mas discordo de seu autor quando sugere ser seu pior disco. Até porque algumas músicas ali chamam a atenção: "Uga Uga", "Diabo no corpo" e "Dedo de Deus". Muito teclado e pouco sopro, que, no entanto, tinha sido usado tão criativamente em seu primeiro disco.

A coisa parece que vai mal. Algo se desconcertou. Nesse mesmo período, Jards Macalé quis se suicidar. E o rock brasileiro a todo vapor.

Mas em 1992, fazendo shows em bar para sobreviver, finalmente Arrigo produz seu pior disco, *Façanhas*. Cheio de parcerias. Quando o escuto ainda hoje, tenho a sensação de estar a ouvir Kenny G. "Conflito de gerações" é puro Guilherme Arantes. E "Bom sujeito" do Péricles Cavalcanti, sofrível. O "Canto I do Inferno de Dante", o salva, assim como "Espelho", que traz o tema de "Office Boy" no piano. "Pterodactilo Contemporaneus" fecha bem o disco com o tema de "Sabor de Veneno", mas uma questão não me cansa de vir à cabeça: se foi a falta de dinheiro que o fez abandonar seu caminho inicial, isso então significa que a história da música popular brasileira não tomou o caminho que, segundo ele, tomaria após o Tropicalismo. Foi uma previsão errada. E isso novamente me faz pensar na própria história da música dodecafônica, bem diferente da que ela própria concebeu para si: Schoenberg, Webern e Alban Berg não estavam propriamente concebendo o idioma musical do futuro, como imaginavam, mas promovendo, além de produzir suas obras singulares, a transição ou a metamorfose do som contemporâneo das alturas aos ruídos e aos timbres.

Clara Crocodilo é uma experiência-limite que propiciou um novo ciclo na música brasileira, das guitarras, dos ruídos, dos timbres, do eletrônico e, ao avançar a experiência tropicalista, produziu uma metamorfose no cenário musical. Mas a história foi bem diferente da que ele próprio concebeu para si. Não é à toa que seu tema recorrente é a metamorfose.

VII E aí talvez entremos numa questão delicada, qual seja, da diferença entre criatura e criador. Diferença essa já tematizada em *Clara Crocodilo* e que nos faz, inclusive, compreender hoje o pensamento de Arrigo, externado em entrevistas.

Algo dá errado nessa invenção: Clara guarda um resto de consciência. Ela, ou ele, não é autômato. Existe um campo de imprevisibilidade na criação, que é a própria senha do dodecafonismo.

A metamorfose do "Office boy" em *Clara* se repete na metamorfose de "Miolo Mole" em *Gigante Negão*, lançado em 1998, após sua gravação no Teatro Palace em 1990. Antes disso, em 1997, houve o lançamento da trilha sonora de Ed Mort, constituída por peças curtas. Mas nada que se compare a *Gigante Negão*, esse, sim, real candidato a sucessor de *Clara*, quase dez anos depois.

Um sucessor diferente porque, em se tratando de Arrigo, o clone nunca é igual. Mas ao menos um disco em que se redime das bobagens lançadas anteriormente. Um disco da mesma estirpe de *Clara*, ou quase.

Arrigo chegou, em algumas entrevistas, a salientar o fato de que as músicas desse disco foram gravadas em sua primeira e única apresentação, diferentemente de *Clara*, gerando com isso alguns problemas. Mas constatamos pouquíssimas parcerias, graças a Deus, o que dá ao disco uma unidade que havia sido perdida. Os temas não são tão inspirados, se o compararmos a *Clara*, e nos remete a um jazz contemporâneo. De fato, o ritmo em *Clara* é complexo e arrasador (*Gigante* está aquém disso) Mas há nele uma nítida impressão de retornar às antigas experiências. "Televisão quebrada" é a confissão expressa de seu inventor: todos lhe viram a cara; experiência interrompida. Abandonado e só, parece uma autorreflexão. Mas "Miolo Mole", morto, retorna no espírito de *Gigante Negão* e "Tecnoumbanda", assim como "Deus te Preteje", o testemunham.

Depois, numa encomenda para a Orquestra à Base de Sopro de Curitiba, em 2009, foi gravado um DVD com a peça "A metamorfose", o que faz do tema algo recorrente em Arrigo. Aqui a ironia viceja na figura do Dr. Menezes. E como sempre, dá errado de novo: a lambisgoia que o diga.

VIII   Ora, talvez coubesse aqui resgatar algumas reflexões do cientista-inventor, que Arrigo tão bem encarna em suas diversas entrevistas espalhadas pela rede.

A entrevista concedida por Egberto Gismonti a ele, em seu programa *Supertônica*, serve como ilustração. A primeira pergunta que Arrigo lhe dirige é a seguinte: você não acha que a partir de um momento, respaldada por uma certa intelectualidade, foi concedida uma abertura tão grande, que hoje em dia tudo que se faz é bom, é legal; ou seja, perdeu-se a referência?

A questão de Arrigo parece reclamar justo de uma abertura que, paradoxalmente, a sua obra propiciou. Como se autor e obra estivessem tragicamente alijados um do outro. E a resposta de Egberto Gismonti, que dura todo o programa, vai se restringir a criticar a digitalização (se o primeiro empreende uma crítica à abertura que se concedeu à cultura brasileira, a partir de um certo período histórico, o segundo empreende uma crítica nostálgica a um fechamento, oriundo da cultura americana). Ou seja, estão em polos opostos. Egberto Gismonti é remanescente de um nacionalismo impressionista, cuja fonte é Mário de Andrade. E Arrigo, tal e qual Webern, acredita no desenvolvimento racional de uma escola que está sedimentada na altura. É como se o autor não estivesse ciente de todas as consequências de sua obra. E aqui reside a diferença entre criador e criatura.

Outro trecho que recolho às informações fragmentadas que nos oferecem a rede é a reportagem "Alquimistas do Som", dirigida por Fernando Faro, e que aborda o experimentalismo na música brasileira.

Chama a atenção, entre os que ali estiveram a se pronunciar (Júlio Medaglia, Tom Zé, Arrigo Barnabé e Arnaldo Antunes, entre outros), a perspectiva de Arrigo e Arnaldo. Ambos se opõem, ainda que vivam um destino semelhante, qual seja, a oposição entre autor e obra.

Segundo Arrigo, a ideia de experimentalismo liga-se à cultura americana, justamente por dispor de menos tradição. A crítica da cultura que empreende, muito influenciada por Adorno, o faz pensar numa decadência do gosto. Acredita piamente na diferença entre arte e entretenimento, justamente num momento em que essas fronteiras se esfumaçam. E, segundo ele, na música popular predominaria o entretenimento, salvo honrosas exceções (haveria uma diferença entre ser indicador cultural e ser arte). O truque estético, marca de uma cultura cada vez mais publicitária, é o que predominaria, segundo Arrigo, em nossos dias. Menos arte e mais publicidade.

Pois Arnaldo Antunes, componente desse segundo ciclo, que teve início a partir de Arrigo, portanto seu filho tardio, acredita poder-se falar para muita gente, tal e qual a música popular, e ainda assim não ser redundância, contribuindo para uma efetiva mudança do gosto. Acredita na inteligência do público, menosprezada pela grande indústria, e não vê na globalização um mal em si: o convívio com as diferenças propiciaria atritos instigadores, sendo a livre circulação de informações importante para o processo de renovação da cultura brasileira. Ora, um discurso que cabe para *Clara Crocodilo*. Como se ele, Arnaldo, fosse o seu autor. E como se a sua obra não estivesse à altura do seu discurso.

Então percebemos que, tragicamente, a ideia de obra total, a que nos referimos no início desse texto, e que seria uma espécie de correção de rota que Arrigo efetuaria em relação ao Tropicalismo, não se estabelece. Se lá, no Tropicalismo, o discurso é avançado em relação à música, aqui, no caso de Arrigo, o discurso é atrasado em relação à sua música. Pois essa defasagem se perpetua também em Arnaldo Antunes, nesse caso, mais próximo de Caetano.

IX Talvez estejamos assim a falar de um processo esquizo, próprio da cultura brasileira, e o respectivo drama de sua elite, entre a barbárie e a civilização.

Pois foi nesse solo que Arrigo tentou implantar uma transparência a que nunca fomos afeitos. *Clara Crocodilo* é homem ou mulher? Às vezes tratado como "ele", outras vezes, "ela". Um hibridismo que se dá no próprio plano vocabular. E assim como em *Clara Crocodilo*, o mesmo fenômeno em "Acapulco Drive in" (se a primeira palavra é falada pelo coro masculino e a segunda pelo coro feminino, numa outra incidência o processo se inverte).

Esse drama repete o que havia já sucedido à música dodecafônica, o que pode nos sugerir também um caráter não autóctone. Em relação a essa música, a superação entre harmonia e melodia, levando à integração de todas as dimensões musicais, operou o que chamaríamos de totalização serial — o controle generalizado de todas as instâncias da composição. E isso tinha um caráter mimético em relação à organização total da economia capitalista. O fato é que essa música, assim como é um reflexo da sociedade, cuja divisão coisificadora é um dissolvente de toda harmonia, também a recusa, e tanto é que prossegue na busca da coerência de todos os elementos, na melhor tradição beethoviana (tonal). Esta é a contradição que a envolve: ao mesmo tempo, recusa e reflexo da ordem existente. Nesse sentido, o dodecafonismo estaria ainda imerso no ciclo tonal que chegava ao fim — e a dialética agônica de Adorno estaria justamente em afirmar um progresso que não tem mais como progredir.

Clara Crocodilo afirma também o ponto de passagem entre dois ciclos: o primeiro, que corresponde à bossa nova, ao Tropicalismo e à MPB dos anos 1970, e o segundo, que corresponde à Vanguarda Paulistana e ao rock brasileiro dos anos 80, o BROCK. Como elemento de fronteira, apresenta o mesmo hibridismo de Stockhausen, com um pé na música racional do ocidente, cujo princípio é a altura, e o outro pé na repetição rítmica, no timbre e nos ruídos. A modernidade de *Clara* advém justo dessa simultaneidade e isso, inclusive, a liberta de seu criador. O discurso de Arrigo, por sua vez, permanece localizado na história que viveu porque somos irremediavelmente históricos. Nesse sentido, o discurso de Arnaldo é mais abrangente, o que não significa que a sua obra o seja. Mas o segundo ciclo deságua em Los Hermanos, que se tornará o elemento de passagem para o terceiro ciclo de nossa música, a canção expandida. Aqui, seria interessante a análise de seu disco *Bloco do eu sozinho*, marco fundamental do terceiro e último ciclo.

x A partir de *Gigante Negão*, que, diga-se de passagem, não foi concebido para ser lançado em disco, a carreira de Arrigo se direcionou para a música erudita, talvez levado, entre outras coisas, pelo mau desempenho comercial de seus discos. Distante da música popular, saiu, em 1999, *A Saga de Clara Crocodilo* que, comparada com a versão original, soa mais limpa, mais tranquila, como se estivesse adentrando um novo terreno (o disco foi gravado ao vivo no Sesc Ipiranga). E, em

2001, *O Homem dos Crocodilos* foi representado no Centro Cultural do Banco do Brasil (uma opereta em dois atos, cujo libreto é de autoria do poeta, músico e dramaturgo argentino, Alberto Munhoz). Em 2002, compôs, em parceria com Tim Rescala e Guto Lacaz, a ópera *22 Antes Depois*. A seguir, em 2003 e 2005, respectivamente, sairiam a *Missa in memoriam de Arthur Bispo do Rosário* e a *Missa in memoriam de Itamar Assumpção*, ambos lançados em disco, hoje esgotados.

Em 2005, mais uma ópera foi composta, dessa vez, em parceria com Bruno Bayen, autor do libreto e responsável por sua direção: "Enquanto estiverem acesos os avisos luminosos", encenada no Sesc Ipiranga. Do mesmo ano, faz parte também a composição da peça musical "A metamorfose", já comentada.

Em 2009, foi gravado o DVD, contendo a suíte "Clara Crocodilo" e "A Metamorfose", executada pela Orquestra à Base de Sopros de Curitiba. Mas antes, em 2008, foram representadas duas peças cênicas para percussão, no Teatro São João, no Porto, em Portugal: *Caixa de Música* e *Out of Cage*, com direção de Ricardo Pais.

E foi nessa mesma cidade que Arrigo e Paulo Braga se apresentaram em duo de teclados, revisitando antigo repertório e reaproximando-se, portanto, de suas antigas canções.

É um novo marco porque a partir daí, em seu projeto seguinte, a "Caixa de Ódio", Arrigo regrava Lupicínio Rodrigues. Seria o terceiro ciclo de sua carreira, marcando o retorno às canções.

XI Esse retorno, no entanto, está longe do primeiro formato. Seu show no OI FUTURO, em comemoração aos seus sessenta anos, parece uma antologia. E por mais que apresente algumas canções marcantes de *Clara Crocodilo*, ainda assim a estrutura do show faz lembrar uma homenagem. Perdeu-se a virulência do início. E parece que assim o deseja Arrigo, intercalando canções de Luiz Gonzaga, Lupicínio e Chico Buarque.

Sua "Caixa de Ódio" é uma prova: abandonando o piano, torna-se apenas intérprete. E acompanhado por um duo de violão e piano.

Nada desse trabalho lembra o que fizera anteriormente. A forma clássica de se tocar as canções, que, pela primeira vez, não são de sua autoria, nos leva a uma nova faceta de seu trabalho: o passado da música popular brasileira, que tantas vezes renegou em suas declarações provocantes.

Se, por um lado, ele retoma o que foi uma característica de sua geração, a releitura do nosso cancioneiro (Itamar chegou a lançar um disco só com músicas de Ataulfo Alves), por outro, a releitura pouco adultera o original, pelo menos em termos musicais. Toda ênfase está na interpretação, que lembra Tom Waits. Mas se compararmos com as regravações de Itamar, algumas delas em início de carreira, Arrigo surpreendentemente se mantém respeitoso.

Em relação à interpretação, vale a pena comparar com o original: Lupicínio é aluno da escola de Mário Reis e pré-João Gilberto; canta suavemente todo o drama de suas histórias; e com isso aprofunda o psicológico, distanciando-se do maniqueísmo; a subjetividade ressalta; ele nos faz acreditar no que canta — essa subjetividade que impregna todo o primeiro ciclo de nossa música e, com exceção de alguns momentos tropicalistas, mais particularmente Mutantes, reinará absoluta.

Pois Arrigo liquida a subjetividade, o exagero o prova. Faz de Lupicínio um personagem de quadrinhos. A ironia recrudesce. O personagem homenageado deixa de ser de carne e osso e torna-se um desenho chapado. Porque em Arrigo tudo é superfície e talvez esse seja o seu maior legado. É o mais brechtiano de nossos compositores; quando canta, a gente sabe que não é ele, ou melhor, a gente dimensiona o espaço do autor e de seu personagem. O texto que cria, descrevendo o encontro entre Clara Crocodilo e Lupicínio, faz o gaúcho pertencer a sua mesma laia: pura antropofagia.

XII Concluindo, na trajetória de Arrigo, que em rápidas palavras tentei delinear, vislumbramos quatro fases. A primeira, tal como acontece a seu parceiro Itamar, é a mais radical. E me parece ser esta a primeira característica da Vanguarda Paulista: tem uma emergência que não a faz aparecer, e sim saltar, como se quisesse assaltar a cena.

A segunda fase, recolhidos os prêmios merecidos, e com a indústria fonográfica ao seu lado, o que é o caso de "Tubarões voadores", dá com os burros n'água. Não fatura, nem satisfaz esteticamente. Mas seu percurso continua, tentando fazer algo que, segundo ele mesmo, não é arte, é fácil; e, no entanto, permanece incapaz de fazê-lo bem.

O que o leva a deixar o caminho da música de mercado. Porém, em vez de retornar à primeira fase, talvez porque não tivesse como manter economicamente a estrutura de início de sua carreira, desviou-se ainda mais, mergulhando agora em peças de música pura, muitas delas compostas por encomenda. Essa terceira fase, pouco registrada em discos (quando o era, estes se esgotavam em razão da pequena tiragem), ainda que o tornassem satisfeito com alguns resultados, tais como as missas, não o deixavam devidamente reconhecido no meio erudito e, por outro lado, o mantinham ainda mais isolado da música popular. O que o faz reiniciar uma nova fase, dessa vez a quarta, retornando ao campo da MPB, mas longe da radicalidade do começo, assim como longe das suas investidas numa música de mais fácil acesso.

Diferentemente de Itamar Assumpção, que conseguiu um equilíbrio entre a canção e a invenção, tornando-se, por isso mesmo, a figura que melhor encarnou a Vanguarda Paulista, o caso Arrigo Barnabé melhor se encaixa como fundação. Caso extremo, de onde essa vanguarda começou. Experiência inicial, sincrônica. O pai que deu à luz e se retirou.

Itamar Assumpção:
daquele instante em diante

I   Cada um guarda em si as marcas do tempo. Conforme a geração à qual pertençamos, determinados fatos históricos terão maior relevância que outros e ficaremos impregnados deles a vida inteira. Se o artista transforma isso em arte e produz um estilo, ele carregará para o resto da vida essa marca do tempo. Ele passa a ser testemunha da história. Com o passar dos anos, outros acontecimentos virão, mas sejam quais forem, não vão se comparar àqueles que serviram para forjar o estilo.

Fixar-se ao estilo, portanto, não é só afirmar a singularidade, objetivo de todo artista. É também fixar-se no tempo. Como compreender, por exemplo, a estética de Jorge Ben Jor, abstraindo os anos 1960 e suas experimentações diante do nacional?

É o contrário do contorcionismo, o qual abandona o estilo para permanecer conectado a novos acontecimentos ou estilos, tal qual uma "metamorfose ambulante".

No que tange à "forma de conteúdo", é até possível a "metamorfose ambulante", mas, quanto à "forma de expressão", esse fenômeno é impossível. Buscamos é uma forma singular com que possamos dizer as coisas. E isso é raro. Uma vez conquistado é para sempre. E tem a ver com determinado momento de nossa existência.

E todo esse preâmbulo serve apenas para justificar o meu balde de lágrimas após a exibição de "Daquele instante em diante", de Rogerio Velloso. Para quem, como eu, passou a fazer música por volta dos anos 1980, a Vanguarda Paulista assume uma importância desmedida.

II   O primeiro ciclo de nossa maioridade começa em João Gilberto, seu fundador (essa obsessão por construir histórias me enlouquece).

É o ciclo do violão, o ciclo da canção propriamente dita, ciclo de ouro da música popular brasileira. É a fundação da nossa maioridade (sem chegar até Cartola, Nelson Cavaquinho, Sinhô, Ataulfo Alves... porque esses fazem parte da fase mítica, solo comum de todos nós). Mas o primeiro ciclo está bem próximo do mito. Começa na bossa nova, chega ao Tropicalismo, e se perpetua por toda década de 1970 no formato FM.

Nunca se ganhou tanto dinheiro. A indústria se enriqueceu, os artistas escolhidos se enriqueceram, e foram criadas convenções e regras que passam a regularizar o território fechado da MPB.

E quem não era contemplado por essa indústria pujante? Como proceder? Os malditos, tais como Jorge Mautner, Luiz Melodia, Jards Macalé, Sérgio Sampaio, eram fenômenos solitários, porque malgrado a revolta, estavam inseridos dentro da cultura da grande indústria. Salvo engano, todos eles tiveram discos gravados por multinacionais. Há uma diferença, que chegou a ser esvaecida, entre esses malditos e a Vanguarda Paulista. Nesse sentido, "Itamar não é cover de Melodia, nem Melodia é cover de Itamar". E aqui novamente prevalece a diferença de gerações: os malditos, como se convencionou chamá-los, são "frutos podres" da indústria, enquanto a Lira Paulistana vivia outra perspectiva histórica: como produzir seus próprios discos, como criar uma distribuição específica, como produzir um mercado paralelo?

Naturalmente, isso vai se refletir na própria música. Sob essa perspectiva, Jards Macalé, ainda que produza algo verdadeiramente singular, está ligado ao primeiro ciclo, e não é de estranhar a influência de João Gilberto em seu trabalho. O violão, instrumento-síntese desse primeiro ciclo, chama para o recolhimento, para o eu lírico, para a meditação (nome de um dos discos de João Gilberto). A voz solitária prepondera sobre os demais instrumentos; a consonância, apesar da bossa nova, dá o tom; e a harmonia é rica. É o mundo luxuoso da MPB e seu acervo poético.

III O segundo ciclo é a ruptura. E a sua fundação está na Lira Paulistana, ainda que possamos identificar Tom Zé como seu patrono (nesse sentido, entende-se sua situação incômoda entre Caetano e Gil, que viriam a se constituir tropicalistas oficiais.

A questão toda é como se dá essa ruptura. Porque diante do eu lírico, concentrado, meditativo, fechado em si mesmo, tal qual um círculo, a ruptura pode ser feita de duas maneiras: ou negando esse "eu" e não botando nada no lugar (seria propriamente o terceiro ciclo de nossa música, em que prepondera o niilismo, a linha contínua, e o "Homem" definitivamente superado); ou agregando ao eu o outro (segundo ciclo de nossa maioridade) — uma ruptura que é agregadora, produz conflito e torna a música mais complexa. A questão é que o segundo ciclo tem dois momentos: o primeiro é revolucionário, e o segundo, restaurador: à Vanguarda Paulista, se sucede o BROCK, cujo marco inicial, a Blitz, é a caricatura mercadológica do que foi Arrigo e a Banda Sabor de Veneno. Daí porque, entre a nossa MPB e o rock brasileiro, encontramos mais vínculos que possa supor nossa vã imaginação.

Mas o primeiro momento do segundo ciclo é o que vai nos interessar por ora.

IV A Vanguarda Paulista, agregadora como foi, torna complexa a música. Passa a ser teatro também, e o violão, que é intimista e convida ao recolhimento, deixa de ser estrela. Mas não desaparece porque a lógica dessa vanguarda não é de negação, no máximo, de conflito. Agrega o outro, o que não acontece no primeiro ciclo, sempre excludente. A figura do triângulo isósceles é a que melhor expressa seu movimento: num dos vértices que compõe a base, está o experimentalismo de Arrigo Barnabé, sem o qual essa vanguarda não romperia com o passado. Mas no outro vértice, diametralmente oposto, está Luiz Tatit e o grupo Rumo (aqui, essa vanguarda se relaciona com o passado — o violão, assim como a canção, perpetuam sua influência).

Fossem os dois a constituir o movimento, ele não seria o que foi. Este texto talvez nem seria esboçado: provar que a Vanguarda Paulista teve um corpo e se manteve como tal por causa de Itamar Assumpção. Ele é o vértice do triângulo. Fosse essa vanguarda depender única e exclusivamente de Arrigo Barnabé, teria soçobrado e ficaria esquecida, tão experimentalista que foi quanto desagregadora. E fosse depender só de Luiz Tatit, não teria o vigor nem a prepotência do novo. Itamar dramatiza essa relação com o outro. Não será somente uma relação de *conflito*, também será de *harmonia* e, finalmente, de *entrega*. Acompanhar essa passagem em sua obra é deslindar o que foi a Vanguarda Paulista em suas entranhas.

V O "Nego Dito" é a primeira máscara com a qual Itamar se apresenta. E nunca a música brasileira foi tão pródiga em produzir personagens. Não esqueçamos do *Clara Crocodilo* nem do *Gigante Negão* em Arrigo. Isso remete à ficção autobiográfica em Machado de Assis: o narrador não é o autor, assim como aquele não é o personagem-protagonista, que, por sua vez, na primeira fase, composta de *Beleléu*, *Às Próprias Custas* e *Sampa Midnight*, é o marginal número um. Mas a própria técnica de gravação, com o vocal dobrado, característico de sua estética, nos leva a desconfiar de uma duplicidade que possa ser do narrador e do protagonista. Outras vezes, são três ramais diferentes para registrar uma só voz (autor, narrador e protagonista?). Se pensarmos que existe ainda o coral, se subdividindo também na voz solo e nas demais vozes do grupo, chega-se à conclusão de que a voz solitária, tão presente na MPB, sofre um processo de multiplicação: agora são várias ao mesmo tempo e não são uníssonas; ora é uma das vozes de Itamar que faz um comentário à sua outra voz, ora é Itamar que entra em confronto com o coral.

Seguindo essa lógica, a própria música com suas paradas bruscas, seus compassos quebrados, seguidos de silêncio, é o retrato de uma confrontação, nada linear. O susto é inevitável. A quebra rítmica, própria de sua levada no baixo, produz uma dinâmica cheia de rupturas e saltos.

Não é à toa que, no seu primeiro disco, o arranjo ficou por conta dele e do baterista Paulo Barnabé, que problematizam em sua música o ritmo. Vale lembrar também, dentro dessa estética do susto, o arranjo de Itamar para a música "Noite de terror", de Getúlio Cortes, em seu segundo disco. Certamente, não é recomendável a cardíacos.

Mas se em *Beleléu* existe um esmero no seu processo de gravação, tornando-se um dos discos mais importantes de sua discografia, e se *Às Próprias Custas*, seu único disco ao vivo, sublinha a importância do teatro em seu trabalho, *Sampa Midnight* fornece a síntese dos discos anteriores, momento maior dessa primeira etapa. Sob o arranjo dele e de Paulinho Lepetit, que vem a se tornar sua sombra, esse disco alia grandes composições, tais como "Sampa Midnight", "Prezadíssimos Ouvintes", "Vamos Nessa", "Totalmente à Revelia", "Chavão Abre Porta Grande", e "E o Quico". Tem-se a sensação de que não são canções fechadas. A influência de Miles Davis, com longas improvisações, dão o tom dessa primeira fase, a mais desconstrutivista de sua carreira.

Já o disco *Intercontinental* vem a ser um problema porque funciona como um conector, servindo como elemento de passagem para um outro período de sua carreira.

A mixagem da bateria que teve Gigante Brasil nas baquetas, é um exemplo. Fosse porque na época vinha a ser o padrão de gravação (foi o seu único disco por uma grande gravadora), o fato é que diluiu o susto. O naipe de sopros, derivado da ex-banda Metalurgia, Bocato (trombone), Lino Simão (sax e flauta), Claudinho Farias e Juninho (trompete), deu um ar de familiaridade ao estranhamento de Itamar. E algumas músicas, tais como "Adeus Pantanal", "Oferenda", "Maremoto", "Homem-Mulher", "Zé Pelintra", sejam nos arranjos, sejam na própria composição, estão longe de sua linguagem inicial.

Coincidência ou não, marcou a ruptura com sua banda, porque no disco seguinte, o Isca de Polícia já não estava mais presente.

Como um elemento de transição, vamos encontrar também músicas que representam sua pesquisa de linguagem, tal como encontramos nos três discos anteriores — é o caso de "Parece que foi ontem".

Mas a última música do disco, "Espírito que canta", ainda que em sua roupagem pouco lembre a linguagem revolucionária de Itamar, vai, no entanto, apresentar em sua composição uma estrutura triádica que ilustra o conjunto de sua obra. É que o "eu" nunca está só: existe uma superpopulação de espíritos que multiplica as vozes. Num estúdio de gravação serão necessários vários canais, não só para captar a voz de Itamar, mas também para captar o coro. Nessa canção, por exemplo, existe a voz de cada espírito, a voz do narrador, e um trecho da música "Lava roupa todo dia" de Luiz Melodia.

No eixo horizontal dessa canção, estão: o eu, os espíritos presentes sempre em dois, e o espírito do personagem. Nos dois primeiros andares, o personagem perde seu espírito, respectivamente, o "espírito da coisa" e seu "estado de espírito". Mas no último andar, ele reencontra seu "espírito crítico" (à custa de não cantar como os outros cantores).

Existe, portanto, três níveis pelos quais o personagem passa. E nesse transcurso, após duas perdas sucessivas, ele efetua um ganho (seu espírito crítico).

É a melhor forma de fechar o primeiro ciclo de Itamar Assumpção, onde predomina o desafio do novo e, consequentemente, a crítica à MPB. Vale aqui lembrar a música "Z da questão" do disco *Sampa Midnight*: "eu não sou Romeu, Ulysses, nem Mágico de Oz... vivo reclamando de todo mundo". Não há identificação. Tudo aqui é motivo para afirmar sua singularidade.

VI   Em *Bicho de 7 cabeças*, que sai em três volumes, tendo o primeiro faturado o Sétimo Prêmio Sharp de Música, como melhor disco de pop rock, começa uma nova fase: a da canção propriamente dita. E ninguém entende melhor do que Itamar a sua fórmula: ideia, letra e melodia. O violão passa a ditar as regras. Cria ele próprio uma banda — Orquídeas do Brasil —, só de mulheres, e passa a ter o controle absoluto dos arranjos. Ao mesmo tempo, chama Rita Lee para participar de uma faixa — "Venha até São Paulo" —, e chama Tom Zé para participar de outra — "É tanta água".

Tudo indica que havia uma camisa de força nos primeiros discos. Ao mesmo tempo, não podemos esquecer que, ainda na primeira fase, Itamar já dizia em alto e bom som: "agora eu quero cantar na televisão" ("Prezadíssimos Ouvintes").

Bicho de 7 Cabeças é um belo painel de suas canções: ora, em miniatura, parecendo vinhetas; ora, em letras maiores, mas nunca suficientemente grandes que não se repetissem duas ou três vezes. Se na primeira fase, Arrigo Barnabé é seu alter ego, na segunda, é Paulo Leminski.

Bicho de 7 Cabeças foi a sua grande cartada no sentido de se tornar mais popular. As canções assumem diferentes formas, chegando até as raias do sertanejo. Mas se subdividem em dois grandes grupos: as que são movidas por ideias; e as que são curtas e sintéticas como haicais. No primeiro grupo, são exemplos: "Custa nada sonhar" (v. 1), "Sonhei que viajava com você" (v. 2) e "Parece que bebe" (v. 3); no segundo grupo, "Se a obra é a soma das perdas" (v. 1).

Três anos mais tarde, em 1996, regrava Ataulfo Alves, e é novamente premiado. Dessa vez como melhor disco do ano pela Associação Paulista dos Críticos de Arte. O que chama atenção, além do retorno de sua antiga banda, é o tributo que faz ao passado, sendo que as regravações não chegam a transfigurar o original. Certamente é o disco mais elegante de Itamar, a léguas de distância do tempo em que suas regravações eram verdadeiras recriações. Nesse sentido, basta comparar com o disco *Às próprias custas*, onde músicas como a de Adoniran Barbosa, "Vide Verso meu Endereço", são assassinadas por Itamar. A maioria das que constam do disco sobre Ataulfo, tiveram arranjo da banda Isca de Polícia.

VII Finalmente, chegamos em *Pretobrás*, dezoito anos depois do *Beleléu*. E com um estranho subtítulo: "por que que eu não pensei nisso antes?". Como se algo inevitável houvesse acontecido e se lutasse contra o tempo. *Pretobrás*, diferentemente de *Beleléu*, afirma que "cantar estancou meu sangue" e que "compondo sobrevivi". Dessa vez, identifica-se com vários personagens históricos: Cruz e Souza, Leminski, Zumbi. E também se identifica com um personagem fictício: Gigante Negão ("Queiram ou não Queiram"). O último disco da trilogia, que compõe a segunda fase, é mais misturado ainda. Porque além dos arranjos do próprio Itamar, tem arranjos com a turma do Isca de Polícia, além de Lenny Gordon ("Olho no Olho") e Arrigo Barnabé ("Deus te Protege"). Zélia Duncan canta "Dor Elegante" e Itamar anuncia que é um poema de Paulo Leminski (durante a gravação, faz pequenas intervenções); se pensarmos que a música é sua, além dele encarnar o poema como se fosse seu, podemos então entender a essência misteriosa dessa segunda fase de Itamar, onde as pessoas passam a ter sintonia e tudo é circulável.

Permanece o grupo das canções movidas por ideias ("Reengenharia") e o grupo daquelas, cuja miniatura passa a ser uma de suas marcas definitivas ("Apaixonite Aguda" e "Queiram ou não Queiram").

Mas a canção que fecha o disco (é curioso como, para um poeta sintético, saber terminar é importante), "Vida de artista", vai tratar de uma multiplicidade explícita, levando ao máximo de potência uma lógica que é da agregação (ao exercer várias atividades, Itamar se apresenta como múltiplo). Como se tudo já tivesse terminado e o mais importante fosse o seu legado de abundância. "Por que eu não pensei nisso antes?" aponta o sentido secreto da Vanguarda Paulista: o da multiplicidade e do quanto foi preciso caminhar para chegar até ela.

VIII O disco com Naná Vasconcelos é póstumo, mas foi motivo de briga durante a sua feitura — o que muitos justificam pelo estado de saúde de Itamar. Os produtores Paulinho Lepetit e Zeca Baleiro queriam um disco apenas com os dois: violão e percussão. Já Itamar queria acrescentar outros instrumentos, gerando um impasse. Mas esse disco, tal como *Intercontinental*, é mais um elemento conector e, portanto, carrega em si uma tensão própria dos objetos de fronteira.

Itamar, zeloso como era de suas coisas, e centralizador, não pode chegar ao final da empreitada.

E o disco não saiu como os demais, sob sua supervisão. No entanto, abriu caminho para uma nova fase, a terceira e última, a da entrega, da qual participam *Pretobrás II* e *Pretobrás III*.

IX É curioso como Itamar mantém um paralelismo com Jards Macalé. Ambos produziram discos homenageando compositores do passado — *Os Quatro Batutas* e *Para Sempre Agora*. E ambos fizeram discos com Naná Vasconcelos. Todavia, esse paralelismo mantém suas diferenças: a releitura de Macalé mantém uma fidelidade com o original, seja nos arranjos, seja no próprio canto — a questão em Macalé é penetrar na subjetividade do homenageado, é mais uma questão de sonda (estamos nos referindo aqui ao primeiro ciclo de nossa maioridade, onde a subjetividade é um poço profundo); já em Itamar, existe a ironia e, consequentemente, o distanciamento — os arranjos seguem uma linha mais contemporânea, além de vermos Itamar e Ataulfo nitidamente diferenciados (é o segundo ciclo de nossa música, sofrendo um processo de duplicação que tem mais a ver com a superfície, ainda que o poço escuro continue a projetar suas tenebrosas sombras).

Mas em relação ao disco com Naná Vasconcelos, exceção feita a "Leonor", que pega na veia, as demais músicas ficam a dever. A voz de Itamar expressa já sua fraqueza e, nitidamente, é um projeto abortado. O que vale é justamente o seu caráter póstumo: não é mais um disco de Itamar, não é ele que está ali a bater o martelo, como em seus discos anteriores. E isso abre uma nova fase, que vai ser implementada por *Pretobrás II e III*.

O *Pretobrás II* foi produzido por Beto Villares, que não chegou a fazer parte da história de Itamar. Mas justamente isso é que dá ao disco o caráter dessa terceira fase: alguém estranho ao círculo receberá o legado. Os arranjos são constituídos por bases eletrônicas e há a presença de alguns convidados como Seu Jorge, BNegão, Arnaldo Antunes e Elza Soares. Agora sim a sua história termina, porque foi constituída desde o seu início com o "outro". E termina entre aspas: essa abertura para o outro, essa entrega, não permite que seja confinado num gueto.

E as duas canções que mais se destacam, curiosamente, fazem parte dos dois subgrupos de canções, a que me referia anteriormente: o grupo das miniaturas ("Procurei"), herméticas e líricas ao mesmo tempo; e o grupo das canções-ideias ("Más Línguas"), sem esquecer que ambos os subgrupos são perpassados por jogos de linguagem, que dão à poética de Itamar um traço de superfície, em contraste com a profundidade subjetiva do primeiro ciclo de nossa música.

Pretobrás III termina a caixa preta. E justamente com quem tudo começou: a banda Isca de Polícia. Paulinho Lepetit, a sombra de Itamar, foi quem produziu. Bocato, outro remanescente dos idos de *Sampa Midnight*, chegando inclusive a produzir belos arranjos na trajetória de Itamar, também está presente. Entre outros convidados: Arrigo Barnabé, Zélia Duncan, Edgard Scandurra e Alzira Espíndola.

Eu chego a ouvir novamente o baixo e me lembro dos primeiros tempos. "Persigo São Paulo", com participação de Arrigo, fazendo parte das canções miniaturas (herméticas e líricas), e "Pirex", fazendo parte das canções-ideias (originalíssimas e com jogo de linguagem), se destacam. Assim como "Anteontem", em que o anjo da morte diz a sua vítima que ela vai finalmente assumir o seu lado pop.

Mas, certamente, o que mais se destaca nessa terceira fase vai ser revelado no documentário sobre Itamar por Luiz Tatit. Em fase terminal de sua doença, Itamar entrega uma letra a Luiz Tatit. Somente um cancionista pode entender a simbologia desse ato. E ninguém melhor do que Tatit para entendê-lo: ao cancionista cabe a luta entre letra e melodia; não é nem poeta nem músico; a um cancionista, entregar uma letra a outro é como passar a bola. E Tatit fez por merecer, porque "Dodói" é uma das canções mais belas de nosso cancioneiro.

Tatit, um dos ângulos da base do triângulo isósceles que prefigura a Vanguarda Paulista, nunca chegou a ser mencionado nas letras de Itamar. E isso sempre me pareceu uma incógnita, já que Arrigo, o outro ângulo desse triângulo, foi para Itamar uma referência constante. Mas esse último ato, um ato de entrega por excelência, faz justiça a quem se debruçou sempre sobre a canção. Daí porque Itamar é a hipotenusa, como ele mesmo afirma na música "Variações" do disco *Pretobrás III*.

x Se João Gilberto é o fundador do primeiro ciclo de nossa maioridade musical, Tom Zé, mesmo pertencendo aos quadros tropicalistas do primeiro ciclo, vai servir como conector, ponto de ramificação, de onde o segundo ciclo de nossa música vai se constituir. E se pensarmos que esse segundo ciclo vai ser composto de dois movimentos que, de certa forma, se antepõem — a Vanguarda Paulista e o BROCK —, poderemos então compreender a essência desse segundo ciclo, composto pela duplicidade. A relevância da Vanguarda Paulista vem de que, no interior dos seus próprios quadros, já se encenava essa duplicidade, composta por Arrigo e Luiz Tatit. Coube a Itamar Assumpção encarnar essa duplicidade e dar corpo a ela.

Cumpre então compreender os pontos de ramificação porque a trajetória nunca é linear (já no primeiro disco, *Beleléu*, Itamar introduz um corpo estranho — "Nega Música" — que vai servir de conector para uma segunda fase de seu trabalho; o nó passa batido diante do conjunto das faixas, mas vai se ramificar mais tarde).

Marisa Montes, nos idos de 1980, resíduo de uma MPB moribunda, é ponto de passagem para o terceiro ciclo de nossa música. Assim como Los Hermanos, no coração do segundo ciclo, também é. Nesse terceiro ciclo, a subjetividade foi liquidada, assim como a duplicidade. A superfície é a sua figura por excelência. Ao círculo e ao triângulo, do primeiro e segundo ciclo respectivamente, vem se sobrepor a linha contínua do terceiro ciclo. Não existe mais subjetividade nem o "outro". Marcelo Camelo, um de seus principais representantes, chegou mesmo a declarar no programa Sarau, de Chico Pinheiro, que eliminou a intenção em suas composições. As canções são expandidas e a linha que traçam é ilimitada.

Grupo Rumo

I   O cerne da Vanguarda Paulista não é só formado por Itamar Assumpção e Arrigo Barnabé. Até porque se esse último representa um dos vértices da base do triângulo, não cabe a Itamar o vértice oposto. Chegamos a tecer algumas considerações sobre a singularidade de Itamar no que tange a sua posição de centro, como se fosse mesmo um pêndulo gravitando entre os dois vértices.

A posição diametralmente oposta à de Arrigo, e sem a qual a Vanguarda Paulista não se explica, parece mais bem representada pelo Grupo Rumo. Vamos tentar desenvolver essa ideia, cientes de que pisamos em terreno movediço, mas certos também de que trazemos à tona um capítulo de nossa música estranhamente recalcado.

II   Hélio Ziskind, Akira Ueno, Ciça Tuccori (depois, Fábio Tagliaferri e Ricardo Brein), Gal Oppido, Geraldo Leite, Luiz Tatit, Ná Ozzeti, Paulo Tatit, Pedro Mourão, Zé Carlos Ribeiro formam o Grupo Rumo. Ainda que a maioria das composições seja de Luiz Tatit, as faixas não são interpretadas apenas por ele. Essa variação de intérpretes já anuncia uma diferença em relação a Arrigo e Itamar. Nesse sentido, o Rumo é quem melhor encarna a alternativa para o canto monocórdico que a música dos anos 1970 representou. Outra diferença é que se Arrigo e Itamar, em suas discografias, apresentaram uma flutuação de músicos, o que nos força a ver os dois como núcleos, o mesmo não aconteceu com o Rumo, cuja formação se manteve praticamente a mesma em seus seis discos: *Rumo (1981)*, *Rumo aos Antigos*, *Diletantismo*, *Caprichoso*, *Quero passear* e *Rumo ao vivo*.

III   Por outro lado, a multiplicação das vozes, tanto em Itamar quanto em Arrigo, atinge picos que o Rumo não acompanha na mesma proporção. "Multiplicação das vozes" entendo como a grande contribuição que essa vanguarda trouxe para o cenário da música brasileira. O coral deixa de ser um apêndice da voz principal: ele adquire autonomia e, não raramente, se opõe a essa voz-núcleo. Multiplicação das vozes a que o próprio Luiz Tatit, mais contido, reage: numa entrevista chega mesmo a mencionar o fato de que há um pouco de "confusão" nos arranjos de Itamar em razão da quantidade de vozes.

IV Ainda assim, o Rumo segue a mesma trilha. E nem poderia deixar de ser: se em Arrigo existe o grande narrador, mesmo com um tom dramático, isso acaba por dar aos personagens um distanciamento que não existe no Rumo. Os personagens em Arrigo são chapados, perderam a dimensão psicológica — neles, tudo é superfície. O mesmo não acontece com o Rumo: não há narrador; é sempre um personagem falando para outro; perdeu-se o exagero; no universo do Rumo, prevalece o informal.

Por outro lado, esse informal ajuda a diminuir as tensões psicológicas que dava o tom na música popular brasileira e que tiveram o primeiro baque na bossa nova. Data desse momento, ainda em meados de 1950, um processo de desdramatização que manteve seu curso no Tropicalismo, eivado de ironias, mas que nos anos 1970 estranhamente foi interrompido. Seu retorno se dá então com a Vanguarda Paulista, que retoma o humor, desaparecido na música brasileira, inunda as canções com palavras do dia a dia, focaliza a rua e o homem comum.

V É sintomático que a única canção do Rumo a tocar nas rádios com frequência foi "Ladeira da memória", de Zé Carlos Ribeiro. O ambiente é o centro de São Paulo, a chuva, as vitrines, e as pessoas felizes, felizes, felizes, porque a chuva acabou. Nada mais prosaico. Principalmente se tratando que estamos no ano de 1983, quando saiu o disco *Diletantismo* com a referida música. Ou seja, um momento de discussão política e final de ditadura. Nem mesmo em 1981, com o seu primeiro disco, podemos dizer que haja alguma menção à situação política brasileira. Se pensarmos que o Rumo começou em plena década de 1970, quando iniciou suas pesquisas, isto é, no coração da ditadura, torna-se ainda mais estranha essa ausência. Chega a ser mesmo um complicador para o entendimento dessa vanguarda, se pensarmos que em Arrigo e Itamar (um pouco mais disfarçado em Arrigo) a dimensão política está bem presente.

VI No entanto, estamos longe de pensar que pudesse haver no Rumo uma mera aderência à situação de exceção. O que une o movimento em torno da Lira Paulistana é, sobretudo, a crítica que efetua ao mercado da música e, consequentemente, ao que se fazia sob esse sistema. Criar um mercado independente está inteiramente ligado ao ato de se fazer uma nova música. E se Arrigo abriu um viés inimaginável até então, interligando música popular e erudita, se Itamar produziu breques, silêncios, ritmos quebrados à música previsível das FMs, o Grupo Rumo, por sua vez, desconstruiu a canção, trazendo à tona a fala, ainda que num horizonte reconhecível da música brasileira. A ruptura formal não deixa de ser política.

VII De qualquer maneira, são rupturas diferentes. Itamar é o mais explícito semanticamente; a sua própria condição existencial propicia o enfrentamento. No caso de Arrigo, a metalinguagem de que faz uso leva-o a um enfrentamento da realidade, ainda que de modo trágico (ele sabe que algo deu errado na experiência). Mas no Rumo, a ruptura é quase um processo de fuga do presente. Se Itamar grava Ataulfo e Arrigo, Lupicínio, essa revalorização na verdade foi iniciada com o Rumo. Não é à toa que, nos seus dois primeiros discos lançados simultaneamente, um deles é só de compositores das décadas de 1940 e 1950, entre os quais Noel Rosa, Sinhô e Lamartine Babo. Se num disco, o de regravações dos clássicos, o processo dos arranjos se dá de forma tradicional, já no outro disco, de composições próprias, ele desconstrói aquele universo. Como se nos mostrasse o antigo e a desconstrução do antigo, o clássico e o moderno. Essa dupla face torna a pesquisa do Rumo longe do que vinha se fazendo com a música brasileira.

VIII É curioso como em seu primeiro disco, *Rumo (1981)*, uma canção já aponta essa dupla face: "Nostalgia e Modernidade". Aliás, a dupla face, paradoxo que nos desafia, é a alegoria desse movimento: em Arrigo, a repetição de células dodecafônicas (altura e duração) do seu primeiro disco (uma experiência sincrônica); em Itamar, a transição no tempo do experimental para o pop (uma experiência diacrônica); e, no Grupo Rumo, o passado e sua desconstrução, que talvez possamos chamar de redução ao esqueleto da canção. De qualquer maneira, a sensação que temos, ao ouvirmos os discos do Rumo, nunca será de estranhamento, ao contrário de *Clara Crocodilo*. Mas, em compensação, percebemos o trabalho de estilização em cima do conhecido. É como se dá em canções como "Carnaval do Geraldo" de seu primeiro disco, ou "Noite Inteira com Você" do disco *Caprichoso*, ou mesmo "Aceita a Serenata" do disco *Diletantismo*. Os seis discos do Rumo apresentam sua fórmula: não existe acidente de percurso; nesse sentido, é o mais racional de seus parceiros de movimento. Porque se os discos de Itamar são cheios de acidentes, curvas, declives, próprios de sua atribulada existência, já os de Arrigo são a impossibilidade trágica de repetir a primeira experiência. Essa impossibilidade de repetição em Arrigo, o que simbolicamente nos remete ao universo do dodecafonismo, contrapõe-se a sua plena possibilidade no Grupo Rumo.

IX A primeira música de seu primeiro disco, *Encontro*, fala de distância — a recomendável para se reconhecer um amigo na rua. Se de muito longe você poderá confundi-lo, de muito perto, também.

Talvez seja essa a senha que explique o descolamento do presente. Em "Época de Sonho", a Vera está apaixonada e canta (e nem é época de paixão, nem estamos em fase de felicidade). Em "Quem é" do disco *Diletantismo*, existe a dona e a voz da dona. Em "Felicidade", do disco *Rumo ao Vivo*, nada a explica. E "Mesmo Porque", do disco *Diletantismo*, tem o personagem da novela e a atriz que a faz.

Essa autonomia do outro em nós mesmos, entretanto, não se dá à nossa revelia. Esse talvez seja o maior legado do Rumo e de seu principal artífice, Luiz Tatit. É todo um processo de construção, como nos testemunha a canção "Ah", que segundo o próprio autor "é a primeira canção que sentimos que tinha elementos entoativos interessantes e que ao mesmo tempo era agradável de ouvir. Foi essa música que configurou a linha do Rumo". Todo o processo de construção e suas dúvidas estão configurados nessa canção. A outra música desse mesmo disco que traduz esse esforço de construção da voz é "Minha Cabeça", que "é livre, mas não de mim".

X Esse processo construtivo, no fundo, configura um descolamento da realidade. É como podemos entender o distanciamento do presente, a devida distância para reconhecer o outro, como nos aponta a música "Encontro". A desconstrução ou a redução ao esqueleto da canção, não nos tira o chão. Reconhecemos na música do Rumo o que foi transfigurado. Segundo declarações do próprio Luiz Tatit, "as músicas soavam como se fosse uma declamação, mas não era, as notas eram todas precisas". Elas, inclusive, sugerem como seria a canção se fosse cantada.

A questão é que esse duplo vai sendo mitigado aos poucos.

Já na abertura de *Caprichoso*, "Delírio meu" dá uma boa amostra da adesão do Rumo ao universo pop rock, principalmente se compararmos esse álbum com discos anteriores — *Rumo* e *Diletantismo*. Já *Rumo aos Antigos* e *Quero Passear* permanecem separados dos demais porque representam o elemento primitivo, a matéria prima sobre a qual a banda vai reprocessar seu trabalho. Essa primeira divisão de sua discografia, a partir de *Caprichoso*, é uma boa amostra da duplicidade.

Mas em *Rumo ao vivo* surge um elemento novo — é a transição para a unidade dos trabalhos solos de Luiz Tatit. Daí ser um disco-fronteira, disco-limite. Nele se inserem músicas que fazem parte da primeira fase, é o caso de "Esboço", metalinguagem da mesma estirpe de "Ah", assim como se inserem músicas que vão predominar na fase seguinte — é o caso de "Trio de Efeitos". Todavia, vão se destacar também aquelas que já nasceram mescladas à fase anterior e à seguinte, e essas, sobretudo, serão experiências-limites: é o caso de "Banzo" e "Felicidade".

XI É curioso como Luiz Tatit se refere a esse disco-limite: "Foi 'Ah' que configurou a linha do Rumo. Depois vieram outras que deram certo e outras mais duras, até que tudo amoleceu em *Rumo ao Vivo* — é esse disco mais bem-acabado. O primeiro disco é o mais impactante, mesmo para nós, mas acho aquele disco uma confusão em todos os sentidos: sonoridade horrível, dezenove canções".

Fica patente aqui uma mudança, assim como o adjetivo "amolecido" para designar as canções do disco *Rumo ao vivo*. Como interpretar esse adjetivo? Amolecido feito água, onde tudo se dissolve, inclusive o outro, o duplo, finalmente integrado.

XII Não é à toa que em seus discos solos, *Felicidade, O meio, Ouvidos uni-vos* e *Sem destino*, uma nova lógica passa a predominar — não mais o duplo, mas um terceiro elemento de síntese. Além disso, as canções deixam de ser faladas como antes.

O meio talvez seja o disco mais conceitual dessa nova fase. Em quase todas as canções desse disco sobressaem três elementos, principalmente, o elemento do meio, que é sempre ambíguo, contínuo e difícil de se pegar. O que vagueia e se evapora em "Esboço"; o que não conseguimos pegar em "Os três sentidos"; o que são camadas de ar, contínuas e sem parar em "Serra do Mar"; o que é mais ou menos em "Trio de efeitos"; o que é leve e oscila em "As sílabas"; e o que não é nem tão enfadonho nem tão vivo em "Amor e rock". Mas antes, no disco *Felicidade*, na música que o abre, "Eu sou eu", parece haver já um terceiro elemento que justifica ele ser de uma forma e ser também de outra forma. Em *Ouvidos uni-vos*, a música "Terceira pessoa" nos dá conta também de um universo que não é mais duplo, e em *Sem destino*, seu último disco solo, "Quando a canção acabar" e a música que dá nome ao disco nos falam de um presente contínuo e sem fim.

XIII Esse processo de integração é o último capítulo da Vanguarda Paulista. É quando realmente o processo se completa. O duplo é quem funda o movimento, sem o qual não seria o que foram. Esse duplo é que os fazem difíceis de serem tragados pelo mercado e que instaura um movimento de ruptura. São as músicas duras de Luiz Tatit. É o teatro e a confluência de vozes em Itamar Assumpção. É o dodecafonismo em Arrigo Barnabé. Mas o grande sentido é quando os discos *Pretobrás II* e *Pretobrás III* aparecem de maneira póstuma nas vozes de diferentes artistas — é quando o Nego Dito realmente completa sua trajetória, inicialmente tão polêmica, entregando-se aos outros. O grande sentido é quando Arrigo adivinhou, enquanto fazia *Clara Crocodilo*, que nunca mais repetiria aquela experiência, porque de ruptura e ao mesmo tempo de integração (altura e duração). O grande sentido foi quando Luiz Tatit permitiu que suas experiências com o Grupo Rumo se diluíssem com o tempo.

XIV Talvez o maior exemplo dessa integração seja a parceria de autores tão diferentes. Entre Arrigo e Itamar talvez se justifique, malgrado a diferença entre ambos, porque foram próximos. Itamar chegou a tocar com Arrigo no início de carreira, moraram juntos, foram sempre amigos. Mas entre Itamar e Luiz Tatit? Só no final da vida, em 2000, o Nego Dito começa a passar textos para Tatit. Daí nasceu "Dodói" e a bela referência que Tatit faz a ele em "Rock de Breque", ambas do disco *Ouvidos uni-vos* de 2005.

E recentemente, em entrevista que Arrigo concedeu para o programa Matador de Passarinho, no Canal Brasil, venho a saber do mais improvável: Arrigo e Tatit estão compondo juntos para um próximo disco.

Não muito longe, em entrevista concedida a Carlos Calado em 7 de agosto de 2000, Arrigo assim se pronunciava a respeito do termo "Vanguarda Paulista": "sempre achei esse rótulo estranho, por terem caracterizado trabalhos tão diferentes como um movimento. Minha música era de vanguarda mesmo, mas eu não via isso em grupos como o Premê, que sempre trabalhou com o humor, ou o Rumo, que se baseava no canto falado".

Pelo visto, doze anos depois, o movimento se completa.

Pontos de fuga

I A partir da década de 1990, a música popular brasileira vai viver um momento-limite, limiar de um novo ciclo. É um período rico porque coincide também com o final de um processo que começou na década de 1980: o primado do rock brasileiro, mais conhecido como BROCK. *Da lama ao caos*, primeiro disco de Chico Science e Nação Zumbi, é de 1994. *Usuário*, primeiro disco do Planet Hemp, é de 1995 (coincidentemente, ambos não terão uma extensa discografia).

Mas dentro da mesma década, o disco *Mais*, de Marisa Monte, de 1991, pode ser considerado um dos marcos iniciais do novo ciclo, que vigora até hoje. Da mesma forma, podemos pensar em *Holocausto urbano*, primeiro disco dos Racionais Mc's, do ano de 1990. Por mais que, aparentemente, ambos sejam tão contrastantes entre si, talvez exprimam um novo ciclo que tentaremos aqui entender.

Vamos trabalhar, como ponto de partida, três canções de artistas diferentes, provenientes da região mais rica do país: Racionais Mc's, Criolo e Tulipa Ruiz. A escolha da mesma região talvez indique, a princípio, a primeira mudança significativa desse novo ciclo da música brasileira. O Circo Voador, no Rio de Janeiro, que viria a ser fechado em 1996, principal marco do rock dos anos 1980, coincide com o início dessas mudanças. Nesse aspecto, o fechamento do Circo, que surgiu no início dos anos 1980 com a lógica da rua em contraposição ao que as grandes gravadoras nos empurravam de cima para baixo, teria ocorrido justo no momento áureo de sua história. Porque de 1980 a 1996 foi um longo processo até chegar ao clímax da mistura, sentido original de sua existência.

II "Jesus chorou" é do ano de 2002. Faz parte do disco *Nada como um dia após o outro*, Unimar Music, sétimo disco da banda.

Um longo texto numa quase inexistente melodia. Não deixa de ser uma quebra do que, convencionalmente, chamamos canção, a qual consiste, originariamente, numa tensão entre letra e melodia (Luiz Tatit foi um dos que mais se debruçou sobre essa relação problemática; mesmo na dissonância, não deixaria de se fazer presente essa relação, metáfora que aqui nos interessa desenvolver sobre a relação entre diferentes).

A questão é que o longo texto de "Jesus chorou" encena um processo doloroso de separação: alguém não compreendido pela sua própria gente, daí a relação com Cristo; a dor está no fato de que existe uma fissura no próprio espaço da periferia. Aqui, o racha não está no diferente, é interior. De qualquer maneira, são dramatizadas diferentes vozes, processo esse que tende a desaparecer nas outras canções que vamos analisar aqui. "Jesus chorou" apresenta, então, diferentes atores em processo de luta, marcando diferentes áreas em conflito, dentro da periferia: o próprio Mano Brown; um personagem Y que questiona o lamento de Brown, perguntando-lhe "cadê o espírito imortal do Capão?"; um outro personagem Z, que conta a Brown, por telefone, o sucedido (esse acontecimento é que desata a canção e seu lamento); o traidor, que diz "Esse Brown é cheio de querer ser./ Deixa ele moscar e cantar na quebrada,/ Vamos ver se é isso tudo quando ver quadrada./ Periferia nada, só pensa nele mesmo,/ Montado no dinheiro e cês aí no veneno"; a mãe de Brown — "Paulo acorda, pensa no futuro que isso é ilusão,/ os próprio preto não tá nem aí com isso não"; um outro personagem B, de quem Brown se lembra a lhe dizer "Se sou eu truta, não tem pra ninguém./ Zé Povinho é o cão, tem esses defeitos,/ Quê? Cê tendo ou não cresce os zóio de qualquer jeito./ Cruzar se arrebentar, de repentemente vai,/ De ponto quarenta, só querer tá no pente"; e, finalmente, o pastor — "Filho meu, não inveje o homem violento e nem siga nenhum de seus caminhos".

Localizamos, portanto, sete vozes diferentes na canção. Tirando a do próprio Brown, três vozes rivalizam-se com outras três, como se o protagonista da canção encontrasse um mundo simetricamente dividido, dentro do qual ele fizesse claramente sua opção: "chora agora, ri depois, aí, Jesus chorou".

Estamos num universo em luta. A opção final da não violência não significa a convivência com o contrário: "Periferia: corpos vazios e sem ética,/ Lotam o pagode rumo à cadeira elétrica". Em outras palavras, a não violência, aqui, está longe da possibilidade de convivência com o outro. E essa foi uma lógica implacável nos Racionais Mc's, que sempre fizeram questão de permanecer fora da indústria. É um mundo em luta.

III   A outra canção, simetricamente oposta à anterior, é de 2010: *Efêmera*, que deu nome ao disco de Tulipa Ruiz. Há que se observar, portanto, o lapso de tempo transcorrido.

Aqui, desaparece completamente a alteridade das vozes que povoam a canção anterior. E, mais ainda, é sublinhada não só a tarde de domingo como o tempo congelado, primeiro índice de separação do tempo que se transcorre. Mas a luta que se trava aqui é de outra natureza: o efêmero e o não perecível. De um lado, as coisas são efêmeras, perecíveis, acabam, se despedem, "mas eu nunca me esqueço". E a transição final, em que fica clara a opção da canção: as coisas nunca são efêmeras, estão despetaladas, acabadas, mas sempre pedem um tipo de recomeço. De qualquer maneira, existe, como na canção anterior, um certo mal-estar; as coisas pedem um tipo de recomeço justamente porque estão acabadas. O acontecimento a ser aguardado na tarde de domingo é justamente o recomeço. Esse é o investimento da canção: a voz de Tulipa, sua dicção, uma malemolência latina propositadamente *kitsch*, a nos lembrar que é um tipo de recomeço, não sua repetição. Porque uma fissão ocorreu e não há como remediá-la. É quase uma experiência de laboratório. Tem que ser criadas condições artificiais para que retorne o que passou. Essa é a questão: é uma tarde de domingo, o tempo congelado e "eu devagarinho, vou ficar mais um pouquinho" porque é difícil acontecer. E, na verdade, a gente nem sabe se realmente acontece. O que a gente sabe é da opção da canção. Se em "Jesus chorou" a opção é a escolha de um dos lados e do quanto esse processo provoca dor, em "Efêmera" a escolha é também por um dos lados do seu conflito específico. Longe de buscar o eterno no efêmero, o processo é de separação. Foge-se do cotidiano, da história, e busca-se uma tarde de domingo. É uma posição diametralmente oposta a "Jesus chorou". Porque, nesse último, estamos inseridos na história, tal como se demonstram as diferentes vozes em conflito.

IV   "Não existe amor em SP" foi lançada no disco *Nó na orelha*, de Criolo, em 2011, produzido por Daniel Ganjaman. Escolhida como a melhor canção de 2011 pela revista *Rolling Stone*, foi também o hino da Virada Cultural de 2013. O fato é que, diferentemente de Tulipa, Criolo é originariamente um rapper em atividade desde 1989, tal como os Racionais, mas só viria a lançar o primeiro disco em 2006 — *Ainda há tempo*. De qualquer maneira, não deixa de ser significativo como a carreira de ambos tomou direções distintas.

"Não existe amor em SP" fala da cidade. Desaparece aqui a autocrítica contida em "Jesus chorou". Não é mais do bairro da zona sul de São Paulo que se trata. Nesse sentido, até a sigla SP funciona como uma espécie de redução. A visão é mais distanciada e abrange a cidade como um todo, com seu conglomerado de pessoas, tipos, classes. Finalmente, realiza-se uma visão capaz de englobar o todo, com suas diferenças, ao contrário das duas canções anteriores. Mas, surpreendentemente, recai-se novamente na separação: esse conjunto, composto de diferenças, que, aparentemente, permanecem em convivência, é um "lindo arranjo de flores mortas". A canção investe contra a cidade e pede de volta a vida. Nos deparamos então com o lugar comum das três canções: alguma coisa foi perdida. O pedido ressoa: "devolva minha vida", "me dê um gole de vida". A canção, inclusive, se amolda à MPB que vigorou nos anos 1970, ao contrário do universo característico dos Racionais. A dor, por exemplo, não é afirmada como em "Jesus chorou": "não precisa sofrer pra saber o que é melhor pra você". Vejamos em "Jesus chorou": "Lágrimas.../ Molham a medalha de um vencedor,/ Chora agora, ri depois, aí, Jesus chorou./ Lágrimas." O próprio sentimento de amor e seu objeto são diferentemente afirmados em ambas as canções: "Não existe amor em SP"; "Amo minha raça, luto pela cor,/ O que quer eu faça é por nós, por amor".

A característica, portanto, em "Não existe amor em SP" é a grande ocular, como se fosse possível tratar a cidade em seu todo, subentendida em todas as suas diferenças. E, dessa forma, conseguimos entender por que num evento como a Virada Cultural tenha se tornado hino oficial. Paradoxalmente, a crítica que a canção efetua ao arranjo não é capaz de evitar a armadilha em que ela própria acaba por cair. O discurso de Mano Brown, no próprio evento, serve como contraponto.

v   Esse novo ciclo da música popular brasileira talvez corresponda então a três atitudes assumidas diante de uma falta primordial. Todas as três canções acusam um débito e assumem claramente uma opção: como restituir o que se perdeu? Seja a identidade, o não efêmero, ou a vida, as três canções investem em ações de recuperação. E o que fica patente em todas elas é um certo vazio, produto dessa perda de onde elas partem e que elas próprias tentam reverter: "Periferia: corpos vazios e sem ética"; "os bares estão cheios de almas tão vazias"; e o vazio do domingo ("vou ficar mais um pouquinho/ pra ver se acontece alguma coisa/ nessa tarde de domingo").

Essa sensação de vazio é algo novo na música popular brasileira: desde a bossa nova, passando pelo Tropicalismo, a Vanguarda Paulista e o BROCK, num ciclo de quase quarenta anos, não temos essa estranha sensação. A partir dos anos 1990 alguma coisa acontece, que faz a música popular perder a abrangência que tinha. Naturalmente, a internet ajudou esse processo. Mas as três canções aqui analisadas jogam luz nesse incômodo. Mesmo na ditadura não havia esse vazio.

De tal forma que a contundência dos Racionais não se expande (apesar de cultuados e deterem um certo prestígio social, inclusive em segmentos aos quais o trabalho do grupo não estava originalmente voltado, tem-se a impressão de que continuam sendo um fenômeno restrito, localizado). É como se a música popular tivesse perdido a capacidade da grande comunicação.

Talvez pudéssemos fazer aqui uma analogia com a situação estrutural e política do país: o sucateamento da educação, começada com os militares, acirrando a desigualdade social do país, teve como solução por parte de governos democráticos, e quero aqui me deter principalmente no governo Lula, o aumento da renda do trabalhador e a introdução do sistema de cotas nas universidades. Mas essa louvável tentativa de reverter um processo de desequilíbrio social deixa intocável a própria estrutura de exclusão, que dá mostras do quanto permanece viva.

Naturalmente, a perversão maior é a encenação da harmonia. E o pagode assim como o sertanejo universitário, ambos copresentes nesse novo ciclo, servem como belas representações do poder. O trágico, no entanto, nesse mesmo ciclo, consiste em denunciar o déficit, seu maior mérito, permanecendo incapaz de superá-lo. Três canções que trouxemos dessa nova música acabam por levá-la à seguinte situação: por maior que seja a vontade de superação de uma estrutura de exclusão em que estão mergulhadas, acabam por reafirmar essa mesma estrutura. E nesse caso, se não servem ao processo de encenação do poder, ao menos ratificam, tragicamente, a estrutura de exclusão que interessa ao poder.

VI Resta então a pergunta final: o que é intolerável ao Poder, permanecendo à margem, inclusive, dessa Nova MPB? O que cumpre ser feito, como forma de fugir a essa inevitável estrutura de exclusão, pela qual o Poder governa?

É aqui então que recorro a Walter Benjamin: qual é o estado de exceção que cumpre ser feito, em resposta ao estado de exceção que se tornou regra, numa inversão simétrica, não tolerada nem pelo Poder nem pela Nova MPB? Penso então numa linhagem presente desde os Mutantes "Meu refrigerador não funciona", no *Estudando o Samba*, de Tom Zé e no *Clara Crocodilo*. Mas esses eram ainda tolerados. A questão é que essa linhagem continua presente em novos artistas, impossíveis para os dias atuais e, ao mesmo tempo, pontos de fuga.

Referências

AGAMBEN, Giorgio. *Homo Sacer: o poder soberano e a vida nua 1*. Belo Horizonte: Editora UFMG, 2010.

_____. *O aberto: o homem e o animal*. Rio de Janeiro: Civilização Brasileira, 2013.

ALBACH, Tatjane Garcia de Meira. *Em busca do rumo da canção brasileira: a prática e a teoria de Luiz Tatit de 1974 a 2005*. Dissertação (Mestrado) em Estudos Literários, UFPR, Curitiba, 2012.

ALMEIDA, Laura Beatriz Fonseca de. *Um poeta na medida do impossível: trajetória de Torquato Neto*. Araraquara: FCL/Laboratório Editorial/UNESP. São Paulo: Cultura Acadêmica Editora, 2000.

AMARAL, Jorge Fernando Barbosa do. *Arnaldo Antunes: o corpo da palavra*. Dissertação (Mestrado em Letras), UERJ, Rio de Janeiro, 2009.

ANDRADE, Paulo. *Torquato Neto: uma poética de estilhaços*. São Paulo: Annablume/ Fapesp, 2002.

ANTUNES, Arnaldo. *40 escritos*. São Paulo: Iluminuras, 2014.

_____. *As coisas*. São Paulo: Iluminuras, 2013.

_____. *Psia*. São Paulo: Iluminuras, 2013.

_____. *2 ou + corpos no mesmo espaço*. São Paulo: Perspectiva, 2012.

_____. *Tudos*. São Paulo: Iluminuras, 2012.

_____. *Outros 40*. São Paulo: Iluminuras, 2014.

_____. *Palavra desordem*. São Paulo: 2002.

ARISTÓTELES. *Poética*. Trad. Paulo Pinheiro. São Paulo: Editora 34, 2015.

AUERBACH, Erich. "As flores do mal e o sublime". Em: *Ensaios de literatura ocidental*. São Paulo: Duas cidades/ Editora 34, 2007.

BADIOU, Alain. *São Paulo, a fundação do universalismo*. São Paulo: Boitempo, 2009.

BAKHTIN, Mikhail. *A cultura popular na Idade Média e no Renascimento: o contexto de François Rabelais*. 7. ed. São Paulo: Hucitec, 2010.

BARTHES, Roland. *O grau zero da escrita*. Lisboa: Edições 70, 2006.

BENJAMIN, Walter. "O surrealismo: o último instantâneo da inteligência europeia". Em: *Obras escolhidas, v. 1: magia e técnica, arte e política*. São Paulo: Brasiliense, 1994.

_____. "O caráter destrutivo". Em: *Obras escolhidas, v. 2: rua de mão única*. São Paulo: Brasiliense, 1987.

BLANCHOT, Maurice. "O Athenaeum". Em: *A conversa infinita 3: a ausência de livro, o neutro o fragmentário*. Trad. João Moura Jr. São Paulo: Escuta, 2010.

_____. "O pensamento trágico". Em: *A conversa infinita 2: a experiência limite*. Trad. João Moura Jr. São Paulo: Escuta, 2007.

BLOOM, Harold. *A Angústia da Influência: uma teoria da poesia*. 2. ed. Rio de Janeiro: Imago Editora, 2002.

BRANDÃO, Luis Alberto. *Sujeito, tempo e espaço ficcionais: introdução à teoria da literatura*. São Paulo: WMF Martins Fontes, 2001.

_____. *Teoria do espaço literário: espaços do corpo*. São Paulo: Perspectiva; Belo Horizonte: FAPEMIG, 2013.

BUENO, André. *Pássaro de fogo no terceiro mundo: o poeta Torquato Neto e sua época*. Rio de Janeiro: 7Letras, 2005.

BUTLER, Judith. *Problemas de gênero: feminismo e subversão da identidade*. Rio de Janeiro: Editora Civilização Brasileira, 2003.

CALADO, Carlos. *A divina comédia dos Mutantes*. São Paulo: Editora 34, 2012.

CAMPOS, Augusto de. "Da fenomenologia da composição à matemática da composição". Em: *Teoria da poesia concreta: textos críticos e manifestos (1950–1960)*. 5. ed. Cotia: Ateliê Editorial, 2014.

CANDIDO, Antonio. *Formação da literatura brasileira*. 12. ed. Rio de Janeiro: Ouro Sobre Azul, 2009.

CAPUCHO, Luís. *Cinema Orly*. Rio de Janeiro: Interlúdio Editora, 1999.

_____. *Rato*. Rio de Janeiro: Rocco, Rio de Janeiro, 2007.

_____. *Mamãe me adora*. Rio de Janeiro: Ed. Madrugada, 2012.

CARDOSO FILHO, Jorge;

MARRA, Pedro. "Do underground para o mainstream sem perder a categoria: análise da trajetória de um músico gaúcho". *Ícone*, Recife, v. 10, p. 1–15, 2008. Disponível online.

CAVAZOTTI, André. "O serialismo e o atonalismo livre aportam na MPB: as canções do LP Clara Crocodilo de Arrigo Barnabé". PER MUSI, *Revista de Performance Musical*, v. 1, 2000.

CHKLOVSKI, Viktor. "A arte como procedimento". Em: Tzvetan Todorov (org.) *Teoria da Literatura: textos dos formalistas russos*. São Paulo: Editora Unesp, 2013.

COELHO, Frederico. *Eu, brasileiro, confesso minha culpa e meu pecado: a poesia marginal das décadas de 60 e 70*. Rio de Janeiro: Civilização Brasileira, 2010.

CONTER, Marcelo Bergamin. "A Máquina abstrata Lo-fi". Em: XV Encontro dos Grupos de Pesquisa em Comunicação, evento componente do XXXVIII *Congresso Brasileiro de Ciências da Comunicação*, Rio de Janeiro, 2015.

COSTA, Suzane Lima. "Estéticas do Ciborgue no Brasil". Em: VI ENECULT, Salvador, 25 a 27 maio 2010. Disponível online.

DELEUZE, Gilles. *Lógica do sentido*. 2 ed. São Paulo: Editora Perspectiva, 1988.

_____. *A filosofia crítica de Kant*. Lisboa: Edições 70, 1983.

DELEUZE, Gilles;

GUATTARI, Félix. *Kafka: por uma literatura menor*. Trad. Júlio Castañon Guimarães. Rio de Janeiro: Imago Editora, 1977.

DUARTE, Lélia Parreira. "Ironia, Revolução e Literatura". Em: *Ensaios de Semiótica: cadernos de linguística e teoria da literatura*. Belo Horizonte, 1991.

FAVARETTO, Celso. *Tropicália, alegoria, alegria*. 4. ed. Cotia: Ateliê Editorial, 2007.

FAWCETT, Fausto. *Santa Clara Poltergeist*. Curitiba: Encrenca, 2014.

_____. *Básico Instinto*. Curitiba: Encrenca, 2014.

_____. *Favelost (the book)*. São Paulo: Martins Fontes, 2012.

_____. *Pororoca Rave*. Rio de Janeiro: Tinta Negra, 2014.

_____. *Copacabana Lua Cheia*. Rio de Janeiro: Dante Editora, 2001.

_____. "Fausto Fawcett". [Entrevista concedida a Rodolfo Rorato Londero] *OverclockZine*, n. 5, ago. 2010. Disponível online.

FORTUNA, Felipe. *Esta poesia e mais outra*. Rio de Janeiro: Topbooks, 2010.

FOUCAULT, Michel. *A arqueologia do saber*. Lisboa: Edições 70, 2014.

GALVÃO, Walnice Nogueira. "MMPB: uma análise ideológica". Em: *Aparte*, n. 2, maio-jun. 1968.

GARCIA, Walter. "Clara Crocodilo e Nego dito: dois perigosos marginais?". Em: *Antíteses*, v. 8, n. 15, p. 10–36, jul.-dez., 2015.

GREIMAS, Algirdas Julien;

FONTANILLE,Jacques. *Semiótica das paixões*. São Paulo: Ática, 1993.

HASMANN, Robson Batista dos Santos. *Uma literatura globalizada: o corpo literário de Favelost*. Florianópolis, 2015. Disponível online.

HOISEL, Evelina de Carvalho Sá. *Supercaos: os estilhaços da cultura em PanAmérica e Nações Unidas*. Dissertação (Mestrado) em Letras, PUC-RIO, 1979.

KAFKA, Franz. *Um Médico Rural*. Trad. Modesto Carone. São Paulo: Companhia das Letras, 1999.

KANT, Immanuel. *Crítica da Faculdade do Juízo*. São Paulo: Ed. Forense Universitária, 2005.

KRISTEVA, Julia. *Introdução à semanálise*. Trad. Lucia Helena França Ferraz. 2. ed. São Paulo: Perspectiva, 2005.

LEMOS, André. *Cibercultura: tecnologia e vida social na cultura contemporânea*. Porto Alegre: Sulina, 2002.

LICHOTE, Leonardo. *Quedas e curvas*. [Entrevista concedida ao] Blog Banda Desenhada, 25 fev. 2014. Disponível online.

LODERO, Rodolfo Rorato. *O Futuro Esquecido: a recepção da ficção cyberpunk na América Latina*. Tese (Doutorado em Letras), UFSM, Santa Maria (RS), 2011. Disponível online.

LOPES, Paulo Eduardo. *A desinvenção do som: leituras dialógicas do Tropicalismo*. Campinas: Pontes, 1999.

MACHADO, Gláucia Vieira. *Todas as Horas do Fim: sobre a poesia de Torquato Neto*. Maceió: EDUFAL, 2005.

MACHADO, Regina. *A voz na canção popular brasileira: um estudo sobre a Vanguarda Paulista*. Dissertação (Mestrado em Música), UNICAMP, Campinas, 2007.

MACHADO, Roberto. *O nascimento do trágico: de Schiller a Nietzsche*. Rio de Janeiro: Jorge Zahar Editora, 2006.

MAMMI, Lorenzo. "João Gilberto e o projeto utópico da bossa nova". Em: *Novos Estudos CEBRAP*, n. 34, nov. 1992.

MELLO, Luiza Laranjeira da Silva. *Depois da queda: a representação da cultura nacional norte-americana na obra tardia de Henry James*. Tese (Doutorado em História), PUC-RJ, Rio de Janeiro, jul. 2010.

MONNERAT, Henrique. "O pensamento crítico de Walter Benjamin: a análise da consagração do Tropicalismo lida a partir da ideia do 'despertar' presente em *Passagens*". Em: Seminário *Marx e o marxismo em 2013: Marx hoje, 130 anos depois*. Rio de Janeiro, UFF, de 30 set. a 4 out., 2013.

MOREIRA, Maria Ester Lopes. *Poesia concreta: projeto de modernidade cultural*. Dissertação (Mestrado em História), PUC-RJ, Rio de Janeiro, 1995.

NAPOLITANO, Marcos. *A síncope das ideias: a questão da tradição na música popular brasileira*. São Paulo: Editora Fundação Perseu Abramo, 2007.

NETO, Torquato. *Os últimos dias de paupéria: do lado de dentro*. Org. Waly Salomão e Ana Maria Silva de Araújo Duarte, 2.ed. São Paulo: Max Limonad, 1982.

_____. "À margem da margem da margem". Em: *Torquatália: obra reunida de Torquato Neto (v. 1: do lado de dentro)*. Org. Paulo Roberto Pires. Rio de janeiro: Rocco, 2004.

_____. *Torquatália: obra reunida de Torquato Neto (v. 2: Geleia Geral)*. Org. Paulo Roberto Pires. Rio de Janeiro: Rocco, 2004.

NUNES, Benedito. "Antropofagia ao alcance de todos". Em: *Do Pau Brasil à Antropofagia e às Utopias*. Rio de Janeiro: Civilização Brasileira, 1978.

OLIVEIRA, Bernardo. *Bonde dos Brabos* [Entrevista concedida ao] Blog Banda Desenhada, 2 jun. 2014. Disponível online.

ORTEGA, Francisco. *O corpo incerto: corporeidade, tecnologias médicas e cultura contemporânea*. Rio de Janeiro: Garamond, 2008.

PAULA, José Agrippino de. *Panamérica*. 3. ed. São Paulo: Editora Papagaio, 2001.

_____. *Lugar público*. 2. ed. São Paulo: Editora Papagaio, 2004.

PELBART, Peter Pál. *Vida capital: ensaios de biopolítica*. São Paulo: Iluminuras, 2003.

PIRES, André Monteiro Guimarães Dias. *A ruptura do escorpião: ensaio sobre Torquato Neto e o mito da marginalidade*. Dissertação (Mestrado em Letras), PUC-RJ, Rio de Janeiro, 1999.

PIRES, Paulo Roberto. "À margem da margem da margem". Em: *Torquatália: obra reunida de Torquato Neto (v. 1: do lado de dentro)*. Org: Paulo Roberto Pires. Rio de janeiro: Rocco, 2004.

PROENÇA, Manuel Cavalcanti. *Ritmo e poesia*. Rio de Janeiro: Editora Simões, 1955.

ROSENFIELD, Kathrin Holzemayer (org.). *Filosofia e literatura: o trágico*. Rio de Janeiro: Jorge Zahar Editora, Rio de Janeiro, 2001.

SANTI, Angela Medeios. *O Sublime e a estética do Futuro*. Tese (Doutorado em Filosofia), PUC-RJ, Rio de Janeiro, 2001.

SANTIAGO, Silviano. "Entre Estilhaços e Escombros". Em: *Ora(direis)puxar conversa!* Belo Horizonte: Editora UFMG, 2006.

SANTOS, Alessandra Squina. "Percepção e a Filosofia da Forma: a poesia de Arnaldo Antunes". Em: *Revista Zunai*, ed.XXVI, mar. 2013. Disponível online.

SANTOS, Luis Alberto Brandão. *Sujeito, Tempo e Espaço Ficcionais: introdução à teoria da literatura*. São Paulo: Martins Fontes, 2001.

SARDUY, Severo. *Escrito sobre um corpo*. São Paulo: Perspectiva, 1979.

SCHWARZ, Roberto. "Verdade tropical: um percurso de nosso tempo". Em: *Martinha versus Lucrécia: ensaios e entrevistas*. São Paulo: Companhia das Letras, 2012.

SONTAG, Susan. "A estética do silêncio". Em: *A vontade radical: estilos*. Trad. João Roberto Martins Filho. São Paulo: Companhia das Letras, 2015.

SÜSSEKIND, Flora. "Ficção 80: dobradiças e vitrines". Em: *Revista do Brasil*, n. 5, p. 82–89, 1986.

TATIT, Luiz. "Amor de Tônica". Em: *Sobre Cultura*, Suplemento Trimestral da Revista *Ciência Hoje*, n. 293, v. 49, jun. 2012.

_____. "A Transmutação do Artista". Em:CHAGAS, Luiz; TARANTINO, Mônica (orgs.). *Pretobrás: por que que eu não pensei nisso antes?* v. 1. Rio de Janeiro: Ediouro, 2006. p. 21–31.

_____. *Todos entoam: ensaios, conversas e lembranças*. 2. ed. Cotia: Ateliê Editorial, 2014.

TODOROV, Tzvetan. *Teoria da literatura: textos dos formalistas russos*. Trad. Roberto Leal Ferreira. 1. ed. São Paulo: Editora Unesp, 2013.

VASQUES, Cristina. *Ciborgues, clones e controles remotos: narrativas curtas tecnológicas*. Dissertação (Mestrado em Literatura), UFSC, Florianópolis, 2004. Disponível online.

VENTURA, Zuenir. *1968: o ano que não terminou*. Rio de Janeiro: Objetiva, 2018.

VELOSO, Caetano. *Verdade Tropical*. São Paulo: Companhia das Letras, 2008.

VIANNA, Marcelo Andrade. *Estilhaçamentos espelhados: o narrador, os espaços da narrativa e a cidade em Lugar Público*. Dissertação (Mestrado em Letras), UFMG, Belo Horizonte, 2012. Disponível online.

WISNIK, José Miguel. *O som e o sentido: uma outra história das músicas*. São Paulo: Companhia das Letras, 2017.

Adverte-se aos curiosos que se imprimiu este livro na gráfica Meta Brasil, em 19 de
dezembro de 2023, em papel pólen soft, em tipologia MinionPro e Formular, com
diversos sofwares livres, entre eles LaTeX& git.
(v. 0d478e4)